Steven Moniz

Macromedia Dreamweaver 4 guia prático

Tradução
Savannah Hartmann

Revisão técnica
Alfredo Dias da Cunha Júnior

Do original
Short Order Macromedia Dreamweaver 4

Authorized translation from the English language edition, entitled *Short Order Dreamweaver 4*, published by Que Corporation, Copyright © 2001

All rights reserved. No part of this book may be reproduced or transmitted in any form or by any means, electronic or mechanical, including photocopying, recording or by any information storage retrieval system, without permission from the Publisher.

Portuguese language edition published by Editora Ciência Moderna Ltda. Copyright © 2001

Todos os direitos para a língua portuguesa reservados pela EDITORA CIÊNCIA MODERNA LTDA.

Nenhuma parte deste livro poderá ser reproduzida, transmitida e gravada, por qualquer meio eletrônico, mecânico, por fotocópia e outros, sem a prévia autorização, por escrito, da Editora.

Editor: Paulo André P. Marques
Supervisão Editorial: Carlos Augusto L. Almeida
Produção Editorial: Friedrich Gustav Schmid Junior
Capa: Renato Martins
Diagramação: Érika Loroza
Tradução: Savannah Hartmann
Revisão: Carmen Mittoso Guerra
Revisão Técnica: Alfredo Dias da Cunha Júnior
Assistente Editorial: Daniele M. Oliveira

Várias **Marcas Registradas** aparecem no decorrer deste livro. Mais do que simplesmente listar esses nomes e informar quem possui seus direitos de exploração, ou ainda imprimir os logotipos das mesmas, o editor declara estar utilizando tais nomes apenas para fins editoriais, em benefício exclusivo do dono da Marca Registrada, sem intenção de infringir as regras de sua utilização.

FICHA CATALOGRÁFICA

Moniz, Steven
Macromedia Dreamweaver 4 — guia prático
Rio de Janeiro: Editora Ciência Moderna Ltda., 2001.

Publicação na Internet; multimídia; bancos de dados
I — Título

ISBN: 85-7393-150-7   CDD 001642

Editora Ciência Moderna Ltda.
Rua Alice Figueiredo, 46
CEP: 20950-150, Riachuelo – Rio de Janeiro – Brasil
Tel: (021) 2201-6662/2201-6492/2201-6511/2201-6998
Fax: (021) 2201-6896/2281-5778
E-mail: lcm@lcm.com.br

Sumário

Introdução XI

Capítulo 1 - Configuração de Dreamweaver 1
   Como ver páginas na janela Document 3
   Como ver os painéis e inspetores de Dreamweaver 5
   Como modificar atalhos de teclado 7
   Configuração de preferências da barra de status 9
   Seleção de um esquema de cor segura da Web predefinido 13
   Como especificar cor de texto e de fundo 14
   Como usar o painel History 15
   Gravação de comandos 17

Capítulo 2 - Configuração de seu site em Dreamweaver 19
   Criação de um site local 21
   Como especificar um site remoto 23
   Como configurar uma área de adaptação local 24
   Configuração de acesso WebDAV e SourceSafe 25
   Como transferir arquivos para e de sites remotos 26
   Como usar Check In/Check Out 27
   Como gerenciar seus arquivos com o mapa do site 29
   Como fazer um link com o mapa do site 31
   Como mudar links quanto à largura do site 32
   Como especificar o layout do mapa do site 33
   Configuração das preferências do site 34
   Como incluir Design Notes em seu site 35
   Como acrescentar Design Notes aos seus documentos 37
   Como usar vista de colunas de arquivo com Design Notes 39
   Sincronização de arquivos remotos e locais 41

Capítulo 3 - Como editar HTML em Dreamweaver 43

    Como usar o painel Dreamweaver Reference 45
    Como usar Code View e Code Inspector 47
    Como configurar as opções de vista Code e inspetor Code 48
    Como usar Quick Tag Editor 49
    Como mudar as Code Colors 50
    Como configurar preferências de formato
      de código para a vista Code e o inspetor Code 51
    Especificação de preferências de reescrita de código 54
    Como limpar Microsoft Word HTML 56
    Como usar editores externos 58

Capítulo 4 - Criação e edição de texto 61

    Especificação de um tipo de letra 63
    Como editar a lista de fonte 64
    Configuração do tamanho de fonte base 65
    Como mudar a cor de texto padrão 66
    Especificação de cor de texto usando o inspetor Property 67
    Como evitar múltiplas guias de fonte em seu HTML 69
    Como acrescentar comentários 70
    Como encontrar e substituir texto e código HTML 71
    Busca poderosa em seu código com expressões regulares 74

Capítulo 5 - Como trabalhar com elementos de parágrafo e estilos HTML 77

    Como entrar com quebras de parágrafo 79
    Como entrar com quebras de linha 79
    Criação de lista não ordenada 80
    Como mudar propriedades de lista não ordenada 81
    Criação de uma lista ordenada 82
    Como mudar propriedades de lista ordenada 83
    Inserção de caracteres especiais 85
    Como acrescentar uma régua horizontal 86
    Criação de estilos HTML personalizados 87

Capítulo 6 - Como trabalhar com imagens e gráficos GIF, JPEG e PNG 89

    Importação de imagens 91
    Configuração de propriedades de imagem 93
    Como redimensionar uma imagem 94
    Edição de imagens 95
    Redefinição de uma imagem fonte 97
    Como especificar um Src baixo 98
    Como acrescentar e mudar a cor de margens de imagem 99
    Configuração de alinhamento de imagem 100
    Como envolver texto em torno de imagens 101
    Como especificar uma imagem de fundo 102

Sumário | V

Inserção de GIFs animados 103
Como criar álbuns de foto Web 104

Capítulo 7 - Edição de gráficos em volta completa com Fireworks 107
   Como ajustar Fireworks como o seu editor de imagem padrão 109
   Configuração de lançamento e preferências de edição Fireworks 110
   Como otimizar imagens Fireworks 111
   Como redimensionar imagens Fireworks 112
   Edição de animações Fireworks 113
   Edição de imagens com Fireworks 114
   Como editar tabelas e pedaços Fireworks 115
   Colocação de HTML Fireworks em um Dreamweaver Document 116

Capítulo 8 - Criação de links 117
   Como fazer um link para páginas HTML locais 119
   Como fazer link para páginas HTML remotas 121
   Como fazer link para imagens 122
   Criação de links de e-mail 123
   Como fazer link com mapas de imagem 124
   Como inserir âncoras nomeadas 125
   Como fazer link para âncoras nomeadas 126

Capítulo 9 - Inserção de imagens interativas 127
   Inserção de uma imagem rollover 129
   Inserção de uma barra de navegação 131
   Como usar o comportamento Set Nav Bar Image 133
   Inserção de botões Flash 134
   Modificação de botões Flash 136
   Inserção de texto Flash 137
   Modificação de texto Flash 139
   Criação e edição de menus de pulo 140

Capítulo 10 - Como montar tabelas 141
   Como inserir tabelas 143
   Configuração de propriedades de tabela 144
   Formatação de tabelas 145
   Inserção, remoção e movimento de fileiras e colunas 146
   Expansão e separação de fileiras e colunas 147
   Inserção de dados de tabela de fontes externas 149
   Como usar o recurso interno de formatação de tabela 151
   Classificação de dados de tabela 152

Capítulo 11 - Como fazer o design de páginas na vista Layout 153
   Como desenhar layout de células e de tabelas 155
   Como desenhar um layout de tabela aninhada 157

Formatação de layout de tabelas 158
Como usar o espaçador de imagens em layout de tabelas 160
Configuração de preferências da vista Layout 162

Capítulo 12 - Criação de molduras 163

Criação de molduras 165
Como especificar propriedades de moldura 166
Seleção de conjuntos de molduras 168
Como salvar molduras e conjuntos de molduras 169
Como fazer alvo com links 170
Criação de conteúdo NoFrames 171
Como usar comportamentos JavaScript com molduras 172

Capítulo 13 - Criação e personalização de formulários 175

Criação de um formulário 177
Inserção de campos de texto 179
Inserção de botões de rádio e caixas de verificação 181
Criação de listas e menus 182
Como acrescentar campos de arquivo 184
Inserção de campos ocultos 185
Como acrescentar botões Submit e Reset 186
Inserção de botões gráficos em formulários 187
Inserção de um menu jump 189
Como validar dados de formulário com comportamentos 191

Capítulo 14 - Como trabalhar com Cascading Style Sheets 193

Criação de classes de estilo personalizado 195
Redefinição de guias HTML 197
Definição de seletores CSS 199
Configuração de estilos de letra CSS 201
Configuração de atributos de fundo CSS 202
Configuração de atributos de bloco CSS 203
Configuração de atributos de caixa CSS 204
Configuração de atributos margem CSS 205
Configuração de atributos lista CSS 207
Configuração de atributos posicionamento CSS 208
Configuração de opções de extensões CSS 209
Como exportar e fazer link de folhas de estilo 211

Capítulo 15 - Criação de camadas 213

Como desenhar camadas 215
Configuração de padrões de camada 217
Como configurar a posição e visibilidade de camadas 219
Configuração de propriedades de fundo e recortes em camadas 221
Como aninhar camadas 222

Como aninhar camadas existentes 223
Como usar estilos com camadas 224
Como alinhar camadas com grades e réguas 225
Como usar uma vetorização de imagem 227
Conversão de camadas em tabelas 229
Conversão de tabelas em camadas 230

Capítulo 16 - Como usar comportamentos 231

Como anexar comportamentos 233
Como usar o Call JavaScript Behavior 235
Como usar o comportamento Change Property 237
Como usar comportamentos para verificar tipo e versão de browser 238
Verificação de plugins usando comportamentos 239
Como controlar exibição Shockwave e Flash com comportamentos 240
Como controlar sons com comportamentos 242
Como exibir uma mensagem pop-up 242
Criação de links para URLs com comportamentos 243
Como abrir janelas do browser 244
Pré-carregamento de imagens 246
Como exibir e ocultar camadas 247
Troca de imagens 248
Validação de formulários 249
Como controlar barras de navegação com comportamentos 251
Criação de seus próprios comportamentos 252

Capítulo 17 - Como trabalhar com linhas de tempo 253

Criação de linhas do tempo 255
Como acrescentar quadros chave à linha de tempo 257
Como usar comportamentos com uma linha de tempo 258
Criação de animação gravando um caminho de camada 261
Como acrescentar imagens à linha de tempo 262
Como fazer animações interativas com comportamentos 263
Criação de múltiplas linhas de tempo 265

Capítulo 18 - Como gerenciar e inserir componentes com o painel Assets 267

Como usar o painel Assets 269
Como acrescentar componentes à lista Favorites 270
Inserção de um componente em um documento 271
Edição de componentes 273
Como copiar componentes entre sites 274
Criação de novas cores e URLs 275

Capítulo 19 - Criação de gabaritos e bibliotecas 277

Criação de um gabarito 279
Como especificar regiões editáveis de um gabarito 280

Criação de um novo arquivo a partir de um gabarito 282
Exportação de conteúdo XML 283
Importação de conteúdo XML 283
Como usar bibliotecas para organizar conteúdo 284
Como usar Server-Side Includes 287

Capítulo 20 - Acréscimo de multimídia a suas páginas Web 289

Como acrescentar som ao seu site 291
Como fazer o link de arquivos de áudio a imagens ou texto 292
Como embutir arquivos de som 293
Configuração de parâmetros de arquivo de som 295
Como inserir arquivos Shockwave e Flash 297
Como embutir applets Java 298
Como acrescentar controles ActiveX 299

Capítulo 21 - Gerenciamento, sincronização e limpeza de seu site 301

Sincronização de arquivos remotos e locais 303
Como limpar código fonte HTML 305
Como limpar HTML Microsoft Word 307
Como encontrar e corrigir links partidos 309
Geração e uso de relatórios 311
Como acrescentar, editar e remover vista de coluna de arquivo 313

Capítulo 22 - Personalização de Dreamweaver 315

Como mudar o tipo de arquivo padrão 317
Como modificar o painel Objects 318
Criação de um objeto 319
Como editar o perfil de formatação fonte HTML 321
Edição de perfis de browser 324
Criação de um perfil de browser 327

Apêndice A - Introdução a Dreamweaver UltraDev 329

Apêndice B - Como usar CourseBuilder em Dreamweaver 335

Apêndice C - Como aperfeiçoar Dreamweaver com extensões 343

Apêndice D - Depuração JavaScript com Dreamweaver 349

Índice 359

O autor

Steven Moniz é consultor e profissional de treinamento na área especializada de Web design, editoração em desktop e pré-impressão eletrônica em Boston. Ele ministra aulas regulares sobre tudo de HTML básico a avançado em Photoshop, Flash, Fireworks e Dreamweaver. Com freqüência, Steve dá palestras sobre pré-impressão digital e Internet, e oferece treinamento personalizado a clientes corporativos, tanto em plataforma Macintosh quanto em Windows. Steve é o autor de *Photoshop 4 Studio Skills* e *Short Order Macromedia Dreamweaver 3*, co-autor de *Photoshop 4 Complete* e *Using Photoshop 5*, e editor técnico de *Adobe Photoshop 5.0 Certification Guide* e *Teach Yourself GoLive 5*.

Dedicatória

Este livro é dedicado a Lisa e John. Minha irmã e seu marido, junto com seus quatro filhos, são uma lembrança constante do que é realmente importante. Eles vieram em meu socorro mais vezes do que posso contar e dedicaram muito do seu precioso tempo durante a redação deste livro, para me ajudar a mudar, desempacotar e me arrumar em minha nova casa. Eu nunca poderia fazer o que faço sem o amor e o apoio de minha família.

Agradecimentos

Obrigado a todos da Que que ajudaram a colocar este livro nas estantes, especialmente Heather Banner Kane, Julie Otto e Laura Norman. A Laura realmente conhece seu trabalho e, como sempre, me orientou pacientemente na redação deste livro. Karen Whitehouse terá sempre um lugar nesta seção pelas oportunidades de escrever que tive na Pearson Education devido à sua orientação inicial. Obrigado a Lisa, Billy, Adam, Andrew, Joshua, Mike, Charlie, Pauline e Robbie pelas suas contribuições de fotografias.

Introdução

Macromedia Dreamweaver 4 — guia prático foi criado para aqueles interessados em soluções rápidas aos problemas e tarefas diários. Com exemplos passo a passo, muitas ilustrações e dicas valiosas, você aprenderá as tarefas e comandos de intermediários a avançados usando este guia prático.

Seja você novo em Dreamweaver ou já trabalhe com ele diariamente, este livro é uma referência valiosa. Etapas curtas, que cortam toda a retórica encontrada nos tomos maiores e manuais, oferecem as soluções de que você precisa para ser produtivo. Você encontrará os insights de truques usados por desenvolvedores profissionais de Web sites e dicas para ajudá-lo a evitar quaisquer armadilhas. Amplie as suas habilidades em Dreamweaver para incluir técnicas avançadas e aprenda sobre todos os ótimos recursos novos do Dreamweaver 4.

Sobre o Dreamweaver 4

Dreamweaver é um dos editores WYSIWYG mais amistosos e intuitivos do mercado para criar conteúdo na Web. Além de ser uma ferramenta HTML visual, Dreamweaver incorpora todos os recursos artísticos de que os desenvolvedores profissionais de Web pages precisam para produzir páginas eficientes e dinâmicas.

Com Dreamweaver, você pode criar visualmente todos os elementos HTML padrão, tais como tabelas, molduras e formulários, assim como os elementos avançados, como Dynamic HTML (DHTML), Cascading Style Sheets e JavaScript. O editor HTML interno permite que você veja e edite o seu código HTML de três maneiras e o editor de linha de tempo torna simples a criação de animações DHTML. Os poderosos recursos de gerenciamento de sites e clientes FTP permitem que você assuma controle total de seu Web site e gerencie facilmente mudanças e updates.

O que é possível fazer com Dreamweaver

Dreamweaver tem os recursos que você espera encontrar em um aplicativo destinado a criar páginas Web. A formatação de páginas Web é conseguida usando-se comandos de menu, painéis (paletas) e inspetores — em especial, o painel Objects (objetos) e o inspetor Property.

Além das ferramentas de criação padrão, o Dreamweaver permite que você incorpore recursos avançados, tais como funções JavaScript, filmes, botões e texto do Flash, e inclui o lado servidor. Os recursos de viagem completa em edição Fireworks permitem que você troque para Macromedia Fireworks para editar o seu conteúdo e, depois, volte para Dreamweaver, onde a página é automaticamente atualizada. A interface rica em recursos do Dreamweaver permite que você crie e gerencie os seus Web sites com conceitos familiares e estas ferramentas de aumento de produtividade:

- **Templates** — Permitem que você mantenha o design separado do conteúdo e produza e mantenha um estilo uniforme em seu Web site.
- **Ícone Point-to-File** — Use este método para vincular aos arquivos e imagens, ou arraste o conteúdo da janela Site direto para dentro de suas páginas.
- **Capacidades Globais Search-and-Replace** — Permitem que você faça mudanças em movimento circular em cada página de seu Web site. Busque os códigos HTML, ou padrões complexos, usando expressões regulares.
- **Layout de Tabelas e Layout de Células** — Os designers irão adorar o controle permitido por esses recursos. A criação de designs complexos de página e layouts que funcionam em cada browser nunca foi tão fácil.
- **Web-Safe Color Palette** — Selecione cores desta paleta ou use a paleta de cores do seu sistema para especificar qualquer cor no espaço de cores RGB. É possível até mesmo exemplificar cores de qualquer lugar na tela, incluindo imagens colocadas em suas páginas Web.
- **Plugins** — Brinque com esses elementos, tais como filmes Flash e QuickTime, diretamente na janela de documento Dreamweaver.
- **Controles QuickTime, Flash, Shockwave, Java Applets e ActiveX** — Incorpore estes elementos em suas páginas e controle todas as suas propriedades sem digitar uma linha de código.
- **Painel Assets** — Use este novo painel para buscar e gerenciar todos os ativos, tais como imagens, texto, Flash e Shockwave.
- **Painel Reference** — Permite que você busque informações em HTML, JavaScript e Cascading Style Sheets. É como ter três livros de referência à sua disposição.
- **Extensões Terceirizadas** — Personalize e estenda o Dreamweaver com estas extensões e as extensões que você mesmo escreve. É possível até mesmo acrescentar as suas próprias escolhas de menu, comandos, ferramentas e objetos.
- **Sincronização** — Sincronize o seu site remoto com o seu site local usando um único comando.
- **Check-In e Check-Out** — Use-os junto com notas de design para criar e gerenciar uma equipe de ambiente de desenvolvimento.

O que há de novo na Versão 4

A mais recente versão de Dreamweaver acrescenta algumas poderosas ferramentas e recursos a uma lista já impressionante. A integração com Fireworks e Flash, o acréscimo do painel Reference e do painel Assets e vários ouros recursos avançados facilitam ainda mais produzir Web sites profissionais com um mínimo de investimento de tempo. Alguns dos novos recursos da versão 4 incluem o seguinte:

- A nova barra de ferramentas de Dreamweaver aparece no alto da janela Document e permite que você veja uma página em vista Design, vista Code, ou ambas. A barra de ferramentas também oferece fácil acesso a recursos comumente usados, tais como Preview in Browser e notas de design.
- Editar documentos não-HTML, tais como arquivos JavaScript, Active Server Pages, gabaritos ColdFusion e arquivos XML, diretamente na vista Code de Dreamweaver.
- O painel Reference oferece uma referência rápida a HTML, JavaScript e CSS. Ele oferece informações específicas e exigências de sintaxe para as guias com as quais você está trabalhando na vista Code ou no inspetor Code.
- O menu pop-up Code Navigation permite que você selecione código para as funções JavaScript descritas em um documento HTML e insira o código na vista Code ou no inspetor Code.
- O JavaScript Debugger ajuda a depurar JavaScript enquanto está no Dreamweaver, permitindo que você ajuste os pontos de parada para controlar as seções de código que deseja examinar.
- A vista de layout permite que você faça rapidamente o design de páginas Web, desenhando caixas para criar tabelas e células de tabela.
- Selecione um conjunto de botões predefinidos e texto do Flash a partir do Dreamweaver e incorpore os seus próprios gabaritos em botões e texto do Flash.
- O fracionamento completo permite que você comute entre Dreamweaver e Fireworks 4 para fazer mudanças em imagens fracionadas.
- O painel Assets ajuda a gerenciar os ativos de seu site. Veja todas as imagens, cores, URLs externos, scripts, Flash, Shockwave, QuickTime, gabaritos e itens de biblioteca no painel Assets. Você também pode imprimir a lista de itens que aparece no painel Assets.
- Veja notas de design na janela Site e anexe endereços de e-mail ao usar Check-In/Check-Out.
- New Site relata testes em seus documentos HTML para problemas comuns, tais como guias <alt> ausentes. Escreva relatórios personalizados para adequar às suas necessidades em especial.
- O aperfeiçoado Package Manager (anteriormente Extension Manager) permite que você instale e gerencie extensões facilmente, com um único clique.
- A Versão 4 tem integração e suporte para SourceSafe e WebDAV.
- Edite, acrescente e apague atalhos de teclado para criar conjuntos de atalhos entre os quais você pode alternar.

Como usar este livro

Eu fiz um esforço para incluir tarefas fáceis de acompanhar, com um mínimo de etapas, enquanto também incorpora através delas recursos avançados. As tarefas são destacadas por uma barra de cores no alto de cada página, e dicas e notas estão incluídas quase que em cada página para realçar as informações apresentadas.

As dicas devem servir como um lembrete para o usuário experiente e como itens a memorizar para o desenvolvedor Web iniciante ou intermediário. As notas oferecem explicações para esclarecer detalhes específicos de tarefas e fornecer comentários sobre alguns dos aspectos mais desafiadores do Dreamweaver. Fique atento aos links para Web sites nas dicas e notas.

Se uma imagem vale por mil palavras, então você não terá aqui falta de "eloqüência" visual. Muitos instantâneos de tela são oferecidos para guiá-lo através das tarefas, junto com as chamadas e legendas que enfatizam recursos especiais das caixas de diálogo e inspetores do Dreamweaver.

Este livro inclui instruções para as plataformas Macintosh e Windows. Embora existam bem poucas diferenças entre as duas plataformas, instantâneos de tela para ambas são incluídos onde acontecem diferenças. Teclas de atalho também são incluídas para ambas as plataformas. Você encontrará atalhos Macintosh entre parênteses e atalhos Windows entre chaves, como abaixo:

(Command-Shift-P)[Ctrl+Shift+P].

O que há no livro

Use *Macromedia Dreamweaver 4 — guia prático* como o seu guia de referência. Este livro é dividido em capítulos, que contêm coleções de tarefas correlatas. Eu trabalhei para pôr tudo o que você precisa em um só lugar, para que você possa encontrar rapidamente a resposta ao seu problema e voltar ao trabalho. Embora este livro não precise ser lido seqüencialmente, de capa a capa, há uma ordem geral na forma em que os capítulos foram organizados, para possibilitar que você encontre o que precisa rapidamente.

Configuração e iniciação

Nos Capítulos 1, "Configuração de Dreamweaver"; 2, "Configuração de seu site em Dreamweaver"; e 3, "Como editar HTML em Dreamweaver", você encontrará as informações necessárias para começar a trabalhar com o Dreamweaver.

O Capítulo 1 fala sobre a interface e inclui informações sobre painéis, inspetores e preferências com as quais você deve estar familiarizado antes de criar páginas Web. O Capítulo 2 informa como iniciar um site em Dreamweaver, para que você possa começar a salvar páginas e criar a sua hierarquia de site. O Capítulo 3 tem tudo o que é necessário saber sobre edição de HTML em Dreamweaver e sobre como trabalhar com a vista Code e o inspetor Code.

Formatação de texto e parágrafo

Os Capítulos 4, "Criação e edição de texto", e 5, "Como trabalhar com elementos de parágrafo e estilos HTML", lidam especificamente com o texto em suas páginas Web. No Capítulo 4, você encontrará todas as informações sobre criação e formatação de texto, bem como instruções sobre o uso de poderosos recursos de busca-e-substituição. O Capítulo 5 lida com recursos de parágrafo, tais como níveis de título, quebras de linha, listas e caracteres especiais. Você também encontrará informações sobre o uso do painel HTML Styles e o acréscimo de réguas horizontais.

Imagens, gráficos e links

Os Capítulos 6-9 cobrem muitas maneiras pelas quais você pode incorporar imagens, gráficos, links e imagens interativas em suas páginas Web. No Capítulo 6, "Como trabalhar com imagens e gráficos GIF, JPEG e PNG", você encontrará tarefas para inserir imagens GIF, JPEG e PNG em suas páginas Web. O Capítulo 7, "Edição de gráficos em volta completa com Fireworks", lida especificamente com a edição de imagens em Fireworks, usando os recursos de edição completos de Dreamweaver. O Capítulo 8, "Criação de links", lida com o básico de criação de links para texto e imagens, e o Capítulo 9, "Inserção de imagens interativas", informa como incrementar as suas páginas com recursos interativos, tais como barras de navegação e botões do Flash.

Tabelas, molduras e formulários

Os Capítulos 10-13 lidam com o layout geral da página Web e a inclusão de formulários para obter informações dos usuários. No Capítulo 10, "Como montar tabelas", você encontrará tudo o que deseja saber sobre tabelas e formatação de tabela. O Capítulo 11, "Como fazer o design de páginas na vista Layout", lida com a nova vista Layout do Dreamweaver e os particulares de usar células de layout e tabelas de layout. O Capítulo 12, "Criação de molduras", é sobre a criação de páginas baseadas em moldura, enquanto que o Capítulo 13, "Criação e personalização de formulários", lida com a criação de formulários para entrada do usuário.

Cascading Style Sheets e Layers

Os Capítulos 14 e 15 lidam com dois componentes de HTML dinâmica: Cascading Style Sheets e Layers. No Capítulo 14, "Como trabalhar com Cascading Style Sheets", exploram-se os muitos atributos de Cascading Style Sheets em CSS1 e CSS2, e criam-se estilos internos e externos. O Capítulo 15, "Criação de camadas", lida com camadas, uma parte da especificação CSS que permite montar o conteúdo da página em camadas flutuantes, que podem ser controladas com os comportamentos JavaScript™ de Dreamweaver. Aprenda a converter camadas em tabelas HTML e a converter tabelas HTML em camadas.

Recursos avançados e gerenciamento de site

Os Capítulos 16, "Como usar comportamentos"; 17, "Como trabalhar com linhas de tempo"; 18, "Como gerenciar e inserir componentes com o painel Assets"; 19, "Criação de gabaritos e bibliotecas"; 20, "Acréscimo de multimídia a suas páginas Web"; 21, "Gerenciamento, sincronização e limpeza de seu site"; e 22, "Personalização de Dreamweaver", cobrem os recursos avançados de Dreamweaver, inclusive Cascading Style Sheets (CSS), Dynamic HTML (DHTML), comportamentos JavaScript, linhas de tempo, gabaritos, bibliotecas e personalização de Dreamweaver. Aprenda a usar o novo inspetor Assets, no Capítulo 18. No Capítulo 21 você encontrará os procedimentos e tarefas necessários para gerenciar e limpar com eficiência o seu Web site.

UltraDev, CourseBuilder e outras extensões

Nos Apêndices A, "Introdução a Dreamweaver UltraDev"; B, "Como usar CourseBuilder em Dreamweaver"; e C, "Como aperfeiçoar Dreamweaver com extensões", você encontrará informações sobre algumas maneiras de incorporar extensões específicas, bem como informações sobre Dreamweaver UltraDev — o software de interação de banco de dados do Dreamweaver.

Depuração de JavaScript

O Apêndice D, "Depuração JavaScript com Dreamweaver", o leva ao uso do depurador JavaScript de Dreamweaver com velocidade para corrigir problemas de código e conseguir executar seu site de forma eficiente e rápida.

De páginas Web básicas a Web sites complexos, *Macromedia Dreamweaver 4 — guia prático* se esforça para romper as complexidades do Dreamweaver e apresentar exatamente o que você precisa, e quando realmente precisa.

Capítulo 1

Neste capítulo, você aprenderá como...

- Ver páginas na janela Document
- Ver os painéis e inspetores do Dreamweaver
- Modificar o painel Launcher
- Modificar atalhos de teclado
- Ajustar preferências na barra de status
- Especificar propriedades de página
- Selecionar um esquema de cor segura da Web predefinido
- Especificar cor de texto e de fundo
- Usar o painel History
- Gravar comandos

Dreamweaver é uma poderosa ferramenta para criar virtualmente cada tipo de página Web — da mais simples marcação HTML a páginas que incluem animação, som e interatividade. Este capítulo cobre a configuração de recursos que você usará em cada página que criar. Opções de iniciação de documento, tais como a configuração de cor de fundo, de imagem de fundo e de seleção de cor são cobertos aqui.

Configuração de Dreamweaver

Você também aumentará a sua produtividade, personalizando o painel Launcher (lançador) e modificando atalhos de teclado. Ao usar o Dreamweaver, a paleta de cor segura da Web está sempre disponível e você pode até escolher entre alguns esquemas de cor pré-ajustados para fazer o design de suas páginas. A versatilidade das paletas de cor de Dreamweaver permite que você selecione cor de uma variedade de paletas, assim como qualquer cor que vir em seu desktop. É possível exemplificar cores de imagens — ou de qualquer outro lugar em sua tela — facilmente, com a seleção de cor eyedropper exclusiva de Dreamweaver.

O painel History permite que você recupere cada etapa que realizar enquanto estiver criando as suas páginas. É possível montar muitas das etapas encontradas no painel History em comandos e depois usar estes comandos repetidamente. Com o recurso de gravação ativo, você também pode criar comandos, enquanto estiver montando as suas páginas, poupando o tempo de tarefas repetitivas. Para mais informações sobre a personalização de Dreamweaver, veja o Capítulo 22, "Personalização de Dreamweaver".

Capítulo 1 - Configuração de Dreamweaver | 3

Como ver páginas na janela Document

Ao trabalhar em Dreamweaver, você pode montar as suas páginas em uma variedade de formas. A área onde coloca o conteúdo de páginas Web é chamada de janela Document. Dentro da janela Document, você pode montar a sua página de uma maneira linear, usando a vista Design, conforme mostrado em (1.1). Se quiser um controle mais exato sobre o posicionamento de objetos e texto em suas páginas Web, a vista Layout permite que você crie células de layout e posicione o conteúdo dentro das células. As células de layout podem então ser reposicionadas na tela, como mostrado em (1.2). Ao trocar da vista Layout para a vista Design, o conteúdo é apresentado em formato de tabela — o método mais popular de criar conteúdo da Web, por ocasião desta escrita (1.3).

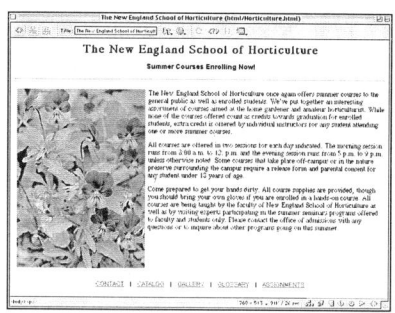

Figura 1.1

ⓝ O T A

Veja o Capítulo 11, "Como fazer o design de páginas com células Layout", para mais informações sobre o design de páginas Web em formato de tabela. Você também pode fazer o design de suas páginas usando molduras e camadas; cada qual é discutido em um capítulo separado deste livro. Veja os Capítulos 12, "Criação de molduras", e 15, "Criação de camadas".

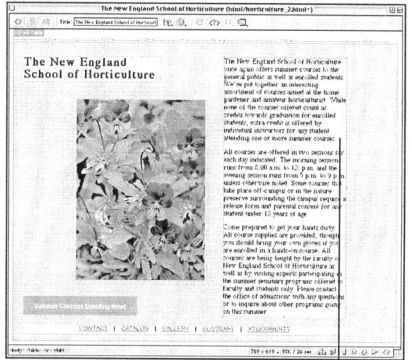

As células de layout permitem que você posicione com precisão o conteúdo da página.

Figura 1.2

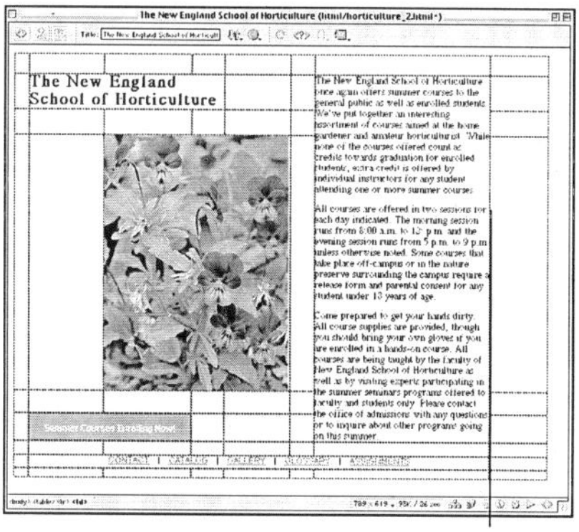

As células de layout, de fato, são células de tabela, como visto na vista Design.

Figura 1.3

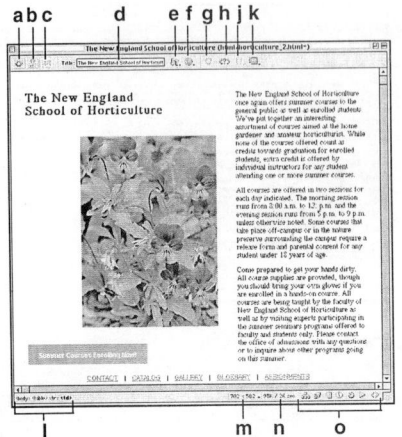

Independente da vista, a janela Document sempre contém a barra de ferramentas Dreamweaver no alto da janela e uma barra de status em baixo (1.4). A barra de ferramentas permite que você mude a vista da página atual e edite o título da página. Ela também contém recursos freqüentemente usados, tais como Preview/Debug in Browser e File Management. A barra de Status mostra a posição atual de sua página Web e relata sobre o tamanho da página, velocidade de transferência e a hierarquia do código HTML no documento. O Mini-Launcher também está incluído no lado direito da barra de Status.

Figura 1.4 O tempo de carregamento mostrado no fundo da janela Document é baseado em uma conexão de velocidade de 28.8 Kilobits por segundo de conexão padrão. Se você clicar nas dimensões de página, ao fundo da janela Document e escolher Edit Sizes do menu popup, pode editar e acrescentar os seus próprios tamanhos de página, assim como mudar a Connection Speed.

(a) Show Code View
(b) Show Code and Design Views
(c) Show Design View
(d) Web Page Title
(e) File Management
(f) Preview/Debug in Browser
(g) Refresh Design View
(h) Reference
(j) Code Navigation
(k) View Options
(l) HTML Code Hierarchy
(m) Window Size
(n) Download Time
(o) Mini-Launcher

ⒹI C A

Digite (Option — Tab)[Alt + Tab] para alternar entre a vista Design e a vista Code.

Como ver os painéis e inspetores de Dreamweaver

O Dreamweaver tem diversos painéis e inspetores disponíveis sob o menu Window na barra de menu. O painel Objects, o inspetor Property e o painel Launcher são os primeiros três relacionados no menu Window e os três que você usará consistentemente, enquanto montando páginas Web (1.5). O painel Object exibe os objetos comuns, por padrão. Estes são os objetos que você usa regularmente para acrescentar conteúdo a páginas Web. O painel Objects contém um menu drop-down, chamado menu Objects Panel, o qual contém as outras seis escolhas do menu Objects (1.6).

O inspetor Property é um painel sensível a contexto, que exibe as propriedades disponíveis ao objeto ou texto selecionado. Alterne entre as vistas reduzida ou expandida do inspetor Property clicando a seta branca no canto inferior direito do inspetor. O painel Launcher contém botões para alguns dos recursos usados normalmente e pode ser exibido vertical ou horizontalmente, clicando no canto inferior direito. As escolhas do painel Launcher também aparecem no Mini-Launcher, em baixo da janela Document.

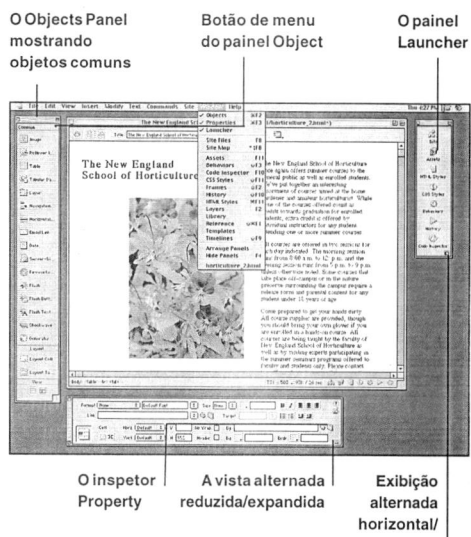

Figura 1.5

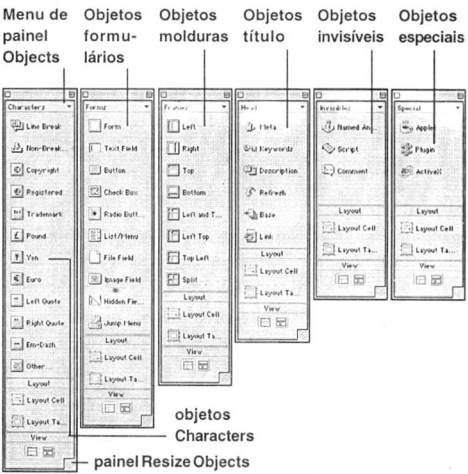

Figura 1.6

Ⓓ I C A

Se você achar que os painéis ou inspetores estão posicionados fora da tela e não pode vê-los para fazê-los aparecer novamente, escolha Window, Arrange Panels para colocá-los em suas posições padrão na tela.

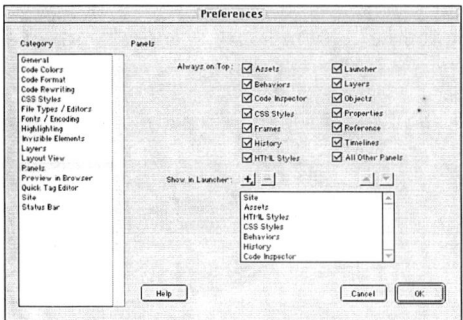

Figura 1.7

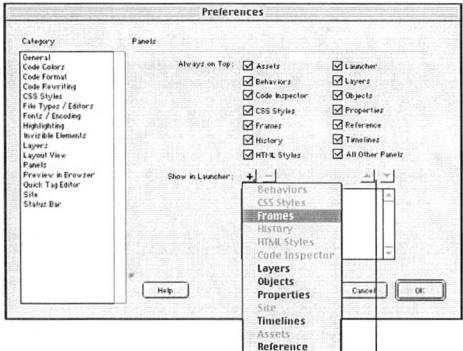

Clique as setas para cima e para baixo para reorganizar a ordem dos botões no painel Launcher.

Figura 1.8

Por padrão, o painel Launcher contém botões para Site, Assets, HTML Styles, CSS Styles, Behaviors, History e Code Inspector. Modifique os painéis Preferences para acrescentar e remover botões do painel Launcher. Por exemplo, se você usa com freqüência molduras para o design de suas páginas Web, pode acrescentar o botão Frames ao painel Launcher, para acessar rapidamente o painel Frames. As mudanças feitas no painel Launcher também são refletidas no Mini-Launcher, no fundo da janela Document.

1. Escolha Edit → Preferences para exibir a caixa de diálogo Preferences.

2. Escolha Panels da lista Category, no lado esquerdo da caixa de diálogo Preferences, para exibir o Panels Preferences (1.7).

3. Para acrescentar um outro botão ao painel Launcher, clique o botão de mais (+) e selecione um painel da lista (1.8).

4. Para apagar um botão do painel Launcher, selecione o nome do painel na lista, ao fundo da caixa de diálogo Panel Preferences e clique o botão menos (-).

Como modificar atalhos de teclado

Use o editor de atalho de teclado para criar teclas de atalho, editar atalhos existentes ou usar os conjuntos de atalhos incluídos com Dreamweaver 4. Os conjuntos padrão são Dreamweaver 3, Bbedit, Homesite e Macromedia Standard. O conjunto Dreamweaver 3 usa os comandos de tecla que você usou em Dreamweaver 3, junto com quaisquer novos recursos no Dreamweaver 4. O Macromedia Standard é selecionado como o conjunto atual por padrão e contém os atalhos universais para Dreamweaver, Flash e Fireworks, bem como aqueles específicos a Dreamweaver 4.

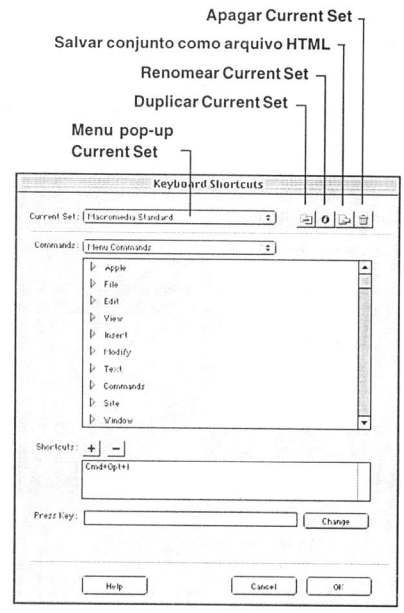

1. Escolha Edit → Keyboard Shortcuts para exibir a caixa de diálogo Keyboard Shortcuts (1.9).
2. Clique o menu pop-up Current Set para exibir a lista de conjuntos predefinidos, incluídos com o Dreamweaver 4, e quaisquer conjuntos personalizados que você tiver definido previamente. Conjuntos predefinidos são listados no alto do menu.

Figura 1.9

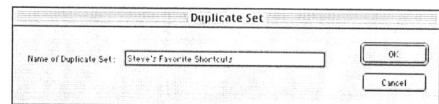

3. Clique o botão Duplicate para duplicar o conjunto atual e designar um nome ao conjunto (1.10).

Figura 1.10

Ⓓ I C A

Se você escolher um atalho de teclado que já está em uso por outro comando, o Dreamweaver exibe uma mensagem com aquele objetivo, no fundo da caixa de diálogo Keyboard Shortcuts.

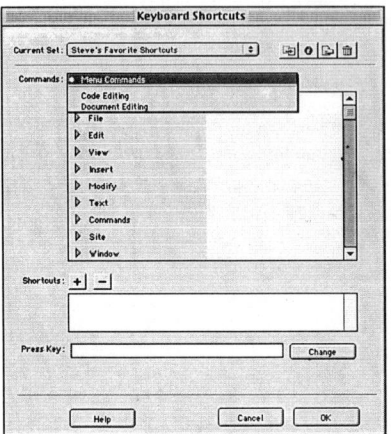

Figura 1.11

4. Clique o menu pop-up Commands e selecione quais comandos você deseja exibir na caixa de lista de rolagem (1.11):

    ◆ **Menu Commands** — Modifica os comandos na barra de menu.

    ◆ **Code Editing** — Modifica os comandos usados para editar o código fonte.

    ◆ **Document Editing** — Modifica os comandos usados para editar, na janela Document.

    Os usuários Windows também têm uma escolha adicional para o Site Menu Commands: os comandos disponíveis sob a barra de menu principal do Site Window.

5. Clique o comando que deseja editar na lista de rolagem e depois clique o botão mais (+), próximo à palavra Shortcuts. Digite uma nossa seqüência de teclas no campo Press Key e clique o botão Change, para acrescentar o atalho (1.12).

6. Clique OK quando tiver terminado de editar os atalhos de teclado.

Ⓓ I C A

E possível designar mais do que um atalho de teclado para um comando, separando os comandos com uma vírgula. Por exemplo, o atalho para Undo é (Cmd — Z, Option — Delete)[Ctrl + Z, Alt + Backspace].

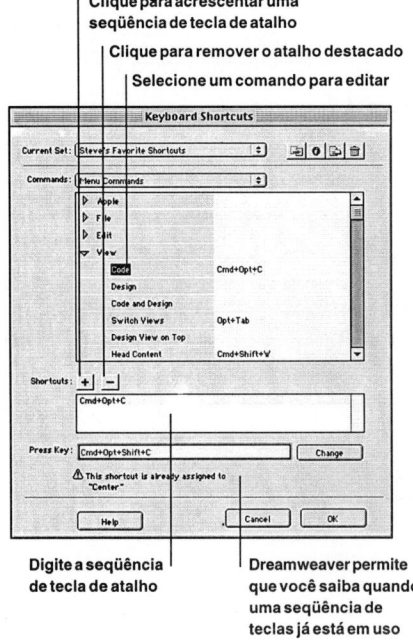

Figura 1.12

Capítulo 1 - Configuração de Dreamweaver

Configuração de preferências da barra de status

Uma barra de status embaixo da janela Document (1.13) inclui opções para tamanho de documento e velocidade de transferência, junto com um mini-lançador, que contém os mesmos botões que o painel Launcher. Estão disponíveis tamanhos de página pré-ajustados, ou você pode criar os seus próprios tamanhos personalizados para padronizar o design de sua página Web.

1. Escolha Edit → Preferences para exibir a caixa de diálogo Preferences. Clique Status Bar, na coluna à esquerda, para exibir as opções da barra de status (1.14).

2. Para editar um tamanho de janela existente, clique o tamanho de janela que deseja editar e mude os valores. Para criar um novo tamanho de janela, clique no espaço vazio sob a coluna Width e entre com as informações de um novo tamanho de janela. A Description que você fornece aqui aparece no menu pop-up Status Bar, no fundo da janela Document.

3. Escolha uma Connection Speed do menu pull-down ou digite um valor no campo.

4. Por padrão, o Mini-Launcher é exibido no fundo da janela Document (1.15). Se você não quiser ver o Mini-Launcher e preferir usar o painel Launcher, desmarque a opção Launcher. Clique OK quando tiver terminado.

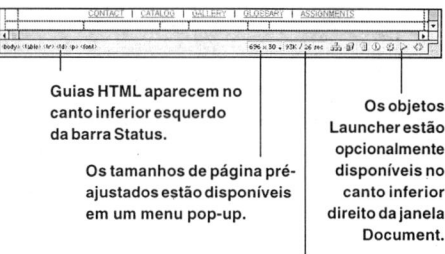

Guias HTML aparecem no canto inferior esquerdo da barra Status.

Os tamanhos de página pré-ajustados estão disponíveis em um menu pop-up.

Os objetos Launcher estão opcionalmente disponíveis no canto inferior direito da janela Document.

O tamanho e a velocidade de transferência são determinados pelas configurações em tamanho de página.

Figura 1.13

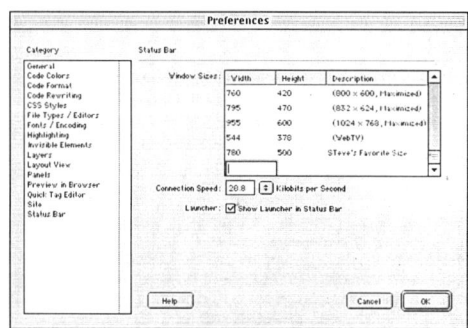

Figura 1.14

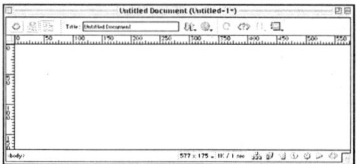

Figura 1.15

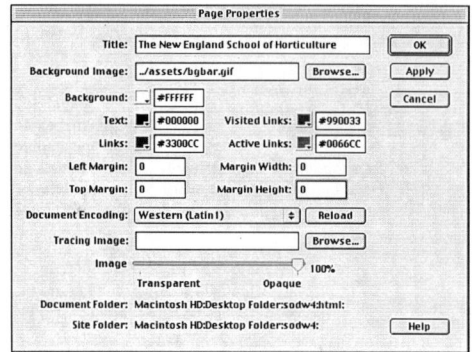

Figura 1.16

O título aparece no alto da janela do browser e é usado como texto marcador de página.

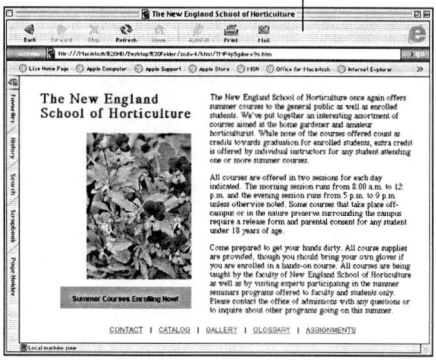

Figura 1.17

As propriedades de página no Dreamweaver determinam as especificações gerais para a página Web, tais como título, cor de fundo, imagem de fundo e cores de link. A primeira coisa que você faz ao criar uma nova página Web é ajustar as propriedades de página.

1. Escolha Modify → Page Properties para exibir a caixa de diálogo Page Properties (1.16).
2. Entre com um título para a sua página Web, no campo Title. O título aparece no alto da página Web, na barra de título da janela (1.17). O título também é o texto que é usado quando os usuários marcam a página de sua página Web, portanto, tenha este fato em mente ao dar um título às suas páginas Web.

Ⓓ I C A

Se quiser ajustar as propriedades de página padrão em Dreamweaver, abra o arquivo default.html, encontrado na pasta Dreamweaver\Configuration\Templates. Especifique as propriedades de página e salve o arquivo no mesmo lugar, com o mesmo nome. Cada novo documento criado terá as propriedades de página especificadas para default.html.

Ⓓ I C A

Algumas máquinas de busca usam o título de sua página como o título de seu site, quando os usuários vêm os resultados de busca de página, assim, é uma boa idéia fazê-lo descritivo e não genérico demais.

Capítulo 1 - Configuração de Dreamweaver

3. Para incluir uma imagem de fundo em sua página Web, clique o botão Choose, para selecionar uma imagem. Se a imagem de fundo for menor do que a janela do browser, a imagem é azulejada para preencher o espaço (1.18).
4. Clique a troca de cor para escolher uma cor de fundo ou, entre com o nome de cor ou o valor hexadecimal.
5. Indique uma cor para o texto em seu documento, bem como cores para os links, links visitados e links ativos, clicando em suas respectivas trocas de cor ou entrando com o valor de cor no campo apropriado (1.19).
6. A margem esquerda padrão é de 11 pixels da margem esquerda da janela do browsers e a margem superior padrão é de 8 pixels do alto da janela do browser. Especifique os valores de Left Margin e Top Margin em pixels, para mudar a margem esquerda e superior para o Internet Explorer. Especifique Margin Width e Margin Height para mudar a margem esquerda e superior para browsers Netscape.

Ⓓ I C A

A cor de link ativo é a cor para a qual o link muda quando você estiver clicando nele — é preciso observar atentamente para ver esta.

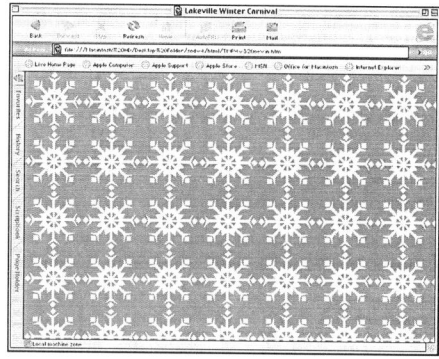

Figura 1.18 *A imagem de fundo é azulejada quanto ela é menor do que as dimensões da janela. Esta imagem de fundo é um arquivo GIF que tem um fundo transparente, assim, a cor de fundo também é exibida através.*

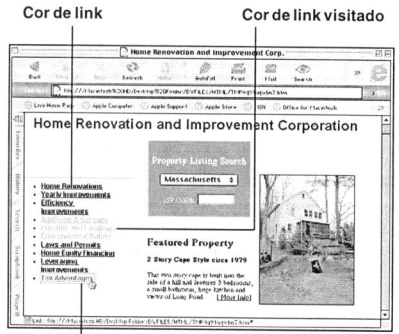

Figura 1.19

O atributo charset da guia <meta> indica a codificação de fonte especificada na caixa de diálogo Page Properties.

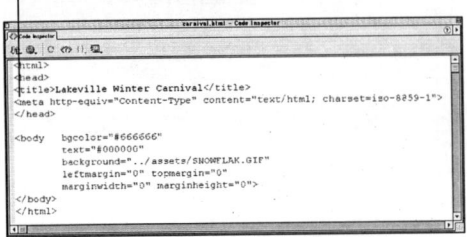

Figura 1.20

Figura 1.21

7. O conjunto de caracteres a ser usado em sua página Web é indicado na opção Document Encoding. Selecione o método Document Encoding do menu pop-up. O Document Encoding padrão é Western (Latin 1). A codificação de documento é especificada usando a guia <meta> na seção <head> do código fonte HTML (1.20).

8. Clique o botão Choose, próximo à caixa de diálogo Tracing Image, para especificar uma vetorização de imagem. A vetorização de imagem é útil quando você tem um layout pré-existente, de um outro programa, que deseja usar como a base para o seu design de página Web (1.21). Veja no Capítulo 15, "Criação de camadas", instruções sobre como usar uma vetorização de imagem.

Ⓝ O T A

A opção Transparency na caixa de diálogo Page Properties, contém a vetorização de imagem. Você pode mudar a opacidade da vetorização de imagem para que ela seja enfraquecida no fundo da imagem, o que torna o posicionamento de elementos sobre ela mais fácil.

Seleção de um esquema de cor segura da Web predefinido

É possível escolher uma série de esquemas de cor segura da Web predefinido para especificar a cor de fundo, cor de texto e cores de link para a sua página Web, ao invés de selecioná-las manualmente da caixa de diálogo Page Properties.

1. Escolha Commands → Set Color Scheme para exibir a caixa de diálogo Set Color Scheme Command (1.22).
2. Selecione uma cor de fundo da lista de cores disponíveis.
3. Selecione uma combinação de cores para texto e links, da lista de cores que corresponde à cor de fundo que você selecionou. Clique OK ao terminar.

Ⓝ O T A

Para acrescentar os seus próprios esquemas de cor à caixa de diálogo Set Color Scheme Command, edite Configuration/Commands/ colorSchemes.js, localizado na pasta de aplicativo Dreamweaver. Abra esse arquivo na janela Code de Dreamweaver. Edite os valores hexadecimais de cor, ou copie e cole uma seção de cor para criar o seu próprio esquema para cor de fundo, texto e links (1.21). Salve uma cópia do arquivo colorSchemes.js original antes de sobregravá-lo. Edite o arquivo Set Color Scheme.htm localizado no mesmo diretório, para modificar a maneira com que a caixa de diálogo aparece. Saia e reinicie Dreamweaver para ver as suas mudanças refletidas.

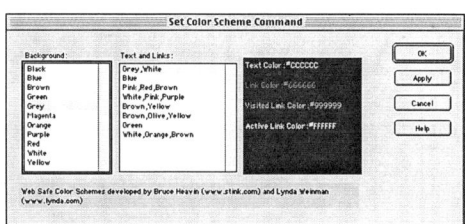

Figura 1.22

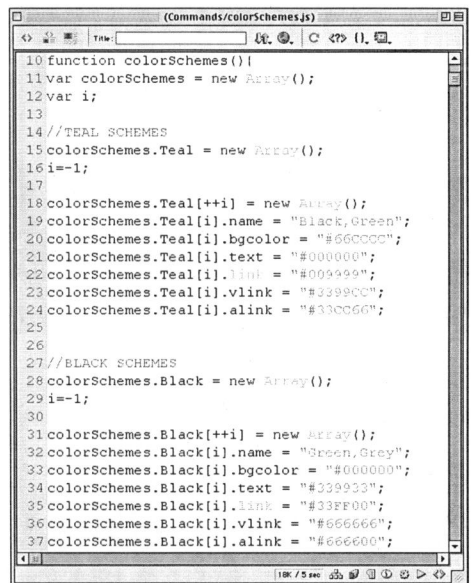

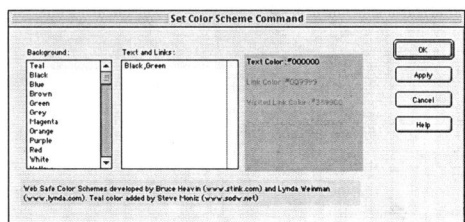

Figuras 1.23

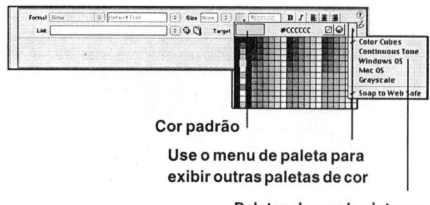

Cor padrão
Use o menu de paleta para exibir outras paletas de cor
Paletas de cor do sistema

Figura 1.24

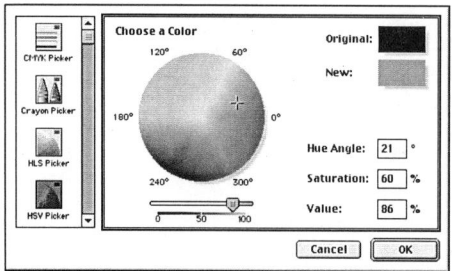

Figura 1.25 O pegador de cor Macintosh

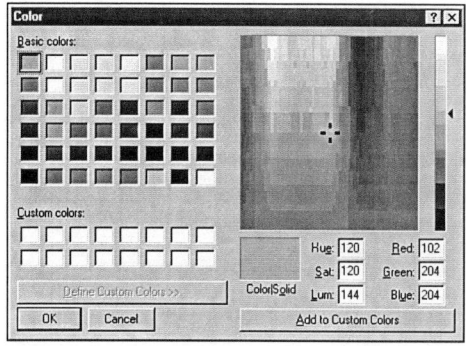

Figura 1.26 O pegador de cor Windows

Como especificar cor de texto e de fundo

Sempre que o Dreamweaver oferecer uma opção para especificar cor, você pode clicar uma troca de cor para selecionar visualmente uma cor de uma paleta de cor. A paleta de cor padrão contém a paleta de cor segura da Web. Você pode selecionar uma destas cores, clicando a troca da cor desejada, ou selecionando uma cor, tal como as paletas de cor do seu sistema ou até cor de imagens e elementos em sua tela.

1. Clique em qualquer troca de cor uma vez no Dreamweaver para exibir a paleta de cores seguras da Web (1.24).

2. Posicione o cursor conta-gotas sobre a troca de cor que deseja. O valor hexadecimal da cor é exibido no alto da paleta de cor. Clique na cor para selecioná-la. Você também pode clicar em qualquer lugar na tela para exemplificar uma cor.

3. Clique o ícone Color Wheel para exibir as paletas de cor Macintosh (1.25) ou a paleta de cor Windows (1.26). Selecione uma cor e clique OK.

ⒹI C A

Visite http://graphicdesign.about.com para boas informações sobre cores seguras da Web, bem como muitos outros tópicos sobre Web design.

Como usar o painel History

O painel History grava todas as etapas que você realizou no documento ativo desde que o abriu. Usando o painel History, você pode desfazer uma ou mais etapas, repetir etapas existentes e até salvar etapas de história, como comandos que aparecem o menu Commands.

1. Escolha Window → History para exibir o painel History (1.27).
2. Mova o deslizador para uma etapa anterior, para desfazer todas as etapas atrás daquele ponto. Quando você realizar outra função Dreamweaver, todas as etapas acinzentadas serão apagadas.
3. Clique uma etapa (não o deslizador) no painel History, e depois, clique o botão Replay no canto inferior esquerdo do painel History, para repetir a etapa selecionada (1.28). Destaque as etapas para repetir com o botão Replay.

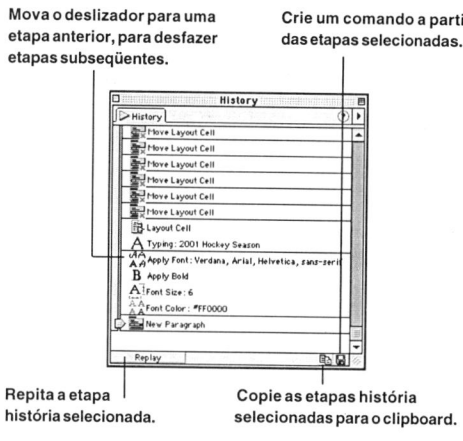

Figura 1.27

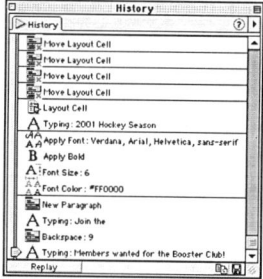

Figura 1.28 O painel History não exibe as etapas que você realiza na janela Site, outros documentos ou outras molduras.

Ⓓ I C A

Você pode digitar (Command — Z)[Ctrl + Z] para desfazer a última etapa realizada, movendo o deslizador no painel History para a etapa anterior. Depois, você pode continuar a digitar este comando até ter terminado todas as etapas no painel History. Digite (Command — Y)[Ctrl + Y] para refazer a última ação de desfazer.

Figura 1.29 O nome que você designa ao comando aparece sob o menu Command Name.

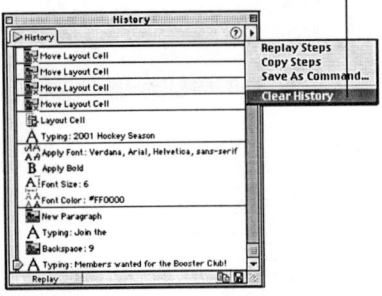

Figura 1.30

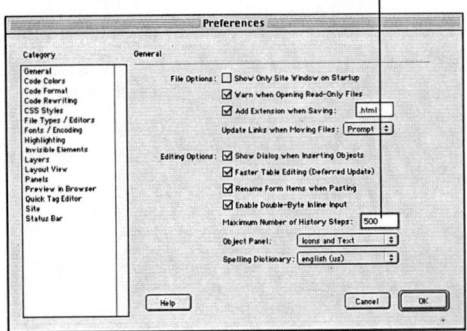

Figura 1.31

4. Selecione algumas etapas no painel History e depois clique o ícone disco, no canto inferior direito do painel History, para criar um novo comando no menu Command Name (1.29). As linhas divisórias no painel History indicam quebras na história que não podem ser gravadas, tais como clicar ou agarrar no documento. As etapas que exibem um X vermelho no ícone não podem ser repetidas ou transformadas em comandos.

5. Clique o menu do painel, no canto superior direito do painel History e selecione Clear History, para limpar o History existente (1.30).

Ⓓ I C A

Você pode repetir a última etapa realizada, escolhendo o comando Edit, Repeat ou digitando (Command — Y)[Ctrl + Y]. O comando Repeat não é disponibilizado imediatamente depois de uma operação de desfazer ou refazer.

Ⓝ O T A

O Dreamweaver pode gravar 2 a 99.999 etapas no painel History. Escolha File, Preferences e clique a categoria General, para mudar o número total de etapas salvadas no painel History (1.31). Quanto maior o número, mais memória o painel History requer.

Gravação de comandos

O Dreamweaver permite que você grave temporariamente qualquer quantidade de etapas como um comando. As etapas que você realiza são gravadas quando são realizadas assim, não é necessário selecionar múltiplas etapas no painel History. Alguns eventos, tais como clicar para selecionar alguma coisa ou arrastar um elemento de um lugar para outro, não podem ser gravados e serão pulados no comando.

1. Escolha Commands, Start Recording; depois, realize as etapas que deseja gravar. O cursor muda para um ícone de fita cassete de áudio, quando gravando (1.32).
2. Quando você tiver acabado de gravar, escolha Commands, Stop Recording.
3. Escolha Commands, Play Recorded Command para repetir a última gravação. Uma etapa chamada Run Command aparece no painel History.
4. Para salvar o comando gravado no menu Commands, selecione a etapa Play Command no painel History e clique o botão Save As Command, no canto inferior direito do painel History.
5. Entre com um nome para o comando e clique OK. O comando agora aparece no menu Commands.

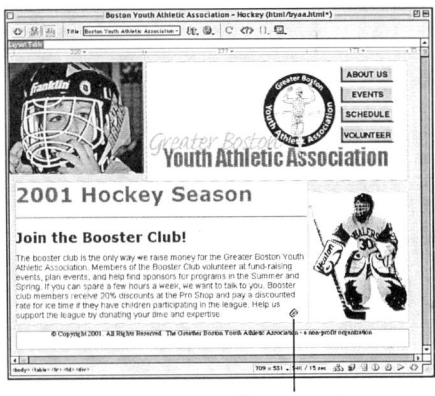

O cursor muda para um ícone de cassete ao gravar.

Figura 1.32

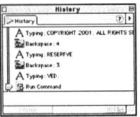

Figura 1.33

Ⓝ O T A

O Dreamweaver não grava as mudanças feitas quando você troca para um outro documento enquanto gravando. O cursor muda para um ícone de fita cassete quando gravando. Se o cursor não exibir o ícone de gravação, as mudanças não estão sendo gravadas.

Capítulo 2

Neste capítulo, você aprenderá como...

- ◆ Criar um site local e especificar um site remoto
- ◆ Iniciar uma área de adaptação local
- ◆ Iniciar acesso WebDAV e SourceSafe
- ◆ Transferir arquivos para e de sites remotos
- ◆ Usar Check In/Check Out
- ◆ Gerenciar e vincular seus arquivos com o mapa de site
- ◆ Mudar links quanto à largura do site
- ◆ Especificar o layout do mapa de site
- ◆ Configurar as preferências de site
- ◆ Incluir design notes em seu site
- ◆ Acrescentar design notes em seus documentos
- ◆ Usar vista de colunas de arquivo com design notes
- ◆ Sincronizar arquivos remotos e locais

As ferramentas de gerenciamento de site em Dreamweaver permitem que você gerencie todo o seu site a partir da janela Site de Dreamweaver. Você pode exibir o conteúdo de seu Web site remoto em um painel, enquanto vendo o conteúdo do site em seu disco rígido local em outro. Se você for o desenvolvedor único de um Web site, ou parte de um grupo de desenvolvedores,

Configuração de seu site em Dreamweaver

Dreamweaver lhe dá cobertura. No caso do desenvolvimento de página Web por mais de uma pessoa, você pode ir para o recurso Check In/Check Out do Dreamweaver, para que apenas uma pessoa de cada vez possa fazer mudanças em uma página Web. Também é possível sincronizar o seu site remoto com a pasta de site local e gerenciar a atualizar múltiplos sites.

Depois de ter criado um site, você pode usar os ícones de apontar-e-atirar do Dreamweaver para especificar URLs e vincular a ativos externos, tais como imagens, arquivos de som e vídeo. O recurso de mapa do site oferece um método gráfico de ver a hierarquia de seu Web site e apresenta todo o Web site como um fluxograma de páginas Web, URLs e outros ativos. O mapa de site é uma forma ideal de montar um site a partir do rascunho, criando links relativos e a estrutura de organização antes de você começar a criar o conteúdo individual da página. A poderosa janela Site no Dreamweaver controla onde está tudo em seu Web site e o informa sobre quaisquer links partidos ou órfãos, ou arquivos faltando.

Criação de um site local

A janela Site em Dreamweaver oferece um método para manter os seus arquivos organizados para você, em seu site. A janela Site também é um eficiente cliente File Transfer Protocol (FTP), que permite a transferência de seus arquivos para e do servidor Web. Designe um diretório local como a pasta Site Root e Dreamweaver fará o resto, catalogando os arquivos do site, para permitir links site root-relativo e documento-relativo. Depois de você fazer o upload dos arquivos do site para o servidor remoto, o Dreamweaver controla as mudanças feitas tanto no site local quanto remoto, para garantir que o conteúdo Web seja sempre consistente e atualizado.

1. Escolha Window → Site Files, ou clique o ícone Site no lançador para exibir a janela Site (2.1).
2. Escolha Site → New Site para exibir a caixa de diálogo Site Definition (definição de site) e depois, selecione a categoria Local Info (2.2).

DICA

O painel Assets só funciona quando o cache do site é criado. Veja o Capítulo 18, "Como gerenciar e inserir Assets com o painel Assets."

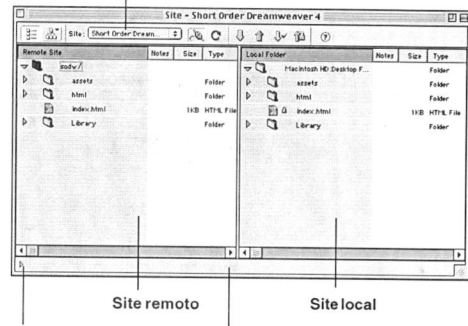

Figura 2.1

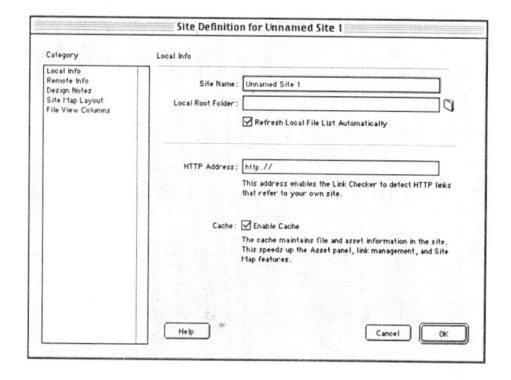

Figura 2.2 Se você marcar a caixa de verificação Enable Cache (capacitar área de armazenamento temporário), é criado um cache local para apressar as tarefas de link e gerenciamento de site. Se você não marcar a caixa de verificação Cache, o Dreamweaver pede que você crie o cache antes de criar o site.

3. Entre com um nome de site. O nome de site pode ser qualquer coisa que você queira, pois ele só é usado por Dreamweaver e não afeta o seu Web site remoto.

4. Entre com o caminho da pasta Root local, ou clique o ícone Folder, para selecionar uma pasta existente que esteja na pasta Site Root (2.3).

5. Quando você clicar OK, o Dreamweaver avalia o conteúdo da pasta Site Root para criar o site na janela Site (2.4).

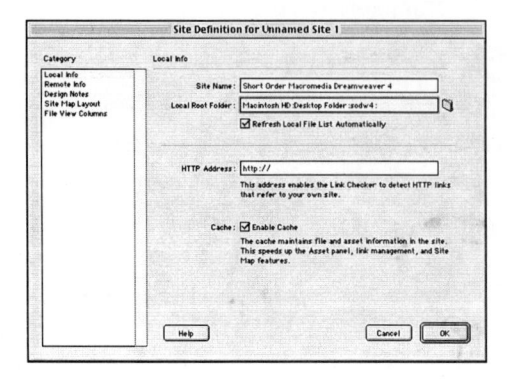

Figura 2.3

NOTA

Digite o endereço de seu Web site completo no campo HTTP Address para que o Dreamweaver possa verificar quaisquer links absolutos usados em seu site. O Dreamweaver usa estas informações para verificar quaisquer links a páginas em seu site que sejam links HTTP. Por exemplo, se o seu site for chamado de www.sneezing.com, você pode referenciar uma página em sua visão com o URL http://www.sneezing.com/tissues.html, em oposição a usar um link site root-relativo ou documento-relativo.

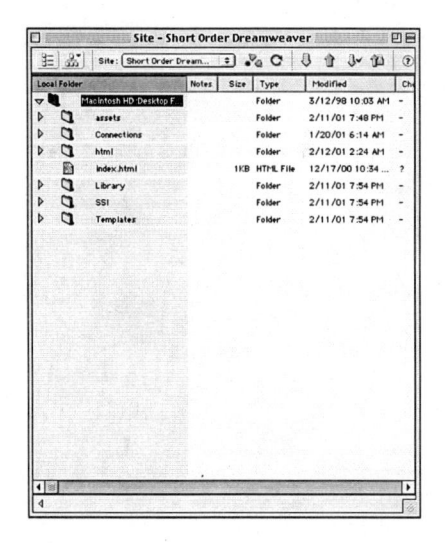

Figura 2.4

Como especificar um site remoto

É preciso ter as informações (fornecidas pelo seu administrador de site ou ISP —) para conectar o seu site remoto através de FTP. Se você estiver usando uma conexão de rede local e um servidor adaptado, primeiro é preciso conectar-se com o volume de servidor local.

1. Escolha Site → Define Sites e clique duas vezes o site que deseja editar para exibir a caixa de diálogo Define Site.
2. Selecione Remote Info, da lista Category e escolha FTP a partir do menu pull-down Server Access (2.5).
3. Entre com as informações de FTP e preencha os campos Login e Password.
4. Marque a caixa de verificação Use Passive FTP se o seu firewall exigir que o software local inicie a conexão FTP. Marque a caixa de verificação Use Firewall se você estiver acessando a Internet por detrás de um firewall. Clique OK.
5. Clique Done para fechar a caixa de diálogo Define Sites.
6. Na janela Site, clique o botão Connect.

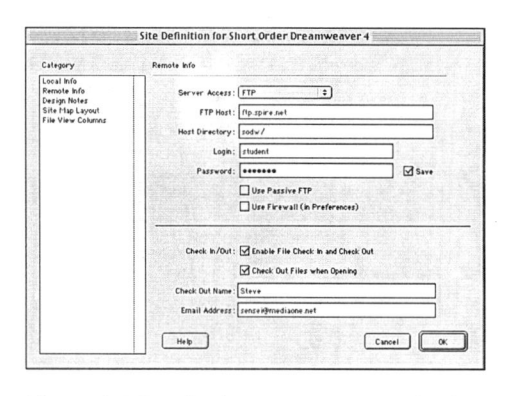

Figura 2.5 Se não tiver certeza se precisa fornecer informações de firewall, pergunte ao seu administrador de sistema ou ao administrador de firewall as informações específicas.

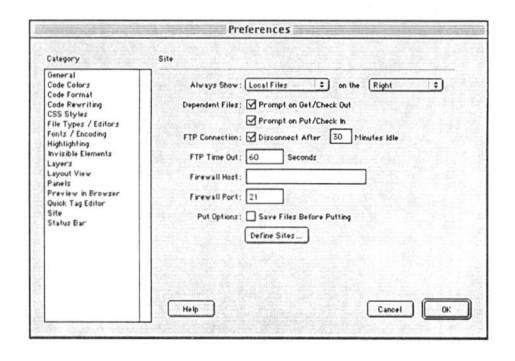

Figura 2.6 Se tiver problemas com a sua conexão FTP, escolha (Site→FTPLog)[Window→Site FTP Log] para exibir o registro FTP.

Ⓝ O T A

Escolha Edit → Preferences para exibir a caixa de diálogo Preferences e depois, selecione Site da lista Category, para especificar as configurações para a sua conexão FTP (2.6).

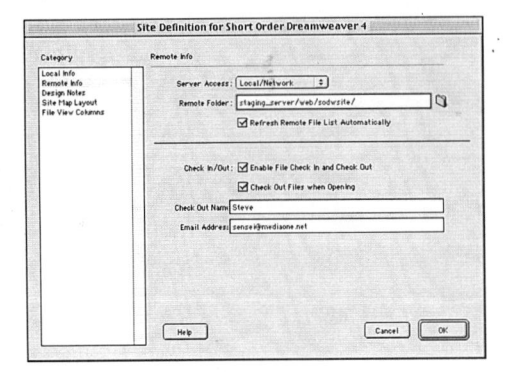

Figura 2.7 Usuários Macintosh devem conectar-se ao volume de servidor local ou disco rígido, para que ele apareça no desktop. Usuários Windows podem conectar-se diretamente, buscando a rede usando Network Neighborhood no Windows 95/98 ou, My Network Places no Windows 2000. Você também pode usar uma pasta em seu disco rígido local como uma área de adaptação.

Como configurar uma área de adaptação local

A opção Local/Network para acesso de servidor na categoria Remote Info da caixa de diálogo Site Definition permite que você se conecte a um drive local ou de rede ao invés do site FTP. Na maioria dos casos, um disco rígido local ou volume de servidor é usado como uma área de adaptação para Web sites, permitindo ao administrador de sistema mais controle sobre o que é encaminhado ao site FTP remoto.

1. Escolha Site → Define Sites e depois clique duas vezes o site que deseja editar, para exibir a caixa de diálogo Define Site. Se a caixa de diálogo Site Definition já estiver na tela, prossiga para a próxima etapa.

2. Selecione Remote Info da lista Category e escolha Local/Network do menu pull-down Server Access (2.7).

3. Entre com o caminho da pasta que corresponde ao seu Web site no campo Remote Folder, ou clique o ícone de pasta para localizá-lo.

4. Marque Refresh Remote File List Automatically para atualizar a lista de arquivo na janela Site do Dreamweaver, sempre que forem feitas mudanças. Clique OK.

Configuração de acesso WebDAV e SourceSafe

Conecte-se com qualquer banco de dados SourceSafe legível a partir de MetroWerks Visual Source Safe, versão cliente 1.1.0 no Macintosh, ou Microsoft Visual SourceSafe, versão cliente 5 no Windows. Semelhante a Source Safe, WebDAV (Web Distributed Authoring and Versioning) é um padrão Web que oferece controle de fonte e versão. Você precisa ter o Visual SourceSafe instalado em seu sistema, ou ter acesso a um sistema de suporte a WebDAV para se beneficiar com as vantagens destes recursos.

1. Escolha Site → Define Sites e clique duas vezes o site que deseja editar para exibir a caixa de diálogo Define Site. Se a caixa de diálogo Define Site já estiver na tela, prossiga para a próxima etapa.
2. Selecione Remote Info da lista Category e escolha SourceSafe ou WebDAV do menu pull-down Server Access (2.8).
3. Clique o botão Settings para exibir as configurações de conexão (2.9).
4. Entre com o URL, nome de usuário, senha e o seu endereço de e-mail. Clique OK.
5. Clique OK na caixa de diálogo Site Definition e clique o botão Connect na janela Site.

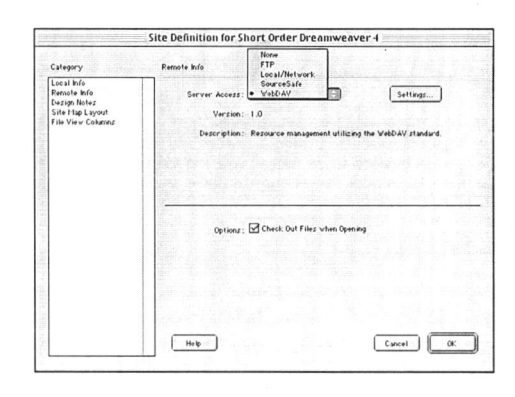

Figura 2.8

Caixa de diálogo de configurações WebDAV

Caixa de diálogo de configurações SourceSafe

Figuras 2.9

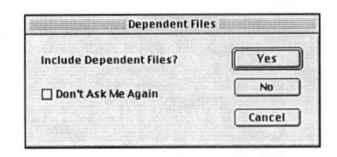

Figura 2.10

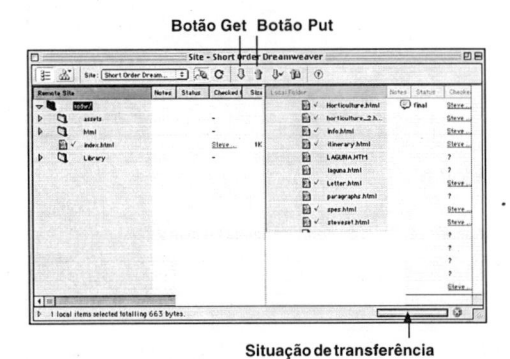

Figura 2.11 Você pode clicar e arrastar arquivos e pastas da pasta local para o servidor remoto e vice-versa. [Cmd+click] (Right-click) em arquivos e pastas na janela Site para exibir o menu de contexto e, depois, selecionar Put ou Get.

Como transferir arquivos para e de sites remotos

O processo de transferir arquivos para e de seu servidor remoto é referido como *putting and getting*. Você pode colocar e obter arquivos individuais, arquivos múltiplos e pastas, ou todo o site.

1. Conecte-se com o site remoto e selecione o arquivo local ou pasta que deseja transferir para a localização remota. Clique o botão Put no alto da janela Site. Se o(s) arquivo(s) que você estiver transferindo tiver(em) quaisquer arquivos dependentes, tais como imagens ou sons, você será solicitado a incluir também os arquivos dependentes na transferência (2.10). A situação da transferência aparece junto ao fundo da janela Site, na área de status (2.11).

2. Selecione um arquivo ou pasta no servidor remoto e clique o botão Get na janela Site para transferir o arquivo ou pasta para a pasta local.

NOTA

Se você estiver preocupado que os arquivos que está transferindo estejam substituindo versões mais recentes dos arquivos, pode selecionar todos os arquivos mais recentes, tanto no site local quanto no site remoto, antes de colocá-los ou obtê-los. No Macintosh, escolha Select Newer Local ou Select Newer Remote do menu Site→Site Files View. Usuários Windows escolhem Select Newer Local ou Select Newer Remote do menu Edit.

Como usar Check In/Check Out

Se múltiplos desenvolvedores estiverem trabalhando em seu Web site, você pode usar o recurso Che In/Check Out do Dreamweaver para evitar mais que um desenvolvedor edite o mesmo arquivo, ao mesmo tempo. Quando outro desenvolvedor de Dreamweaver sair de um arquivo no servidor remoto, aparece uma marca de verificação próxima ao nome de arquivo e o nome de usuário da pessoa que esteja trabalhando no arquivo aparece na coluna Checked Out By, na janela Site. Acrescente Design Notes do Dreamweaver para comunicar-se com os membros de sua equipe e clique o nome da pessoa que saiu do arquivo para enviar um e-mail.

1. Escolha Site → Define Sites e depois clique duas vezes o site que deseja editar para exibir a caixa de diálogo Site Definition (2.12).
2. Escolha Remote Info da lista Category, à esquerda, e marque a caixa de verificação Enable File Check In e Check Out.
3. Selecione Check Out Files When Opening para marcar automaticamente a saída de arquivos quando você abri-los localmente, ou a partir do servidor remoto (2.13).

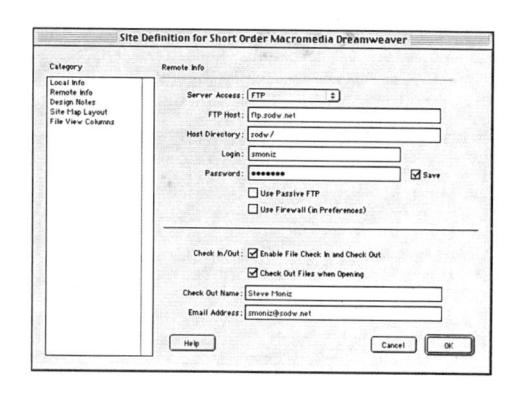

Figura 2.12

Quando você ativa o recurso Check In/Check Out de Dreamweaver na caixa de diálogo Site Definition, os botões Check Out e Check In são acrescentados à janela Site.

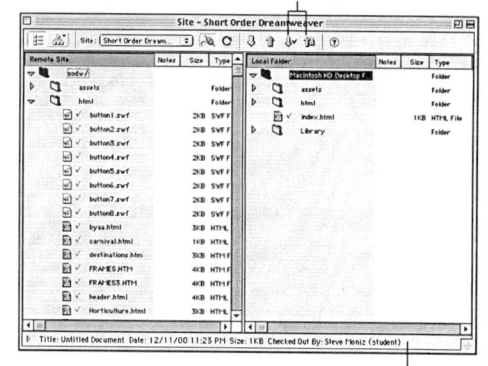

Passe o cursor sobre um arquivo com uma marca de verificação próxima a ele. A data será verificada e quem saiu dele aparecerá na linha de status.

Figura 2.13

NOTA

Todos os desenvolvedores trabalhando em um Web site com a função Check In/Check Out ativada precisam selecionar esta opção da caixa de diálogo Define Site e entrar com seus nomes no campo Check Out Name.

Check In/Check Out não está disponível quando Web Server Access estiver ajustado para None na categoria Remote Info da caixa de diálogo Site Definition.

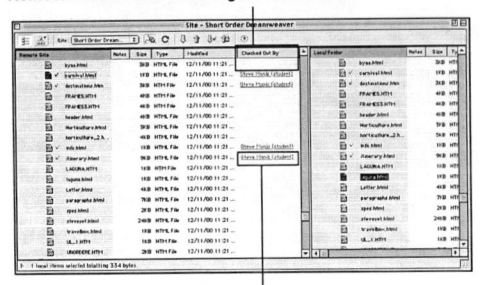

Clique o nome na coluna Checked Out By para lançar o seu programa de e-mail com uma mensagem endereçada àquela pessoa.

Figura 2.14

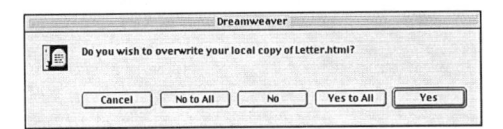

Figura 2.15

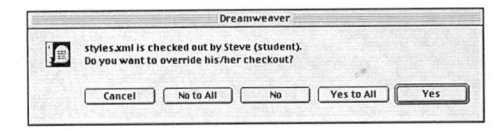

Figura 2.16

4. Entre com o seu nome e endereço de e-mail no campo Check Out Name e campo E-mail Address, respectivamente.

5. Selecione um arquivo, ou arquivos, na janela Site e clique o botão Check Out no canto superior direito. Você pode selecionar o arquivo do servidor remoto ou da pasta local. Uma marca de verificação verde aparece, próxima ao arquivo marcado, em ambos, o servidor remoto e a pasta local, e o nome de usuário aparece na coluna Checked Out By (2.14). Se você selecionar um arquivo no servidor remoto, o arquivo é copiado para a pasta local, e você é solicitado a sobregravar o arquivo existente, se houver um que seja mais antigo ou mais novo do que o sendo copiado (2.15). Se você tentar marcar um arquivo que já esteja marcado por outro usuário, você é indicado para sobregravar a marcação (2.16).

Ⓝ O T A

Se os arquivos que você estiver copiando contiverem arquivos dependentes, tais como filmes GIFs, JPEGs e Flash, uma caixa de diálogo aparece, perguntando se você deseja incluir os arquivos dependentes. Se clicar Yes, os arquivos dependentes são copiados e colocados no mesmo lugar relativo, no site ao qual você está copiando. Quando necessário, são criadas pastas para combinar com a hierarquia do site do qual você está copiando.

Como gerenciar seus arquivos com o mapa do site

O mapa do site oferece um quadro do tipo fluxograma de seu site e pode apresentar os links, endereços de e-mail e imagens contidas em cada arquivo. Além de exibir uma vista ilustrativa de sua hierarquia de site, o mapa de site permite que você crie links entre arquivos simplesmente clicando e arrastando. Se tiver uma boa idéia dos arquivos que o seu site conterá e da hierarquia total dos arquivos em seu site, você pode criar um site vazio, com todos os arquivos no lugar. Use a janela Site para criar as pastas vazias e arquivos e depois, use o mapa do site para arrastar links, com o ícone Point-to-File, de uma página para outra. Os links aparecem no fundo da página quando você os edita e tudo o que é preciso fazer é designar os links ao texto ou objeto que deseja.

1. Clique o botão Site, no lançador, para exibir a janela Site, se ela ainda não estiver na tela.
2. Clique o ícone Site Map no canto superior esquerdo da janela Site, para exibir o mapa do site (2.17).
3. Clique o sinal de mais, à esquerda do arquivo, para exibir os links para aquele arquivo. Os ícones à direita do ícone Thumbnail do arquivo indicam aquela posição do arquivo, como visto na Tabela 2.1.

Clique o sinal de menos para contratar os arquivos dependentes e links.

Posicione o seu cursor sobre as cabeças de seta indicando para os arquivos, no mapa de site; depois clique e arraste para aumentar ou diminuir o espaço entre os itens.

Clique o sinal de mais para mostrar os arquivos dependentes e links.

Figura 2.17

Tabela 2.1 Ícones de status de arquivo

Ícone	Descrição
	Marcas de verificação verdes indicam arquivos que você marcou; marcas de verificação vermelhas indicam arquivos corrigidos por outros.
	O ícone Padlock indica que o arquivo está bloqueado ou apenas de leitura. Padlocks aparecem em arquivos locais quando eles são marcados.
	Um link para um arquivo que não existe no site.
	Texto exibido em azul e marcado com um globo indica um arquivo em outro site, ou um link especial, tal como e-mail ou scripts.
	Plugins, Java e arquivos de texto são apresentados com o ícone padrão Page.
	Um arquivo Cascading Style Sheets que está vinculado.
	O ícone Shockwave aparece em ambos, Shockwave e Flash.
	Um arquivo de imagem, tal como um GIF ou um JPEG.

Arquivos ocultos são indicados com itálico.

Arquivos dependentes incluem arquivos JPEG, PNG e GIF.

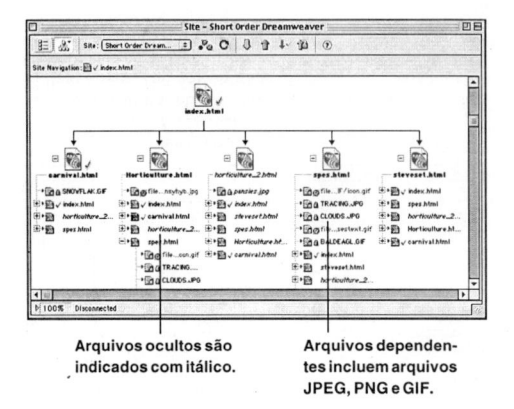

Figura 2.18

Clique o arquivo root original para voltar a ver o mapa de site do arquivo root depois que você tiver selecionado um outro arquivo para ver como root.

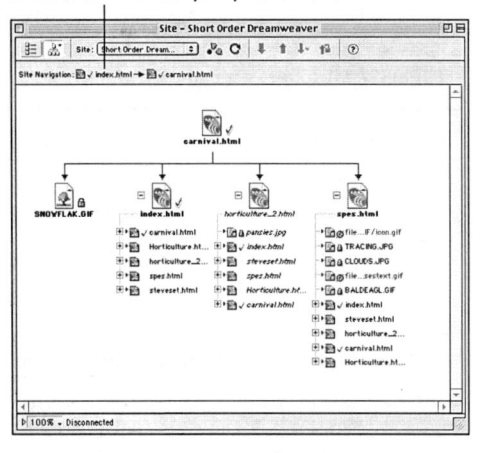

Figura 2.19 Passe o seu cursor sobre qualquer nome de arquivo na vista Site Map para ver o caminho do arquivo. Este recurso é incapacitado quando você estiver com o recurso Show Page Titles capacitado.

4. Usuários Macintosh podem manter pressionada a tecla Ctrl e clicar um arquivo para exibir o menu de contexto e depois escolher Show/Hide Link para ocultar os arquivos vinculados. Escolha Site→Site Map View→Show Files Marked as Hidden para mostrar em itálico os arquivos ocultos. Usuários Windows clicam um arquivo com o botão direito do mouse e escolha Show/Hide Link para ocultar arquivos. Escolha View→Show Files Marked as Hidden na janela Site, para exibir em itálico os arquivos ocultos. Escolha (Site→Site Map View→Show Dependent Files)[View→Show Dependent File] para exibir arquivos dependentes, tais como JPEGs e GIFs (2.18).

ⓓ I C A

Clique em um arquivo para selecioná-lo; depois, escolha (Site→Site Map View→View as Root)[View→View as Root] para tratar o arquivo selecionado como se ele fosse o arquivo root (2.19). Você pode clicar o arquivo root original, na barra Site Navigation acima do mapa do site, para voltar ao mapa do site completo.

ⓓ I C A

Escolha (Site→Site Map View→Show Page Titles) [View→Show Page Titles] para mostrar títulos de página ao invés de nomes de página na vista Map. A guia <title> na seção <head> de documentos HTML indica o título da página.

Como fazer um link com o mapa do site

Você pode diminuir o demorado processo de vinculação, seja criando links de um arquivo para outro no painel Site Map da janela Site, seja vinculando a arquivos na pasta Local. A vinculação com o mapa de site é uma maneira eficaz de montar visualmente o seu Web site, usando arquivos HTML vazios para começar.

1. Clique um arquivo no painel site Map da janela Site para exibir o ícone Point-to-File.
2. Clique e arraste o ícone Point-to-File e libere no arquivo que você deseja vincular ao arquivo selecionado (2.20).

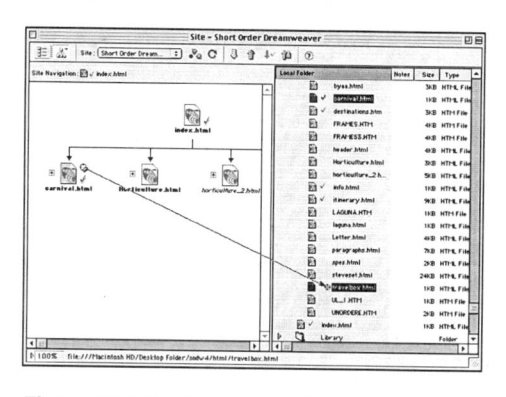

Figura 2.20 Você pode apontar para um arquivo no painel Site Map ou para o painel Local Folder da janela Site ao criar um link.

NOTA

Clique para selecionar um arquivo e depois escolha Site→Site Map View→Remove Link para remover um link na vista Site Map.

NOTA

Quando você usa o ícone Point-to-File para vincular arquivos na vista Site Map, um texto de link é colocado no fundo da página selecionada. Redesigne os links no arquivo quando editá-lo, ou simplesmente, mude e reposicione o texto se o link for permanecer um texto de link (2.21).

Os links aparecem como texto no fundo de suas páginas Web.

Redesigne os links ou reformate, conforme mostrado aqui.

Figura 2.21

Como mudar links quanto à largura do site

Figura 2.22 Se você selecionar um arquivo na janela Site antes de escolher Site→Change Link Sitewide, o caminho do arquivo é automaticamente inserido no campo Change All Links to (mudar todos os links para).

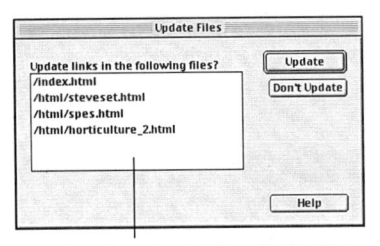

Quando a caixa de diálogo Update Files aparece, parece que você pode atualizar seletivamente os arquivos na lista, mas todos os arquivos na lista serão atualizados, independentes de quais você selecionar.

Figura 2.23

Ⓝ O T A

Depois que um link é mudado quanto à largura de site, o arquivo selecionado torna-se um órfão, pois nenhum dos arquivos em seu site local indicam para ele. Você pode apagá-lo com segurança, sem romper quaisquer links locais. Apague manualmente o arquivo correspondente no site remoto e coloque uma marcação em quaisquer arquivos onde os links foram mudados. A sincronização de seu site pode conseguir isto em uma única etapa, embora você ainda precise apagar o arquivo tornado órfão.

Mudar um link quando à largura do site revincula todas as páginas em seu site para um novo arquivo que você especifica. Este procedimento é útil se o seu site tem links que mudam periodicamente — por exemplo, se você tem uma cliente que faz o design de uma única página em seu site a cada mês, ela pode nomear os arquivos junesale.html, aprilsale.html e assim por diante. Na janela Site, especifique quais arquivos trocar, e todos os links para a página de vendas no site são atualizados sem eliminar as páginas de vendas anteriores.

1. Escolha Site→Change Link Sitewide para exibir a caixa de diálogo correspondente (2.22).

2. Entre com o link que você deseja mudar no campo Change All Links To. Entre com o link de substituição no campo Into Links to e clique OK.

3. Quando a caixa de diálogo Update Files aparece, clique o botão Update para atualizar todos os arquivos na lista (2.23).

Como especificar o layout do mapa do site

O Site Map Layout está na caixa de diálogo Define Site e permite que você especifique a aparência do mapa de site. Você pode especificar como exibir os arquivos na vista Site Map para ajustar o tipo de dados que precisa para gerenciar o seu site.

1. Escolha (Site→Site Map View→Layout) [View→Layout] para exibir a caixa de diálogo Site Definition com a categoria Site Map Layout selecionada (2.24).

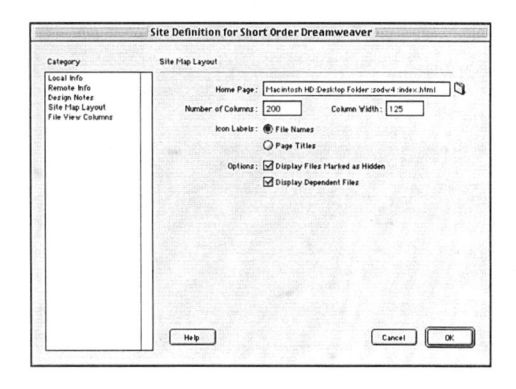

Figura 2.24

2. Indique a home page para o seu site no campo Home Page. Tipicamente, a home page é nomeada index.html, default.html ou home.html, dependendo do servidor.

3. Entre com o número máximo de colunas, bem como com a largura máxima de coluna. Se você ajustar o Number of Columns para um número baixo, tal como 2, pode ver a janela Site em um formato mais colunas (2.25).

4. Escolha o Icon Labels e Display Options e depois, clique OK.

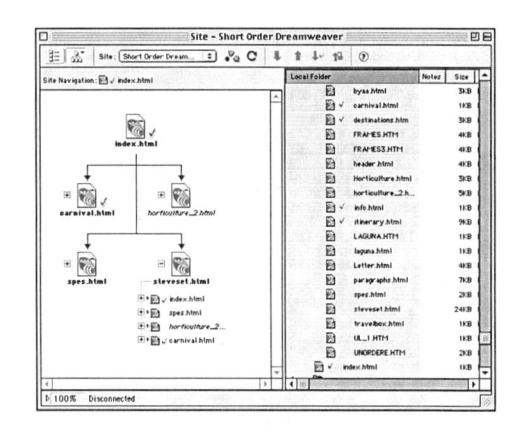

Figura 2.25

Ⓝ O T A

Se você não especificar uma home page na categoria Site Map Layout da caixa de diálogo Site Definition, o Dreamweaver pede que você identifique a home page quando você escolher o Site Map Layout. Se você tiver um arquivo denominado index.html ou index.htm em seu site, o Dreamweaver usa aquele arquivo.

Configuração as preferências do site

A categoria Site na caixa de diálogo Preferences é onde você especifica como o Dreamweaver interage com os arquivos no servidor remoto. É possível pular diretamente para a caixa de diálogo Define Sites a partir da caixa de diálogo Preferences depois de você especificar os parâmetros para conexões remotas.

1. Escolha Edit→Preferences para exibir a caixa de diálogo Preferences e selecione Site da lista Category à esquerda (2.26).

2. Escolha a maneira com a qual você deseja trabalhar ao conectar-se com um site remoto. Se o servidor remoto estiver atrás de um firewall, você precisa entrar com o host firewall e a porta firewall (normalmente 21) nos campos apropriados.

3. Clique OK ou clique o botão Define Sites para pular diretamente para a caixa de diálogo Define Sites.

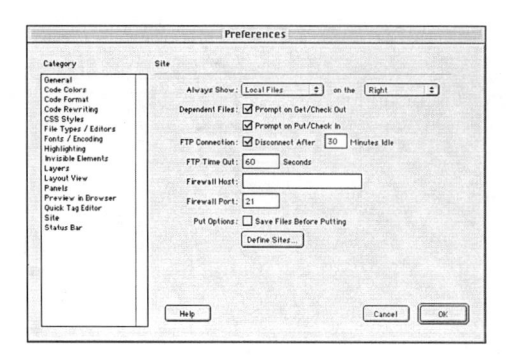

Figura 2.26

Figura 2.27

Digite os comandos FTP na linha FTP Command e pressione (return)[Enter].

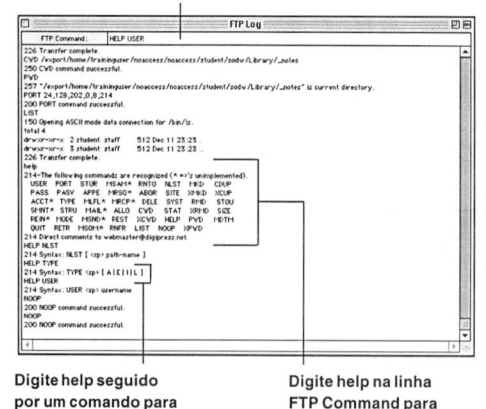

Digite help seguido por um comando para obter mais informações sobre o comando.

Digite help na linha FTP Command para listar os comandos FTP disponíveis.

Figura 2.28

NOTA

Se você tiver problemas enquanto transferindo arquivos usando FTP, exiba o registro FTP como uma ajuda de solução de problemas. Escolha (Site→FTP Log)[Window→Site FTP Log] para exibir o registro FTP (2.27). Digite help na linha de comando FTP para listar os comandos FTP disponíveis na linha FTP Command. Digite help seguido por um comando FTP para obter ajuda no comando e para ver a sintaxe certa para ele.

Como incluir Design Notes em seu site

Use o comando Design Notes para controlar as informações extras associadas aos seus documentos, tais como nomes de arquivos de imagens e comentários sobre a situação de arquivos. Design notes são ideais para salvar informações que são privadas e que você não deseja disponibilizar em seu código fonte. Também é uma boa forma de controlar quais mudanças foram feitas em um documento quando trabalhando em um ambiente de múltiplos desenvolvedores, onde mais de uma pessoa pode trabalhar no mesmo arquivo. Você pode ver quais arquivos têm Design Notes anexados na janela Site. Também pode criar um arquivo Design Note para cada documento ou gabarito em seu site. Adicionalmente, você pode criar Design Notes para imagens, filmes Flash, objetos Shockwave, applets e controles ActiveX.

1. Escolha Site→Define Sites, selecione um site e clique Edit para exibir a caixa de diálogo Site Definition. Selecione Design Notes da lista Category (2.29).

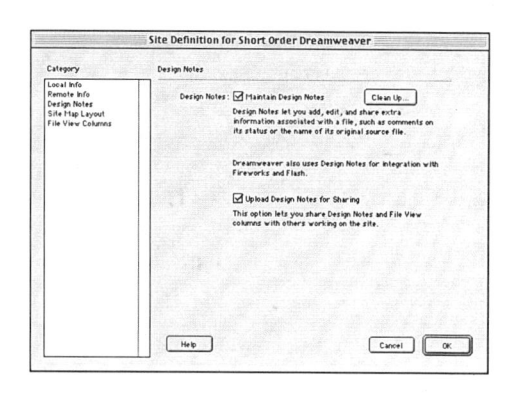

Figura 2.29

2. Marque a caixa de verificação Maintain Design Notes para capacitar Design notes ao seu site. Quando Maintain Design Notes está selecionado, você pode criar Design notes para todos os arquivos e gabaritos em seu site. Sempre que um arquivo é copiado, movido, renomeado ou apagado, o arquivo Design notes também é copiado, movido, renomeado ou apagado.

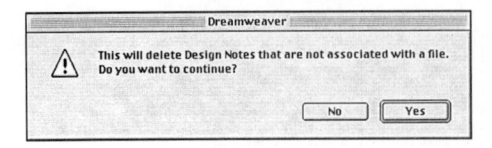

Figura 2.30

Ⓝ O T A

Ao definir o seu site, você pode especificar que o Dreamweaver salve informações de arquivo em Design notes para cada arquivo e gabarito em seu site.

3. Se você quiser compartilhar suas Design notes com outros desenvolvedores trabalhando em seu site, marque a caixa de verificação Upload Design Notes for Sharing. Desfaça a seleção desta opção para poupar espaço no servidor se você for o único desenvolvedor de seu site.
4. Se marcar o botão Clean Up o Dreamweaver apaga todas as Design notes associadas a um arquivo em seu site (2.30). Clique Yes na caixa de diálogo de aviso para prosseguir.
5. Clique OK.

Ⓓ I C A

Se você acrescentar Design notes a um gabarito, quaisquer documentos baseados no gabarito não herdarão as Design notes do gabarito.

Como acrescentar Design notes aos seus documentos

Para acrescentar Design notes aos seus arquivos, os arquivos precisam ser abertos na janela Document do Dreamweaver. Com Design notes, você especifica a posição do arquivo para indicar em qual estágio de desenvolvimento está o documento. Inclua notas de carimbo de data, bem como os seus próprios campos personalizados com valores, tal como um campo Author com o nome do autor como o valor.

1. Assegure-se de que um documento está aberto na janela Document; depois escolha File→Design Notes para exibir a caixa de diálogo Design Notes (2.31).
2. Indique a posição do arquivo na guia Basic Info (informações básicas), selecionando do menu pull-down Status (2.32).
3. Digite quaisquer notas que quiser fazer sobre o arquivo ou mensagens a outros desenvolvedores, no campo Notes. Clique o botão Date, acima do campo Notes, para inserir a data atual (2.33).

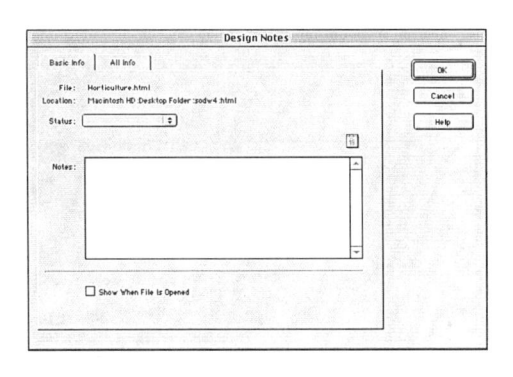

Figura 2.31

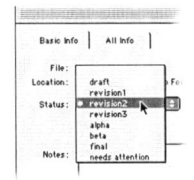

Figura 2.32

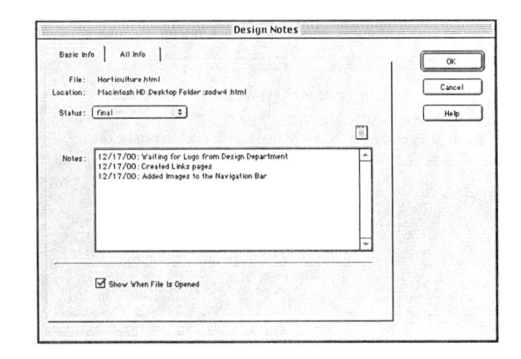

Figura 2.33

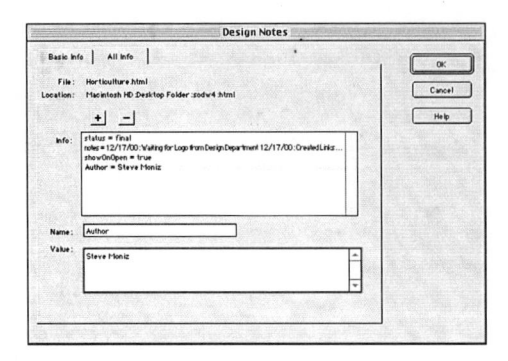

Figura 2.34 Selecione um arquivo na janela Site e selecione File→Design Notes para acrescentar Design notes. Você precisa ou verificar os arquivos no servidor remoto ou obter o arquivo (copiá-lo para o drive local) para acrescentar Design Notes.

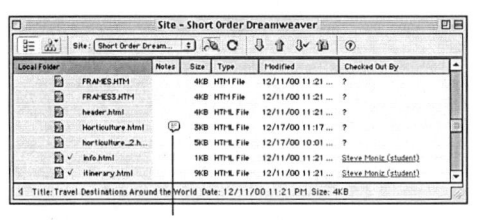

Clique duas vezes para ler Design Notes.

Figura 2.35

4. Na guia All Info da caixa de diálogo Design Notes, clique o sinal de mais, para acrescentar mais campos chave; depois digite um nome e valor. O campo Info é automaticamente atualizado (2.34).

5. Clique OK para salvar as notas.

Ⓝ O T A

Design Notes são salvadas em uma subpasta chamada _notes, no mesmo local que o arquivo atual. O nome de arquivo é o nome de arquivo do documento, mais a extensão .mno. Por exemplo, se o nome de arquivo é training.html, o arquivo Design Notes é nomeado training.html.mno. A pasta Notes não é visível na janela Site dentro de Dreamweaver, mas você pode clicar o ícone Design Notes, na coluna Notes da janela Site para ler Design Notes (2.35).

Ⓝ O T A

Para acrescentar Design Notes a objetos individuais em sua página Web, tais como imagens ou filmes Flash, (Ctrl-click)[Right+click] o objeto para exibir o menu de contexto, e escolha Design Notes.

Como usar vista de colunas de arquivo com Design Notes

Você pode personalizar as colunas que aparecem na lista de arquivo local e remoto da janela Site. Reorganize colunas, oculte colunas, associe Design Notes a colunas e compartilhe colunas com usuários conectados ao site. As colunas padrão são Name, Notes, Size, Type, Modified e Checked Out By.

1. Escolha (Site→Site Files View→File View Columns)[View→File View Columns] para exibir a categoria File View Columns da caixa de diálogo Site Definition (2.36).

2. Clique o botão mais (+) para acrescentar uma coluna e designe um nome, no campo Column Name. Use um nome que corresponda a um dos campos Design Notes, tal como Status ou Priority.

3. Clique o menu pull-down para a direita do campo Associate with Design Note para indicar quais informações design note deseja exibidas nessa coluna (2.37).

Ⓝ O T A

Você não pode apagar, renomear ou associa uma Design Note com qualquer das colunas padrão internas. Entretanto, todas as colunas podem ser ocultadas, exceto a coluna Name.

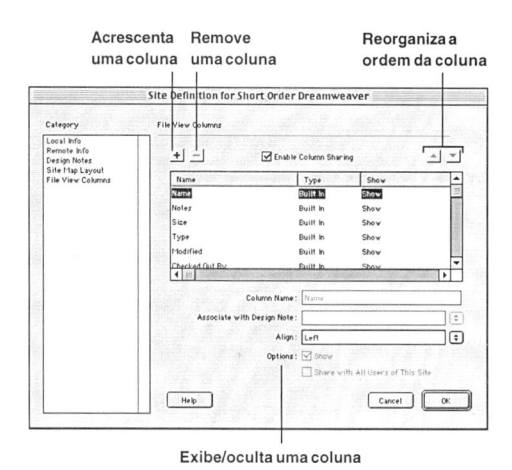

Figura 2.36

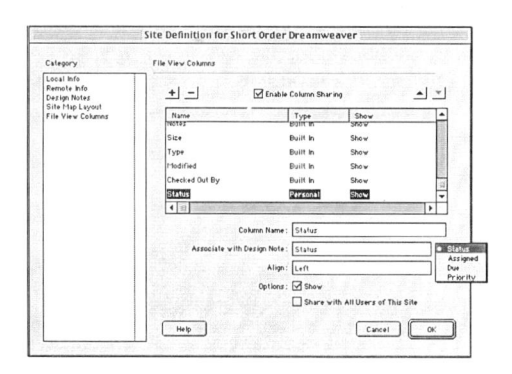

Figura 2.37

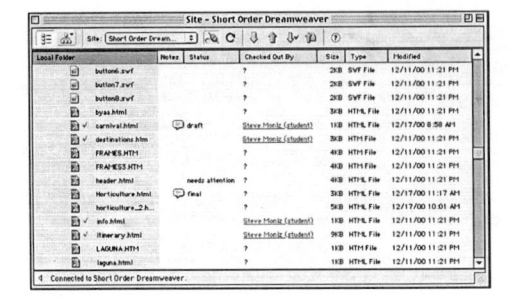

Figura 2.38

4. Escolha uma opção de alinhamento do menu pull-down para a direita do campo Align.

5. Marque a caixa de verificação Show para exibir a coluna na janela Site e marque Share with All Users of This Site para tornar a coluna disponível a outros vendo o site remoto.

6. Use as setas para cima e para baixo no canto superior direito para mover a nova coluna; depois clique OK. Exiba a janela Site na vista Files, para ver a sua nova coluna (2.38).

NOTA

Ao posicionar o cursor entre os títulos de coluna, o ícone de cursor muda para uma linha com setas apontando para a esquerda e para a direita. Clique entre os cabeçalhos da coluna e arraste, para redimensionar as colunas.

NOTA

Você pode gerar um relatório de fluxo de trabalho detalhando as Design notes em seu site. Refira-se à seção denominada "Geração e utilização de relatórios de fluxo de trabalho" no Capítulo 21, "Gerenciamento, sincronização e limpeza de seu site".

Sincronização de arquivos remotos e locais

Use o comando Synchronize para sincronizar os arquivos entre o seu site remoto e o seu site local. Dreamweaver gerará uma lista de arquivos que precisam ser colocados, ou recuperados, para os sites local ou remoto. Você também pode sincronizar arquivos específicos e pastas, primeiro selecionando-os na janela Local or Remote Site.

1. Escolha Site, Synchronize para exibir a caixa de diálogo Synchronize Files (2.39).
2. Para sincronizar apenas arquivos selecionados, escolha Selected Local Files Only do menu pull-down Synchronize. Escolha a opção Entire Web Site para sincronizar todo o site.
3. A partir do menu pull-down Direction, escolha a direção na qual deseja sincronizar os arquivos (Tabela 2.2).
4. Marque a caixa de verificação Delete Remote Files Not on Local Drive se quiser remover quaisquer arquivos que existam no site remoto, mas não existem no site local.

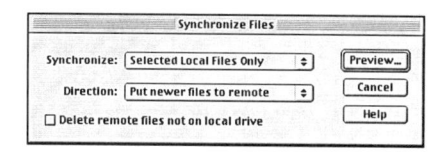

Figura 2.39

NOTA

Se você escolher Get Newer Files from Remote na caixa de diálogo Synchronize Files e também marcar a caixa de verificação Delete Remote Files, o Dreamweaver apaga quaisquer arquivos em seu site local para os quais não existam arquivos remotos correspondentes.

Tabela 2.2 Direção de opções para sincronizar arquivos

Opção	Descrição
Colocar arquivos mais recentes em remoto	Faz o carregamento de todos os arquivos locais que têm datas de modificação mais recentes do que as suas contrapartes no servidor remoto.
Obter arquivos mais recentes do remoto	Carrega todos os arquivos remotos que têm datas de modificação mais recentes do que os arquivos locais.
Obter e colocar arquivos mais recentes	Coloca as versões mais recentes dos arquivos em ambos os sites, locais e remotos.

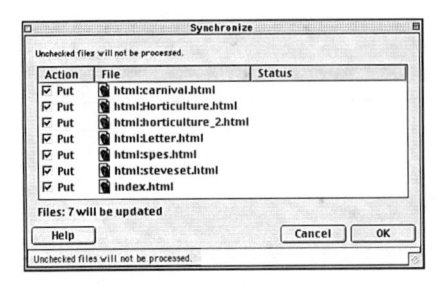

Figura 2.40

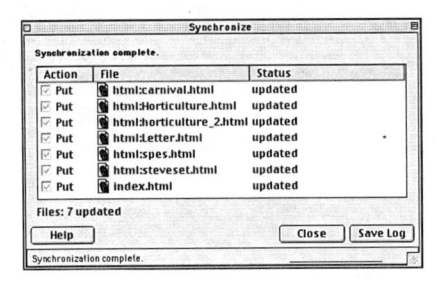

Figura 2.41

Figura 2.42

5. Clique Preview e o Dreamweaver avalia e compara os arquivos em seus sites local e remoto.

6. Na caixa de diálogo Synchronize que aparece quando o Dreamweaver tiver terminado de verificar o seu site, coloque uma marca de verificação na coluna Action de todos os arquivos que você deseja atualizar. Desmarque os arquivos que não deseja atualizar (2.40). Clique OK.

7. O Dreamweaver relata a posição da sincronização na coluna Status da caixa de diálogo Synchronize (2.41). Clique o botão Save Log para salvar o registro da posição para um arquivo de texto (2.42).

NOTA

Para ver quais arquivos são mais recentes no site local, ou quais arquivos são mais recentes no site remoto — sem sincronização — escolha (Site→Site Files View→Select Newer Local)[Edit→Select Newer Local] ou (Site→Site Files View→Select Newer Remote)[Edit→Select Newer Remote].

Capítulo 3

Neste capítulo, você aprenderá como...

- ◆ Usar o painel Dreamweaver Reference
- ◆ Usar o Code View e o Code Inspector
- ◆ Ajustar as opções de Code View e Code Inspector
- ◆ Usar o Quick Tag Editor
- ◆ Mudar Code Colors
- ◆ Ajustar preferências de formato de código para o Code View e o Code Inspector
- ◆ Especificar preferências de reescrita de código
- ◆ Limpar Microsoft Word HTML
- ◆ Usar editors externos

A habilidade de editar o código fonte HTML de suas páginas Web dentro de Dreamweaver oferece o controle final sobre as suas páginas Web e Web site. Ainda que você possa fazer o design da maior parte de seu conteúdo Web visualmente, usando as ferramentas e recursos de Dreamweaver, às vezes e útil editar o código HTML bruto.

Como editar HTML em Dreamweaver

O Dreamweaver permite que você edito o código HTML através da vista Code, do inspetor Code ou do Quick Tag Editor. Se você quiser aprender HTML, pode criar conteúdo de página na janela Document e ver, simultaneamente, o código HTML sendo escrito na vista Code ou inspetor Code. Use o painel Dreamweaver Reference para ver códigos HTML para obter um conhecimento de códigos individuais.

Dreamweaver também permite que você abra arquivos HTML escritos fora do Dreamweaver. Usando o recurso de volta completa HTML, é possível usar o seu editor de texto preferido para modificar o código HTML e depois soltá-lo bem dentro do Dreamweaver, com as suas mudanças no lugar. Além disto, você pode usar comandos em Dreamweaver para limpar o código HTML, removendo guias redundantes, solucionando problemas de aninhamento e listrando códigos especiais, tais como aqueles usados em arquivos Microsoft Word HTML.

Como usar o painel Dreamweaver Reference

O painel Dreamweaver Reference contém referências de informações para guias HTML, objetos JavaScript e estilos CSS. Se você não estiver familiarizado com códigos HTML, o painel Dreamweaver Reference contém extensas explicações de cada código, bem como a sintaxe correta e utilização. Desenvolvedores experientes podem beneficiar-se do painel Dreamweaver Reference, rastreando problemas e pesquisando aspectos de compatibilidade de browser.

1. Selecione algo em sua página, tal como texto formatado, uma tabela ou uma imagem. Você pode selecionar qualquer coisa na janela vista Design ou vista Code.
2. Escolha View→Toolbar para exibir a barra de ferramentas, se ela já não estiver na tela.
3. Clique o botão Reference, na barra de ferramentas (3.1), ou escolha Window→Reference, para exibir o painel Reference (3.2).

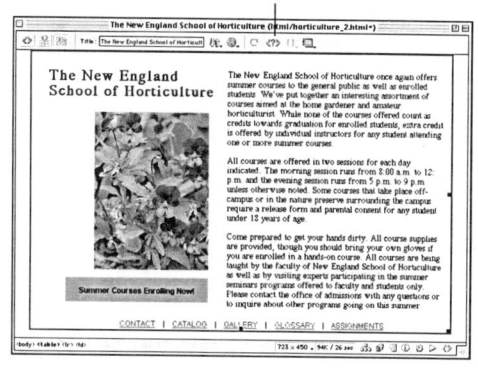

Figura 3.1

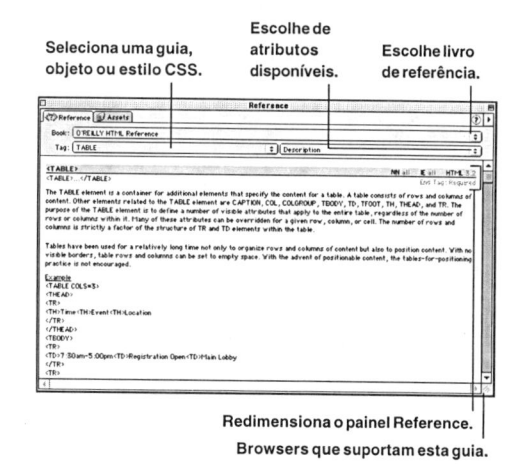

Figura 3.2

NOTA

As guias HTML e os scripts são codificados por cor na vista Code e no inspetor Code. Você pode especificar as suas próprias cores nas preferências Code Colors (cores de código). Veja a seção denominada "Mudança de Code Colors" mais adiante, neste capítulo, para informações sobre a mudança de cores para a vista Code e o inspetor Code.

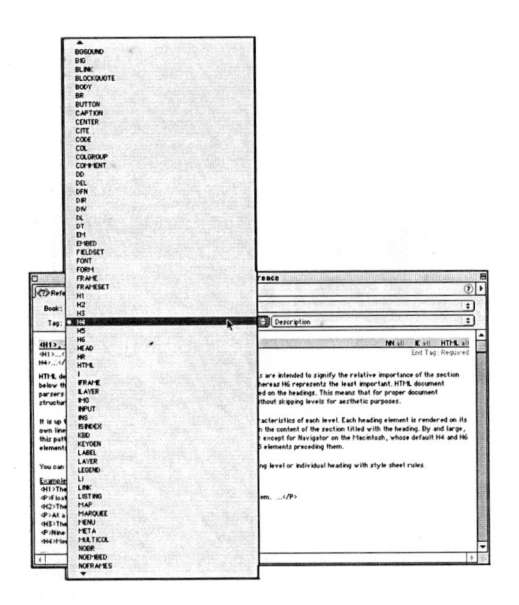

Figuras 3.3

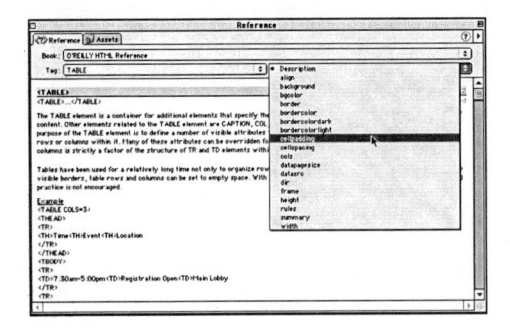

Figura 3.4

4. Para olhar outras guias HTML, escolha O'REILLY HTML Reference a partir do menu pop-up Book e selecione uma guia do menu pop-up Tag, no painel Reference (3.3).

5. Escolha um atributo específico para a guia no menu pop-up, à direita do menu pop-up Tag (3.4).

Ⓓ I C A

Ocasionalmente, você executará uma guia HTML que o Dreamweaver não reconhece e, alguns atributos de guia só estão disponíveis quando digitando diretamente no código HTML. Por exemplo, os atributos bgsound da guia <body> e a guia <blink> não estão disponíveis no Dreamweaver, mas você pode digitá-las na vista Code ou no inspetor Code. O Dreamweaver também usa a guia <center> ou a guia <div align=center> para centralizar texto em uma célula de tabela. Se você quiser acrescentar o atributo align=center à guia <td>, edite o código HTML e todo o conteúdo da célula será centralizado e será exibido daquela forma na janela Document do Dreamweaver.

Ⓓ I C A

Para recuar ou adiantar seções de código na vista Code ou inspetor Code, escolha Edit→Indent Code ou Edit→Outdent Code. Você pode verificar que as suas guias estão equilibradas e ter as guias apropriadas de abertura e encerramento, escolhendo Edit→Select Parent Tag, o que destaca guias de encerramento.

Como usar Code View e Code Inspector

A vista Code exibe o código HTML do documento atual na janela Document e permite que você faça mudanças no código fonte HTML. Você tem a opção de trabalhar inteiramente na vista Code ou separar a janela Document, para exibir ambas, a vista Code e a vista Design.

1. Escolha View→Code ou clique o botão Show Code View, no canto superior esquerdo da janela Document, para exibir o código fonte HTML (3.5).
2. Edite o código fonte HTML ou insira código adicional e depois, clique o botão Show Design View, no canto superior esquerdo da janela Document, para ver o resultado.
3. Clique o botão Show Code and Design Views, no canto superior esquerdo da janela Document, para separar a janela Document (3.6).
4. Clique o botão Refresh no inspetor Property, ou pressione a tecla F5 para atualizar a vista Design com as suas mudanças. Você também pode clicar dentro do painel de vista Design para ver as suas mudanças.
5. Escolha Window→Code Inspector, ou clique o botão Code Inspector no painel Launcher, para exibir o inspetor Code (3.7).

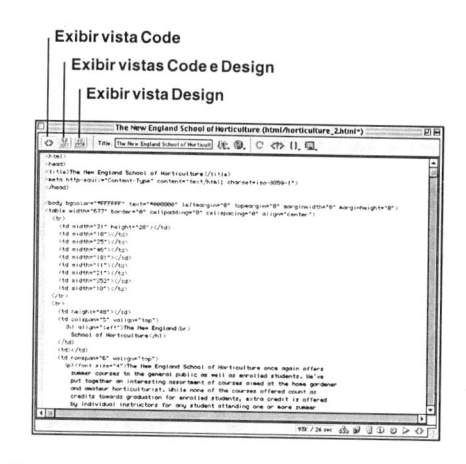

Figura 3.5

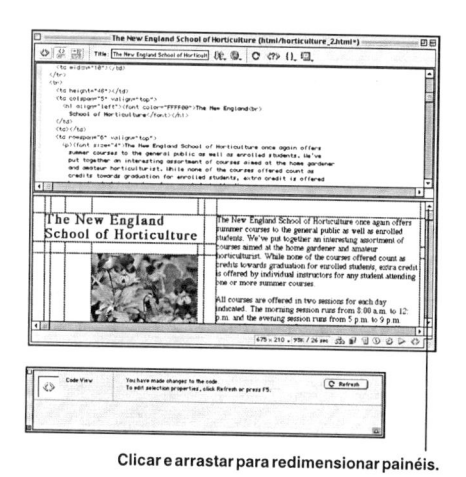

Figuras 3.6

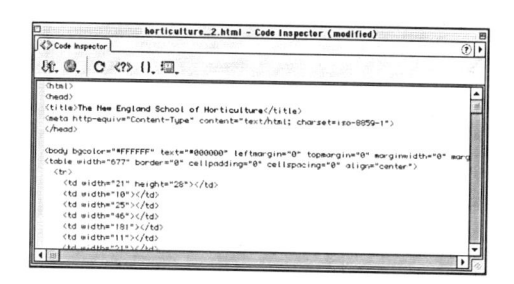

Figura 3.7 O inspetor Code permite que você edite o código fonte em um painel separado e comporta-se exatamente como a vista Code.

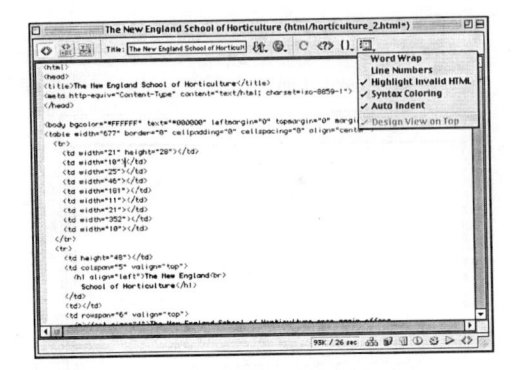

Figura 3.8

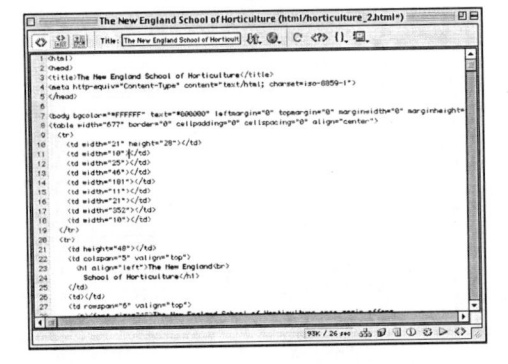

Figura 3.9

Como configurar as opções de vista Code e inspetor Code

É possível controlar como o código fonte é exibido na vista Code ou no inspetor Code, selecionando as configurações no menu pop-up de opções View. Para acessar o menu Options, você precisa ter a vista Code ou o inspetor Code na tela.

1. Escolha View→Toolbar, se a barra de ferramentas não estiver visível no alto da janela vista Code.

2. Clique o botão Show Code View no canto superior esquerdo da barra de ferramentas, para exibir a vista Code na janela Document.

3. Clique o menu pop-up View Options, na barra de ferramentas e selecione a partir das seguintes opções (3.8):

    ◆ **Word Wrap** — Envolve o código para ajustar à largura da janela.

    ◆ **Line Numbers** — Acrescenta úmeros de linha junto ao lado esquerdo do código (3.9).

    ◆ **Highlight Invalid HTML** — Ativa o iluminador de erro do Dreamweaver. O HTML que não é suportado pelo Dreamweaver é destacado em amarelo.

    ◆ **Syntax Coloring** — Ativa e desativa a codificação de cor especificada nas preferências Code Colors.

    ◆ **Auto Indent** — Ativa e desativa o código de recuo especificado nas preferências Code Format.

Como usar Quick Tag Editor

O Quick Tag Editor está disponível no inspetor Property, através do menu de contexto ou, simplesmente, pressionando (Command-T)[Ctrl+T]. Quando você usa o botão Quick Tag Editor no inspetor Property, o editor Quick Tag aparece instantaneamente. Se você usar as escolhes menu de contexto ou digitar (Command-T)[Ctrl+T], o Quick Tag Editor aparece no ponto de inserção, na vista Design.

1. Clique na vista Design onde você deseja inserir uma guia HTML.
2. Digite (Command-T)[Ctrl+T] para exibir o Quick Tag Editor (3.10).
3. Digite no código HTML ou clique duas vezes um código na lista pop-up Hints; depois, pressione (Return)[Enter].
4. Clique e arraste para selecionar algum texto; depois pressione (Command-T)[Ctrl+T] para exibir a opção Wrap Tag do Quick Tag Editor (3.11).
5. Digite em uma guia HTML ou clique duas vezes uma guia no menu pop-up Hints; depois, pressione (Return)[Enter].
6. Para editar uma guia existente com o Quick Tag Editor, selecione um objeto (tal como uma imagem), ou clique uma guia no canto inferior esquerdo da janela Document; depois pressione (Comand-T)[Ctrl+T] (3.12).

Pare por alguns segundos e o menu Hints aparece, exibindo guias HTML e atributos que você pode selecionar, usando as teclas de seta para cima e para baixo, ou clicando duas vezes.

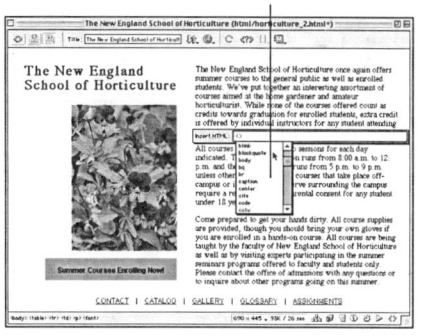

Figura 3.10

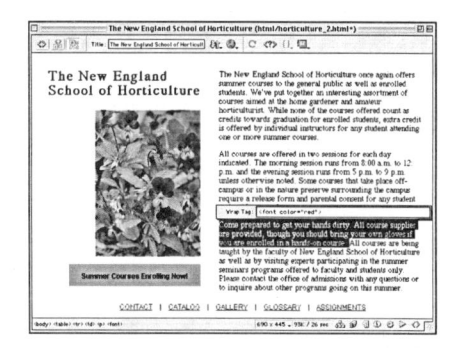

Figura 3.11

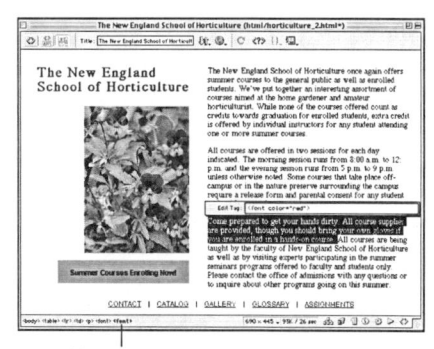

Clique em uma guia HTML para usar a opção Edit Tag do Quick Tag Editor.

Figura 3.12

Como mudar as Code Colors

A vista Code e o inspetor Code exibem seções de código em cores diferentes, para permitir que você localize facilmente o código no documento. É possível escolher quaisquer cores que você deseja para demonstrar guias em especial, editando as preferências Code Colors.

1. Escolha Edit→Preferences para exibir a caixa de diálogo Preferences e depois, selecione Code Colors da lista Category, à esquerda (3.13).

2. Clique as trocas de cor ou entre com uma especificação de cor no campo de cor adjacente a Background, Text, Comments e Tag Default, para ajustar as cores para a exibição destes elementos (3.14). Para especificar cores para guias específicas, selecione a guia na lista de rolagem e entre com as informações de cor no campo abaixo da lista. Você pode entrar com nomes de cor ou valores hexadecimais para especificar cor.

3. Marque a caixa de verificação Apply Color to Tag Comments se quiser que a cor especificada aplique-se a ambos, a guia HTML e o conteúdo daquela guia HTML.

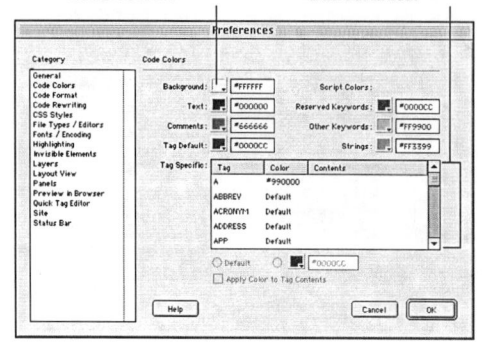

Figura 3.13

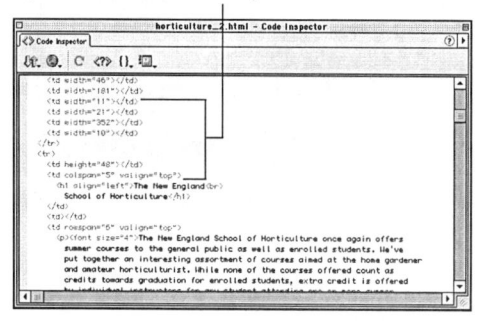

Figura 3.14

NOTA

Script Colors são usadas para demonstrar quaisquer scripts de palavras chave e strings na vista Code e no inspetor Code.

Como configurar preferências de formato de código para a vista Code e o inspetor Code

Edite as preferências Code Format para afetar a maneira com que a vista Code e o inspetor Code se comportam quando você está entrando e editando código HTML. Selecione de preferências Code Format para especificar recuos, tamanho de tabulação, envoltório de texto e tipo de letra para guias e atributos.

1. Escolha Edit→Preferences para exibir a caixa de diálogo Preferences e depois selecione Code Format da lista Category, à esquerda (3.15).
2. Marque a caixa de verificação Indent se quiser que o seu código HTML seja automaticamente recuado. Especifique como você deseja que os recuos sejam tratados, selecionando ou Spaces (espaços) ou Tabs do menu pull-down.
3. Por padrão, o Dreamweaver aplica espaçamento adicional às fileiras e colunas de tabela, bem como a molduras e conjuntos de molduras. Esta configuração faz sentido, pois com freqüência, as tabelas e molduras envolvem código HTML aninhado (3.16).
4. Especifique um tamanho de recuo se você estiver usando espaços, ou um tamanho de tabulação se estiver usando tabs para recuos. Especifique valores entrando com eles em seus respectivos campos.

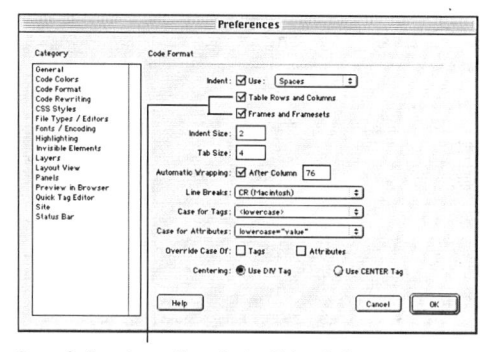

Se você não quiser aplicar níveis adicionais de recuo a tabelas e molduras, desmarque suas respectivas caixas de verificação nas preferências HTML Format.

Figura 3.15

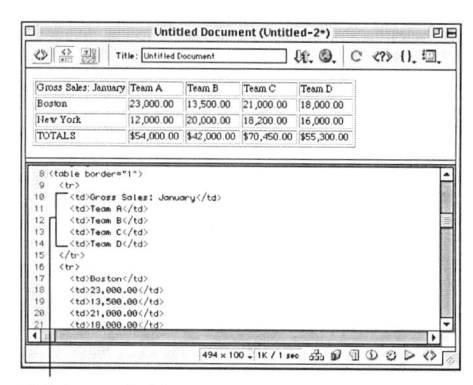

Tabela recuada dois espaços.

Figura 3.16

ⒹICA

As mudanças feitas em preferências Code Format só se aplicam ao código que é subseqüentemente acrescentado. Para aplicar a formatação fonte ao código existente, escolha Commands→Apply Source Formatting.

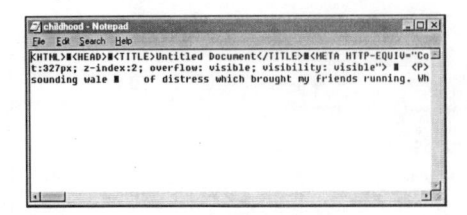

Figura 3.17 Quando você abre um arquivo HTML formatado com as quebras de linha Macintosh (cr) em Notepad para Windows, as quebras de linha são ignoradas, pois o Windows requer um retorno de carro e um avanço de linha (cr/lf) na fonte.

Quando você abre um arquivo HTML formatado para Windows (cr/lf) em SimpleText para o Macintosh, caixas representam caractere de avanço de linha (lf), porque o Mac só usa o carro de retorno (cr).

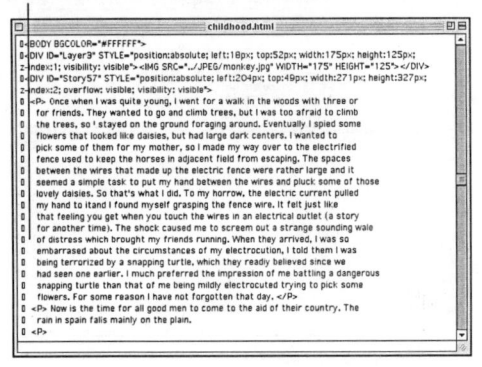

Figura 3.18

5. Para envolver automaticamente o código HTML na vista Code e no inspetor Code, marque a caixa de verificação Automatic Wrapping. Você pode indicar o ponto no qual o texto será envolvido, especificando-o no valor After Column.

6. É possível especificar o tipo de quebras de linha usadas no final de cada linha de código HTML. Cada um dos três sistemas operacionais mais populares usa um código de quebra de linha diferente para designar o final de uma linha.

Ⓝ O T A

Escolher o método correto de quebra de linha para o seu código HTML permite ao sistema host exibir corretamente o código HTML. Tenha em mente que, se o sistema operacional que você usa é diferente do que você especifica para quebras de linha, o código HTML pode ser incorretamente exibido quando usando simples editores de texto, tais como Notepad (3.17) ou SimpleText (3.18). O Dreamweaver HTML Inspector exibe o código corretamente, independente de qual opção de quebra de linha você escolher.

Ⓝ O T A

Se você marcar a opção Wrap no alto do inspetor HTML, o código HTML envolve para ajustar o tamanho da janela HTML Inspector e sobregrava a configuração AutoWrap na caixa de diálogo Preferences.

Capítulo 3 - Como editar HTML em Dreamweaver | **53**

7. Especifique como você deseja que o código HTML seja exibido, escolhendo as opções Case for Tags e Case for Attributes de seus respectivos menus pull-down (3.19).

8. Para centralizar objetos ou texto em sua página Web, selecione Use Div Tag ou Use Center Tag (3.20).

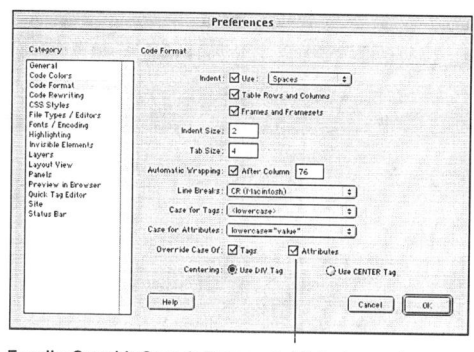

Ⓝ O T A

Quando o World Wide Web Consortium (W3C) lançou a versão 3.2 de HTML, a guia <center> foi depreciada em favor do método de centralizar objetos e texto, <div align="center">. Alguns designers de páginas Web ainda preferem usar a guia <center> — assim o motivo para essas escolhas. O Dreamweaver padroniza para o método mais atual <div align="center">.

Escolha Override Case de Tags ou de Attributes, ou de ambos, se quiser suas especificações para letra sejam aplicadas aos documentos HTML quando eles forem abertos em Dreamweaver. Escolha Commands→Apply Source Formatting para sobregravar o estilo de letra do código HTML em um documento aberto.

Figura 3.19

Ⓝ O T A

As opções de alinhamento de centro aplicam-se apenas aos elementos da página Web que não têm atributo para centralização, tais como imagens.

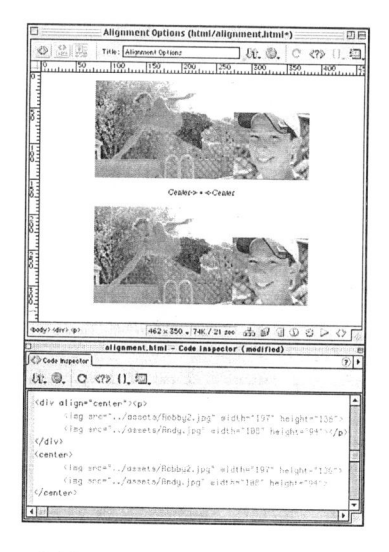

Figura 3.20

Especificação de preferências de reescrita de código

Você pode dizer ao Dreamweaver para corrigir guias HTML que estão incorretamente aninhadas ou que têm guias de fechamento demais, e deixar o código intacto para Active Server Pages, Cold Fusion, PHP e outros.

1. Escolha Edit→Preferences, para exibir a caixa de diálogo Preferences e depois, selecione Code Rewriting da lista Category, à esquerda (3.21).
2. Selecione a caixa de verificação para Fix Invalidly Nested and Unclosed Tags se você quiser que o Dreamweaver corrija automaticamente problemas de aninhamento e feche quaisquer guias não fechadas, quando abrindo um documento.
3. Marque a caixa de Remove Extra Closing Tags para remover quaisquer guias de fechamento redundantes.
4. Marque a caixa Warn When Fixing or Removing Tags para exibir a caixa de diálogo HTML Corrections antes do Dreamweaver fazer quaisquer mudanças em seu código HTML (3.22).

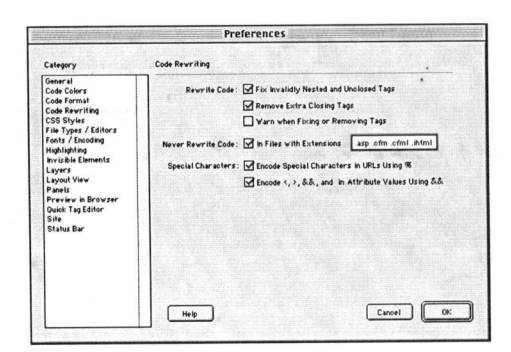

Figura 3.21

O número de linha e o número de coluna são indicados para facilitar a localização correta de código HTML.

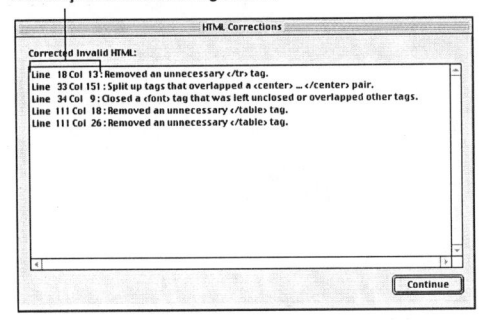

Figura 3.22

Ⓓ I C A

As preferências de reescrita de código só se aplicam ao código que é importado no Dreamweaver de uma fonte externa e não quando o texto é editado na vista Code ou com o inspetor Code.

5. Marque a caixa de verificação Never Rewrite Code para evitar o Dreamweaver de escrever HTML em arquivos com as extensões de arquivo especificadas.

6. Deixe marcadas as duas Special Characters caixas de verificação, para ter certeza que o Dreamweaver interpreta corretamente e codifica caracteres especiais. Só desmarque estas quando você estiver abrindo um arquivo que inclui os caracteres especificados como códigos (3.23).

Por padrão, o Dreamweaver codifica automaticamente caracteres especiais para que eles apareçam corretamente em páginas Web.

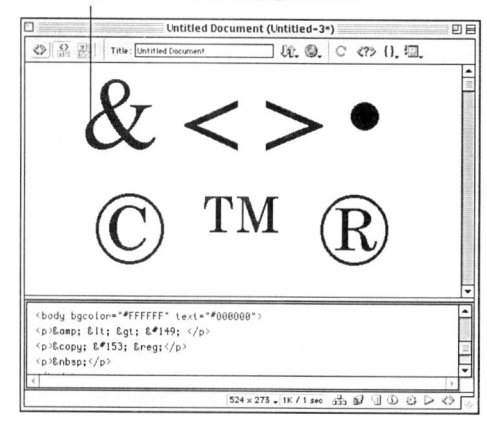

Figura 3.23

NOTA

Se você desativar as preferências de reescrita HTML, é exibido um código inválido na janela Document, o que é destacado em ambas as vistas, Design e Code (3.24).

NOTA

Tecnologias de processamento do lado servidor, tais como ASP, ColdFusion, JSP e PHP usam códigos especiais junto com códigos HTML. Por exemplo, em ASP e JSP, blocos de código aparecem entre os caracteres <% e %>. Se você não marcar a caixa de verificação Never Rewrite Code nas preferências Code Rewriting, o Dreamweaver converte os códigos para as referências de entidade e o arquivo não trabalharem mais com ASP ou JSP.

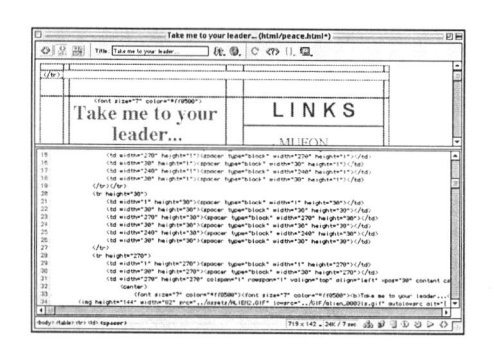

Figura 3.24

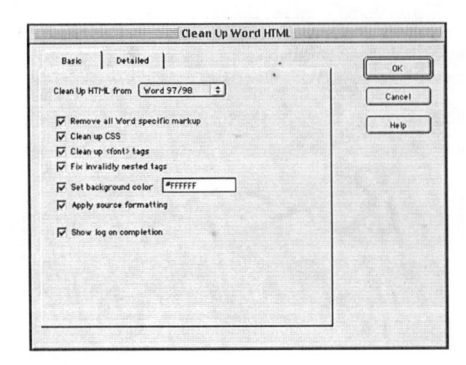

Figura 3.25

Como limpar Microsoft Word HTML

Você pode abrir documentos salvos como arquivos HTML pelo Microsoft Word. O comando Clean Up Word HTML remove qualquer formatação específica ao Microsoft Word e permite que você ajustes alguns atributos básicos. Assegure-se de salvar uma cópia do arquivo HTML se quiser abri-lo de novo usando o Microsoft Word, pois, uma vez que você tenha limpado o código, o Word não interpretará apropriadamente a página.

1. Em Microsoft Word, salve um documento como um arquivo HTML.
2. Escolha File→Import→Import Word HTML; depois, selecione um arquivo para abrir.
3. Automaticamente, o Dreamweaver abre a caixa de diálogo Clean Up Word HTML (3.25).
4. A guia Basic da caixa de diálogo Clean Up Word HTML oferece as opções mostradas na Tabela 3.1. Selecione as opções que deseja aplicar ao arquivo Word HTML.

DICA

As opções que você ajusta na caixa de diálogo Clean Up Word HTML são automaticamente salvas como o padrão para esta caixa de diálogo.

Tabela 3.1 Opções básicas de limpeza de Microsoft Word HTML

Opção	Descrição
Remover todas as marcações específicas Word	Remove todo HTML específico de Word, inclusive XML, metadados personalizados e guias de link na seção <head>, guias condicionais e conteúdo, e parágrafos vazios e margens dos estilos Word.
Limpeza de CSS	Remove todos os estilos CSS específicos de Word, atributos de estilo começando com mso e estilos não CSS.
Limpeza de guias <font>	Remove guias HTML e ajusta todo texto de corpo para HTML tamanho 2.
Corrigir guias aninhadas inválidas	Remove as guias de marcação de fonte inseridas pelo Word fora das guias de parágrafo e cabeçalho.
Ajustar cor de fundo	Documentos Word têm um fundo cinza por padrão. Entre com uma cor hexadecimal ou nome de cor.
Aplicar formatação de fonte	Aplica a formatação de fonte indicada nas preferências HTML Format.
Mostrar registro ao final	Exibe uma caixa de alerta detalhando as mudanças feitas no documento quando a limpeza é completada.

5. Clique a guia Detailed para indicar especificamente como se comportam as opções Remove Word Specific Markup e Clean Up <font> Tags (3.26).
6. Clique OK. Se você marcou a caixa de verificação Show Log on Completion, aparece uma caixa de diálogo de alerta, indicando as mudanças que foram feitas (3.27).

Ⓓ I C A

Se você já tem um arquivo HTML criado com o Microsoft Word aberto em Dreamweaver, escolha Commands→Clean Up Word HTML.

Ⓝ O T A

É possível que você tenha uma pequena demora enquanto o Dreamweaver determina qual versão do Word criou o arquivo HTML. Se o Dreamweaver não puder determinar a versão, selecione a versão do menu pop-up, na caixa de diálogo Clean Up Word HTML.

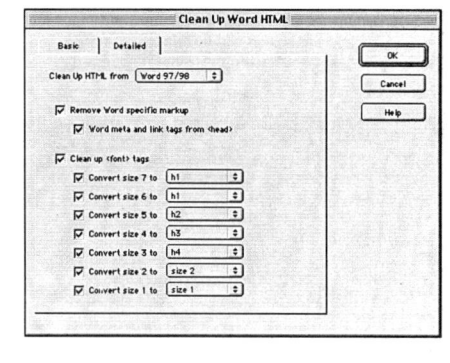

Figura 3.26

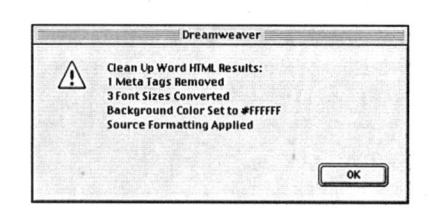

Figura 3.27

Como usar editores externos

Você pode usar qualquer editor de texto como um editor externo, embora o Dreamweaver ofereça suporte específico para BBEdit na plataforma Macintosh e HomeSite em Windows. Um editor externo permite que você obtenha a vantagem de recursos tais como listar códigos de controle e a geração automática de código. Você também pode indicar quais editores usar para outros tipos de arquivo, tais como GIFs e JPEGs.

1. Escolha Edit→Preferences, para exibir a caixa de diálogo Preferences.
2. Selecione File Types / Editors da lista Category, à esquerda (3.28).
3. Usuários Macintosh podem clicar a caixa de verificação Enable BBEdit Integration, para usar BBEdit como o editor externo. Os usuários Macintosh precisam desmarcar a caixa de verificação Enable BBEdit Integration para especificar um editor externo alternativo.
4. Clique o botão Browser próximo à caixa External Code Editor para escolher um editor de texto.

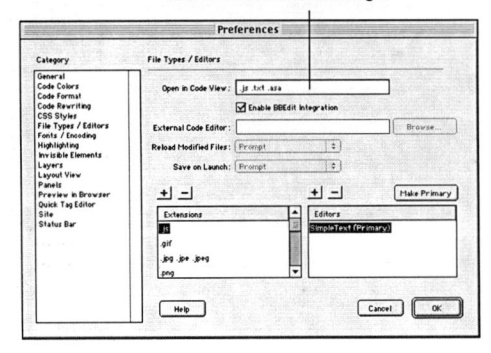

Figura 3.28

Entre com as extensões para os arquivos que deseja abrir na vista Code ao invés da vista Design.

Ⓝ O T A

Se você não indicar um editor externo na caixa de diálogo Preferences, o Dreamweaver pede que você selecione um, se você tentar lançar um editor externo.

Capítulo 3 - Como editar HTML em Dreamweaver | **59**

5. Selecione do menu pop-up Reload Modified Files para indicar que você deseja o que Dreamweaver faça quando um arquivo tiver sido modificado fora de Dreamweaver (3.29).
6. Selecione do menu pop-up Save on Launch para indicar se o Dreamweaver deve sempre salvar o documento atual antes de lançar o editor, nunca salvar o documento ou avisá-lo antes de salvar (3.30).
7. Clique uma extensão na lista Extensions e depois, clique o ícone de sinal de mais no lado do Editors, para escolher um programa para editar os arquivos com uma extensão em especial. Clique o botão Make Primary para escolher o editor principal quando mais de um estiver especificado. Se você quiser acrescentar uma extensão não ainda não esteja listada na lista Extensions, clique o ícone de sinal de mais acima daquela lista. Clique os botões de sinal de menos para apagar Extensions e Editors.
8. Clique OK.
9. Escolha Edit→Edit with (nome do editor) para editar o seu arquivo HTML usando o editor externo. Clique o botão Edit no inspetor Property para editar objetos em sua página, tais como GIFs e JPEGs, em um editor externo.

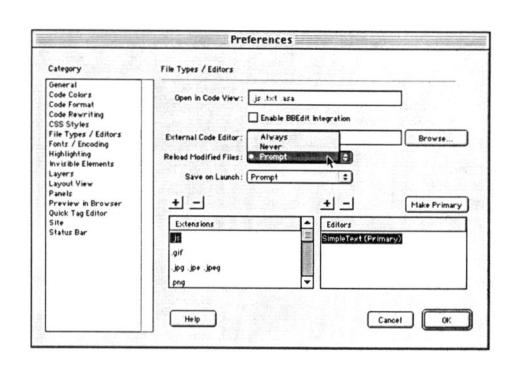

Figura 3.29

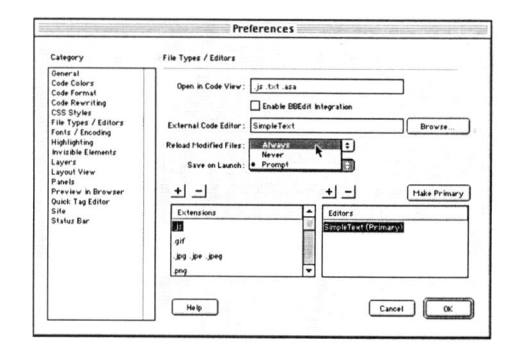

Figura 3.30

Capítulo 4

Neste capítulo, você aprenderá como...

- ◆ Especificar um tipo de letra
- ◆ Editar a lista de fonte
- ◆ Ajustar o tamanho da fonte base
- ◆ Mudar a cor de texto padrão
- ◆ Especificar a cor de texto usando o inspetor Property
- ◆ Evitar múltiplas guias fonte em seu HTML
- ◆ Acrescentar comentários
- ◆ Encontrar e substituir texto e código HTML
- ◆ Busca poderosa em seu código com expressões regulares

O Dreamweaver oferece uma escolha compreensiva de atributos no inspetor Property para formatar texto. Ainda que a guia <font>, usada para formatar propriedades de texto, venha a ser preterida num futuro próximo, em favor do mais flexível Cascading Style Sheets, o uso desta guia prosseguirá, desde que os usuários ainda tenham versões mais antigas de browser. Este capítulo cobre a formatação de texto, inclusive o seguinte:

Criação e edição de texto

- ◆ **Uso de tipo de letra** — Especifica grupos de tipos de fonte para cobrir as possíveis fontes usadas pelos visitantes de suas páginas Web.
- ◆ **Estilos de letra absoluto e relativo** — Formata a aparência do texto usando opções de estilo, tais como negrito, itálico e sublinhado.
- ◆ **Mudança de tamanho de texto** — Embora limitadas, mais opções para tamanho de letra estão disponíveis do que os tamanhos de texto padrão usados por guias HTML.
- ◆ **Mudança de cor de texto** — Especifica a cor do texto, seja usando o painel de cor segura da Web do Dreamweaver ou o painel de cor do seu sistema, seja selecionando uma cor de sua tela.

O Dreamweaver também possibilita que você encontre e substitua cópias de código HTML ou conteúdo de página. Usando a máquina de busca única de Dreamweaver, você pode buscar por expressões regulares que permitem ser bem específico sobre as strings de texto para as quais está buscando. Esclarecimentos sobre formatação de parágrafo aparecem no Capítulo 5, "Como trabalhar com elementos de parágrafo e estilos HTML". Veja no Capítulo 14, "Como trabalhar com Cascading Style Sheets" uma ampla cobertura sobre o uso de folhas de estilo em Dreamweaver.

Capítulo 4 - Criação e edição de texto | **63**

Especificação de um tipo de letra

No código HTML, um dos atributos da guia <font> é a capacidade de especificar uma série de tipos de letras para o seu texto. Devido à disponibilidade de um tipo de letra depender muito das fontes que estão instaladas no computador do usuário, especificar uma quantidade de tipos de letras criar uma lista de seleção de fontes que tem uma boa chance de combinar com pelo menos uma das fontes do usuário (Tabela 4.1). Primeiro, o browser tenta usar a primeira fonte listada, seguida pela segunda, depois pela terceira e assim por diante. Se nenhuma das fontes na lista estiver disponível no computador do usuário, a fonte padrão do browser é então usada.

No inspetor Property, clique a seta apontando para baixo, para a direita do campo Default Font para selecionar um grupo de tipo de letra (4.1).

Ⓝ O T A

Quando você cria novas listas de fonte, as famílias genéricas de fonte são disponibilizadas embaixo da lista. Famílias genéricas de fonte incluem cursiva, fantasia, mono-espaçada, sem serifa e serifa.

Tabela 4.1 Tipos de letra padrão

Windows	Macintosh
Arial	Chicago
Arial Black	Courier
Arial Narrow	Geneva
Arial Rounded MT Bold	Helvetica
Book Antiqua	Monaco
Bookman Oldstyle	New York
Century Gothic	Palatino
Century Schoolbook	Times
Courier	Arial*
Courier New	Courier New*
Garamond	Times New Roman*
Times New Roman	
Verdana	

*Fontes estão incluídas na maioria dos sistemas Macintosh

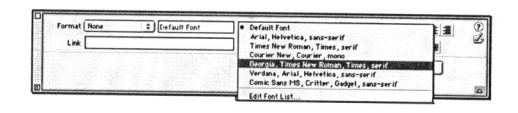

Figura 4.1

Como editar a lista de fonte

Edite a lista de fonte para criar os seus próprios grupos personalizados de fontes. Este recurso é especialmente útil se você estiver criando páginas para uma intranet e tiver algum controle sobre as fontes que estão disponíveis nos computadores dos usuários.

1. No inspetor Property, selecione Edit Font List do menu pop-up Font (4.2).
2. Quando a caixa de diálogo Edit Font List é exibida, clique o sinal de mais (+) no canto superior esquerdo, para acrescentar uma nova lista de fontes à lista de rolagem na janela Font List (lista de fonte) (4.3).
3. Selecione uma fonte da lista de rolagem de Available Fonts e depois clique o botão de mover (<<), para mover a fonte para a janela Chosen Fonts. Você pode acrescentar qualquer quantidade de fontes usando esse método.
4. Se você quiser remover fontes da janela Chosen Fonts, clique o nome da fonte e depois, clique o botão de mover (>>) para remover a fonte.
5. Clique as setas para cima e para baixo no canto superior direito, acima da janela Font List, para reorganizar a ordem das fontes. As fontes aparecem nos menus na ordem na qual elas foram apresentadas na janela Edit Font List. Clique OK.

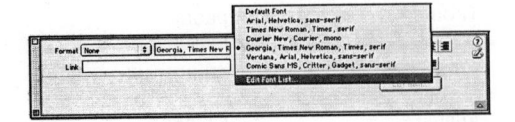

Figura 4.2 Você também pode editar a lista de fonte, selecionando Text→Font→Edit Font List.

Quando você aplica um grupo de fonte ao texto em seu documento, a lista de fonte é incluída no atributo FACE da guia <font>, assim: <FONT FACE= "helvetica, arial, san-serif">. Por este motivo, os grupos de fonte não são removidos do código HTML existente quando você os remove da lista de fonte em Dreamweaver.

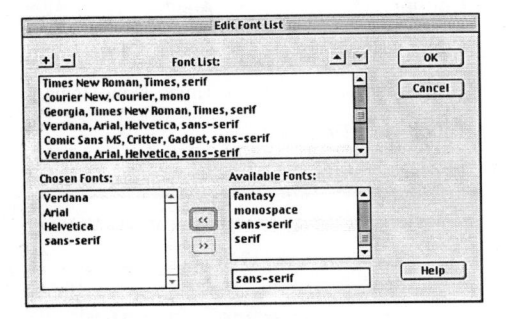

Figura 4.3 Role bem para o fundo da lista de fonte para a caixa de diálogo Edit Font List para selecionar as fontes genéricas. As fontes genéricas reconhecidas pelos browsers são cursivas, fantasia, mono-espaçadas, sem serifa e serifa.

Configuração do tamanho de fonte base

Por padrão, o tamanho de fonte base é 3. No entanto, você pode mudar este valor para que o texto de sua página Web seja baseado em um tamanho diferente de 3. Infelizmente, o Dreamweaver não oferece uma maneira de mudar o tamanho de fonte base de dentro da interface, porém você pode editar o código HTML, acrescentando uma simples guia para fazer a mudança.

1. Pressione F10 para exibir a janela HTML Source se ela ainda não estiver exibida na tela.
2. Localize a guia <body> no alto do código fonte HTML. A guia <body> pode conter alguns outros atributos para cor de fundo e uma imagem de fundo, por exemplo.
3. Insira a guia de fonte base diretamente depois da guia <body> (4.4) e depois salve as suas mudanças.
4. Pressione F10 para ocultar a janela HTML Source. Já que o Dreamweaver não suporta a guia de fonte base, a mudança de tamanho só é aparente quando você vê o documento em um browser (4.5).

Ⓝ O T A

Para redimensionar texto, clique e arraste para selecionar o texto que você deseja redimensionar e depois selecione um tamanho absoluto ou relativo, a partir do menu pop-up Size, no inspetor Property.

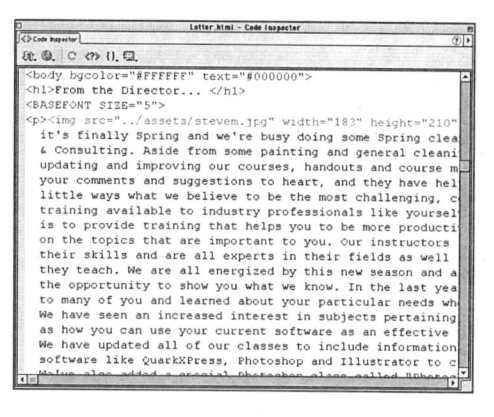

Figura 4.4

O texto, como apresentado em um browser quando a guia de fonte base é inserida, mudando o tamanho do texto para 5.

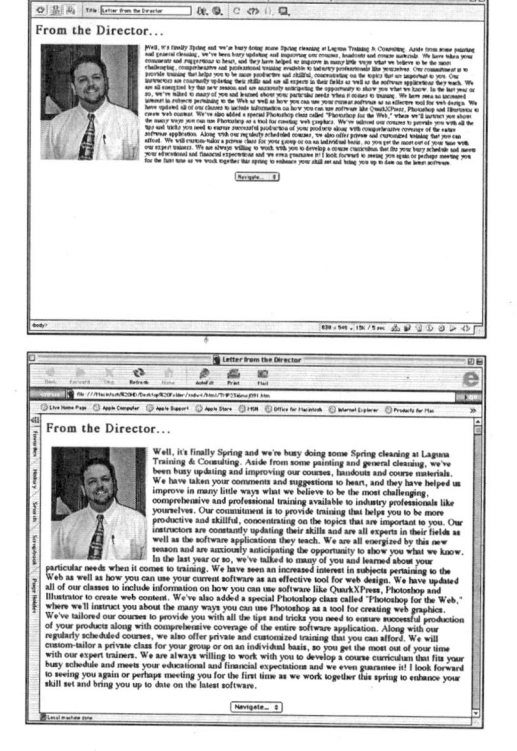

Figuras 4.5 O texto, como apresentado em Dreamweaver quando a guia de fonte base é inserida, mudando o tamanho do texto para 5.

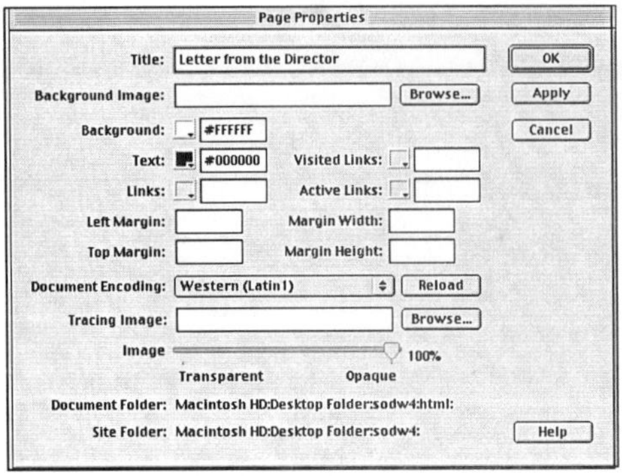

Figura 4.6

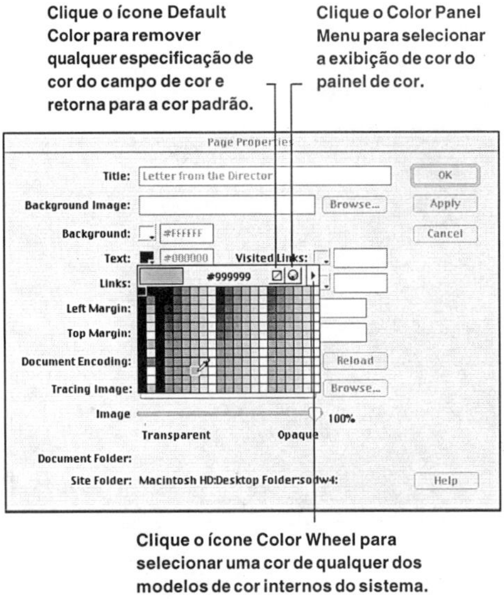

Clique o ícone Default Color para remover qualquer especificação de cor do campo de cor e retorna para a cor padrão.

Clique o Color Panel Menu para selecionar a exibição de cor do painel de cor.

Clique o ícone Color Wheel para selecionar uma cor de qualquer dos modelos de cor internos do sistema.

Figura 4.7

Como mudar a cor de texto padrão

No Dreamweaver, você pode especificar a cor, usando uma variedade de modelos de cor. A cor é tipicamente especificada como um valor hexadecimal no código fonte HTML, embora os nomes de cor sejam aceitáveis em browsers que suportam esta convenção — em especial, Netscape e Internet Explorer, versão 3 ou superior. O Dreamweaver permite que você selecione visualmente as suas cores, a partir de painéis de cor ou exemplificando uma cor de qualquer lugar na tela de seu computador. Por padrão, o texto em seu documento é ajustado para preto, mas é possível mudar a cor de texto padrão, editando as propriedades de página.

1. Selecione Modify→Page Properties para exibir a caixa de diálogo Page Properties (4.6).

2. Clique a troca para a direita da palavra "Text", na caixa de diálogo Page PPage Properties, uma vez, para exibir a cor (4.7).

3. Posicione o cursor conta-gotas sobre uma cor desejada e clique para selecionar a cor do painel de cor do Dreamweaver. Clique OK para salvar as suas mudanças.

Ⓝ O T A

Clique em qualquer lugar na tela para exemplificar uma cor, quando o painel de cor estiver aberto. Você também pode clicar para exemplificar cores fora do aplicativo Dreamweaver.

Capítulo 4 - Criação e edição de texto

Especificação de cor de texto usando o inspetor Property

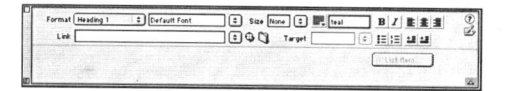

Figura 4.8

Usando o método visual do Dreamweaver de seleção de cor, o texto pode ser colorizado usando valores hexadecimais ou, se você escolher, usando nomes de cores. Automaticamente, o Dreamweaver insere o valor hexadecimal de cor no campo de cor quando você seleciona uma cor usando as opções do painel de cor Dreamweaver.

1. Clique e arraste para destacar o texto que você deseja afetar.

2. Se souber o valor hexadecimal da cor desejada, entre com o valor diretamente no campo de cor, localizado exatamente à esquerda do botão bold (B), no inspetor Property. Você também pode entrar com um nome de cor, tal como teal, em cujo caso, o nome da cor é inserido no código HTML (4.8)

3. Ao contrário, para selecionar uma cor do painel de cor segura da Web, clique a troca de cor no inspetor Property, para exibir o painel de cor segura da Web (4.9).

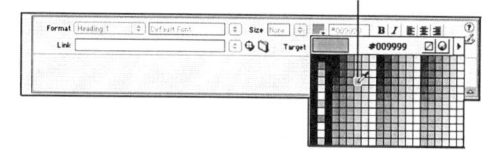

Figura 4.9

NOTA

Você pode criar cores seguras da Web fazendo degrade de duas ou três cores seguras da Web. Visite www.colormix.com e use o excelente (e gratuito) misturador de cor para criar milhões de cores a partir das 216 cores seguras da Web.

O pegador de cor do sistema Macintosh

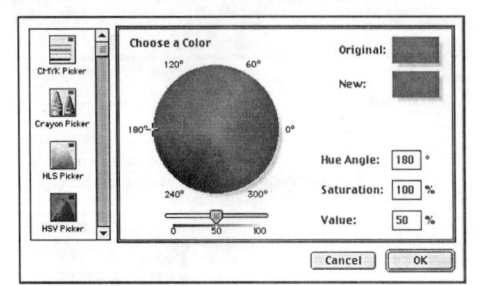

O pegador de cor do sistema Windows

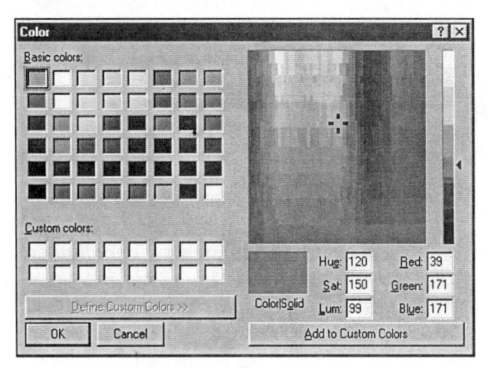

Figuras 4.10

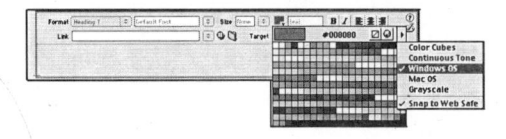

Figura 4.11

4. Posicione o cursor conta-gotas sobre uma célula de cor e clique para selecionar a cor, ou escolha a partir das seguintes opções:

   ◆ Clique o ícone quadrado atravessado por uma linha diagonal vermelha, localizado no canto superior direito do painel de cor, para reajustar a cor ao valor padrão.

   ◆ Clique o ícone Color Wheel, no canto superior direito do painel de cor, para selecionar cores usando o pegador de cor do seu sistema (4.10).

   ◆ Clique o menu Color Panel para selecionar um painel de cor alternativo. Color Cubes é o painel de cor segura da Web padrão. Continuous Tone também é um painel contendo cores seguras da Web e é apresentado na ordem das cores que aparecem na roda de cor. Windows OS e Mac OS exibem s respectivos painéis de 256 cores para estes sistemas e não são seguros da Web. Grayscale exibe um painel de 256 níveis de cinza e também não é seguro da Web. Selecione Snap to Web Safe para levar as cores que você selecionou do Windows OS, Mac OS ou Grayscale a pular para a cor mais próxima segura da Web (4.11).

Como evitar múltiplas guias de fonte em seu HTML

Quando você especifica informações de fonte, tais como cor, tamanho e tipo de letra, a guia de indicação <font> é visível no canto inferior esquerdo da janela Document, junto com a guia <body> e quaisquer outras guias aplicáveis ao texto selecionado. Se você quiser mudar os atributos de texto que tenha sido previamente formatado, a melhor maneira para selecionar o texto é clicar a guia <font> na área de status, embaixo da janela Document. Esta etapa permite que você selecione exatamente o texto que foi formatado da última vez. Se você tentar selecionar novamente o texto, clicando e arrastando, possivelmente acabará com múltiplas guias <font> para o mesmo texto, em seu código HTML (4.12).

1. Clique em qualquer lugar dentro de uma área de texto em que formatou anteriormente o tipo de letra, a cor ou o tamanho — você deve ver o cursor piscando dentro do texto.

2. Clique a guia <font> no canto inferior esquerdo da janela Document (4.13), para destacar o texto previamente formatado. Faça quaisquer mudanças em tamanho, cor ou tipo de letra.

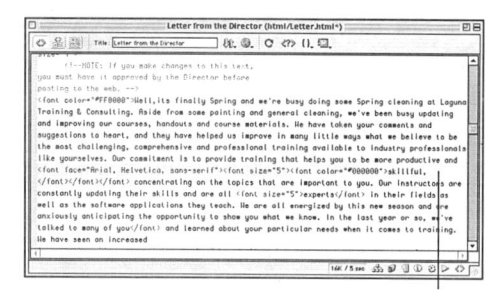

Estas três guias <font> podem ser condensadas em uma única guia <font face="Arial, Helvetica, sans-serif", size="5" color="#000000">.

Figura 4.12

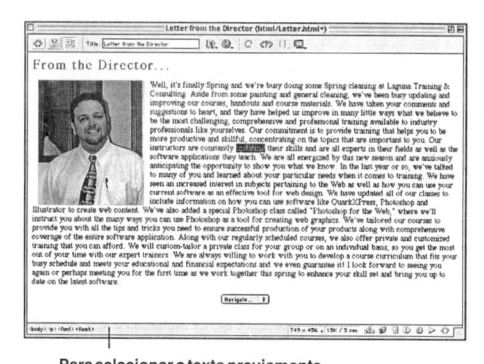

Para selecionar o texto previamente formatado, clique esta guia <font>.

Figura 4.13

Ⓝ O T A

Se a sua página Web já tiver múltiplas guias <font>, use o comando Clean Up HTML no menu Commands para combinar guias <font> aninhadas e remover quaisquer guias redundantes.

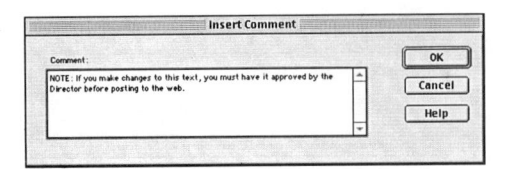

Figura 4.14

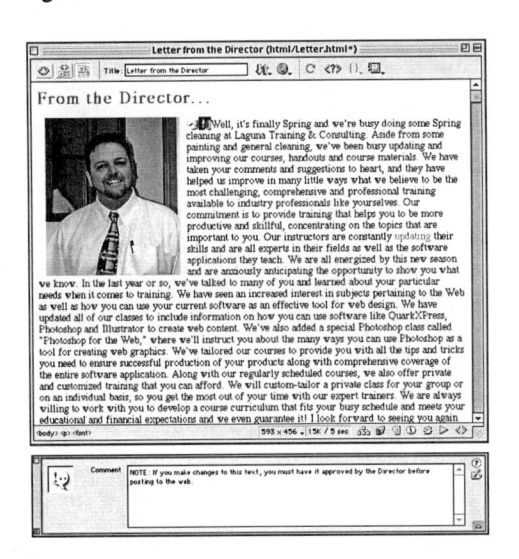

Figura 4.15 Você não vê o texto em sua página Web na janela Document, mas um ícone aparece quando você tem Invisible Elements ativados. Selecione View→Visual Aids→Invisible Elements para ativar e desativar os elementos invisíveis.

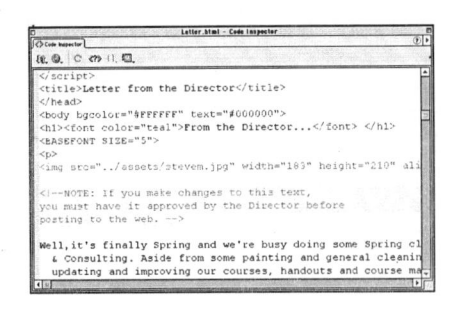

Figura 4.16 Texto de comentário

Como acrescentar comentários

Texto de comentário pode ser útil quando múltiplas seções são codificadas de maneira semelhante, ou na possibilidade de qual, além de você, for editar o código fonte HTML no futuro. Você também pode querer usar texto de comentário para incluir informações de direitos autorais e outras informações pertinentes a respeito da edição do código HTML, tais como data, hora e operador, no alto do documento.

1. Posicione o seu cursor na janela Document onde deseja que seja inserido o texto de comentário.
2. Selecione Insert → Invisible Tags → Comment para exibir a caixa de diálogo Insert Comment (4.14).
3. Entre com o texto de comentário e clique OK. Para ver os comentários, simplesmente clique o ícone Comment na janela Document; o texto é exibido e destacado no inspetor Property, bem como no inspetor HTML (4.15).

Ⓝ O T A

Para encontrar o texto de comentário no código fonte HTML, busque pelo texto dentro da guia <!— —> (4.16). Você também pode usar a guia de comentário em torno de partes de código HTML que deseja desativar temporariamente. Adicionalmente, você pode editar o código HTML para o comentário, clicando o ícone Quick Tag Editor, no lado direito do inspetor Property.

Capítulo 4 - Criação e edição de texto | **71**

Como encontrar e substituir texto e código HTML

A poderosa máquina de busca do Dreamweaver permite que você localize uma cópia de texto ou seqüência de código fonte HTML em seu documento e, opcionalmente, o substitua por um novo texto. Você pode até buscar através de todos os arquivos em seu site, ou todos os arquivos em um diretório em particular. Este recurso pode ser valioso quando você precisa fazer uma mudança global em seu Web site.

1. Selecione Edit→Find and Replace para exibir a caixa de diálogo Find and Replace (4.17).
2. Selecione os documentos que deseja buscar, no menu pop-up Find In (4.18). Você pode buscar o documento atual, todos os documentos em seu Web site, todos os documentos dentro de um diretório em particular, ou os documentos atualmente selecionados na janela Site.
3. Para uma busca básica, selecione um dos seguintes do menu pop-up Search For:

    ◆ **Texto** — Busca cópias de texto na janela Document.

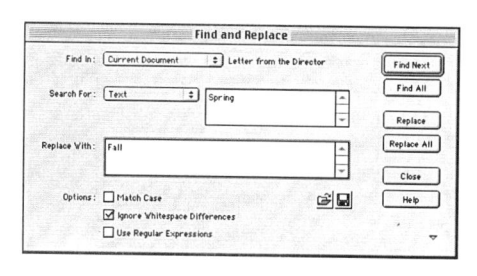

Figura 4.17

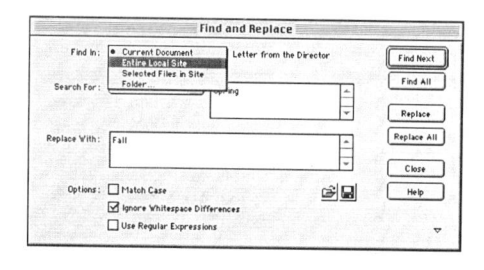

Figura 4.18

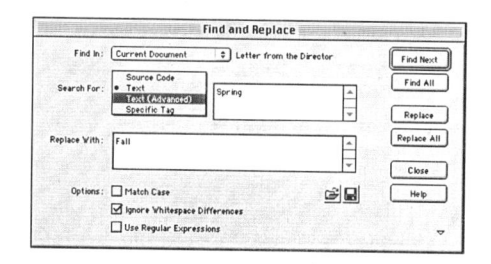

Figura 4.19

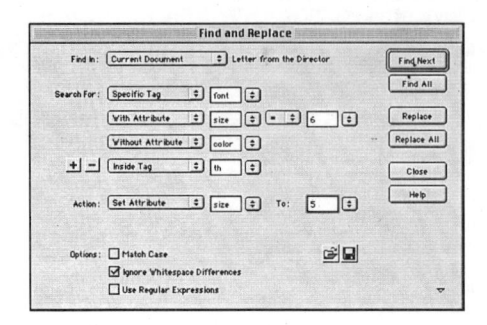

Figura 4.20 Neste exemplo, o Dreamweaver encontra todo o texto rotulado com a guia <font size="6">, o qual não inclui um atributo de cor e está dentro da guia de cabeçalho da tabela, <th>, dentro da guia <table>. O Action Set Attribute muda o tamanho para 5. 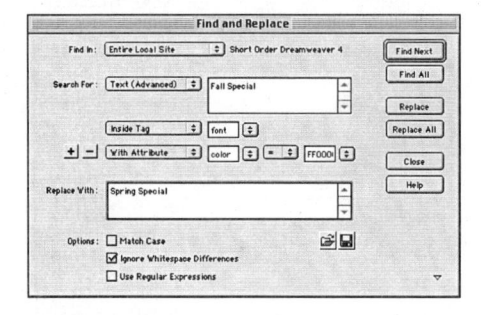

Figura 4.21 Neste exemplo, o Dreamweaver encontra o texto Fall Special quando ele é formatado como texto vermelho e muda o texto para Spring Special.

◆ **Código fonte** — Busca através do código fonte HTML pela cópia especificada de texto.

◆ **Guia específica** - Busca por uma guia HTML em especial, com atributos opcionais. Selecione a guia e atributos dos menus pop-up e especifique múltiplos atributos, clicando o ícone de sinal de mais (+). Neste caso, a busca encontrará todo o texto formatado dentro da guia e atributos especificados (4.20). Selecione uma ação para realizar no código que é encontrado, a partir do menu popup Action.

4. Para realizar uma busca e substituição mais complexa, selecione Text (Advanced) do menu pop-up Search For. Você pode restringir a busca para o texto dentro de guias específicas e contendo atributos específicos (4.21), ou pode ampliar os critérios de busca. Clique o botão menos (-) para reduzir os critérios de busca; clique o botão mais (+) para incluir mais atributos a uma guia HTML específica.

Ⓓ I C A

E possível realizar uma busca, escolhendo Edit→Find and Replace, tanto na janela Document quanto na janela Site.

5. As três caixas de verificação, embaixo da caixa de diálogo Find, ajudam a ampliar ou restringir o escopo da busca. Essas incluem:

- ◆ **Combinação de estilo** — Selecione esta opção para encontrar apenas combinações exatas para maiúsculas.

- ◆ **Ignorar diferenças de espaço em branco** — Selecione esta opção para ignorar qualquer espaço em branco extra, especialmente no código fonte HTML.

- ◆ **Usar expressões regulares** — Selecione esta opção para capacitar o uso de descrições especiais para refinar mais o seu texto. (Veja a próxima seção, "Busca poderosa em seu código com expressões regulares", para informações específicas sobre quando e como usá-las.)

6. Clique o botão Find Next para encontrar a primeira ou a próxima cópia que atinja os critérios especificados. Se você clicar o botão Find All, a caixa de diálogo Find and Replace se expande para exibir uma lista de rolagem de todas as cópias encontradas (4.22). Você pode clicar duas vezes nestas cópias para destacar o texto dentro da janela Document.

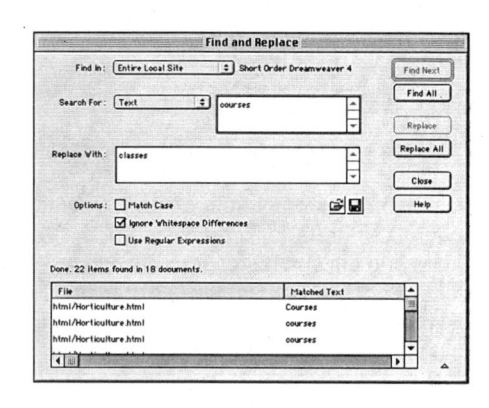

Figura 4.22

Ⓓ I C A

Com freqüência, o código HTML contém muito espaço em branco extra, o qual é usado para formatar o código, assim ele é mais facilmente legível.

Ⓝ O T A

Pressione (Command-F)[Ctrl+F] para exibir a caixa de diálogo Find and Replace. Pressione (Command-G)[F3] para encontrar a próxima cópia que você especificou na caixa de diálogo Find and Replace.

Busca poderosa em seu código com expressões regulares

Determinados caracteres, como *, ?, \w e \b podem ser tratados como operadores de expressão em sua busca, quando você seleciona a opção Use Regular Expressions na caixa de diálogo Find. Expressões regulares são padrões usados para descrever determinadas combinações de caractere dentro do texto de sua página Web ou, dentro do código fonte HTML. Às vezes, você precisa de fato, buscar por um dos caracteres especiais usados como uma expressão regular. Neste caso, você pode fazer o escape do caractere com a barra invertida (\), seguida pelo caractere. Por exemplo, se quiser encontrar can*, busque por can* e assegure-se de que a caixa de verificação Use Regular Expressions está marcada. Se você não incluir a seqüência de escape neste exemplo, encontrará *cane, candle, candy* e *cancel*, bem como can*. A Tabela 4.2 demonstra as seqüências de caracteres usados como expressões regulares, junto com exemplos de como usá-las.

Tabela 4.2 Expressões regulares

Digite isto	Para encontrar isto	Exemplo
^	Início de uma linha.	^n combina "N" em "New York is..." mas não em "I Heart New York".
*	O caractere antecedendo 0 ou mais vezes.	ut* combina "ut" em "cut", "utt" em "cutter" e "u" em "hum".
+	O caractere antecedendo 1 ou mais vezes.	ut+ combina "ut" em "cut" e "utt" em "cutter", mas não combina nada em "hum".
?	O caractere antecedendo 0 ou 1 vez.	st?on combina "son" em "Johnson" e "ston" em "Johnston", mas nada em "Appleton" ou "tension".
.	Qualquer caractere único exceto nova linha (avanço de linha)	.ate combina "mate" e "late" na frase "the first mate was late".
x|y	x ou y.	FF0000|0000FF combina "FF0000" em BGCOLOR ="#FF0000" e "0000FF" em FONT COLOR= "#0000FF".
{n}	Exatamente n ocorrências do caractere precedente;	o{2} combina "oo" em "zoom" e os dois primeiros os em "mooooo", mas não combina nada em "movie".
{n,m}	Pelo menos n e no máximo m ocorrências do caractere precedente.	F{2,4} combina "FF" em "#FF0000" e os primeiros quatro Fs em #FFFFFF.
[abc]	Qualquer um dos caracteres entre chaves. Especifique uma faixa de caracteres com um hífen (por exemplo, [a-f] é equivalente a [abcdef]).	[e-g] combina "e" em "bed", "f" em "folly" e "g" em "guard".

Tabela 4.2 Continuação

Digite isto	Para encontrar isto	Exemplo
[^abc]	Qualquer caractere não encerrado entre chaves. Especifique uma faixa de caracteres com um hífen (por exemplo, [^a-f] é equivalente a [^abcdef]).	[^aeiou] inicialmente combina "r" em "orange", "b" em "book" e "k" em "eek!"
\b	Uma palavra limite (tal como um espaço ou retorno de carro).	\bb combina "b" em "book" mas nada em "goober" ou "snob".
\B	Uma palavra não limite.	\Bb combina "b" em "goober" mas nada em "book".
\d	Qualquer caractere de dígito; equivalente a (0-9).	\d combina "3" em "C3PO" e "2" em "apartment 2G".
\D	Qualquer caractere de não dígito; equivalente a (^0-9).	\D combina "S" em "900S" e "Q" em "Q45".
\f	Alimentador de formulário.	
\n	Alimentador de linha.	
\r	Carro de retorno.	
\s	Qualquer caractere de espaço em branco, incluindo espaço, tab, alimentador de formulário ou de linha.	\sbook combina "book" em "blue book", mas nada em "notebook".
\S	Qualquer caractere único sem espaço em branco.	\Sbook combina "book" em "notebook", mas nada em "blue book".
\t	Um recuo.	
\w	Qualquer caractere alfanumérico incluindo um sublinhado; equivalente a (A-Za-z0-9_).	b\w* combina "barking" em "the barking dog" e ambos "big" e "black" em "the big black dog".
\W	Qualquer caractere não alfanumérico; equivalente a (^A-Za-z0-9_).	\W combina "&" em "Jake & Mattie" e "%" em "100%".

Capítulo 5

Neste capítulo, você aprenderá como...

- Entrar com quebras de parágrafo
- Entrar com quebras de linha
- Criar uma lista não ordenada
- Mudar as propriedades de lista não ordenada
- Criar uma lista ordenada
- Mudar as propriedades de lista ordenada
- Inserir caracteres especiais
- Acrescentar uma régua horizontal
- Criar estilos HTML personalizados

O inspetor Property em Dreamweaver é usado para selecionar as várias opções de formatação em parágrafos. Algumas guias, tais como, por exemplo, as guias Heading <h1>, criam automaticamente um parágrafo quando a guia de fechamento é inserida no código fonte HTML. Para texto contínuo, você precisa especificar as quebras de linha e parágrafo, usando a guia <br> ou <p>. Além de afetar a forma com que o texto se parece na tela, você também pode

Como trabalhar com elementos de parágrafo e estilos HTML

afetar o parágrafo de texto, especificando formatação para definição de listas, listas com bullets ou numeradas, alinhamento de texto e recuos. Você pode usar a opção de texto pré-formatado para usar a guia HTML <pre>, para alinhar verticalmente o texto usando a fonte mono-espaçada padrão do browser. A guia de régua horizontal embota não uma opção de formatação de parágrafo, mas está incluída neste capítulo porque ela é amplamente usada para criar divisões entre parágrafo de texto formatado.

Usando o painel HTML Styles, você pode definir estilos personalizados que formatam texto usando os comandos padrão de formatação HTML. Por exemplo, você pode criar estilos HTML chamados subhead1 e subhead2, cada qual com formatação específica que inclui tipo de letra, tamanho, cor e formato. Este recurso é muito útil se você estiver trabalhando em um grande Web site, no qual o texto é consistentemente formatado de uma maneira especial e trabalha em conjunto com gabaritos e itens de biblioteca Dreamweaver para manter um aspecto uniforme e sentido em seu Web site (veja o Capítulo 19, "Criação de gabaritos e bibliotecas").

Capítulo 5 - Como trabalhar com elementos de parágrafo e estilos HTML | 79

Como entrar com quebras de parágrafo

Duas guias HTML básicas criam quebras de linha e quebras de parágrafo: a guia <br> quebra linhas sem acrescentar espaço extra e a guia <p> insere uma linha em branco adicional depois de cada parágrafo.

1. Posicione o seu cursor na janela Document onde deseja inserir uma quebra de parágrafo.
2. Pressione a tecla (Return)[Enter] para inserir uma quebra de parágrafo (5.1).

No código HTML, o parágrafo é precedido pela guia <p> e termina com a guia </p>.

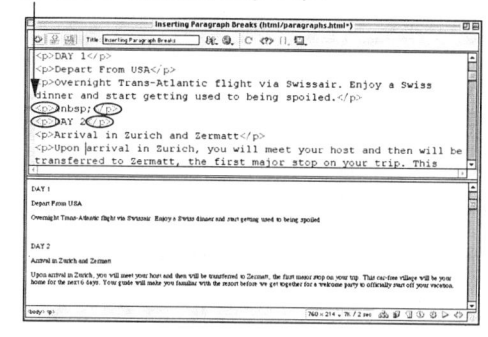

Figura 5.1

Como entrar com quebras de linha

A quebra de linha (<br>) não insere espaço de linha adicional. A guia de quebra também é usada para limpar o espaço vertical que uma imagem ocupa, usando o atributo de limpeza no código fonte HTML.

1. Posicione o seu cursor na janela Document onde deseja inserir uma quebra de linha.
2. Pressione (Shift-Return)[Shift+Enter] (5.2).

Selecione View→Visual Aids→Invisible Elements para ver as guias de quebra na vista Layout.

Figura 5.2

NOTA

Por padrão, as guias de quebra são ajustadas para serem invisíveis, mesmo quando os elementos invisíveis são ativados. Selecione Edit→Preferences para exibir a caixa de diálogo Preferences; selecione Invisible Elements, clique a caixa de verificação próxima a Line Breaks (5.3) e clique OK.

Figura 5.3

Criação de lista não ordenada

Tipicamente, uma lista não ordenada é referida como uma lista *bulleted*. Listas não ordenadas também podem conter níveis múltiplos de aninhamento, em cujo caso você pode especificar o tipo de caractere bullet a usar e o nível de recuo a usar.

1. Clique e arraste para selecionar o texto a partir do qual você deseja criar uma lista não ordenada.

2. Selecione Text→List→Unordered Lists ou clique o botão Unordered List no canto do fundo à direita do inspetor Property (5.4).

3. Selecione Text→Indent para criar um nível adicional para a lista não ordenada. A bullet aberta é usada para o segundo nível de recuo e o quadrado é usado para os níveis restantes do recuo, por padrão (5.5).

4. Selecione Text→Outdent para voltar ao nível de recuo anterior na lista não ordenada.

5. Pressione (Return)[Enter] duas vezes para finalizar a lista não ordenada.

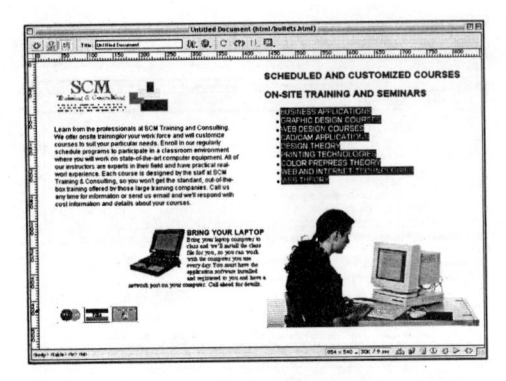

Figura 5.4

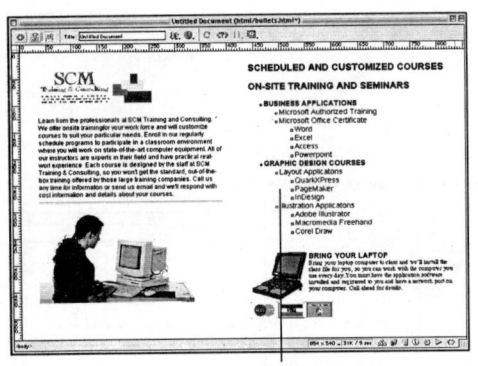

O quadrado aberto é exibido em Netscape, no Macintosh, enquanto que o quadrado sólido é exibido em Internet Explorer, no Mac e em todos os browsers no Windows. O Dreamweaver exibe uma caixa aberta no Macintosh, mas uma caixa sólida em Windows.

Figura 5.5

Ⓓ I C A

Você pode formatar texto como uma lista não ordenada enquanto o digita, escolhendo Text→List→Unordered List, antes de começar a digitar.

Como mudar propriedades de lista não ordenada

Para mudar o tipo de bullet usada na lista não ordenada, edite as propriedades de lista. Apenas três caracteres estão disponíveis em listas não ordenadas — discos, círculos e quadrados. Se você quiser criar listas não ordenadas aninhadas, pode indicar um caractere diferente em cada nível.

1. Posicione o cursor na lista, onde deseja mudar o tipo de bullet usada.
2. Selecione Text→List→Properties, para exibir a caixa de diálogo List Properties (5.6).
3. Selecione Bulleted List do menu pull-down List Type.
4. Selecione um estilo de bullet do menu pull-down Style. O estilo selecionado se aplicará a todas as bullets no nível atual.
5. Selecione um estilo de bullet do menu pull-down New Style, se quiser mudar o estilo de bullet da linha atual em diante. Entretanto, esta mudança não afeta as bullets anteriores na linha atual.
6. Clique OK para mudar o caractere bullet (5.7).

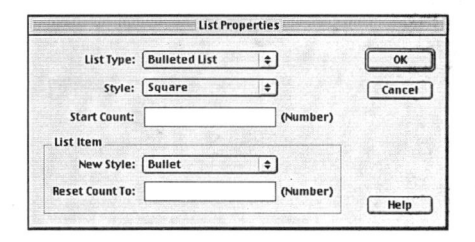

Figura 5.6

Figuras 5.7

NOTA

Clique dentro do primeiro nível (sem recuo) para mudar todos os tipos de bullet do primeiro nível ou o tipo de bullet daquele ponto em diante. Se o seu cursor estiver posicionado dentro de um nível recuado, apenas as bullets naquele nível serão afetadas.

Criação de uma lista ordenada

A lista ordenada padrão é uma lista numerada. Listas ordenadas podem ser aninhadas dentro uma da outra para criar um formato de contorno, no qual você pode especificar a ordem para cada nível de aninhamento (5.8).

1. Clique e arraste para selecionar o texto a partir do qual você deseja criar uma lista ordenada.
2. Selecione Text→List→Ordered List, ou clique o botão Ordered List no canto direito ao fundo do inspector Property, para criar a lista ordenada a partir de seu texto selecionado (5.9).
3. Selecione Text→Indent para criar níveis adicionais para a lista ordenada. Por padrão, são usados números para todos os níveis (5.10).
4. Selecione Text→Outdent, para voltar a um nível de recuo anterior, na lista ordenada.
5. Pressione (Return)[Enter] duas vezes para finalizar a Ordered List.

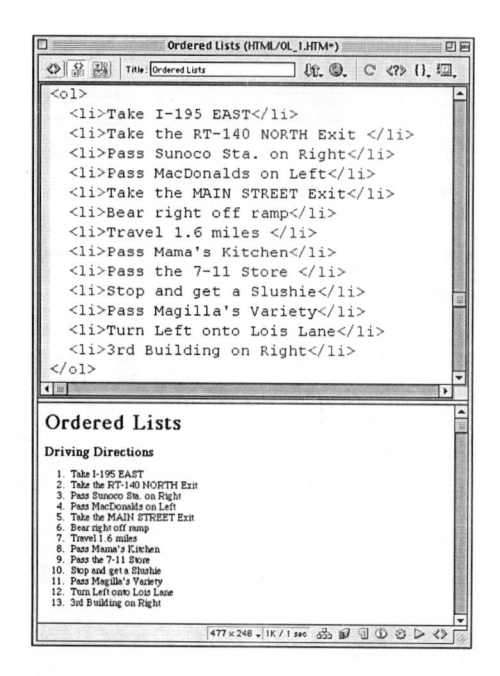

Figuras 5.8

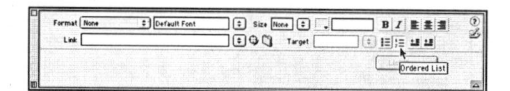

Figura 5.9

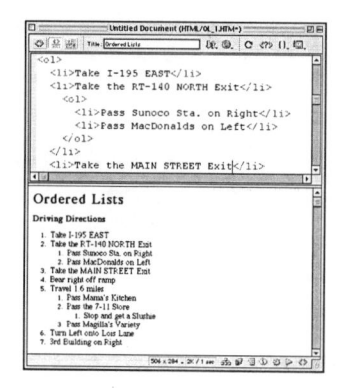

Figuras 5.10

Ⓓ I C A

Você pode formatar texto como uma lista ordenada enquanto o digita, escolhendo Text→List→Ordered List, antes de começar a digitar.

Ⓓ I C A

Pressione (Command-Option-])[Ctrl+Alt+]] para recuar texto, listas ordenadas e listas não ordenadas. Pressione (Command-Option-[)[Ctrl+Alt+[] para desfazer o recuo de texto, listas ordenadas e listas não ordenadas.

Capítulo 5 - Como trabalhar com elementos de parágrafo e estilos HTML | **83**

Como mudar propriedades de lista ordenada

Edite as propriedades de lista ordenada quando quiser escolher uma ordem especifica, tais como letras maiúsculas, letras minúsculas, números ou numerais romanos. Ao aninhar listas ordenadas para criar um formato de contorno, especifique uma sequência de ordem diferente para cada nível.

1. Posicione o cursor na lista onde deseja mudar o estilo de ordem.
2. Selecione Text→List→Properties para exibir a caixa de diálogo List Properties (5.11).
3. Selecione a Numbered List do menu pull-down List Type.
4. Selecione um formato de ordem a partir do menu pull-down Style (5.12). O estilo selecionado se aplicará a todos os itens da lista no nível atual.

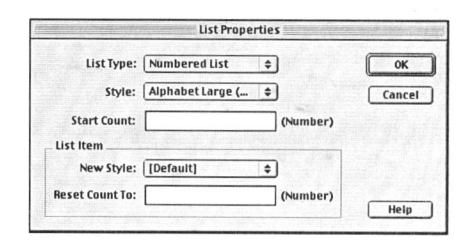

Figura 5.11

Você pode especificar numerais e letras romanas em maiúsculas e minúsculas, bem como números, no menu pull-down Style.

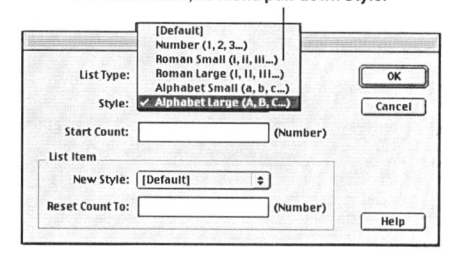

Figura 5.12

Ⓓ I C A

Lembre-se de que as listas recuadas, de fato, são listas ordenadas individuais embutidas na lista ordenada atual.

Ⓓ I C A

Quando você cria uma lista numerada, o ponto é automaticamente inserido depois do número, e os números são alinhados à direita para que os pontos se alinhem.

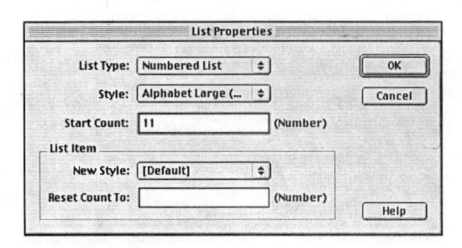

Figura 5.13

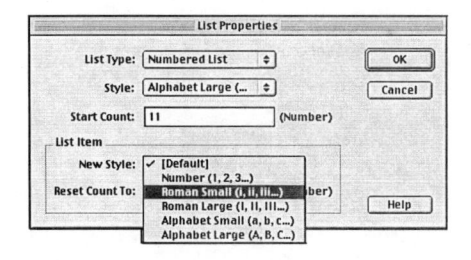

Figura 5.14

5. Entre com um valor de número no campo Start Count (iniciar contagem) para iniciar a numeração a partir de um número diferente de 1. Se você estiver mudando uma lista de letras, entre com o número correspondente à letra no alfabeto. Por exemplo, se quiser que a sua lista comece com a letra K, entre com 11 no campo Start Count (5.13).

6. Selecione um formato de ordem do menu pull-down New Style para o item de lista onde você deseja mudar o formato de ordem da linha atual em diante (5.14). Esta mudança não afeta itens de linha antecedendo a linha atual.

7. Entre com um valor de número no campo Reset Count To para mudar a ordem de numeração do item da lista atual em diante. Clique OK.

Ⓓ I C A

Listas ordenadas e não ordenadas podem ser formatadas com Cascading Style Sheets. Veja no Capítulo 14, "Como trabalhar com Cascading Style Sheets", instruções de como personalizar listas.

Ⓝ O T A

É possível remover toda a formatação de listas ordenadas e não ordenadas, clicando o botão de desfazer recuo, no inspetor Property, até que todos os níveis de recuo sejam removidos.

Inserção de caracteres especiais

Automaticamente, o Dreamweaver insere os códigos para caracteres especiais, se você souber as seqüências de tecla de seu sistema operacional em particular e digitá-las na janela Document. O painel Characters Objects contém alguns dos caracteres especiais mais comumente usados, bem como uma opção para exibir um mapa mais extenso de caracteres, onde você pode selecionar caracteres acentuados e menos comuns.

Figura 5.15

1. Selecione Window→Objects para exibir o painel Objects, se ele ainda não estiver na tela.
2. Clique o menu no alto do painel Objects e selecione Characters para exibir o painel Characters Objects (5.15).
3. Clique para selecionar o caractere especial desejado do painel Characters Objects, ou clique o Insert Other Character (inserir outro caractere) (o último botão, rotulado Other), para exibir um mapa ampliado de caracteres (5.16).

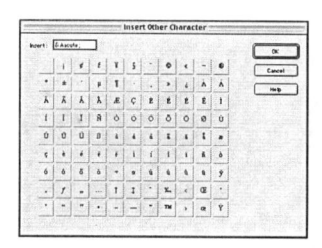

Figura 5.16

Ⓝ O T A

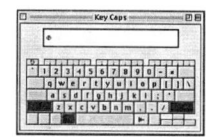

Figura 5.17

Se você estiver usando um computador Macintosh, pode encontrar as combinações de tecla que inserem caracteres especiais, usando Key Caps, localizado sob o menu Apple (5.17). Usuários Windows podem acessar o Character Map para encontrar combinações de tecla de caractere especial. Clique o menu Start e depois selecione Programs→Accessories→System Tools→Character Map para exibir o Caracter Map (5.18).

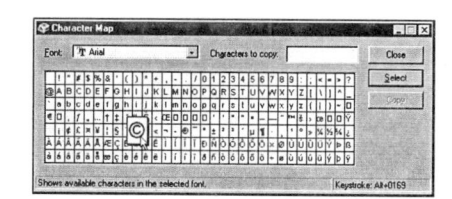

Figura 5.18

A régua horizontal padrão se estende da esquerda para a direita e é em relevo.

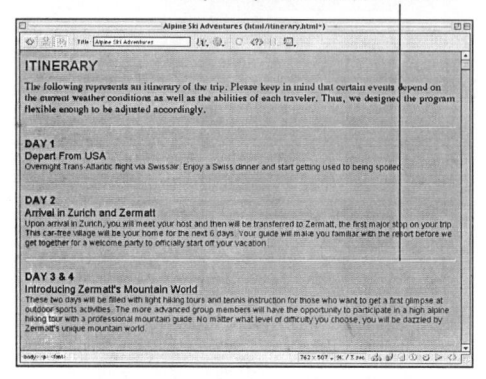

Figura 5.19

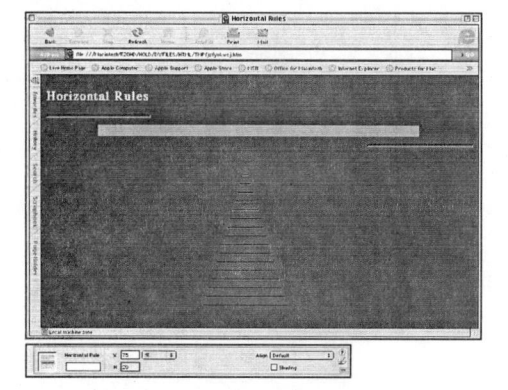

Figura 5.20

Como acrescentar uma régua horizontal

Réguas horizontais ocupam as suas próprias linhas, a partir da margem esquerda para a margem direita. A régua horizontal padrão é uma régua de aspecto em relevo na cor de fundo, com uma sombra escura no alto e à esquerda, e um destaque à direita e embaixo.

1. Posicione o seu cursor na janela Document, onde deseja acrescentar a régua.
2. Clique o ícone Horizontal Rule no painel Objects para inserir a régua no (local) do cursor (5.19).
3. Selecione Window→Properties para exibir o inspetor Property, se ele já não estiver visível.
4. Clique a régua horizontal dentro da janela Document para destacá-la. Ajuste os atributos para a régua (Tabela 5.1) no inspetor Property (5.20).

NOTA

É possível especificar uma cor para a régua horizontal no código fonte HTML, usando ou uma cor hexadecimal, tal como <hr color="#FF3333">, ou um nome de cor, como <hr color="red">. O Internet Explorer da Microsoft é o único browser que suporta usar o atributo de cor com a guia de régua horizontal. Quando você especifica uma cor para a régua horizontal, o sombreado é desativado e a régua aparece sólida no browser.

Tabela 5.1 Configuração de atributos de régua horizontal

Opção	Resultado
Largura	Especifica o comprimento de uma régua. Você pode entrar com um valor pixel neste campo, ou selecionar % do menu pull-down e entrar com um valor que seja a porcentagem da largura da janela do browser.
Altura	Especifica a espessura de uma régua em pixels. A altura padrão é de 1 pixel, com uma sombra de 1 pixel e destaque.
Alinhamento	Seleciona uma opção de alinhamento do menu pull-down Align. O alinhamento padrão para réguas horizontais é centralizado.
Sombreado	Marca a caixa de verificação Shading para conseguir o aspecto em relevo da régua. Se você desmarcar esta caixa, a régua aparece sólida.

Criação de estilos HTML personalizados

Com o painel HTML Styles, é possível definir os seus próprios estilos HTML personalizados. Todas as opções de formatação dos estilos são selecionadas a partir de uma única caixa de diálogo. Você especifica todas as opções de formatação HTML padrão com as quais está acostumado e depois aplica múltiplos recursos de formatação de uma vez, simplesmente selecionando o estilo do painel HTML Styles. Você pode criar estilos de parágrafo que se aplicam a todos os parágrafos de texto e seleção de estilos que se aplicam apenas ao texto selecionado.

1. Selecione Window→HTML Styles para exibir o painel HTML Styles (5.21).
2. Clique o ícone mais (+) no canto inferior direito do painel HTML Styles para criar um novo estilo HTML. Todas as opções de estilo são apresentadas na caixa de diálogo Define HTML Style (5.22).

Figura 5.21 O Dreamweaver vem com alguns estilos HTML pré-instalados. Você pode modificar qualquer deles, exceto o Clear Paragraph Style e Clear Selection Style Option. Na verdade, estes dois não são estilos HTML, mas ao invés, permitem que você remova estilo HTML de formatação do texto.

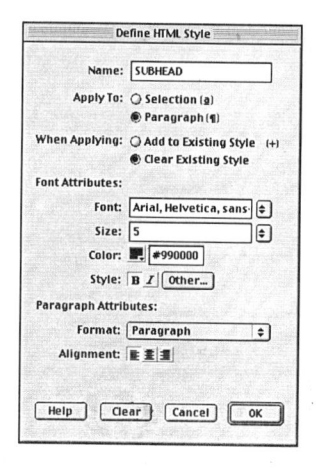

Figura 5.22

Ⓓ I C A

Para editar um estilo HTML existente, clique duas vezes o estilo no painel HTML Styles.

Ⓓ I C A

Se você quiser criar um estilo HTML baseado em algum texto que já formatou em sua página Web, simplesmente selecione o texto formatado e depois clique o ícone mais (+) no canto inferior direito do painel HTML Styles para criar um novo estilo com a sua formatação.

Marque a caixa de verificação Apply para aplicar, automaticamente, estilos HTML quando eles forem selecionados. Se você deixar esta caixa desmarcada, precisa clicar o botão Apply para aplicar estilos HTML ao texto.

Figura 5.23

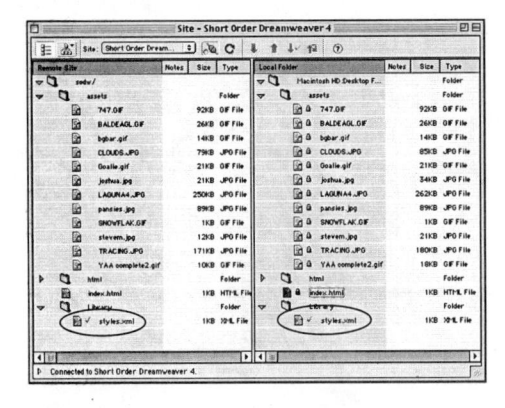

Figura 5.24

3. Designe um nome ao seu novo estilo HTML e especifique as opções de formatação de seu estilo; depois clique OK. Observe que os estilos de parágrafo e a seleção de estilos têm ícones correspondentes à esquerda do nome de estilo no painel HTML Styles (5.23).

4. Para compartilhar os seus estilos HTML com outros usuários, selecione Window→Site Files, para abrir a janela Site e abrir a pasta Library (5.24). O arquivo chamado styles.xml contém todos os estilos para o seu site. Este arquivo pode ser editado, marcado e desmarcado e compartilhado com outros usuários trabalhando em seu site.

NOTA

E possível usar Clear Paragraph Style e Clear Selection Style para remover formatação de parágrafo, independente se você usou os estilos HTML para formatar o texto ou o inspetor Property.

NOTA

Para informações sobre a criação de um site remoto e o uso da função Check-In/Check-Out do Dreamweaver, Consulte o Capítulo 2, "Configuração de seu site em Dreamweaver."

Capítulo 6

Neste capítulo, você aprenderá como...

- Importar imagens
- Ajustar propriedades de imagens
- Redimensionar uma imagem
- Editar imagens
- Redefinir uma imagem fonte
- Especificar um src baixo
- Acrescentar e mudar a cor de margens de imagem
- Ajustar o alinhamento de imagem
- Envolver texto em torno de imagens
- Especificar uma imagem de fundo
- Inserir GIFs animados
- Criar álbuns de fotos Web

Como trabalhar com imagens e gráficos GIF, JPEG e PNG

O Dreamweaver permite que você importe imagens e gráficos em três formatos de arquivo aceitos pela maioria dos browsers: GIF, JPEG e PNG. O Graphic Interchange Format (GIF) é o mais comumente usado para imagens e gráficos que podem ser limitados a um máximo de 256 cores e é mais adequado a trabalhos de arte, ilustrações e qualquer imagem com grandes áreas de cor plana. O formato Joint Photographic Experts Group (JPEG) é usado para imagens fotográficas, pois ele oferece uma faixa completa de cores RGB e máxima compactação de arquivo. O formato Portable Network Graphic (PNG) está obtendo suporte continuamente, das versões de browser mais recentes e é o formato original de arquivos Fireworks. O formato que você escolhe para as suas imagens deve ser decidido em uma base imagem-por-imagem, com o objetivo de criar o menor tamanho de arquivo possível, enquanto retendo aceitável qualidade de imagem.

Usando a janela Site de Dreamweaver, você pode gerenciar facilmente os seus gráficos e imagens e até substituir globalmente uma imagem, através de seu site. Ao trabalhar com imagens e gráficos, o inspetor Property oferece um link a um aplicativo de edição de imagem externo que você especifica nas preferências de Dreamweaver.

Importação de imagens

O Dreamweaver importa e visualiza arquivos GIF, JPEG e PNG. Inserir uma imagem em sua página Web é tão simples quanto clicar o objeto Image no painel Common Objects e localizar um arquivo de imagem para importar. Quando você tiver criado um site em Dreamweaver, pode usar o ícone Point-to-File para selecionar gráficos ou, simplesmente, arrastar uma imagem da janela Site para dentro de sua página Web. Para acessar uma imagem que não é parte do seu site, clique o ícone de pasta, próximo a um campo de imagem, no inspetor Property, e localize o arquivo. Então, o Dreamweaver pede que copie o arquivo ao seu site, se você selecionou uma imagem fora da pasta root do site.

1. Selecione Insert→Image para exibir a caixa de diálogo para selecionar uma imagem fonte (6.1).
2. Clique o nome do arquivo que deseja importar. No Mac, clique o botão Show Preview para exibir uma visualização da imagem. Usando Windows, clique a caixa de verificação Preview Images para exibir uma visualização da imagem.

As dimensões da imagem (em pixels) e o tamanho do arquivo são exibidos junto com a quantidade de tempo necessária para carregar a imagem, na velocidade de conexão indicada nas preferências da barra Status.

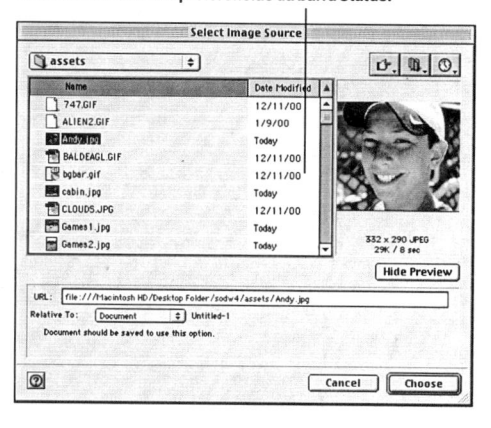

Figura 6.1

DICA

Para duplicar uma imagem, mantenha pressionada a tecla (Option)[Ctrl] e arraste a imagem na janela Document.

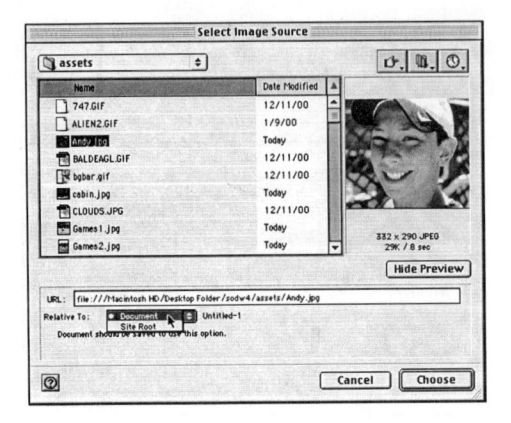

Figura 6.2

Figura 6.3

3. Clique o menu pull-down e indique se a imagem deve ser relativa a um documento HTML em particular, ou à pasta Site Root (6.2). Se você escolher tornar a imagem relativa ao documento, uma caixa de diálogo pede que você realoque o arquivo para um local dentro da pasta Site Root, se ele já não estiver naquela pasta. Se você selecionar Site Root, o caminho do arquivo é indicado da pasta Root para frente. Se o arquivo estiver fora da pasta Site Root, você é solicitado a copiar a imagem em um local dentro da pasta Site Root.

4. Clique (Choose)[Select] para importar a imagem especificada. Clique a imagem na janela Dreamweaver Document para editar as propriedades de imagem no inspetor Property (6.3).

ⓓICA

Se você importar uma imagem antes de salvar o arquivo, o caminho é específico à sua localização no disco rígido de seu computador, independente se você escolher torná-lo relativo ao documento ou ao Site Root: file:///C/scans/web/andy.jpg no Windows e file:///scans/web/andy.jpg no Mac OS. A boa notícia é que depois de você salvar o arquivo Dreamweaver, todos os endereços absolutos são mudados para endereços relativos.

Configuração de propriedades de imagem

Em Dreamweaver, as propriedades de imagem são ajustadas usando o inspetor Property. Quando você importa uma imagem na janela Dreamweaver Document, a guia <img> é inserida no código fonte HTML. A metade de cima do inspetor Property contém os atributos básicos de imagem, tais como largura, altura, imagem fonte, link, alinhamento e texto alternativo. A metade de baixo do inspetor Property contém atributos adicionais, junto com botões para editar e imagem e criar um mapa de imagem.

1. Selecione Window→Properties para exibir o inspetor Property, se ele já não estiver na tela (6.4).
2. Entre com um nome para a imagem no primeiro campo, no canto superior esquerdo do inspetor Property, se você quiser referenciar essa imagem mais tarde usando um script.
3. Entre com texto alternativo no campo Alt para acomodar usuários que têm as imagens desativadas em seus browsers, ou que talvez estejam usando browsers apenas de texto. O texto Alt também é o texto que aparece na página Web quando uma imagem não carrega (6.5). Usuários Windows verão uma guia contendo o texto Alt quando o cursor passar sobre uma imagem em um browser Web (6.6). O texto Alt também é exibido quando a imagem está sendo carregada.

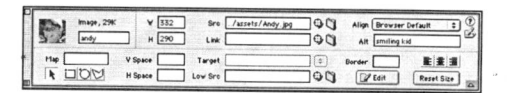

Figura 6.4

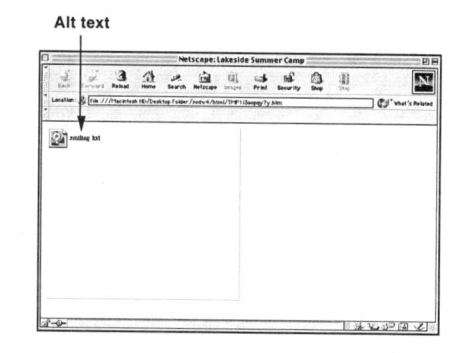

Figura 6.5

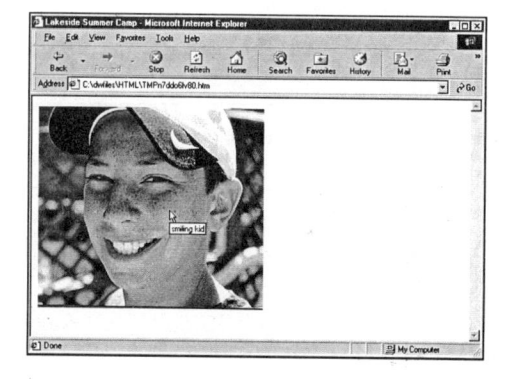

Figura 6.6

Como redimensionar uma imagem

É possível redimensionar uma imagem de duas maneiras, depois que ela é colocada na janela Document — com o inspetor Property ou manualmente, com as alavancas de seleção. Se você tiver que redimensionar significativamente uma imagem, deve realizar esta função em um programa de edição de imagem, tal como Photoshop ou Fireworks.

1. Clique para selecionar a imagem que deseja redimensionar; depois selecione Window→Properties, para exibir o inspetor Property.
2. Digite novos valores de largura e altura no inspetor Property (6.7).
3. Clique o botão Reset Site no inspetor Property para recuperar as dimensões originais da imagem.

Figura 6.7 *Você também pode clicar e arrastar um dos três pontos âncora que aparecem nos cantos à direita, embaixo e na extrema direita da imagem quando ela é selecionada. Mantenha pressionada a tecla Shift, enquanto arrastando, para manter a razão do aspecto da imagem enquanto redimensionando.*

ⓃO T A

Uma imagem pode ser incluída em sua página Web sem os atributos width e height, mas há um bom motivo para incluir a largura e altura, mesmo que a imagem não seja redimensionada. Quando uma página Web é carregada em sua janela de browser, as informações na página são exibidas linearmente — na ordem na qual elas aparecem no código fonte HTML. Se você especificar a largura e altura das imagens em sua página Web, o browsers reserva os espaços para as imagens na página e carrega o texto primeiro. Esta técnica dá ao usuário a oportunidade de começar a ler o conteúdo da página enquanto as imagens estão sendo carregadas (6.8).

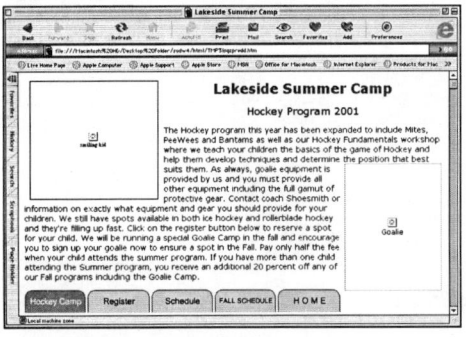

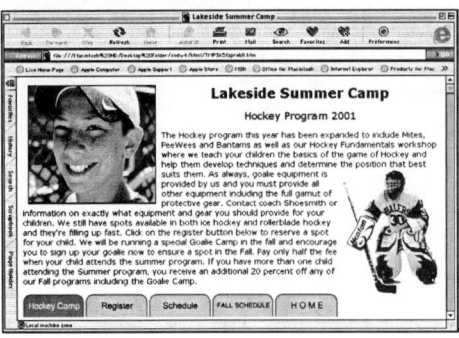

Figuras 6.8

Edição de imagens

O Dreamweaver não oferece um método de editar diretamente, imagens importadas, mas você pode lançar um programa de edição de imagem diretamente do Dreamweaver para realizar esta tarefa. Quando você clica o botão Edit, no canto inferior direito do inspetor Image Property, a imagem selecionada se abre no software de edição de imagem especificado nas preferências External Editors.

1. Selecione Edit→Preferences para exibir a caixa de diálogo Preferences (6.9).
2. Selecione File Types / Editors da lista Category, à esquerda.
3. Selecione uma extensão da lista Extensions. Se uma extensão para o tipo de arquivo que você deseja especificar não estiver na lista, clique o ícone de sinal de mais, acima da lista Extensions, para acrescentá-lo (6.10).

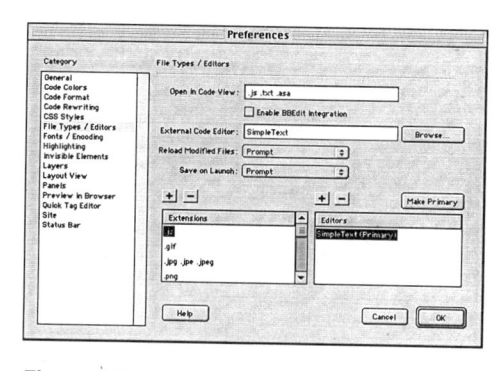

Figura 6.9

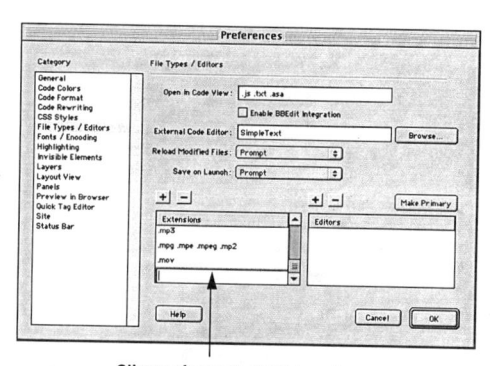

Figura 6.10

Clique o ícone do sinal de mais e depois digite a extensão aqui.

Ⓓ I C A

E possível editar uma extensão na lista Extensions, clicando-a duas vezes. Se você quiser incluir mais do que uma extensão como um único item de lista, separe as extensões com um espaço.

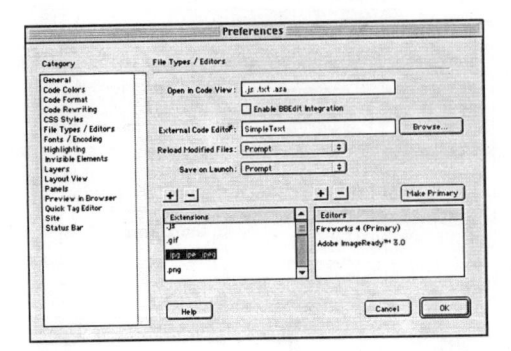

Figura 6.11

4. Clique o ícone do sinal de mais sobre a lista Editors para selecionar o programa que deseja lançar, para editar arquivos com a(s) extensão(ões) especificada(s) (6.11). É possível acrescentar mais de um programa à lista Editors.

5. O primeiro aplicativo especificado para uma extensão é automaticamente designado como o aplicativo principal. Para mudar o aplicativo principal, selecione o aplicativo que deseja tornar o principal aplicativo de edição na lista Editors e clique o botão Make Principal. Clique OK para fechar a caixa de diálogo Preferences.

6. Para editar uma imagem, selecione a imagem na janela Document e clique o botão Edit no inspetor Property (6.12).

ⓓICA

Mantenha pressionada a tecla (Command)[Ctrl] e clique duas vezes uma imagem para lançar o editor externo para aquela imagem.

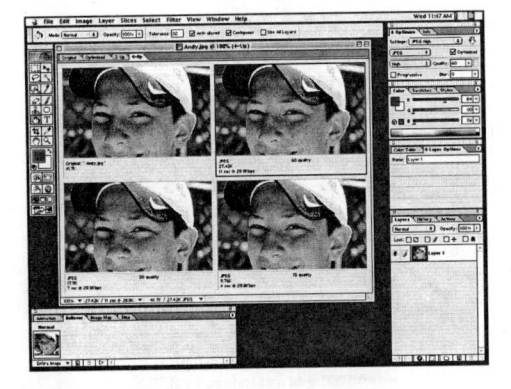

Figura 6.12 - O software de edição de imagem, Adobe ImageReady 3.0, neste caso, carrega independentemente do Dreamweaver.

ⓝOTA

A integração interna do Dreamweaver com o Fireworks 4 torna a edição de imagens mais fácil do que nunca e oferece muitos recursos para aumentar a sua produtividade. Veja informações detalhadas no Capítulo 7, "Edição de gráficos de volta completa com Fireworks".

Capítulo 6 - Como trabalhar com imagens e gráficos GIF, JPEG e PNG | **97**

Redefinição de uma imagem fonte

Quando você importa pela primeira vez uma imagem na janela Document, o caminho para o arquivo fonte é inserido no campo Src no inspetor Property. Se quiser substituir a imagem existente por outra, pode redefinir a localização fonte do arquivo. Então, a nova imagem substitui a imagem atual e o inspetor Property é atualizado para refletir o tamanho de arquivo da nova imagem. Você pode redefinir a fonte de uma imagem na vista Design da janela Document de quatro maneiras:

- Digite um novo nome de arquivo no campo Src, no inspetor Property (6.13).
- Clique duas vezes a imagem na janela Document e localize o arquivo da nova imagem.
- Clique o ícone Folder para a direita do campo Src, no inspetor Property, para localizar um arquivo em seu disco rígido.
- Clique e arraste do ícone Point-to-File no inspetor Property para dentro de um arquivo na janela Site (6.14).

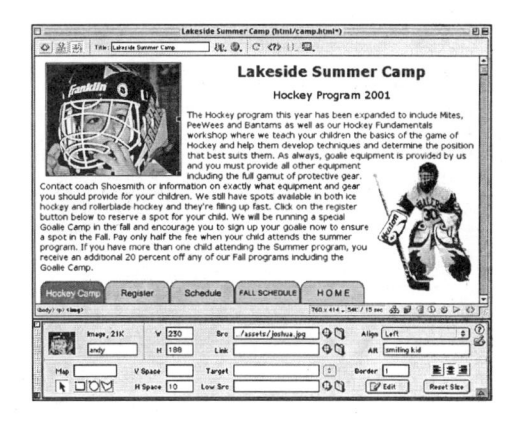

Figura 6.13

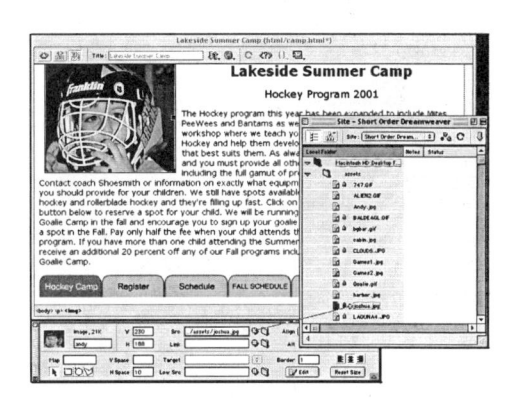

Figura 6.14

Ⓓ I C A

Mantenha pressionado (Option)[Ctrl] e arraste uma imagem para fazer uma cópia dela na página Web.

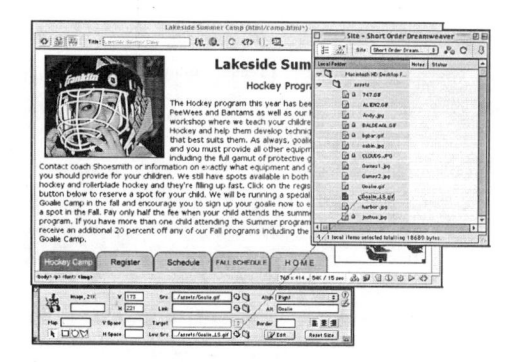

Figuras 6.15

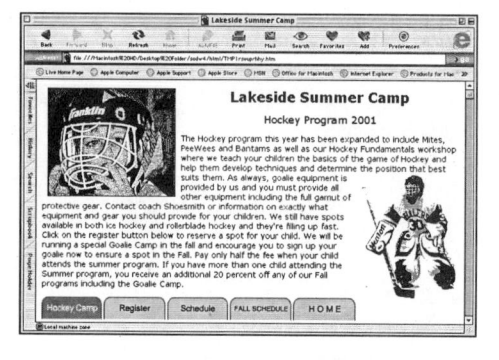

Figura 6.16 O arquivo de src baixo exibe o comprimento de tempo que leva para a imagem de tamanho completo, ou cor total, a carregar. Você precisa visualizar a página Web em um browser para ver a imagem de src baixo carregar e, dependendo de seu tamanho, a imagem pode carregar rapidamente demais de seu disco rígido local para ver a transição.

Como especificar um Src baixo

O atributo lowsrc permite especificar uma imagem de baixa resolução que carrega antes da imagem de alta resolução. Arquivos de src baixo são tipicamente em preto e branco, apresentações em degrade da imagem de alta resolução. Você pode usar o atributo lowsrc para exibir um gráfico com um tamanho de arquivo muito menor, enquanto que uma imagem está sendo carregada. Se você especificar a largura e altura da imagem, o espaço alocado para a imagem na página Web será apurado, mesmo se o arquivo src baixo for menor.

1. Clique a imagem na vista Design da janela Document para selecioná-la.

2. No inspetor Property, digite um nome de caminho para o arquivo de src baixo no campo Low Src ou clique o ícone Folder à direita deste campo, para localizar o arquivo no disco rígido. Você também pode clicar e arrastar do ícone Point-to-File para dentro do arquivo na janela Site (6.15).

3. Visualize o arquivo em um browser para ver o arquivo de src baixo antes da imagem de resolução completa, cor total (6.16).

Ⓓ I C A

Crie uma imagem com src baixo, com texto que diz "Por favor, aguarde... Imagem carregando", ou alguma coisa com este efeito para imagens grandes em sua página Web que você deseja que o usuário espere para ver.

Capítulo 6 - Como trabalhar com imagens e gráficos GIF, JPEG e PNG | **99**

Como acrescentar e mudar a cor de margens de imagem

O atributo border criar uma margem em torno de uma imagem na cor de texto padrão, especificada na caixa de diálogo Page Properties. Entre com um valor no campo Border, no inspetor Property, para indicar uma margem em pixels. Quando uma imagem é usada como um link, a margem padrão na cor do link é exibida em torno da imagem, a menos que o valor da margem seja ajustado para 0. O Dreamweaver ajusta o valor de margem de imagens inicialmente para 0.

1. Clique uma imagem na janela Document, para selecioná-la.
2. Entre com um valor pixel no campo Border do inspetor Property (6.17).
3. Para mudar a cor da margem, assegure-se de que a imagem ainda está selecionada; depois, selecione Text→Color para exibir o pegador de cor (6.18).
4. Selecione uma cor e clique OK.

Figura 6.17

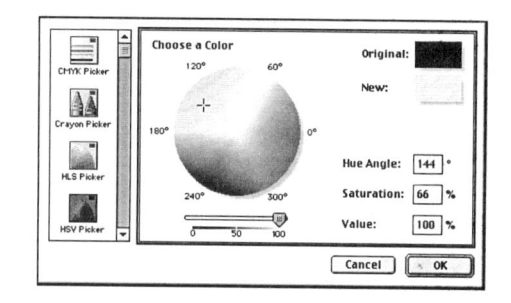

Figura 6.18

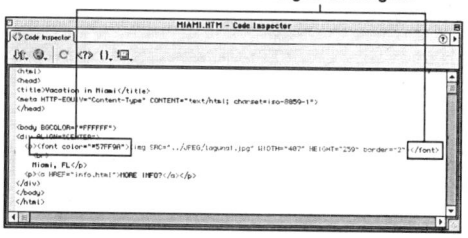

Figura 6.19

Ⓝ O T A

Quando você muda a cor da margem em torno de uma imagem, a guia <font> é inserida em torno da imagem no código HTML, com o atributo color ajustado para a cor indicada no pegador de cor (6.19). Alguns browsers — Internet Explorer para Windows, em especial — não exibem a cor de margem, a menos que você mude a cor padrão de texto.

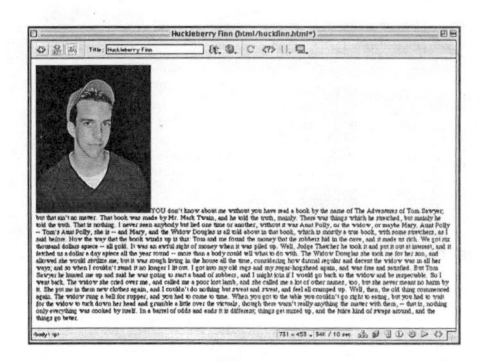

Figura 6.20

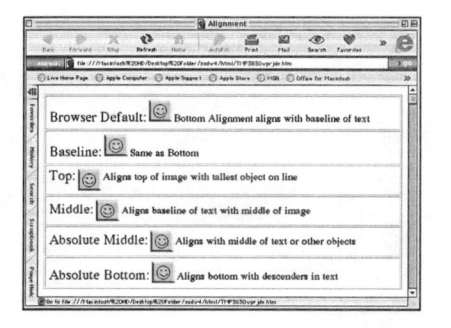

Figura 6.21

Configuração de alinhamento de imagem

O alinhamento de imagem é chave para como as suas imagens interagem com os outros elementos em sua página Web, inclusive texto. Além das opções típicas de alinhamento à esquerda, direita e centro horizontal, sete opções de alinhamento vertical são usadas em imagens inline. Quando você importa uma imagem, inicialmente ela é tratada como uma imagem inline, que se alinha com a linha base do texto (6.20). As opções de alinhamento vertical sempre tratam o gráfico como um gráfico inline e alinham a imagem com a linha de texto onde ele está (6.21). A Figura 6.21 demonstra as várias opções de alinhamento vertical.

1. Clique a imagem na vista Design da janela Document, para selecioná-la.
2. Selecione uma opção de alinhamento do menu pull-down Align, no inspetor Property.

Ⓓ I C A

Ao alinhar imagens com texto que é todo em letras maiúsculas, não use os atributos de alinhamento absmiddle ou absbottom, pois estes levam em consideração os descendentes do texto.

Ⓓ I C A

E possível ter múltiplas imagens, lado a lado, com diferentes opções de alinhamento vertical, para criar um efeito escalonado.

Como envolver texto em torno de imagens

Quando você seleciona alinhamento à esquerda ou à direita para imagens, automaticamente o texto envolve as imagens. Se você especificar alinhamento à esquerda para uma imagem e alinhamento à direita para outra imagem que é inserida bem próximo à primeira, o texto flui entre as duas imagens. Imagens podem ser inseridas dentro de parágrafos com alinhamento à esquerda ou à direita, o que resulta nas imagens se alinhando à direita ou à esquerda e o texto fluindo em torno das imagens, naquele ponto do parágrafo.

1. Clique a imagem que você deseja modificar, na janela Document.
2. Selecione uma opção de alinhamento do menu pull-down Align na Inspector Property.
3. Especifique um valor em pixel para o V Space e para o H Space, para afetar o início do texto (6.22). Espaço horizontal é acrescentado à esquerda e à direita de uma imagem, enquanto que espaço vertical é acrescentado no alto e embaixo da imagem.

NOTA

Para ver onde uma imagem está posicionada dentro do parágrafo, selecione View→Visual Aids→Invisible Elements para exibir os ícones de imagem. Você pode clicar e arrastar estes ícones para reposicionar a imagem associada dentro do texto (6.23).

O valor H Space é ajustado para 15 pixels e o valor V Space é ajustado para 10 pixels.

Figura 6.22

Os ícones de imagem mostram onde a imagem é inserida no código HTML.

Figura 6.23

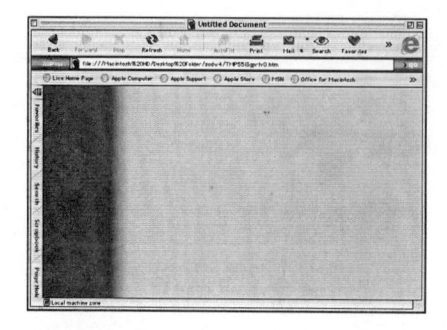

Figura 6.24

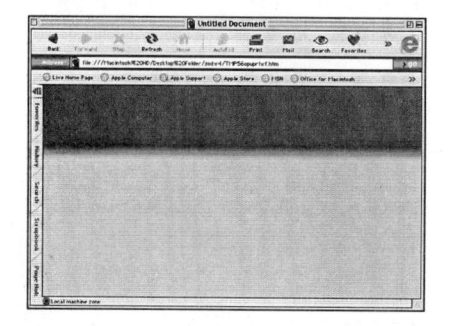

Figura 6.25

Ⓓ I C A

Uma variedade de Web site oferece imagens de fundo azulejadas gratuitamente. Visite www.WebGraphicsArchive.com para links a imagens de fundo e texturas.

Como especificar uma imagem de fundo

Imagens de fundo são especificadas na caixa de diálogo Page Properties. Quando você especifica uma imagem de fundo menor do que a janela do browser, a imagem de fundo é azulejada para preencher a área da janela. O recurso de azulejar pode ser usado para a sua vantagem, quando criando imagens de fundo, porque você pode criar imagens que são bem menores em tamanho, resultando em tamanhos de arquivo menores.

1. Selecione Modify→Page Properties, para exibir a caixa de diálogo Page Properties.

2. Clique o botão Browse à direita do campo Background Image, para localizar uma imagem para o fundo de sua página Web.

Ⓝ O T A

Além de usar quadrados pequenos de imagem para azulejar uma imagem de fundo, você também pode usar barras horizontais e verticais. Neste primeiro exemplo, uma imagem de 1KB que tem 1 pixel de altura por 1200 pixels de largura, é usada para criar o efeito de barra lateral (6.24). No segundo exemplo, a imagem de 1KB tem 1 pixel de largura por 1200 pixels de altura (6.25).

Inserção de GIFs animados

GIFs animados são importados no Dreamweaver da mesma forma que imagens estacionárias. Já que GIFs animados são, na verdade, uma série de GIFs apresentados em sucessão rápida, estes arquivos tornam-se bastante grandes. A chave para criar arquivos GIF animados eficazes tem dois lados: primeiro, tente manter o número de cores a um mínimo e também manter as dimensões gerais da imagem pequenas. Segundo, tente limitar a quantidade de molduras usadas para criar a animação. Limitar a quantidade de molduras pode significar sacrificar alguma suavidade durante a exibição da animação — um fator que pode ser até mais exagerado quando a imagem é vista remotamente, dependendo do poder de processamento do usuário. Para inserir um GIF animado, selecione Intertfilmage ou clique o botão Image, no painel comum Object (6.26). Veja no Capítulo 7, "Volta completa de edição de gráficos com Fireworks", detalhes sobre a criação de GIF animados.

Ⓝ O T A

Uma série de Web sites oferece GIFs animados gratuitos para usar em suas páginas Web e muitos artistas talentosos criação animações GIF para as suas especificações, de graça. Busque por GIFs animados em qualquer máquina de busca na Web ou verifique alguns dos meus sites preferidos. A1 Icon Archive tem mais de 300.000 Web sites de gráficos gratuitos em www.freegraphics.com. Outro site elegante é www.iconbazaar.com.

Figuras 6.26 *Você pode criar GIFs animados com Macromedia Fireworks (conforme mostrado aqui), Adobe ImageReady e outros. Visite www.animatedgifs.com ou www.iconbazaar.com para carregar alguns elegantes GIFs animados.*

Como criar álbuns de foto Web

Você pode criar facilmente um álbum de fotos Web usando o Dreamweaver junto com o Fireworks. É preciso ter o Fireworks instalado para este comando funcionar. Quando você seleciona o comando Create Web Photo Album, aparece uma caixa de diálogo solicitando informações sobre como você deseja montar as páginas Web para o seu álbum de fotos. Indique a pasta que contém as imagens para o seu álbum de fotos e uma pasta que deve conter as imagens convertidas e arquivos HTML — Dreamweaver junto com Fireworks faz o resto.

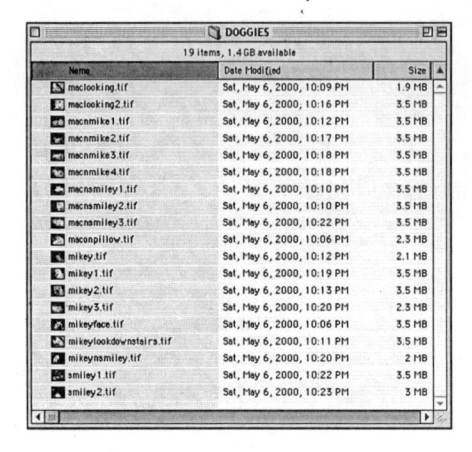

Figura 6.27

1. Coloque todas as imagens que deseja que o seu álbum de fotos contenha em uma única pasta. Assegure-se de que os arquivos estão em um formato que é suportado(.gif, .jpg, .jpeg, .png. ;psd, .tif ou .tiff) (6.27).

2. Crie uma pasta para os arquivos do álbum de fotos Web. Esta pasta conterá ambos, os arquivos HTML e os arquivos de imagens.

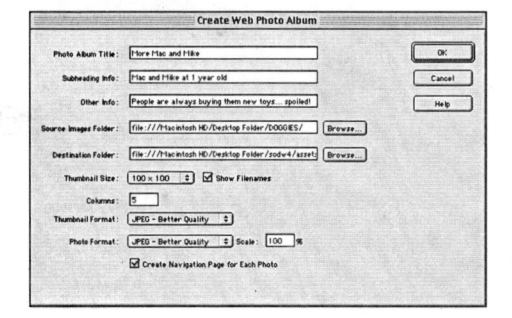

Figura 6.28

3. Em Dreamweaver, selecione Commands →Create Web Photo Album, para exibir a caixa de diálogo Create Web Photo Album (6.28).

4. No campo Photo Album Title entre com um título para aparecer no alto de cada página Web. Entre com um subtítulo no campo Subheading Info. Digite quaisquer outras informações para aparecer abaixo do título e subtítulo, no campo Other Info.

5. Clique o botão Browse à direita do campo Source Images Folder e localize a pasta que contém as suas imagens. Clique o botão Browse à direita do campo Destination Folder e localize a pasta que receberá as páginas Web e as imagens.

6. Selecione um tamanho miniatura do menu pop-up Thumbnail Size e depois, clique a caixa de verificação Show Filenames, se você quiser que os nomes de arquivo apareçam abaixo das imagens em miniatura. Indique quantas colunas de miniaturas deseja, no campo Columns.

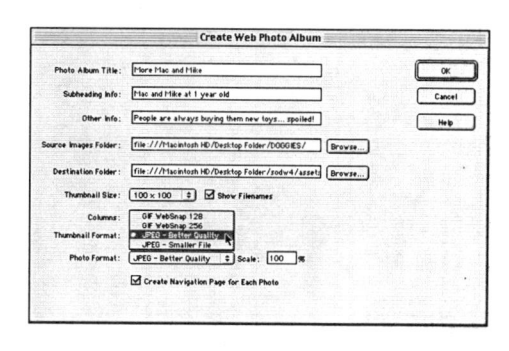

Figura 6.29

7. Selecione um formato de arquivo para as miniaturas e fotos a partir dos menus pop-up para Thumbnail Format e Photo Format, respectivamente (6.29). Digite um valor no campo Scale, se quiser reduzir o tamanho das imagens.

8. Marque a caixa de verificação para Create Navigation Page for Each Photo, se quiser que cada imagem apareça em uma página Web separada, com links de navegação rotulados Back, Home e Next. Se deixar esta opção desmarcada, as miniaturas terão links para as imagens, ao invés de uma página Web com links de navegação.

9. Clique OK e o Fireworks se lança, exibindo uma caixa de diálogo Batch Progress (6.30).
10. Quando a caixa de diálogo Album Created aparece, clique OK. O Dreamweaver exibe a primeira página de seu álbum de foto Web, nomeado e com título igual ao título que você designou (6.31).
11. Visualize a página em um browser. Cada uma das imagens na página de miniaturas é um link para uma página HTML separada contendo a imagem maior (6.32).

Figura 6.30

Ⓓ I C A

Crie e aplique um gabarito aos arquivos HTML criados para o seu álbum de foto. Veja no Capítulo 19, "Criação de gabaritos e bibliotecas", informações sobre a criação e aplicação de gabaritos.

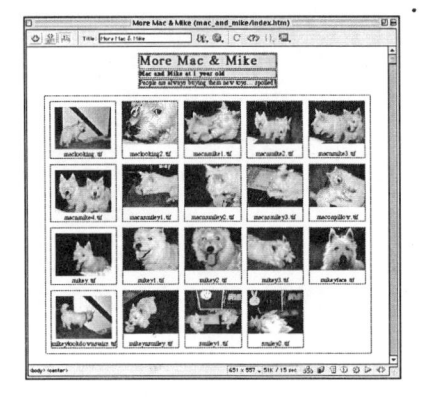

Figura 6.31

Figura 6.32

Capítulo 7

Neste capítulo, você aprenderá como...

- Ajustar Fireworks como o seu editor de imagem padrão
- Ajustar o lançamento de Fireworks e editar preferências
- Otimizar imagens Fireworks
- Redimensionar imagens Fireworks
- Editar animações Fireworks
- Editar imagens com Fireworks
- Editar tabelas e pedaços Fireworks
- Colocar HTML Fireworks em um Dreamweaver Document

Se você já está usando Dreamweaver 4 e Fireworks 4 juntos, pode fazer uma volta completa de imagens e qualquer código HTML e JavaScript entre os dois aplicativos. Pode editar qualquer gráfico em Dreamweaver usando Fireworks com a opção de editar os arquivos GIF ou JPEG, ou editar o arquivo original Fireworks PNG. Quaisquer mudanças feitas em Fireworks são automaticamente atualizadas em Dreamweaver. O Dreamweaver inclui dois ob-

Edição de gráficos em volta completa com Fireworks

jetos que inserem Fireworks HTML — inclusive todo o código e gráficos — para criar imagens rollover e barras de navegação. Você também pode usar o comando Optimize Image do Dreamweaver para carregar a caixa de diálogo Fireworks Export Preview e otimizar imagens instantaneamente dentro de Dreamweaver.

Dreamweaver e Fireworks compartilham muitos dos mesmos recursos de edição de arquivo, tais como link de mudanças, mapas de imagem, pedaços de tabela e comportamentos. Os dois aplicativos podem oferecer um fluxo de trabalho seqüenciado, poupando o seu precioso tempo de produção. Quando você usa os recursos de otimização, as mudanças feitas na imagem Dreamweaver também são feitas no arquivo de imagem externo, bem como no arquivo Fireworks PNG, quando ele é usado. Gráficos criados em Fireworks podem ser exportados como itens de biblioteca Dreamweaver e são automaticamente disponibilizados quando colocados na pasta de biblioteca Dreamweaver. Se você estiver compartilhando arquivos entre Dreamweaver e Fireworks, as informações sobre arquivos, armazenadas em Design Notes, também são acessíveis a ambos os aplicativos.

Como ajustar Fireworks como o seu editor de imagem padrão

A preferência External Editors no Dreamweaver permite que você especifique qual aplicativo é usado para editar os objetos em suas páginas Web, inclusive imagens tais como JPEGs e GIFs. Para conseguir editar gráficos em volta completa com o Fireworks, você precisa ajustar o Fireworks como o editor principal para os arquivos GIF, JPEG e PNG.

1. Em Dreamweaver, selecione Edit→Preferences para exibir o painel Preferences; depois selecione File Types / Editors da lista Category (7.1).

2. Selecione uma extensão de arquivo Web da lista Extensions (.gif, .jpg ou .png).

3. Na lista Editors, selecione Fireworks 4 e clique o botão Make Primary. Se Fireworks 4 não aparecer na lista Editors, clique o botão mais (+) e localize o aplicativo Fireworks 4 em seu disco rígido.

4. Faça as etapas 2 e 3 para ajustar o Fireworks como o editor principal para todos os três formatos de imagem (.gif, .jpg e .png).

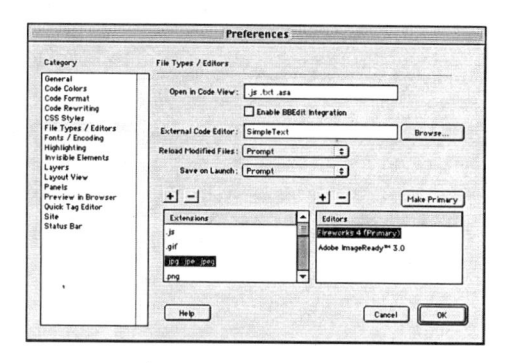

Figura 7.1 É possível usar versões anteriores do Fireworks como o principal editor de imagem em Dreamweaver 4, embora alguns recursos de edição de viagem completa não estejam disponíveis. O Fireworks 3 não suporta totalmente o lançamento e edição de tabelas e pedaços colocados. O Fireworks 2 não suporta o lançamento e a edição de arquivos fonte PNG para imagens colocadas em Dreamweaver.

Configuração de lançamento e preferências de edição Fireworks

O Fireworks salva arquivos no formato Portable Network Graphics (PNG), por padrão. Quando você inicializa o Fireworks para editar uma imagem colocada em uma página Dreamweaver Web, o Fireworks abre o arquivo PNG original quando ele está presente e pede que você o localize, quando não pode ser encontrado. Você pode especificar como deseja que o Fireworks abra imagens quando elas estão sendo editadas em um aplicativo externo, tais como Dreamweaver ou Director, configurando as preferências Launch e Edit na caixa de diálogo Preferences em Fireworks.

1. Em Fireworks, selecione Edit→Preferences para exibir a caixa de diálogo Preferences e depois (selecione Launch e Edit do menu pop-up (7.2))[clique a guia Launch e Edit (7.3)].

2. Selecione a partir dos menus pop-up para determinar quando você deseja que o Fireworks abra o arquivo PNG original. Selecione Always Use Source PNG quando quiser que o Fireworks use o arquivo PNG original para a imagem Dreamweaver. Selecione Never Use Source PNG, se quiser que o Fireworks abra e edite o arquivo atual de imagem, tal como JPEG e GIF. Selecione Ask When Launching se quiser que o Fireworks pergunte a você antes de abrir o arquivo PNG original.

As preferências Launch e Edit de Fireworks no Mac.

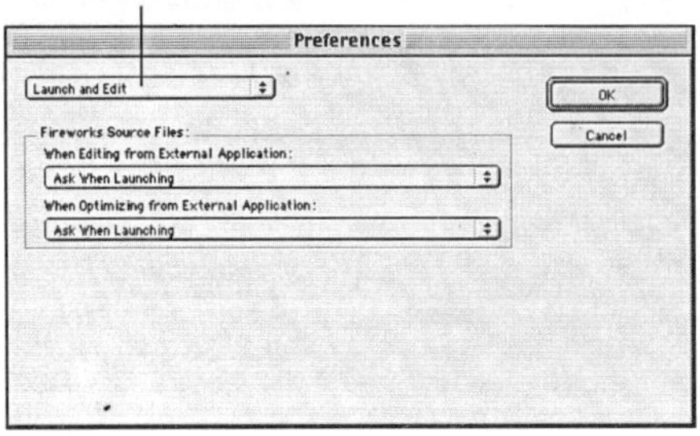

Figura 7.2

As preferências Launch e Edit de Fireworks no Windows.

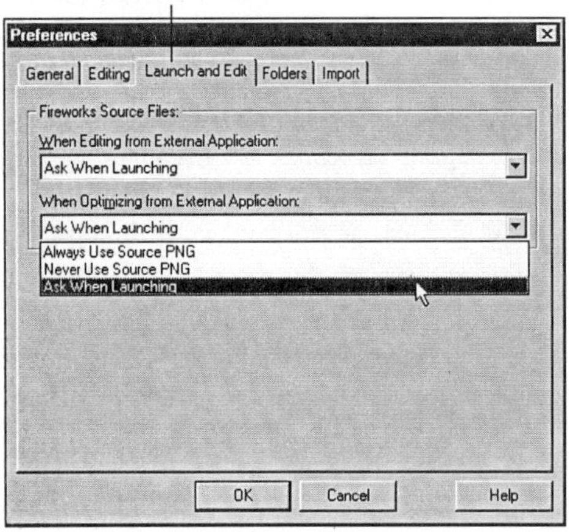

Figura 7.3

Ⓝ O T A

Quando você exporta um arquivo Fireworks para um site Dreamweaver, Fireworks escreve uma Design Note que contém informações sobre a localização do arquivo fonte Fireworks PNG, cada imagem em um arquivo de pedaço e cada arquivo HTML que lida com pedaços. Quando você edita uma imagem Fireworks a partir de Dreamweaver, a Design Note é usada para localizar uma fonte PNG para aquele arquivo. Para garantir que os arquivos fonte Fireworks PNG estejam sempre disponíveis para imagens em seu site, salve o arquivo Fireworks PNG em seu site Dreamweaver junto com o GIF ou JPEG exportado.

Como otimizar imagens Fireworks

Você pode otimizar as configurações de uma imagem que foi salva do Fireworks, bem como imagens que foram salvas de outro programa de edição de imagem, usando a caixa de diálogo Fireworks Export Preview, de dentro do Dreamweaver. É preciso ter memória o suficiente para lançar ambos, Dreamweaver e Fireworks, pois a caixa de diálogo de otimização vem do Fireworks ainda que, de fato, você não edite a imagem dentro do Fireworks.

1. Clique uma imagem para selecioná-la na janela Dreamweaver Document.
2. Selecione Commands→Optimize Image em Fireworks.
3. Se você ajustar as preferências Fireworks Launch e Edit para Ask When Launching, uma caixa de diálogo aparece pedindo que você localize o arquivo PNG original ou prossiga sem ele (7.4). Esta caixa de diálogo também aparece quando o PNG de origem não pode ser encontrado.
4. Na caixa de diálogo Optimize, entre com as configurações de otimização e depois clique Update (7.5).

Clique No se não tiver o arquivo fonte PNG original ou se só quiser editar o arquivo de imagem.

Clique Yes se quiser editar o arquivo fonte PNG original.

Mude as preferências no Fireworks aqui.

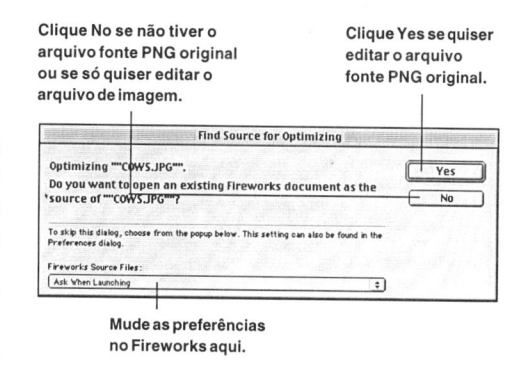

Figura 7.4

Personalize a otimização.

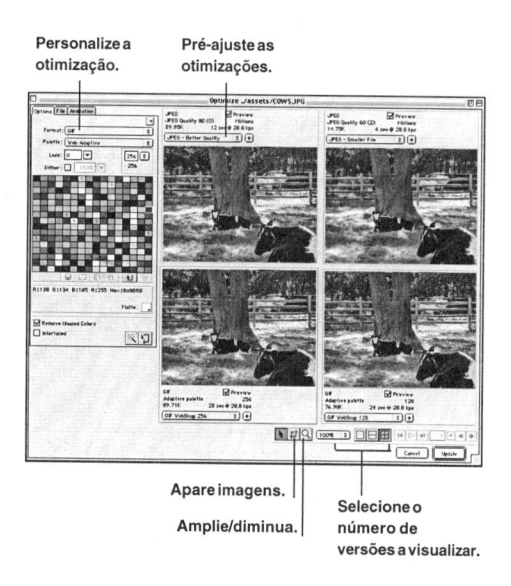

Pré-ajuste as otimizações.

Apare imagens.

Amplie/diminua.

Selecione o número de versões a visualizar.

Figura 7.5

Ⓓ I C A

A imagem atualizada é salva sobre a imagem existente e é atualizada também em Dreamweaver.

Como redimensionar imagens Fireworks

Use a caixa de diálogo de otimização para redimensionar imagens Fireworks que são colocadas em uma página Dreamweaver. Você também pode selecionar uma área específica da imagem a ser exportada.

1. Clique uma imagem para selecioná-la na janela Dreamweaver Document.

2. Selecione Commands→Optimize Image em Fireworks para exibir a caixa de diálogo Optimize.

3. Clique a guia File no canto superior esquerdo da caixa de diálogo Optimize para exibir as configurações de exportação do arquivo (7.6).

4. Para escalonar a imagem, entre com uma porcentagem de escala ou valores de largura e altura.

5. Para exportar uma área selecionada da imagem, clique a caixa de verificação Export Area e arraste as alavancas junto com a margem pontilhada que aparece em torno da imagem (7.7).

6. Clique o botão Update para atualizar a imagem em Dreamweaver.

Restrinja as proporções da imagem.
Entre com a porcentagem de escalonamento.
Exporte uma área específica da imagem.

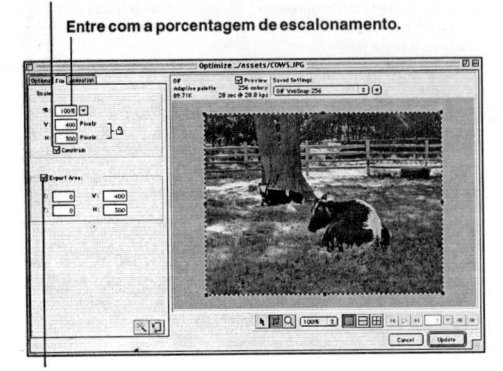

Figura 7.6

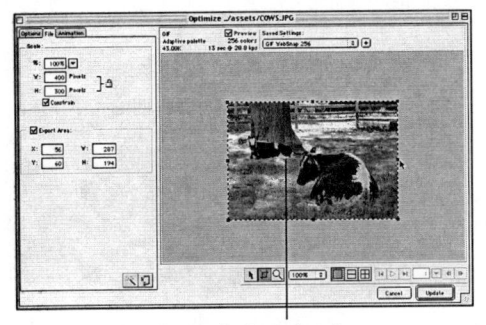

Arraste dentro da área de seleção para ajustar a área aparada e revelar áreas ocultas.

Figura 7.7

Ⓝ O T A

Se você abrir uma imagem da janela Dreamweaver Site, os recursos de integração com Fireworks não são implementados. Abra imagens da janela Dreamweaver Document para obter a vantagem de integração com Fireworks.

Edição de animações Fireworks

Use a caixa de diálogo Optimize para editar configurações de animação de animações Fireworks, tais como GIFs animados. Personalize os controles de animação — como Frame Delay, que determina a velocidade da animação e Disposal Method, que determina o que aparece atrás de uma moldura quando ela é removida — para fazer caminho para uma nova moldura.

1. Clique uma imagem animada para selecioná-la na janela Dreamweaver Document.
2. Selecione Commands→Optimize Image em Fireworks para exibir a caixa de diálogo Optimize e depois clique a guia Animation no canto superior esquerdo.
3. Clique as molduras na lista de molduras e especifique o atraso de moldura no campo sob o ícone de relógio (7.8).
4. Clique o menu pop-up de lixeira para selecionar um método de disposição para a moldura selecionada (7.9).

Ⓝ O T A

Clique a caixa de verificação Auto Crop na caixa de diálogo Optimize para aparar cada moldura como uma área retangular; assim, só a área de imagem que difere entre as molduras é apresentada. Clique a opção Auto Difference para apresentar apenas os pixels que mudam entre molduras.

Atraso de moldura em centésimos de um segundo.

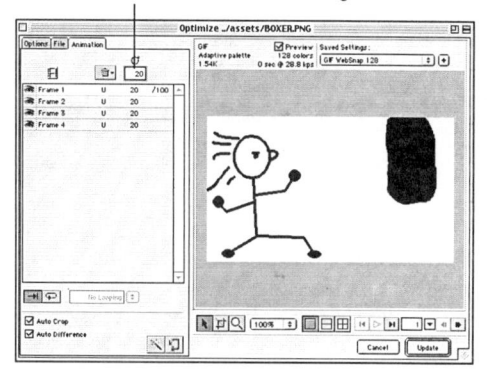

Figura 7.8

Mude o método de disposição de moldura.

Loop de animação.   Exibir uma vez.

Figura 7.9

Edição de imagens com Fireworks

Use Fireworks para editar imagens geradas por Fireworks e tabelas colocadas em um documento Dreamweaver. O inspetor Property em Dreamweaver exibe o logo Fireworks quando uma imagem Fireworks é selecionada, e identifica a imagem com as palavras FW Image. Um segundo atributo Src também é acrescentado ao inspetor Property, mostrando o caminho do arquivo PNG de origem. Faça as mudanças em uma imagem gerada por Fireworks em Fireworks e a imagem é automaticamente atualizada em Dreamweaver. Links, mapas de imagem, texto em pedaços de texto e outras edições feitas em Dreamweaver são preservadas em Fireworks.

1. Em Dreamweaver, selecione Window→ Properties para exibir o inspetor Property, se ele já não estiver na tela.
2. Selecione a imagem que deseja editar em Fireworks (7.10).
3. Clique o botão Edit no inspetor Property para lançar Fireworks e edite o arquivo PNG original para a imagem selecionada (7.11).
4. Faça as mudanças necessárias em Fireworks; depois clique o botão Done no canto superior esquerdo da janela Document do Fireworks para salvar as mudanças e retornar ao Dreamweaver.

Figura 7.10

Figura 7.11

Capítulo 7 - Edição de gráficos em volta completa com Fireworks | **115**

Como editar tabelas e pedaços Fireworks

Em Fireworks, você pode fracionar um arquivo em pedaços discretos para salvar e otimizar individualmente os pedaços, permitindo manter pequenos os tamanhos de arquivo, para carregamento mais rápido. Quando você exporta os pedaços para um arquivo HTML de Dreamweaver, o Fireworks cria uma tabela das imagens fracionadas. Sempre é possível abrir o arquivo fonte PNG original em Fireworks para fazer mudanças em todo o layout e depois regerar um arquivo HTML para Dreamweaver. No Dreamweaver 4, agora você pode editar os pedaços individuais em Fireworks e atualizar o documento Dreamweaver existente.

1. Em Dreamweaver, selecione Window→ Properties para exibir o inspetor Property, se ele já não estiver na tela.

2. Se quiser editar toda a tabela Fireworks, selecione a tabela na janela Dreamweaver Document e clique o botão Edit no inspetor Property.

3. Se você quiser editar um pedaço em uma tabela, clique na célula de tabela que contém o pedaço da imagem e clique Edit no inspetor Property (7.12).

4. Edite a tabela de imagem em Fireworks e clique o botão Done no Fireworks para atualizar a tabela Dreamweaver (7.13).

Figura 7.12

Figura 7.13

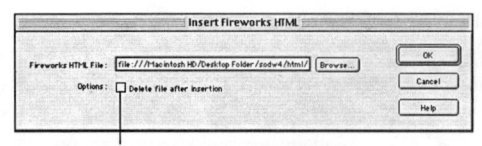

Se quiser apagar o documento HTML Direworks importado, selecione Delete File After Insertion.

Figura 7.14

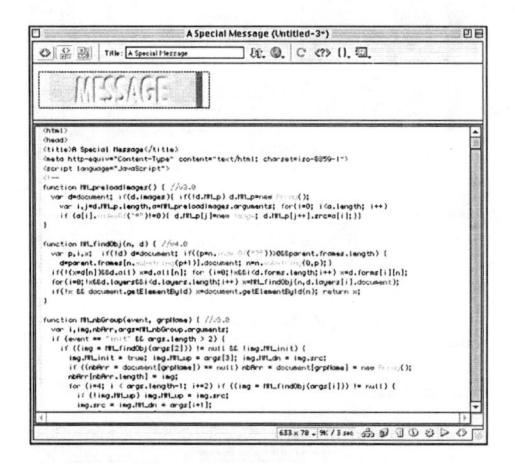

Figura 7.15 Se você abrir o arquivo HTML gerado por Fireworks, instruções para inserção da imagem e seus comandos JavaScript associados são incluídos no arquivo, como comentários.

Colocação de HTML Fireworks em um Dreamweaver Document

Se você criar imagens em Fireworks que contém comportamentos Fireworks ou código JavaScript, é preciso incluir este código em seu arquivo Dreamweaver. Por exemplo, você pode criar rollovers em Fireworks e importar a imagem em Dreamweaver, mas os rollovers não funcionarão, a menos que você importe o HTML do Fireworks.

1. Em Dreamweaver, selecione Insert→ Interative Images→Fireworks HTML ou clique o botão Insert Fireworks HTML no painel Objects.

2. Quando a caixa de diálogo Insert Fireworks HTML aparecer, clique o botão Browse e navegue para localizar o arquivo HTML criado por Fireworks quando a imagem foi exportada (7.14).

3. Clique OK.

Ⓝ O T A

O código HTML Fireworks é colocado no documento Dreamweaver, junto com quaisquer arquivos de imagem associados e JavaScript (7.15).

Ⓝ O T A

Quando você exporta uma imagem do Fireworks, tem a oportunidade de gerar o código HTML necessário em um arquivo HTML separado. Este é o arquivo que será usado para inserir o código HTML no documento Dreamweaver.

Capítulo 8

Neste capítulo, você aprenderá como...

- Fazer link para páginas HTML locais
- Fazer link para páginas HTML remotas
- Fazer link para imagens
- Criar links de e-mail
- Fazer link com mapas de imagem
- Inserir âncoras nomeadas
- Fazer link para âncoras nomeadas

Criar links de hipertexto é uma parte integrante da criação de Web site, pois estes links são o método principal de navegação entre páginas Web em um site ou a páginas em outros sites. HTML permite que você crie links usando imagens, texto e mapas de imagem, através da guia âncora (<a>). O que aparecer entre a guia <a> e a guia </a> torna-se um link, exceto a âncora nomeada, onde a localização é marcada como um lugar ao qual vincular.

Criação de links

Os links em suas páginas web devem ser considerados durante os estágios de planejamento, quando você está desenvolvendo a hierarquia de suas páginas Web. Uma interface uniforme para o seu Web site requer a criação de elementos gráficos para agir como links que aparecem no mesmo lugar em cada página Web. O seu Web site pode conter muitas seções que exigem seus próprios elementos gráficos para facilitar a vinculação — cada qual acrescentando tempo ao estágio de desenvolvimento gráfico.

Embora a tentação de criar links para outros sites seja grande, você deve evitar enviar o usuário para um outro site, talvez o perdendo para sempre. Crie uma página de links para o seu site ou inclua links pertinentes, embaixo das páginas, para que o usuário ouça o que você tem a dizer antes de pular para um outro site. Um método popular de vincular a outros sites é criar uma nova janela de browser para exibir aquele site. Verdade, este método mantém o seu site aberto também no browser, mas muitos usuários não percebem que estão em uma nova janela e assim, podem não voltar à janela contendo o seu Web site. Neste capítulo, eu mostrarei os vários métodos de criar links em sua página Web, links para âncoras nomeadas, links para imagens e links de e-mail e como criar mapas de imagem para vincular das várias zonas em uma única imagem.

Como fazer um link para páginas HTML locais

O Dreamweaver permite que você faça link para arquivos, usando o ícone Point-to-File, disponível onde quer que você possa criar links. Com o ícone Point-to-File, você simplesmente clica o ícone e arrasta para apontar para o arquivo que deseja vincular, na janela Site. Consulte o Capítulo 2, "Configuração do seu site em Dreamweaver", para informações específicas sobre definir a janela Site.

1. Clique uma imagem para selecioná-la, ou selecione algum texto que deseja transformar em um link de hipertexto.
2. Selecione Windows→Properties para abrir o inspetor Property.
3. Se você tiver definido um site, escolha Site→Open Site para exibir a janela Site para o site anteriormente criado. (Consulte o Capítulo 2 para informações sobre a configuração da janela Site).
4. Para criar um link usando o método apontar-para-arquivo, clique e arraste o ícone Pont-to-File para a direita do campo Link, no inspetor Property. Arraste até que o cursor esteja sobre um arquivo na janela Site, para a qual você deseja vincular, e depois, solte o botão do mouse (8.1).

Figuras 8.1

Ⓝ O T A

Depois de haver selecionado algum texto e criado um link, mais tarde você pode editar o link, clicando em qualquer lugar dentro do texto vinculado. Não é preciso selecionar todo o texto de link para mudar o link.

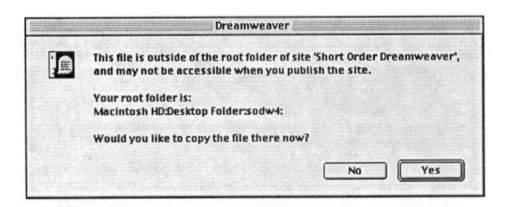

Figura 8.2 *Se você tiver uma pasta em seu diretório root para imagens e gráficos, tais como arquivos GIF, JPEG e PNG, e estiver vinculando para uma imagem GIF fora da pasta root, copie o arquivo para aquela pasta quando solicitado.*

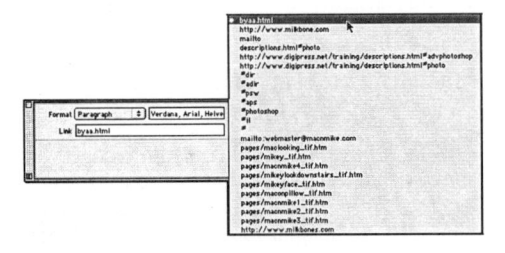

Figuras 8.3

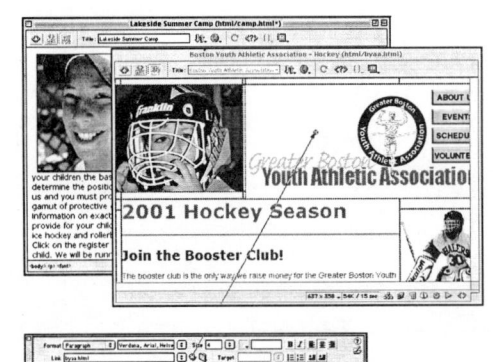

Figuras 8.4

5. Para criar um link a um arquivo fora de seu site, clique o ícone Folder, à direita do campo Link no inspetor Property. O Dreamweaver pede que você copie o arquivo para a pasta site root (8.2). Se você escolher seguir esta solicitação, precisa localizar a pasta para a qual deseja copiar o arquivo dentro de seu site.

6. Para criar um link usando um link previamente definido, clique a seta para a direita do campo Link no inspetor Property e escolha um link. O Dreamweaver lembra de todos os links que você criou na sessão atual e os exibe em uma lista (8.3).

Ⓓ I C A

Se o arquivo fica na mesma pasta que o atual arquivo HTML, simplesmente digite o nome do arquivo, sem quaisquer informações de caminho, no campo Link do inspetor Property.

Ⓝ O T A

Você pode usar o ícone Point-to-File para fazer link para uma outra página Web que esteja aberta em Dreamweaver. Posicione a janela Document para poder ver ambos os arquivos e depois clique e arraste com o ícone Point-to-File. Quando você arrastar sobre a outra página Web, ela vem para frente e insere o link no campo Link do inspetor Property (8.4).

Como fazer link para páginas HTML remotas

Quando vinculando para páginas HTML remotas, você precisa entrar com todo o URL do Web site, inclusive quaisquer diretórios e páginas Web específicas.

1. Clique uma imagem que deseja usar como um link, ou selecione algum texto que deseja usar como um link de hipertexto.
2. Digite o URL no campo Link, no inspetor Property (8.5).

NOTA

Um site File Transfer Protocol (FTP) é simplesmente uma coleção de arquivos que ficam em algum servidor remoto (8.6). A única diferença entre a maneira que você acessa sites FTP e páginas Web comuns está no endereço URL. Ao invés de usar o prefixo http:// que tipicamente você usa para uma página Web, os sites FTP têm o prefixo ftp:// e normalmente se iniciam com ftp.

NOTA

Para fazer um link a um arquivo específico em um site remoto, você precisa entrar com as informações de caminho do URL no campo Link. Por exemplo, http://www.macromedia.com/products/dreamweaver ou http://www.apple.com/products/imac/about.html. Quando você faz um link para um Web site sem indicar quaisquer diretórios ou nomes de arquivos HTML, a home page do site é carregada, normalmente nomeada index.html ou home.html, dependendo do servidor.

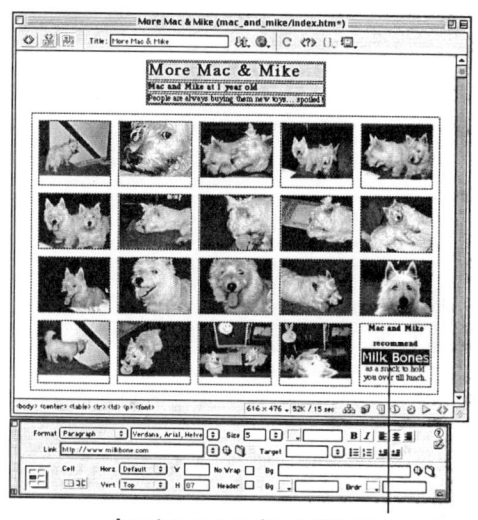

Ao entrar com o endereço URL de um arquivo HTML em um site remoto, você precisa sempre incluir a parte http:// do endereço.

Figura 8.5

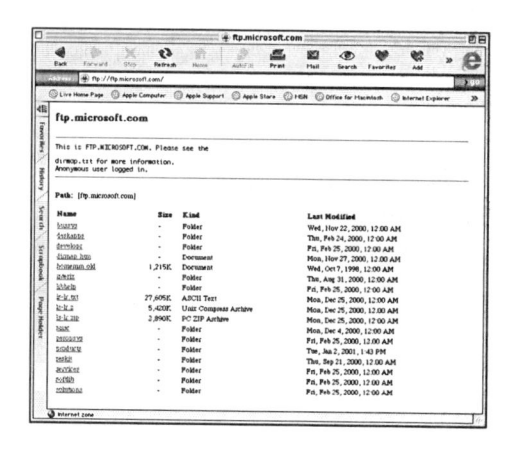

Figura 8.6

Como fazer link para imagens

Se o seu site conterá arquivos de imagens — uma prática comum em Web sites criados por artistas e fotógrafos que estão apresentando os seus trabalhos online, ou no caso de um catálogo online contendo uma grande quantidade de imagens — é em benefício do interesse dos visitantes do seu site colocar uma pequena imagem na página Web, chamada *thumbnail image*, que age como um link para uma versão maior do mesmo arquivo. A imagem miniatura dá ao visitante a opção de selecionar qual arquivo grande carregar, ao invés de esperar por cada arquivo no site ser carregado.

1. Selecione uma imagem miniatura em sua página Web (8.7).
2. No inspetor Property, entre com as informações de link da imagem — fazer o link para o arquivo maior, seja em seu Web site ou em um site remoto, com um URL (8.8).

Imagens miniatura são vinculadas a imagens maiores para que o usuário possa escolher qual imagem ver.

Figuras 8.7

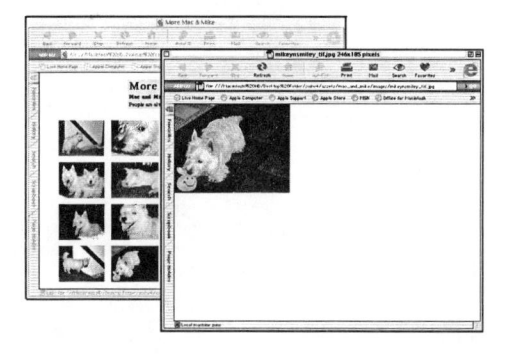

Figuras 8.8

Ⓓ I C A

Se você tiver definido um site dentro de Dreamweaver, pode usar o ícone Point-to-File no inspetor Property para selecionar um arquivo de imagem, arrastando-o para dentro do arquivo de imagem na janela Site.

Ⓓ I C A

Se quiser dar aos seus espectadores a oportunidade de navegar através de arquivos de imagem grande, coloque estes arquivos em páginas HTML com botões de link para ver as imagens em seqüência ou voltar à página de miniatura.

Criação de links de e-mail

Links de e-mail dão ao usuário uma maneira simples de enviar um e-mail a um endereço de e-mail predeterminado. Normalmente, o endereço de e-mail é dado na página Web e transformado em um link que, quando clicado, abre o programa de e-mail padrão no computador do usuário.

1. Selecione um objeto ou algum texto para criar o link de e-mail.
2. No inspetor Property, digite **mailto:** seguido pelo endereço de e-mail ao qual você deseja que o usuário envie correspondência (8.9). Quando o usuário clicar no link de correspondência, o formulário de correspondência aparece com a mensagem de e-mail já endereçada (8.10).
3. Para criar um link de e-mail do nada, quando o texto de link ainda não existe, clique o botão E-Mail Link no painel Common Objects, para exibir a caixa de diálogo Insert E-mail Link (8.11).
4. Entre com o texto de link no campo Text e o endereço de e-mail no campo E-Mail; depois clique OK.

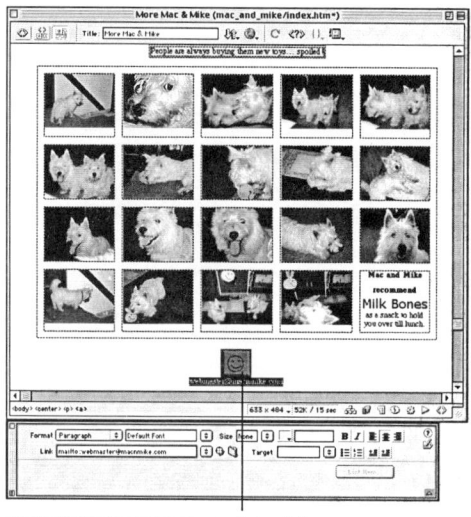

Um ícone de uma caixa de correio também é um método popular de indicar que um endereço de e-mail está disponível.

Figura 8.9

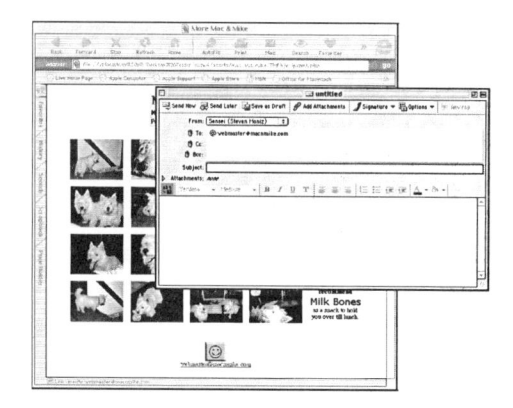

Figuras 8.10

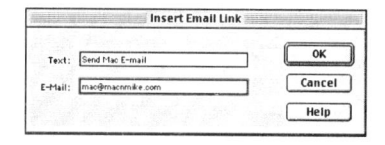

Ⓝ O T A

Ao incluir um link de e-mail em sua página Web, o usuário final precisa ter um programa de correio instalado no computador dele. Se você quiser obter informações específicas de um usuário, use um formulário HTML. Veja o Capítulo 13, "Criação e personalização de formulários".

Figura 8.11 Quando você entra com um link de e-mail, não inclua as barras duplas, tais como aquelas usadas em links FTP e HTTP.

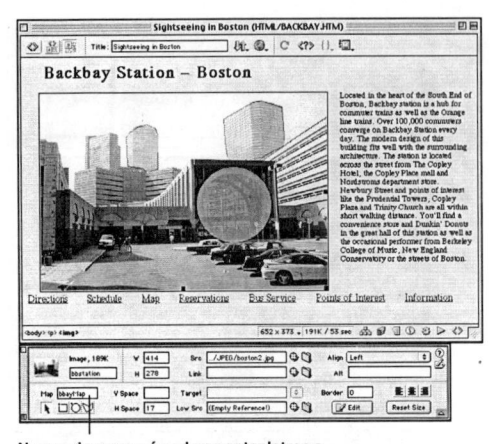

Nomes de mapa só podem conter letras e números, sem espaços. Nomes de mapa também não podem iniciar com um número.

Figuras 8.12

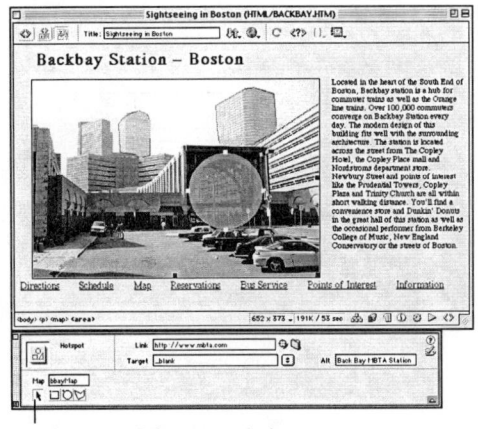

Use a ferramenta Pointer para selecionar e mover as coordenadas de mapa.

Figuras 8.13

Como fazer link com mapas de imagem

Os mapas de imagem são usados para criar links em múltiplas zonas de uma única imagem. Indicando zonas retangulares, circulares ou em forma de polígono, você pode criar múltiplos links para uma imagem. O Dreamweaver torna a criação de um mapa de imagem muito simples, oferecendo a opção Map no inspetor Property, quando uma imagem é selecionada.

1. Selecione uma imagem e digite um nome para o mapa, no campo Map do inspetor Property. Você pode nomear o mapa como quiser e precisa incluir um nome para criar um mapa de imagem (8.12).

2. Use as ferramentas de retângulo, círculo ou polígono, localizadas sob o nome do mapa no inspetor Property para criar as zonas que deseja transformar em *hot spots*.

3. Depois de clicar e arrastar, com uma das ferramentas de desenho, as opções para Link, Target e Alt são exibidas no inspetor Hotspot Property, e as áreas selecionadas são destacadas na imagem (8.13).

4. Entre com o nome de caminho do link ou endereço URL para a zona selecionada, junto com o texto de informações Target e Alt. Faça esta etapa para cada zona criada em sua imagem.

Capítulo 8 - Criação de links | 125

Como inserir âncoras nomeadas

Guias âncoras nomeadas são usadas para marcar um lugar em um documento que pode ser acessado por outro link em algum outro lugar na página ou em uma outra página. Simplesmente insira âncoras nomeadas em algum lugar em suas páginas Web e depois faça o link delas com as técnicas padrão de link.

1. Posicione o seu cursor na janela Dreamweaver Document para indicar onde deseja criar uma âncora nomeada.
2. Selecione Insert→Invisible Tags→ Named Anchor ou clique o botão Named Anchor, no painel Invisible Objects, para exibir a caixa de diálogo Insert Named Anchor (8.14).
3. Digite um nome para a sua âncora. Clique OK depois de designar um nome.
4. Selecione View→Visual AidsÙ→Invisible Elements para ver os ícones Anchor na janela Document (8.15).

NOTA

Guias âncora são ideais tanto para páginas que contêm um índice no alto de uma página, com o conteúdo mais para baixo da página, quanto para levar um usuário de volta para o alto da página. Você também pode usar âncoras nomeadas para marcar um ponto específico em uma página que você vincula de outras páginas Web.

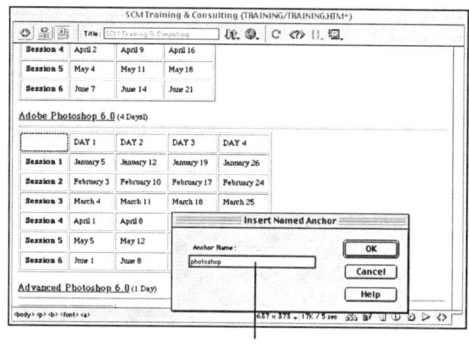

Tente manter os nomes de suas âncoras nomeadas curtos e fáceis de lembrar, pois você precisa referir-se a eles mais tarde.

Figuras 8.14

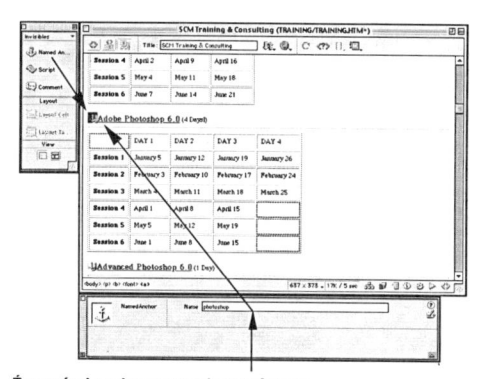

É possível mudar o nome de uma âncora, clicando em seu ícone na janela Document e mudando o nome no inspetor Property.

Figuras 8.15

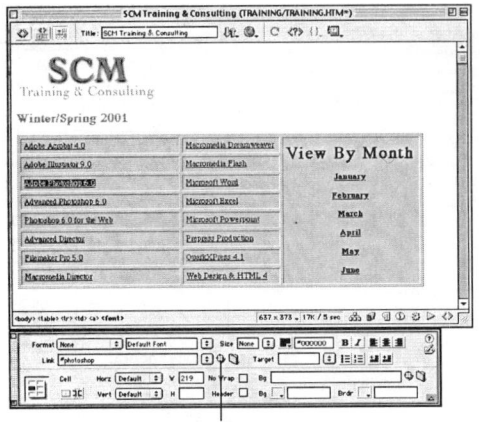

Como fazer link para âncoras nomeadas

É possível acessar as âncoras nomeadas em seu documento vinculando-as no mesmo documento ou de outros documentos. Âncoras nomeadas são usadas para fazer links a locais específicos em uma página Web. Um exemplo é quando você está vinculando a uma página que contém muitos tópicos, mas deseja direcionar o usuário a um tópico específico na página. Um outro uso comum de âncoras nomeadas é criar um índice de classificações no alto de uma página Web, que faz o link para áreas mais abaixo na mesma página.

1. Clique um objeto ou selecione algum texto para usar como o link para uma âncora nomeada existente.
2. Digite o símbolo #, seguido pelo nome da âncora nomeada, no campo Link do inspetor Property (8.16). É preciso incluir o símbolo # para fazer o link para âncoras nomeadas.
3. Para fazer o link para uma âncora nomeada dentro de um arquivo remoto, digite o endereço do arquivo remoto seguido pelo nome da âncora nomeada — lembre-se de incluir o símbolo # (8.17).

Você pode clicar e arrastar o ícone Point-to-File, localizado à direita do campo Link dentro do ícone Anchor, na janela Document. Se passar sobre as setas da barra de rolagem, você pode rolar a janela enquanto usando o ícone Point-to-File.

Figuras 8.16

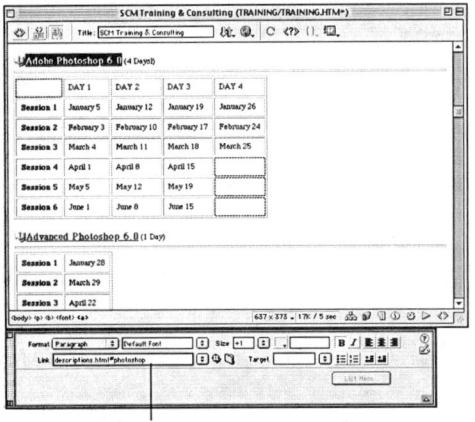

Se o arquivo existir em um servidor remoto, entre com o URL seguido por quaisquer subcaminhos, seguido pela âncora nomeada de referência — por exemplo, http://www.scmtraining.net/descriptions.html#photoshop.

Figuras 8.17

ⒹICA

Você pode usar o ícone Point-to-File para fazer o link para uma âncora nomeada em outra página Web. Abra ambas as páginas em Dreamweaver e arraste do ícone Point-to-File em um documento dentro da âncora nomeada em outro.

Capítulo 9

Neste capítulo, você aprenderá como...

- ◆ Inserir uma imagem rollover
- ◆ Inserir uma barra de navegação
- ◆ Usar o comportamento Set Nav Bar Image
- ◆ Inserir botões Flash
- ◆ Modificar botões Flash
- ◆ Inserir texto Flash
- ◆ Modificar texto Flash
- ◆ Criar e editar menus de pulo

O Dreamweaver oferece uma variedade de objetos no painel Objects, que permitem incorporar imagens interativas, tais como imagens rollover, barras de navegação, botões Flash e menus de pulo. Com exceção de botões Flash e texto Flash, as imagens interativas que você pode acrescentar em suas páginas com Dreamweaver são uma combinação de imagens, tais como GIFs e JPEGs e código JavaScript. Criar uma barra de navegação em

Inserção de imagens interativas

suas páginas Web é uma simples questão de clicar um objeto no painel Object. Use a caixa de diálogo Insert Navigation Bar para selecionar imagens nas posições para cima, sobre e para baixo de cada botão na barra de navegação e depois designe URLs a cada botão.

O Dreamweaver 4 inclui dois novos objetos no painel Objects para inserir botões Flash e texto Flash. Flash da Macromedia é um aplicativo baseado em vetor que pode criar imagens e interações complexas, que são relativamente pequenas em tamanho, comparadas às suas contra-partes bitmap em arquivos JPEG e GIF. Com os novos botões Flash e texto Flash em Dreamweaver 4, acrescentar interatividade profissional às suas páginas Web nunca foi tão fácil.

Inserção de uma imagem rollover

O Dreamweaver permite que você crie um rollover simplesmente selecionando dois arquivos — uma imagem, que inicialmente aparece na página e uma outra imagem, que é trocada com a primeira, quando o cursor é passado sobre a primeira imagem. Rollovers requerem o uso de funções Swap Image e Swap Image Restore do JavaScript. Em Dreamweaver, o JavaScript é automaticamente escrito para você e implementado nos atributos <img> da guia. Para criar um rollover, você precisa de duas imagens das mesmas dimensões que representem os dois estágios da animação de rollover.

1. Selecione Insert→Interactive Images→ Rollover Image para inserir a caixa de diálogo Insert Rollover Image (9.1).
2. Entre com o caminho no campo Original Image ou clique o botão Browser para localizar a imagem.

Entre com um nome de imagem no campo Image Name. O Dreamweaver insere um nome de imagem para você, pois o JavaScript exige que a imagem seja nomeada para criar o rollover. É possível mudar este nome para qualquer coisa que você queira.

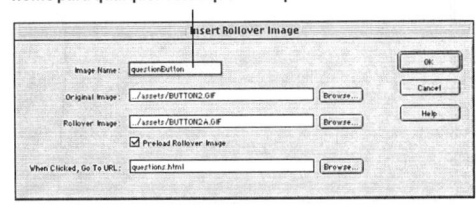

Figura 9.1

3. Entre com o caminho no campo Rollover Image ou clique o botão Browse para localizar uma imagem.
4. Rollovers de imagem são sempre tratados como botões de link. Entre com o caminho do arquivo para o qual o botão fará o link, no campo When Clicked, Go to URL, ou clique o botão Browse para selecionar um arquivo. Se você deixar este campo em branco, o rollover ainda age com um botão, mas clicar nele não causa efeito.

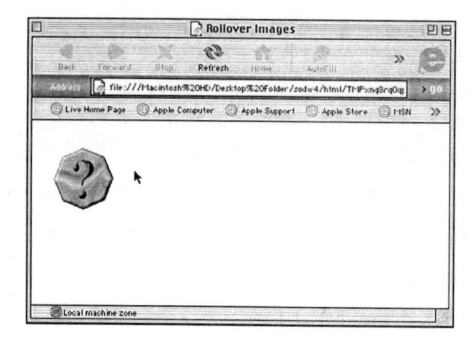

Figura 9.2

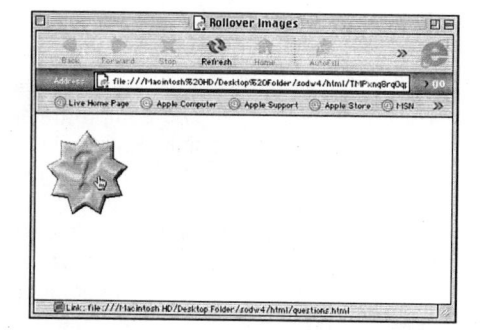

Figura 9.3

5. Marque a caixa de verificação Preload Rollover Image se quiser que o botão rollover seja carregado na memória quando a página é carregada no browser do usuário. Esta opção evita uma demora quando o usuário rola sobre o botão. Clique OK quando tiver entrado com todos os dados.

6. Visualize a página Web em um browser, para ver o efeito de rollover (9.2). Observe que o cursor muda para o ícone Hand, indicando que este botão tem um link (9.3). Clique o botão para exibir a página HTML vinculada.

Ⓝ O T A

Imagens rollover são tratadas exatamente como gráficos inline; assim, você pode ajustar os atributos para o rollover no inspetor Property.

Ⓓ I C A

Ao criar imagens para usar como rollovers, assegure-se de que as mesmas são de iguais dimensões e apare-as bem, para evitar espaço extra em torno das margens. O efeito de rollover ocorre quando o cursor entra na área retangular que a imagem ocupa; portanto, espaço extra em torno da imagem resulta no efeito do rollover, só acontecendo quando o usuário chega perto da imagem. Esta condição ocorre mesmo se você usar GIFs com a área externa ajustada para transparente.

Capítulo 9 - Inserção de imagens interativas | **131**

Inserção de uma barra de navegação

Quando é criada a barra de navegação, são criadas também imagens que representam as várias posições dos botões na barra de navegação. Por exemplo, crie uma imagem que será um botão específico em sua posição inicial (a forma com a qual ela se parece quando você vê primeiro a página). Depois, crie imagens para a forma com que o botão se parece quando o mouse passa sobre ele e quanto ele é clicado. Você pode editar a barra de navegação depois de criá-la, e usar comportamentos no painel Behaviors para mudar os botões na barra de navegação.

1. Selecione Insert→Interactive Images→ Navigation Bar, ou clique o objeto Navigation Bar no painel Common Objects para exibir a caixa de diálogo Insert Navigation Bar (9.4).

2. Designe um nome ao elemento (botão) que você está descrevendo; depois clique os botões Browse para ajustar Up, Over, Down e Over While Down as imagens. Especifique o URL com o qual a imagem faz o link quando clicada (9.5).

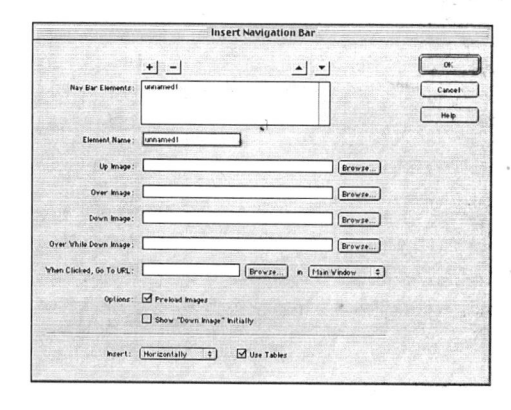

Figura 9.4

Figura 9.5

Marque a caixa de verificação Preload Images para carregar todas as imagens quando a página carrega.

Ⓝ O T A

Se você criar uma barra de navegação horizontal e não colocar as imagens em uma tabela, as imagens que formam a barra de navegação podem se envolver em torno umas das outras quando a janela do browser é redimensionada.

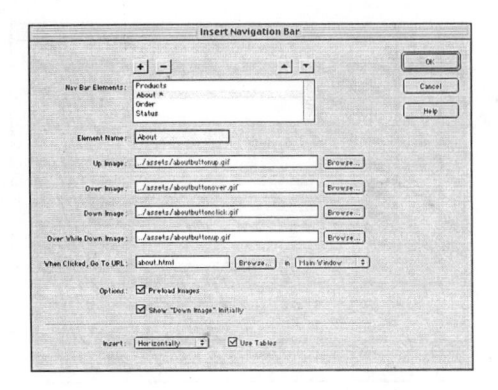

Figura 9.6

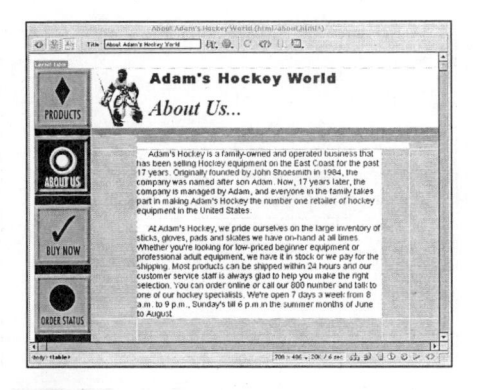

Figura 9.7
A imagem Over é exibida quando você move o cursor sobre os botões.

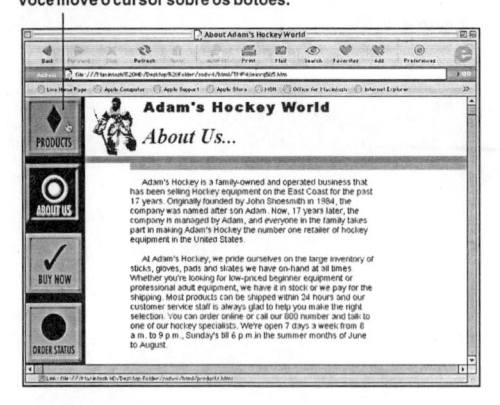

Figura 9.8 *A imagem Over While Down é exibida para este botão quando o cursor move-se sobre ela, pois o botão está inicialmente na posição Down.*

3. Clique o botão de mais (+) para acrescentar elementos adicionais à barra de navegação (9.6).
4. Clique OK para gerar a barra de navegação em sua página Web (9.7). Visualize a página em um browser Web para testar os botões (9.8).

ⒹICA

Quando você criar as suas imagens para a barra de navegação, compense as imagens, movendo-as para baixo e para a direita alguns pixels, para criar a ilusão de um botão sendo pressionado nas imagens Over e Down. Deixe algum espaço em branco em torno das imagens para acomodar isto.

ⓃOTA

Depois de ter criado a sua barra de navegação, selecione Modify→Navigation Bar para fazer quaisquer mudanças nas imagens. Você não pode mudar a barra de navegação de vertical para horizontal ou vice-versa, ou selecionar o recurso Table quando estiver editando uma barra de navegação.

Como usar o comportamento Set Nav Bar Image

Use o comportamento Set Nav Bar Image para transformar uma imagem em uma imagem de barra de navegação ou para mudar a exibição e ações de imagens em uma barra de navegação existente. A guia Basic da caixa de diálogo Set Nav Bar Image permite que você crie ou atualize imagens de barra de navegação para mudar qual URL é anexado a um botão, e para selecionar uma janela diferente para exibir o URL indicado. A guia Advanced da caixa de diálogo Set Nav Bar Image permite mudar a troca de imagens de botões de outra barra de navegação, bem como qualquer outra imagem na página.

1. Selecione Window→Behaviors para abrir o painel Behaviors, se ele ainda não estiver na tela.

2. Selecione uma das imagens em uma barra de navegação para exibir as ações set Nav Bar Image no painel Behaviors (9.9).

3. No painel Behaviors, clique duas vezes a ação Set Nav Bar Image que você deseja editar para exibir a caixa de diálogo Set Nav Bar Image (9.10).

4. Na guia Basic da caixa de diálogo Set Nav Bar Image, faça quaisquer mudanças necessárias à posição do botão atualmente selecionado.

5. Na guia Advanced, selecione uma posição de botão do menu pop-up e depois selecione uma das imagens na lista da caixa de diálogo Also Set Image (9.11).

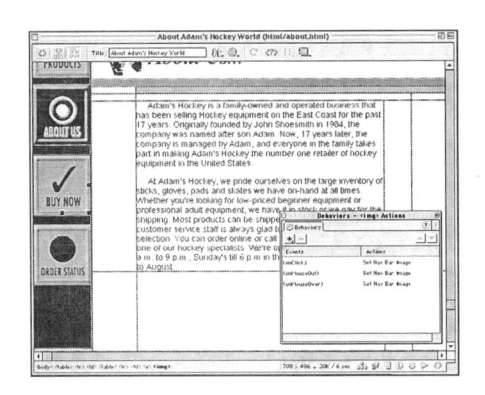

Figura 9.9

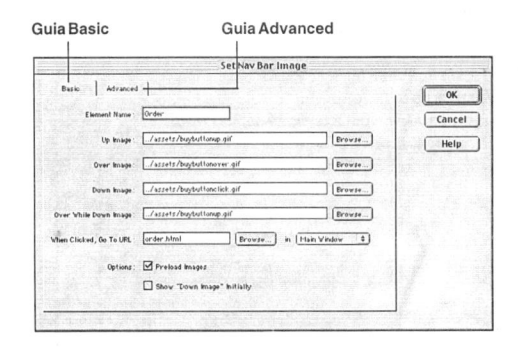

Figura 9.10

Asteriscos aparecem próximos às imagens com mudanças.

Figura 9.11 Este exemplo ajusta a posição dos botões Products, About e Status para Over quando o botão Over está na posição Down.

Inserção de botões Flash

O objeto Flash Button no painel Common Objects permite que você insira botões Flash pré-designados. Os botões Flash são gráficos baseados em vetor que podem ser redimensionados sem afetar a qualidade de imagem, diferente de imagens JPEG e GIF usadas nos elementos de barra de navegação. Botões Flash também são criados usando Macromedia Flash, que pode incorporar muitos dos efeitos especiais disponíveis em Flash.

1. Selecione Insert→Interactive Images→ Flash Button, ou clique o objeto Flash Button no painel Common Objects para exibir a caixa de diálogo Insert Flash (9.12).

2. Selecione um estilo de botão a partir da lista Style e digite o texto que deseja que apareça no botão no campo Button Text (9.13).

3. Especifique um tamanho de fonte e selecione a fonte que você deseja para o texto dentro do botão.

4. Entre com um URL no campo Link, ou clique o botão Browse para a direita do campo Link para selecionar um arquivo em seu site. Use o menu pop-up Target para especificar uma moldura ou janela para exibir o URL vinculado.

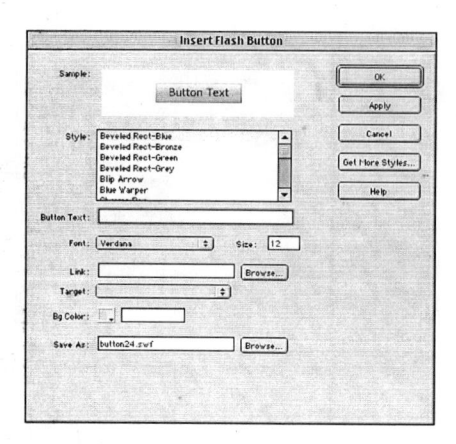

Figura 9.12

O texto que você fornece para o botão não aparece no botão de exemplo. Clique o botão Apply para ver o botão em sua página Web.

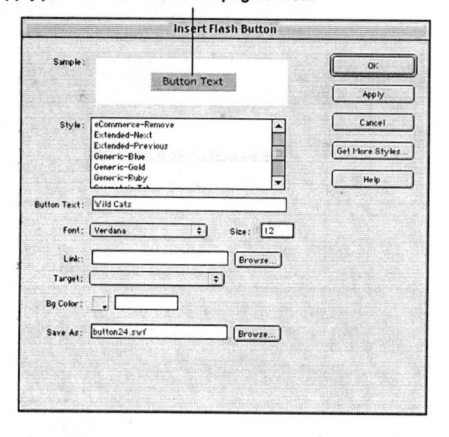

Figura 9.13

Capítulo 9 - Inserção de imagens interativas | 135

5. Especifique uma cor de fundo para o botão Flash no campo BG Color.
6. É possível mudar o nome do arquivo SWF no campo Save As (9.14). Clique OK para inserir o botão em sua página Web (9.15).

Ⓝ O T A

Você precisa salvar o seu documento em seu site antes de inserir os botões Flash. Se quiser usar caminhos relativos a documento para os arquivos SWF, salve os arquivos no mesmo diretório onde está a página HTML.

Ⓝ O T A

Botões Flash precisam ser salvos com a extensão.swf para funcionar corretamente em suas páginas Web. O Macromedia Flash cria arquivos para a Web no formato Shockwave (swf). Ao inserir botões Flash em Dreamweaver, na verdade você está criando um formato de arquivo Shockwave (swf) a partir de um arquivo gabarito Flash Generator (extensão .swf).

Clique Get More Styles para iniciar o seu browser e conectar com as páginas Exchange de Macromedia.

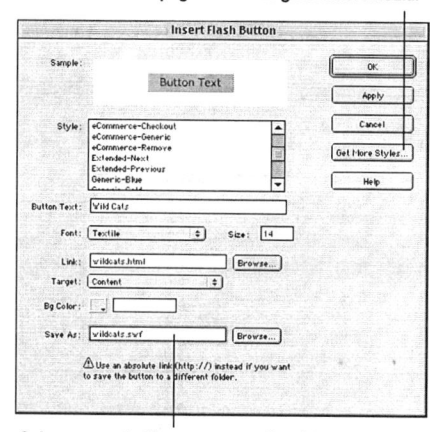

Salve os seus botões no mesmo diretório que a página Web para garantir que todos os browsers exibirão corretamente os botões Flash.

Figura 9.14

É possível redimensionar botões Flash, arrastando as alavancas.

Figura 9.15

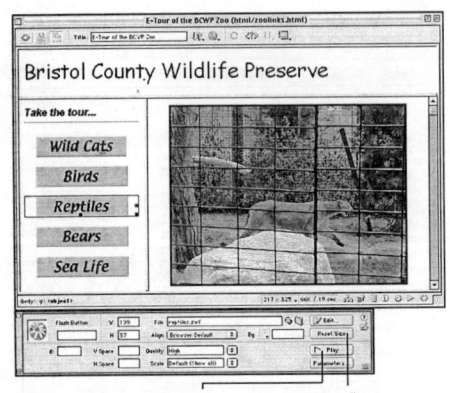

Modificação de botões Flash

Usando o inspetor Property, você pode modificar algumas das propriedades de botões Flash, tais como os atributos HTL de largura, altura e cor de fundo. Use a caixa de diálogo Insert Flash Button para mudar as características Flash de seus botões.

1. Selecione Window→Properties para exibir o inspetor Property; depois, selecione um botão Flash em seu documento (9.16).

2. Clique o botão Edit no inspetor Property para exibir a caixa de diálogo Insert Flash Button (9.17). Faça as modificações desejadas e clique OK.

Visualiza os efeitos de rollover do botão em Dreamweaver.

Ajusta o botão ao seu tamanho original.

Figura 9.16

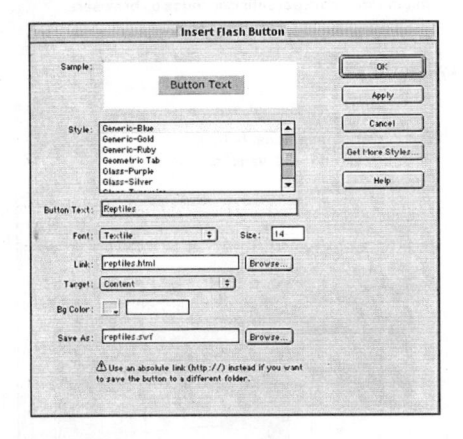

Ⓝ O T A

Se quiser visualizar os seus botões Flash dentro de Dreamweaver, clique o botão Play no inspetor Property quando tiver o botão Flash selecionado. Posicione o seu cursor sobre o botão Flash para ver o efeito de rollover; clique o botão para ver o efeito de clicar (9.18). Clique o botão Stop, no inspetor Property, para desativar a visualização do botão.

Figura 9.17

Ⓓ I C A

Para aprender como criar os seus próprios gabaritos botão, vá para http://www.macromedia.com/support/dreamweaver/insert_media.html.

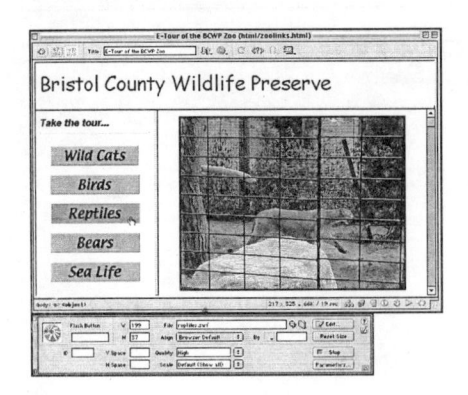

Figura 9.18

Inserção de texto Flash

O objeto Insert Flash Text no painel Common Objects permite que você insira texto na fonte, tamanho e estilo desejados. Já que o Flash embute a fonte no filme Flash, você não precisa se preocupar sobre o usuário ter a fonte que você deseja instalada, no sistema dela. O objeto Flash Text também é uma ótima maneira de fazer botões de texto que mudam de cor quando se passa sobre eles.

1. Selecione Insert→Interactive Images→ Flash Text ou clique o objeto Insert Flash Text no painel Common Objects para exibir a caixa de diálogo Insert Flash Text (9.19).
2. Selecione uma fonte do menu pop-up Font e depois entre com o tamanho de fonte em pontos no campo Size.
3. Use os botões de estilo para ajustar os atributos negrito e itálico, bem como o alinhamento de texto.
4. Ajuste a cor de texto no campo Color e uma cor de rollover, se desejado, no campo Rollover Color.

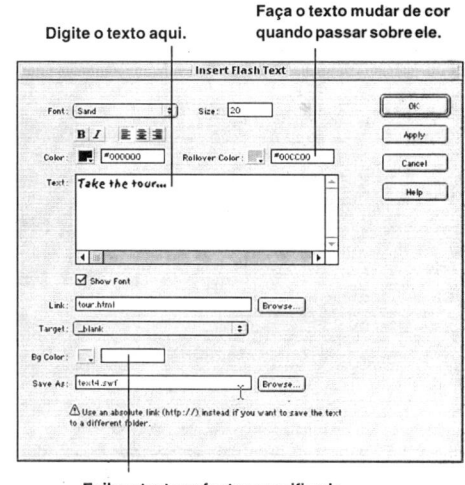

Digite o texto aqui.

Faça o texto mudar de cor quando passar sobre ele.

Exiba o texto na fonte especificada dentro desta caixa de diálogo.

Figura 9.19

Ⓝ O T A

O campo Font, na caixa de diálogo Insert Flash Text, só exibe fontes TrueType instaladas em seu sistema.

5. Digite o texto desejado no campo Text. Clique a caixa de verificação Show Font, se quiser o texto no campo Text seja exibido na fonte especificada.

6. Se quiser que o texto aja como um botão, entre com um URL no campo Link e uma moldura ou janela no campo Target.

7. Designe um nome sensível para o objeto Flash Text, no campo Save As; depois clique OK (9.20).

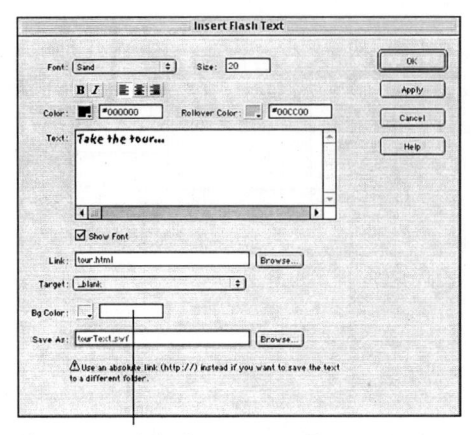

Ajuste uma cor de fundo para o campo Text, se quiser que o texto apareça em um campo de cor.

Figura 9.20

NOTA

Links relativos a site não são aceitos por botões Flash e texto Flash, pois os browsers não os reconhecem dentro de filmes Flash. Se você usar um-link relativo a documento, assegure-se de salvar o arquivo SWF no mesmo diretório que a página HTML Web.

Capítulo 9 - Inserção de imagens interativas | 139

Modificação de texto Flash

Ao usar o inspetor Property, você pode modificar algumas das propriedades de texto Flash, tais como os atributos HTML de largura, altura e cor de fundo. Use a caixa de diálogo Insert Flash Text para mudar as características Flash de seu texto.

1. Selecione Window→Properties para exibir o inspetor Property; depois, selecione uma imagem de texto Flash em seu documento (9.21).
2. Clique o botão Edit, no inspetor Property, para exibir a caixa de diálogo Insert Flash Text (9.22). Faça as mudanças desejadas e clique OK.

Visualiza a cor de rollover de texto no Dreamweaver.
Ajusta o texto para o seu tamanho original.
Exibe a caixa de diálogo Insert Flash Text.

Figura 9.21

NOTA

Se quiser visualizar o seu texto Flash dentro de Dreamweaver, clique o botão Play no inspetor Property quando você tiver uma imagem selecionada de texto Flash. Posicione o seu cursor sobre o texto Flash para ver o efeito de rollover (9.23). Clique o botão Stop no inspetor Property para desativar a visualização do texto Flash.

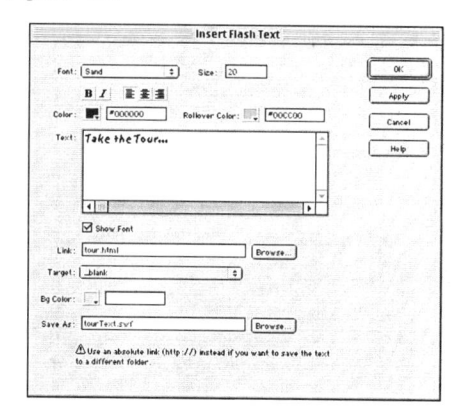

Figura 9.22

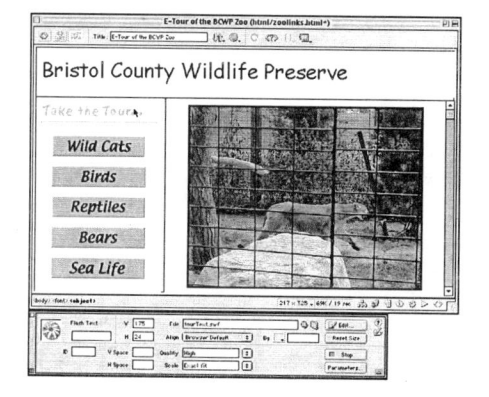

Figura 9.23

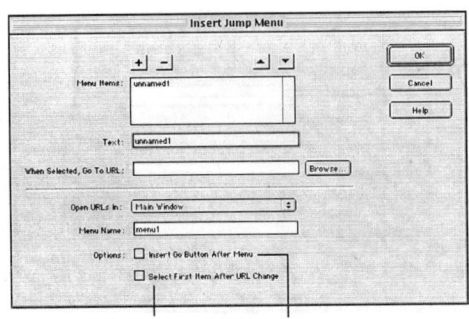

Criação e edição de menus de pulo

Um menu *jump* é um menu pop-up com uma lista de escolhas que faz o link para um outro documento ou arquivo. É possível criar links para páginas Web em seu site, páginas Web remotas, links de e-mail, links para gráficos, links para sons e links para qualquer outro conteúdo que pode ser aberto em um browser. O menu de pulo comporta-se exatamente como um menu pop-up padrão, exceto que a seleção que é feita, leva o visitante do site a um URL específico. Opcionalmente, você pode incluir um botão Go, que permite ao visitante ir para a escolha do menu atualmente visível.

1. Para inserir um menu de pulo em sua página, selecione Forms do menu do painel Objects para exibir os objetos Form e clique o objeto Jump Menu. A caixa de diálogo Insert Jump Menu é exibida (9.24).

2. Entre com Menu Itens digitando os nomes no campo Texto; depois, especifique as informações de link para a escolha de menu no campo When Selected, Go To URL (9.25).

3. Clique OK e depois visualize a sua página em um browser para testar o menu de pulo (9.26).

Marque a opção Insert Go Button After Menu se quiser a opção de vincular ao URL atualmente exibido no menu de pulo.

Se você quiser que o menu de pulo sempre exiba a mesma coisa quando a página é carregada, clique a caixa de verificação para Select First Item After URL Change. Crie uma seleção de apresentação de menu, colocando uma instrução ao usuário no alto da lista, tal como "Escolha um" ou "Selecione..."

Figura 9.24

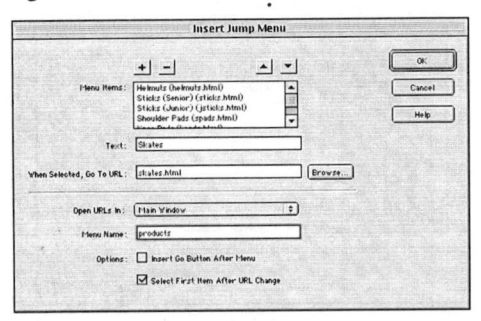

Figura 9.25

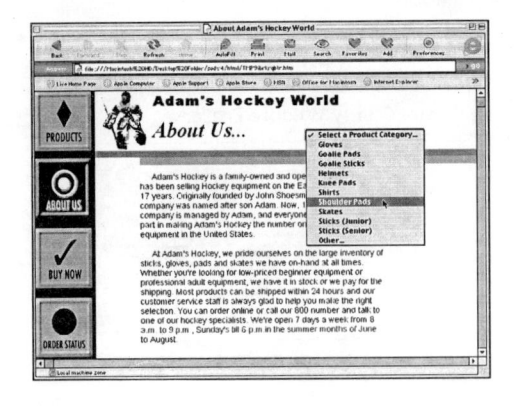

Figura 9.26

ⒹICA

Use o botão List Values no inspetor Property para acrescentar e remover itens de menu, depois que o menu de pulo for criado.

Capítulo 10

Neste capítulo, você aprenderá como...

- Inserir tabelas
- Ajustar propriedades de tabela
- Inserir, apagar e mover fileiras e colunas
- Expandir e separar fileiras e colunas
- Inserir dados de tabela de fontes externas
- Usar o recurso interno de formatação de tabela
- Classificar dados de tabela

Tabelas são uma parte do código HTML que é suportada pela maioria dos browsers, por ocasião desta escrita. Portanto, as tabelas são uma forma segura de apresentar a sua página Web para que o maior número de usuários possa vê-la da maneira que você pretende. Além de serem úteis na criação do layout geral de suas páginas Web, as tabelas também atuam como imagens inline, no sentido de que elas podem ser alinhadas como imagens e até têm texto em

Como montar tabelas

torno delas. As tabelas também podem ser embutidas dentro de outras tabelas, o que se torna jeitoso quando você está usando tabelas para apresentar as suas páginas Web. Veja no Capítulo 11, "Como fazer o design de páginas na vista Layout", mais informações sobre o uso de tabelas para apresentar suas páginas Web.

Você pode formatar tabelas de diversas maneiras, dependendo se selecionou uma célula de tabela, uma fileira de tabela ou uma tabela inteira. É possível especificar imagens de fundo e cores de fundo para células individuais, fileiras ou a tabela inteira. Pense em cada célula de tabela como uma página HTML separada, na qual você pode incluir texto, imagens, links, botões e qualquer de uma ampla variedade de tipos de plugin de imagem disponíveis. As células de tabela também podem ser bloqueadas, para manter uma largura e altura estáticas, oferecendo controle preciso sobre o espaço em suas páginas Web. Você também pode usar o comando Insert Tabular Data para montar uma tabela a partir de um arquivo de texto delimitado.

Capítulo 10 - Como montar tabelas | **143**

Como inserir tabelas

Se você for usar tabelas para controlar o layout de sua página Web, comece com um documento em branco e insira uma tabela, ou troque para a Layout View e crie layout de tabelas e layout de células (veja o Capítulo 11). Se você for inserir tabelas como parte do conteúdo de sua página, insira-as com o cursor piscando. Use o inspetor Property para controlar os atributos da tabela depois que ela for inserida.

1. Selecione Insert→Table, ou clique o botão Table no painel Common Objects, para exibir a caixa de diálogo Insert Table (10.1).

2. Especifique o número de fileiras e colunas para a sua tabela, bem como a largura total da tabela, ou em dimensões exatas em pixels ou como uma porcentagem da largura da janela do browser.

3. Entre com um valor para a largura da margem no campo Border.

4. Entre com valores pixel nos campos Cell Padding e Cell Spacing para controlar a inserção de texto e a distância entre as células, respectivamente.

5. Clique OK para inserir a tabela em sua página Web. Clique e arraste as alavancas da tabela, para redimensioná-la, ou clique dentro do primeiro campo e comece a entrar os dados (10.2).

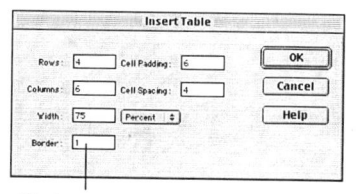

Ajuste a margem da tabela para 0 para criar uma tabela sem margens.

Figura 10.1

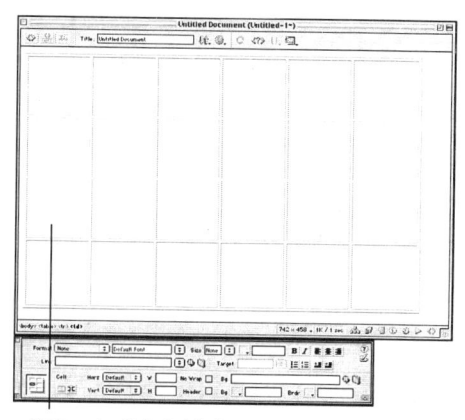

Trate cada célula de tabela como um arquivo HTML separado, no qual você pode inserir imagens de fundo, inserir imagens inline, formatar texto, mudar a cor de fundo e criar links. Alguns destes recursos não são suportados em browsers de versões mais antigas, portanto, assegure-se de visualizar as suas páginas em uma variedade de browsers e versões para garantir que as suas páginas serão vistas corretamente.

Figura 10.2

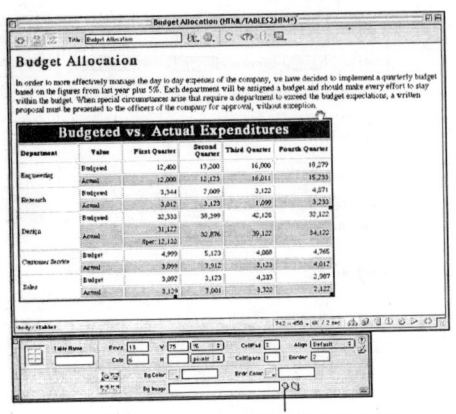

É possível usar o ícone Point-to-File para apontar para um arquivo na janela Site, ou clicar o ícone Folder para localizar uma imagem de fundo.

Figuras 10.3

Figuras 10.4 Se você tiver dificuldade em selecionar toda a tabela, clique em qualquer lugar dentro da tabela e depois clique a guia <table> no canto inferior esquerdo da janela Document.

Configuração de propriedades de tabela

Depois que você tiver inserido uma tabela em seu documento, use o inspetor Property para modificar os atributos da tabela. Quando você selecionar toda a tabela, o inspetor Property contém as opções para toda a tabela (10.3). Posicione o cursor bem acima ou bem abaixo da tabela até que o ícone (Hand)[Move] apareça e depois clique para selecionar toda a tabela. A metade de cima do inspetor Property contém todas as opções que você especificou quando inseriu a tabela, junto com as opções de alinhamento para a tabela. Não é preciso nomear a sua tabela, a menos que você planeje referenciá-la mais tarde com Behaviors de JavaScript ou Dreamweaver.

1. Indique uma imagem de fundo para toda a tabela no campo Bg Image (10.4).

2. Indique uma cor de fundo clicando a troca Bg Color ou entrando com um valor de cor no campo Bg Color.

3. Indique uma cor de margem clicando a troca Brdr Color ou entrando com um valor de cor no campo Brdr Color.

4. Você pode mudar a largura de fileira e altura de coluna clicando e arrastando as linhas divisórias, na janela Document.

Ⓓ I C A

O atributo de cor de margem possibilita resultados diferentes em diferentes browsers, portanto, assegure-se de visualizar a sua página em múltiplos browsers.

Capítulo 10 - Como montar tabelas | **145**

Formatação de tabelas

É possível formatar fileiras e colunas inteiras ao mesmo tempo, primeiro selecionando uma fileira ou coluna e depois, modificando os atributos no inspetor Property.

1. Clique e arraste para selecionar uma faixa de células em sua tabela, ou posicione o seu cursor sobre uma coluna ou para a esquerda de uma fileira e clique quando vir a grande seta preta (10.5).
2. Use o inspetor Property para formatar o conteúdo da fileira ou coluna selecionada.
3. Quando uma tabela é selecionada, aparecem quatro pequenos ícones no canto inferior esquerdo do inspetor Property. Clique junto à margem da tabela para selecionar a tabela.
4. Clique o ícone superior esquerdo, no canto inferior esquerdo do inspetor Property, para reajustar as alturas de fileira depois que as tiver mudado. Clique o ícone superior direito para reajustar as alturas de coluna depois que as tiver mudado.
5. Clique o ícone inferior esquerdo, no canto inferior esquerdo do inspetor Property, para ajustar todas as larguras de tabela para pixels. Clique o ícone inferior direito para ajustar todas as larguras de tabela como valores de porcentagem (10.6).

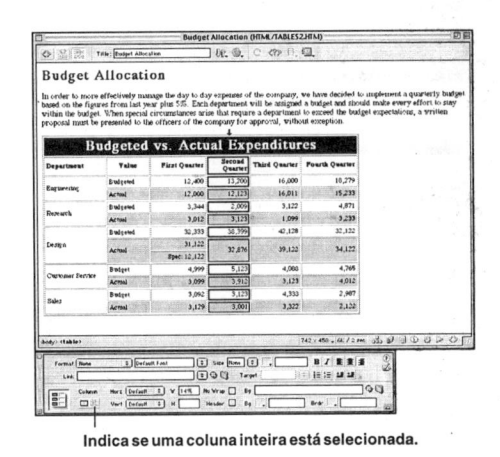

Indica se uma coluna inteira está selecionada.

Figuras 10.5

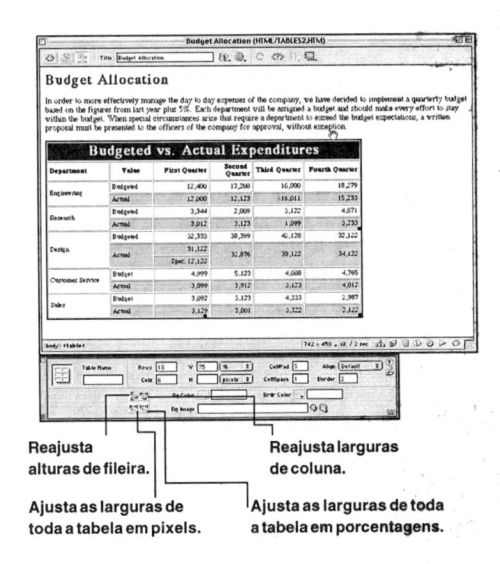

Reajusta alturas de fileira.
Reajusta larguras de coluna.
Ajusta as larguras de toda a tabela em pixels.
Ajusta as larguras de toda a tabela em porcentagens.

Figuras 10.6

Inserção, remoção e movimento de fileiras e colunas

Você pode usar dois métodos para inserir fileiras e colunas em uma tabela. O primeiro método insere uma única fileira ou coluna, enquanto que o segundo método permite que você insira múltiplas fileiras ou colunas. Ao inserir uma única fileira ou tabela, as fileiras são inseridas acima da fileira em que está a célula ativa e as colunas são inseridas à esquerda da coluna onde está a célula ativa.

1. Clique dentro de uma célula de sua tabela.
2. Escolha Modify→Table→Insert Row ou Modify→Table→Insert Column para inserir uma nova fileira acima da fileira atual ou uma nova coluna à esquerda da coluna atual (10.7).
3. Para inserir múltiplas fileiras ou colunas ao mesmo tempo, escolha Modify→Table→Insert Rows ou Columns para exibir a caixa de diálogo Insert Rows or Columns (10.8).
4. Indique o número de fileiras ou colunas que deseja acrescentar e onde as novas colunas ou fileiras devem ser inseridas na tabela. Clique OK.

Uma nova coluna é inserida à esquerda da coluna contendo o cursor, e o cursor é posicionado na nova coluna.

Figuras 10.7

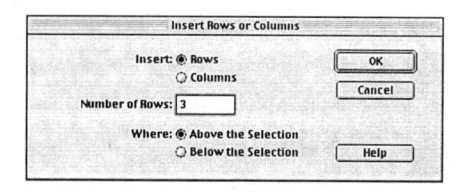

Figura 10.8 Para apagar fileiras ou colunas, escolha Modify→Table→Delete Row ou Modify→Table→Delete Column.

Ⓝ O T A

Para mover ou copiar fileiras e colunas de tabela, selecione uma fileira ou coluna; escolha Edit→Copy ou EditÙCut; clique onde você deseja inserir a fileira ou coluna; e escolha Edit→Paste. As colunas são coladas à esquerda da coluna atual e as fileiras são coladas acima da fileira atual.

Expansão e separação de fileiras e colunas

Quando estiver trabalhando com tabelas, você pode precisar fundir células de tabelas reunidas para expandir múltiplas colunas ou fileiras. Da mesma forma, você também pode julgar necessário separar colunas e fileiras existentes para criar novas. Expanda colunas quando quiser acrescentar um cabeçalho em sua tabela, que está incluído dentro da tabela ou se quiser ter duas ou mais colunas sob um único cabeçalho. No código HTML, quando você expande fileiras, o conteúdo da coluna com o atributo rowspan está na primeira fileira das fileiras sendo expandidas.

1. Clique e arraste para selecionar uma fileira de células; digite a letra M para fundir células em uma única célula (10.9).
2. Insira algumas fileiras em sua tabela e funda as células em uma única coluna, para expandir duas fileiras (10.10).

Ⓝ O T A

Ao separar fileiras, as novas células de tabela são acrescentadas acima da fileira ou célula selecionada. Ao separar colunas, as novas células de tabela são acrescentadas à esquerda da fileira ou célula selecionada. Se você quiser acrescentar fileiras ou colunas embaixo ou à direita da tabela, respectivamente, acrescente fileiras ou colunas a toda a tabela, usando o inspetor Table Property.

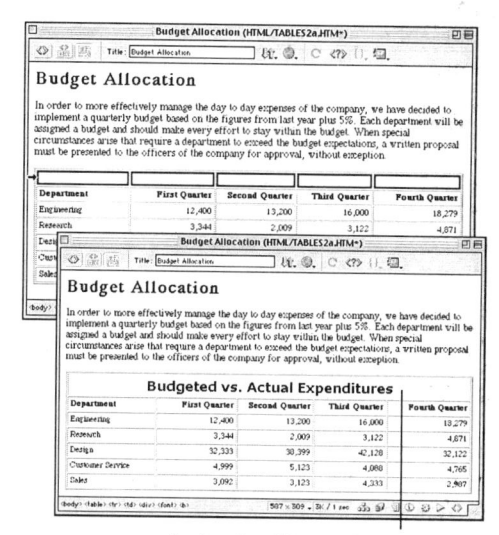

Capítulo 10 - Como montar tabelas | **147**

Aqui o cabeçalho expande as colunas em toda a largura da tabela para dar um aspecto claro, equilibrado à tabela.

Figuras 10.9

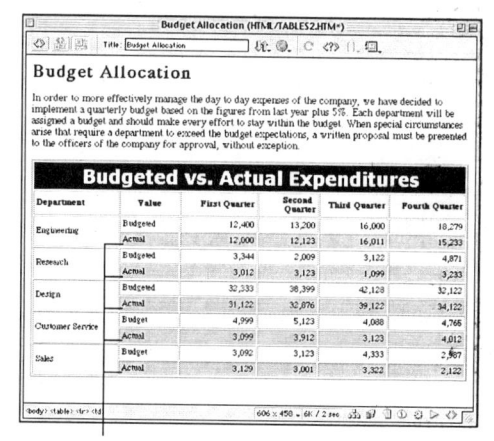

Aqui, foi acrescentada uma fileira adicional para cada departamento e depois, as duas fileiras foram fundidas na célula contendo o nome do departamento. O texto é verticalmente centralizado nas células de tabela, por padrão.

Figura 10.10

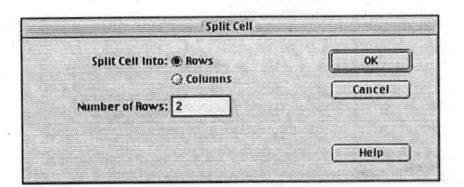

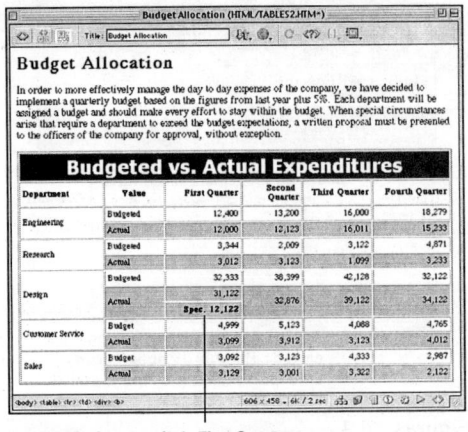

Aqui você vê que a célula First Quarter Actual foi separada em duas células para indicar um aumento especial de orçamento.

Figuras 10.11

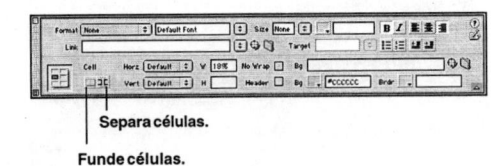

Separa células.
Funde células.

Figura 10.12

3. Clique dentro de uma célula e escolha Modify→Table→Split Cell para separar uma célula individual em fileiras ou colunas. Indique o número de fileiras ou colunas na caixa de diálogo Split Cell (10.11).

Ⓓ I C A

Clique o ícone no canto inferior esquerdo do inspetor Property (sob a palavra "Cell") quando tiver selecionado múltiplas células para fundir em uma célula. Você precisa ter o inspetor Property expandido para usar esta opção. Clique o ícone à direita do ícone Merge Cell para separar células individuais em fileiras e colunas (10.12).

Ⓓ I C A

Se você tiver uma fileira inteira ou uma coluna inteira selecionada, os ícones Merge e Split aparecem sob as palavras Row ou Column, respectivamente, no inspetor Property.

Inserção de dados de tabela de fontes externas

O Dreamweaver pode importar texto delimitado por tab, vírgula, ponto-e-vírgula e dois-pontos, assim como qualquer delimitador que você especificar para criar uma tabela. Todos os programas de planilha e bancos de dados oferecem um método para exportar arquivos para algum formulário de arquivo de texto delimitado — normalmente, por tab ou vírgula. Quando o Dreamweaver importa os dados de tabela, é gerada automaticamente uma tabela HTML, com base na organização dos dados no arquivo importado.

1. Exporte os dados de tabela de um programa de planilha ou banco de dados para um arquivo de texto delimitado (10.13).

2. Em Dreamweaver, selecione Insert→Tabular Data ou clique o botão Tabular Data no painel Common Objects para exibir a caixa de diálogo Insert Tabular Data. Entre com o nome do arquivo de texto delimitado no campo Data File ou clique o botão Browse para localizar o arquivo (10.14).

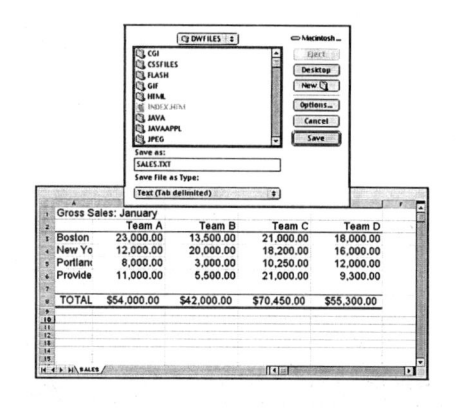

Figuras 10.13 Aqui uma planilha é exportada de Microsoft Excel como um arquivo de texto delimitado por tab.

Figura 10.14

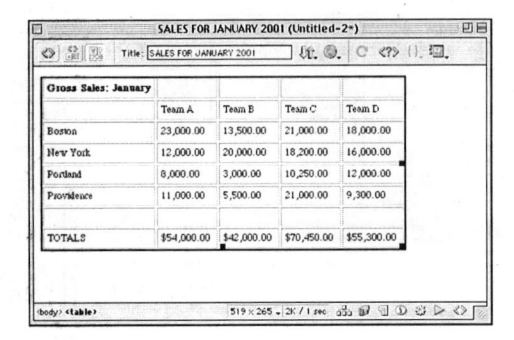

Figura 10.15

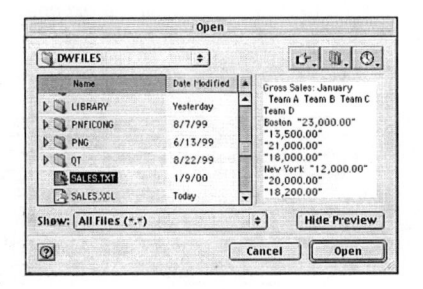

Figura 10.16

Selecione um delimitador.

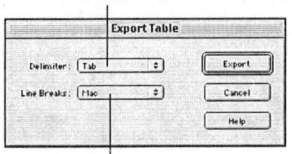

Selecione o sistema operacional para inserir as quebras de linha corretas.

Figura 10.17

3. Escolha o delimitador que corresponde ao arquivo de dados, a partir do menu pull-down Delimiter. Especifique a sua preferência para as outras opções de formatação de tabela e clique OK para colocar a tabela na janela Document (10.15).

Ⓓ I C A

Usuários Macintosh podem clicar o botão Preview na caixa de diálogo Open para ver uma visualização do arquivo de texto delimitado (10.16).

Ⓝ O T A

Para exportar a sua tabela de dados Dreamweaver para um arquivo de texto delimitado que você pode abrir em outros programas, tais como Microsoft Excel e Lotus 1-2-3, clique em qualquer lugar dentro de sua tabela e selecione File→Export→Export Table (10.17).

Capítulo 10 - Como montar tabelas | **151**

Como usar o recurso interno de formatação de tabela

É possível formatar tabelas rapidamente em Dreamweaver usando o comando Format Table. Selecione de uma variedade de formatos de tabela pré-ajustados.

1. Clique para selecionar uma tabela na janela Document e depois, selecione Commands→Format Table para exibir a caixa de diálogo Format Table (10.18).
2. Selecione um formato básico da lista de rolagem à esquerda, ou especifique os seus próprios critérios para o formato da tabela.
3. Clique o botão Apply para visualizar a formatação de tabela na vista Design de sua tabela da janela Document.
4. Clique OK quando estiver satisfeito com o formato de tabela e faça quaisquer outras edições usando o inspetor Property (10.19).

NOTA

Se você clicar o botão Apply na caixa de diálogo Format Table, o formato da tabela permanecerá mudado, mesmo se você clicar o botão Cancel. Digite (Command-Z)[Ctrl+Z] para desfazer a formatação de tabela.

Entre com nomes de cor ou valores hexadecimais de cor, nos campos de cor.

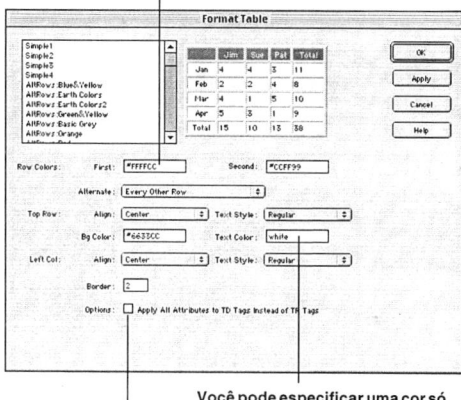

Você pode especificar uma cor só para a fileira superior na tabela.

Marque aqui se você deseja incluir os códigos de formatação de tabela em cada guia TD (célula), ao invés de guias TR (fileiras de tabela).

Figura 10.18

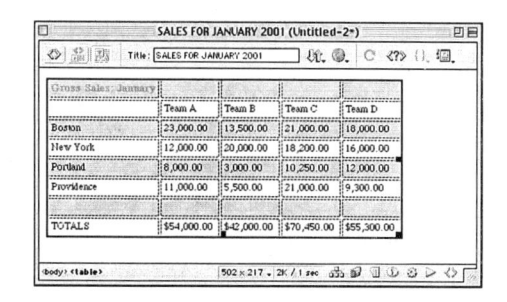

Figura 10.19

DICA

Visite o site associado deste livro em www.sodw.net para informações sobre como acrescentar os seus próprios formatos de tabela à lista de rolagem, na caixa de diálogo Table Format.

Figura 10.20

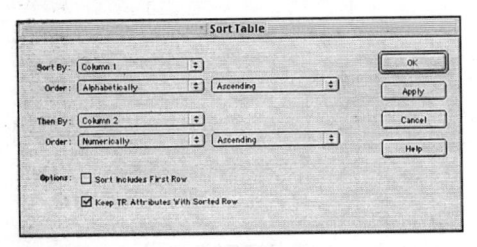

Figura 10.21

A cor de fundo das fileiras se move com as fileiras classificadas, pois Keep TR Attributes With Sorted Row está marcado na caixa de diálogo Sort Table.

Figura 10.22

Classificação de dados de tabela

Depois que você tiver importado ou criado uma tabela, pode classificar os dados em uma tabela. A tabela não pode conter quaisquer expansões de fileira ou coluna e cada fileira e coluna na tabela será afetada, exceto a primeira fileira, que você pode escolher excluir.

1. Clique para selecionar uma tabela na janela Document (10.20).
2. Selecione Commands→Sort Table para exibir a caixa de diálogo Sort Table (10.21).
3. Indique o tipo de classificação que deseja. Você pode especificar uma subclassificação do menu pull-down Then By.
4. Clique o botão Apply para ver os resultados da classificação ou clique OK para aplicar a classificação (10.22).

Ⓓ I C A

O comando Sort Table não pode ser aplicado em tabelas que contém dados rowspan ou columnspan.

Ⓓ I C A

Quando você clica o botão Apply, os dados de tabela são permanentemente mudados e não reverterão à sua posição original se você clicar Cancel na caixa de diálogo Sort Table. É possível desfazer a classificação digitando (Command-Z)[Ctrl+Z].

Capítulo 11

Neste capítulo, você aprenderá como...

- Desenhar layout de células e de tabelas
- Desenhar um layout de tabela aninhada
- Formatar layout de tabelas
- Usar o espaçador de imagens em layout de tabelas
- Ajustar as preferências da vista Layout

A vista Dreamweaver Layout é a maneira mais fácil de ajustar o seu layout de página. Atualmente, a maioria das páginas Web é criada usando tabelas para restringir o conteúdo a um layout estático. Criar tabelas como uma estrutura de design para páginas Web tem sido sempre um processo tedioso — isto é, até agora. Usando a vista Layout de Dreamweaver, é possível desenhar facilmente células de tabela, personalizar a célula e seu conteúdo e até movimen-

Como fazer o design de páginas na vista Layout

tár a célula, até que você esteja satisfeito com a sua colocação. A vista Layout usa tabelas como uma estrutura subjacente, mas oferece duas ferramentas — o layout de tabela e o layout de célula — os quais permitem desenhar caixas na página e reorganizá-las. Você pode trocar facilmente da vista Standard para a vista Layout e voltar, de novo, para montar tabelas que controlam o formato de suas páginas Web.

Ao trocar para a vista Layout, você pode usar o layout de células para bloquear áreas da página. Automaticamente, o Dreamweaver cria um layout de tabela para conter o layout de células. Um layout de tabela pode ter muitos layouts de células, e páginas mais complicadas podem conter mais do que um layout de tabela. Ao usar múltiplos layouts de tabela, é possível isolar partes de sua página Web, criando lugares de contenção permanente para o conteúdo de sua página. Os layouts de células podem aumentar e diminuir para acomodar o conteúdo, porém eles não afetarão o layout de células em outros layouts de tabelas na mesma página. Você também pode aninhar layouts de tabelas dentro de outros layouts de tabelas, acrescentando ainda mais flexibilidade ao layout e ao design de suas páginas Web.

Como desenhar layout de células e de tabelas

Para criar layout de células e de tabelas, primeiro é preciso trocar da vista Standard para a vista Layout. Se você criar primeiro um layout de célula, um layout de tabela que tem a largura de sua janela Document é automaticamente inserido como um contentor. Os seus layouts de células sempre ficam dentro de um layout de tabela. Se você quiser controlar o tamanho e posição do layout de tabela, comece criando um layout de tabela e depois acrescente layout de células ao da tabela.

1. Troque para a vista Layout, clicando o botão Layout View no canto inferior direito do painel Objects (11.1).
2. Clique o botão Draw Layout Table na categoria Layout do painel Objects. O cursor do mouse muda para um sinal de mais (+). Arraste, para criar um layout de tabela na janela Document (11.2).
3. Use o inspetor Property para ajustar com precisão a largura e altura do layout de tabela, ajustar a cor de fundo e inserir valores de enchimento e espaçamento de célula (11.3).

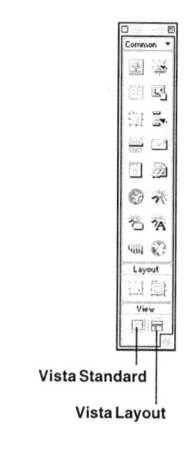

Figura 11.1

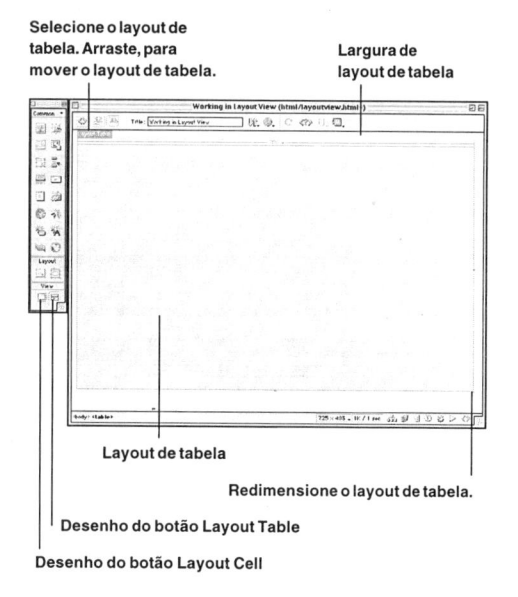

Figura 11.2

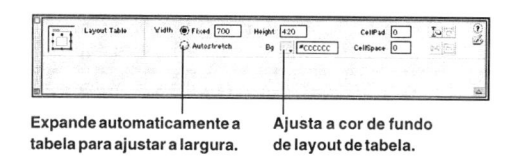

Figura 11-3

Largura de layout de célula   Layout de célula

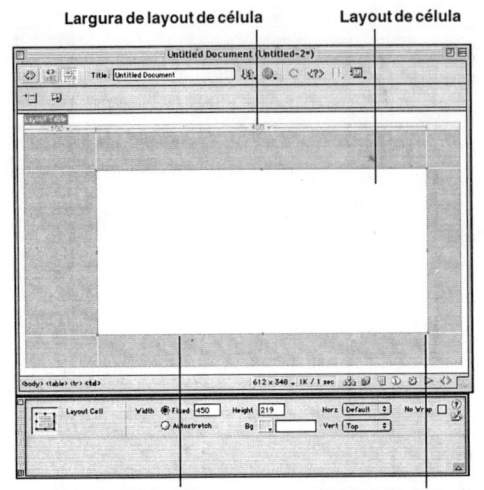

Arraste as margens do layout de célula entre as alavancas, para mover o layout de célula.

Arraste as alavancas para redimensionar o layout de célula.

Figura 11.4

Figura 11.5

4. Clique o botão Draw Layout Cell na categoria Layout do painel Objects; depois, arraste para criar um layout de célula dentro do layout de tabela. Use o inspetor Property para ajustar os atributos do layout de célula (11.4).

5. Clique dentro do layout de célula e acrescente conteúdo como faria com qualquer página Web. Acrescente mais layouts de células à tabela para controlar melhor o layout geral. Troque de volta para a vista Standard para ver a tabela (11.5).

DICA

Mantenha pressionada a tecla (Command)[Ctrl] para desenhar múltiplos layouts de células e layouts de tabelas. Mantenha pressionado (Option)[Alt] enquanto desenhando layouts de células e de tabelas para incapacitar temporariamente pular para outros layouts de células e layouts de tabelas.

Capítulo 11 - Como fazer o design de páginas na vista Layout | 157

Como desenhar um layout de tabela aninhada

Você pode inserir múltiplas tabelas aninhadas, acrescentando layouts de tabelas dentro de layouts de tabelas existentes. As fileiras e colunas da tabela mais externa não controlam as tabelas aninhadas, o que dá a você mais controle sobre o layout do que nas versões anteriores de Dreamweaver.

1. Troque para a vista Layout se estiver atualmente na vista Standard.
2. Clique o botão Draw Layout Table na categoria Layout do painel Options e arraste dentro da janela Document para criar a tabela pai.
3. Clique novamente o botão Draw Layout Table e arraste dentro da tabela pai para criar uma tabela aninhada (11.6).

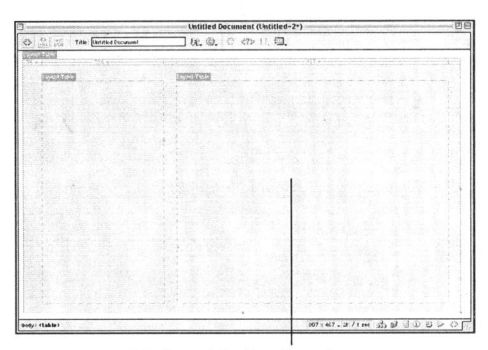

Tabelas aninhadas não podem ser maiores do que a tabela que as contém.

Figura 11.6

O principal layout de tabela é sempre posicionado no canto superior esquerdo da página.

Ⓓ I C A

Você pode desenhar um layout de tabela em torno de layouts de células ou layouts de tabelas. Clique o botão Draw Layout Table, na categoria Layout do painel Objects e depois arraste para criar um layout de tabela em torna de layouts de células ou de tabelas existentes. O novo layout de tabela encerrará os layouts de células e de tabelas existentes (11.7). Visualize a sua página em um browser Web para ver a página sem todas as linhas de tabela (11.8).

Um novo layout de tabela foi desenhado em torno do layout de tabela existente para criar a margem preta.

Figura 11.7

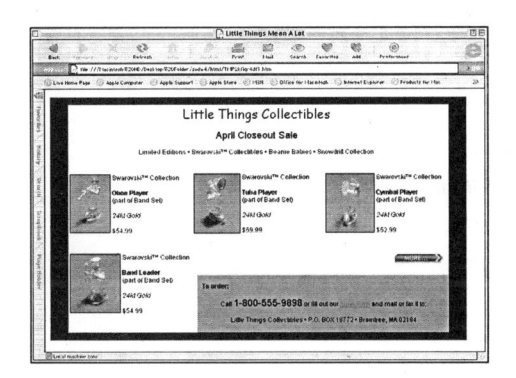

Figura 11.8

Formatação de layout de tabelas

Use o inspetor Property para controlar o formato de layout de tabelas. A maioria das opções deve ser familiar, se você tiver criado tabelas HTML padrão.

1. Clique junto à margem do layout de tabela ou na tab do layout de tabela para selecionar o layout de tabela.
2. Selecione Window>Properties para exibir o inspetor Property, se ele já não estiver na tela (11.9).
3. Ajuste os atributos para a tabela no inspetor Property (Tabela 11.1).

Ⓝ O T A

Quando você seleciona Autostretch para a sua tabela no inspetor Property, uma das colunas de sua tabela é designada como a coluna autostretch. Uma linha em zigue-zague na coluna de cabeçalho do layout de tabela indica a coluna autostretch. Clique os divisores de coluna, no alto do layout de tabela para ajustar a coluna que se auto-expandirá (11.10). No browser, a coluna designada como a coluna autostretch se expandirá, deixando as outras colunas intactas (11.11).

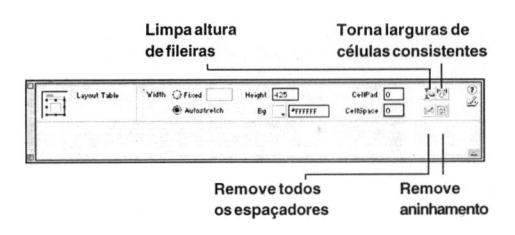

Figura 11.9

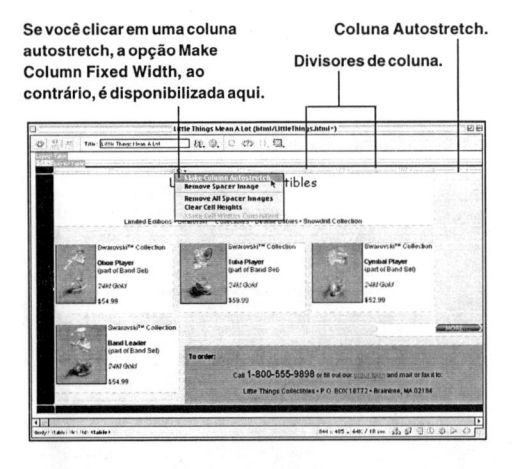

Figura 11.10

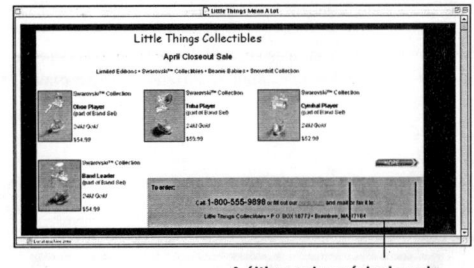

Figura 11.11

Tabela 11.1 Opções de formatação de layout de tabela

Propriedade	Descrição
Width	Selecione Fixed e digite uma largura para criar uma tabela estática. Selecione Autostretch, se quiser que a sua tabela sempre se ajuste à largura da janela do browser.
Height	Especifique a altura em pixels no campo de texto.
CellPad	O enchimento da célula controla a quantidade de espaço entre o conteúdo de um layout de célula e a parede da célula. Todos os layouts de células em um layout de tabela são afetados pela configuração.
CellSpace	O espaçamento de célula é a quantidade de espaço entre os layouts das células.
Clear Row Heights	Remove qualquer espaço extra de fileira e diminui a tabela. Se a tabela estiver vazia, toda a tabela diminui.
Make Widths Consistent	Se a sua tabela contém células de largura fixa, clique o botão Make Widths Consistent para ajustar automaticamente a largura de cada célula, para combinar o conteúdo dentro da célula.
Remove All Spacers	Se você selecionar Autostretch para a sua tabela, o espaçador de imagens (um arquivo GIF transparente) pode ter sido inserido na tabela. Clique o botão Remove All Spacers para remover todos os espaçadores de imagem. Veja "Como usar espaçador de imagem em layout de tabelas", neste capítulo, para mais informações.
Remove Nesting	Se o layout de tabela selecionado estiver aninhado dentro de outro layout de tabela, o botão Remove Nesting é disponibilizado no inspetor Property. Clique o botão Remove Nesting para transferir o conteúdo do layout de tabela aninhado para o layout de tabela pai, eliminando a tabela aninhada, mas preservando o seu conteúdo.

Você pode inserir e remover espaçador de imagens em colunas específicas, ou remover todos os espaçadores de imagens na página.

Figura 11.12

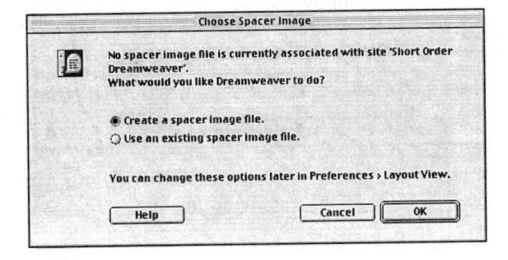

Figura 11.13

Como usar o espaçador de imagens em layout de tabelas

Espaçadores de imagens são imagens GIF transparentes que não aparecem na janela do browser, mas são usadas para controlar o espaçamento em tabelas de auto-expansão. Os espaçadores de imagens são inseridos por Dreamweaver quando você escolhe criar uma tabela de auto-expansão, essencialmente, bloqueando as larguras de todas as colunas de tabela, exceto a coluna designada como a coluna de auto-expansão. Espaçadores de imagem são, tipicamente, GIFs transparentes de 1 pixel por 1 pixel. Quando você insere um espaçador de imagem em uma coluna ou torna um layout de tabela de auto-expansão, uma caixa de diálogo aparece, pedindo que você configure o arquivo espaçador de imagem. Você pode ajustar um espaçador de imagem usando as preferências Layout View, explicadas mais adiante neste capítulo, na seção chamada "Configuração de preferências da vista Layout".

1. Marque o botão de rádio Autostretch no inspetor Property para um layout de tabela, ou clique um cabeçalho de coluna e seleciona Add Spacer Image do menu Column Header (11.12).

2. Se um espaçador de imagem ainda não tiver sido associado ao site atual, uma caixa de diálogo aparece, pedindo que você ou crie um novo espaçador GIF ou selecione um existente (11.13). Se você selecionar Create a Spacer Image File, o Dreamweaver cria um arquivo GIF transparente de 1 pixel por 1 pixel e pede que você salve o arquivo em algum lugar do seu site.

3. Quando você marcar o botão de rádio Autostretch no inspetor Property para um layout de tabela, aparece uma opção adicional na caixa de diálogo (11.14). Selecione Don't Use Spacer Images for Autostretch Tables, se quiser que a sua tabela de colunas se compactem para se ajustar o conteúdo. Colunas variadas diminuirão para uma pequena largura ou desaparecerão quando esta opção for selecionada (11.15).

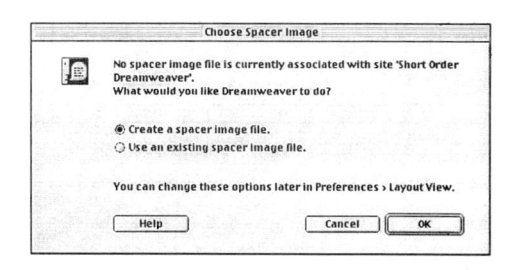

Figura 11.14

Ⓝ O T A

O Dreamweaver insere o espaçador de imagens no fundo da tabela em uma nova fileira que tem 1 pixel de altura. Use a janela Code View para localizar o espaçador de imagens na tabela, rolando para o fundo da tabela.

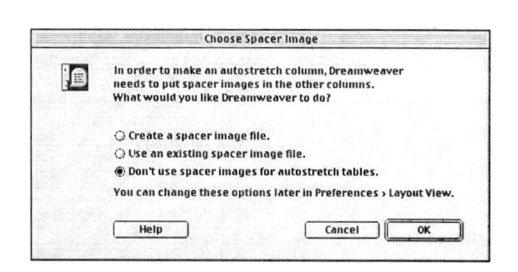

Figura 11.15

Ⓓ I C A

O espaçador de imagens só precisa ter 1 pixel por 1 pixel, pois a largura dele é controlada pelo atributo width da guia <img>, por exemplo, <img height="1" width="229" src="spacer.gif">.

Dreamweaver criará um espaçador de imagem se você ainda não tiver um.

Um espaçador de imagem é definido aqui para todo o site.

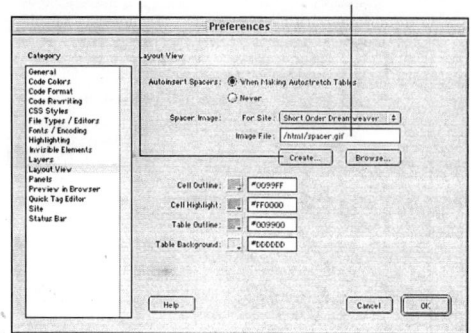

Figura 11.16

Margem de layout de célula no Cell Outline color.

Margem de layout de célula no Table Outline color.

Margem de layout de célula no Cell Highlight color.

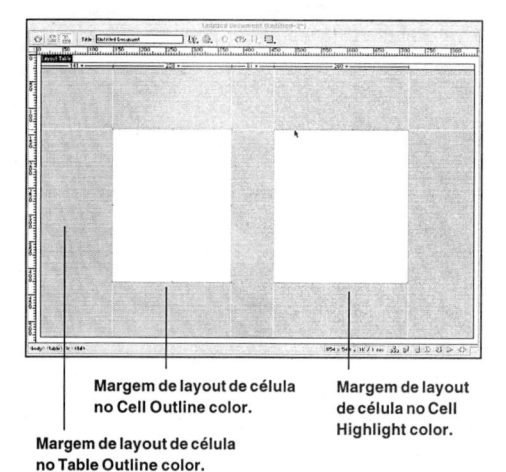

Figura 11.17

Configuração de preferências da vista Layout

As preferências de Layout View permitem que você ajuste diretrizes específicas para a criação de tabelas com layout de tabelas e layout de células.

1. Selecione Edit→Preferences; depois, selecione Layout View da lista Category para exibir as preferências da vista Layout (11.16).

2. O padrão para Autoinsert Spacers é inseri-los automaticamente quando fazendo tabelas autostretch. Clique o botão de rádio Never se você não quiser espaçador de imagens inserido em tabelas autostretch.

3. Clique o menu pop-up For Site para definir um espaçador de imagem para sites específicos.

4. Clique o botão Create para que o Dreamweaver crie um espaçador de imagens para você, ou clique Browse para localizar um espaçador de imagem existente.

5. Selecione uma cor do Cell Outline, Cell Highlight e Table Outline. O layout de células aparece na cor Cell Outline e muda para a cor Cell Hightlight quando selecionado. Layout de tabelas aparece na cor Table Outline e não muda a cor quando selecionado (11.17).

6. Selecione uma cor para a Table Background.

Capítulo 12

Neste capítulo, você aprenderá como...

- ◆ Criar molduras
- ◆ Especificar propriedades de moldura
- ◆ Selecionar conjuntos de molduras
- ◆ Salvar molduras e conjuntos de molduras
- ◆ Fazer alvo com links
- ◆ Criar conteúdo NoFrames
- ◆ Usar comportamentos JavaScript com molduras

As molduras permitem que você subdivida a janela do browser em múltiplas molduras, com cada qual contendo os seus próprios documentos HTML. Molduras são implementadas como um documento HTML separado, que uma as guias HTML <frameset> para descrever as colunas e fileiras que são molduras. Portanto, quando você criar um documento de molduras em Dreamweaver, na verdade, está criando um único arquivo HTML que descreve os framesets

Criação de molduras

e múltiplos documentos HTML, que descrevem o conteúdo de cada moldura.

Dreamweaver 4 permite que você monte as páginas Web em molduras, direto na própria moldura, diferente da maior parte dos aplicativos de Web design, os quais exigem que você crie as páginas Web separadamente. A capacidade de montar as páginas Web nas molduras permitem que você crie, facilmente, links entre molduras, com o ícone Point-to-File, bem como arraste e solte imagens e texto de uma moldura em outra. Em Dreamweaver, você monta o conteúdo NoFrames em uma janela Document separada, ainda que o código HTML vá no arquivo HTML de conjunto de molduras. Alterne para trás e para frente dos conjuntos de molduras para o conteúdo NoFrames com um simples comando de menu. O inspetor Property contém todos os atributos para molduras, permitindo que você nomeia e direcione molduras, ative e desative margens, insira conteúdo de moldura e controle a exibição de barras de rolagem. Quando você salva o arquivo de conjunto de molduras, é solicitado a salvar o conteúdo individual de moldura de quaisquer molduras não salvas.

Este capítulo mostra como usar estes recursos para criar, rapidamente, páginas de molduras com aspecto profissional, que serão atraentes aos seus visitantes.

Capítulo 12 - Criação de molduras | **165**

Criação de molduras

As molduras são criadas separando horizontal ou verticalmente, ou ambas, a página Web. Depois que você separar a página Web para criar uma moldura, também é possível separar aquela moldura em outras molduras.

1. Crie um novo documento; depois, selecione Modify→Frameset e selecione Split Frame Up, Split Frame Down, Split Frame Left ou Split Frame Right. Depois de ter criado uma moldura, clique e arraste a linha divisória para redimensionar a moldura (12.1).

2. Clique dentro da moldura existente e selecione Modify→Frameset para separar a moldura em molduras adicionais. Clique e arraste a linha divisória para dimensionar a moldura.

3. Selecione File→Save Frameset para salvar o conjunto de molduras como um documento HTML. Nomeie este arquivo como faria com qualquer outro documento HTML — assegure-se de incluir a extensão .html ou .htm.

4. Para criar o conteúdo de sua moldura do rascunho, simplesmente clique dentro de uma moldura e crie o conteúdo, como faria com qualquer outra página Web (12.2). Selecione File→Save e salve o conteúdo da moldura como um arquivo HTML.

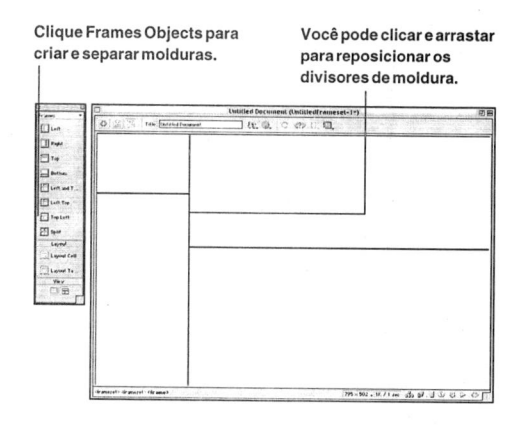

Clique Frames Objects para criar e separar molduras.

Você pode clicar e arrastar para reposicionar os divisores de moldura.

Figura 12.1

Figura 12.2 Decidir se deve usar molduras como uma maneira de formatar as suas páginas Web depende da audiência que você deseja atingir, pois apenas as versões 3 e posteriores de ambos, Netscape e Explorer, suportam molduras. Muitos desenvolvedores de página Web oferecem um Web site alternativo, montado a partir de tabelas, para browsers que não suportam molduras.

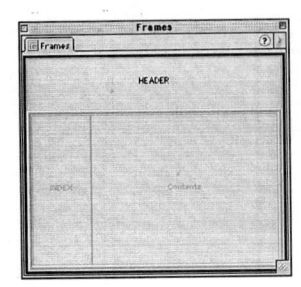

Figura 12.3

Figuras 12.4

Como especificar propriedades de moldura

Use o inspetor Property para especificar a maneira que você deseja que as suas molduras se comportem. Quando clicar dentro de uma moldura, você está editando uma página HTML. Assim, o inspetor Property exibe as propriedades padrão de caracteres. Para especificar as propriedades para as molduras, use o painel Frames para selecionar as molduras individuais.

1. Selecione Window→Frames para exibir o painel Frames, e clique a moldura que deseja editar (12.3).

2. Selecione Window→Properties para exibir o inspetor Property, se ele já não estiver na tela. No inspetor Property, digite um nome para a sua moldura, no campo Frame Name. Estes nomes mais tarde serão usados para destinar as molduras individuais (12.4).

3. Por padrão, molduras têm uma margem em relevo, que envolve toda a página e divide as molduras. Selecione No, no menu pull-down Borders, se quiser desativar as margens. Selecione uma cor de margem clicando a troca Border Color ou fornecendo um valor de cor.

Ⓓ I C A

É possível especificar como as margens de ambos, moldura e conjunto de molduras, aparecem em um documento. Quando você ajusta as opções de margem de uma moldura, a margem do conjunto de molduras é sobregravada.

Capítulo 12 - Criação de molduras | **167**

4. O método padrão de rolagem é ajustado para Auto em todos os browsers. Quando Auto é selecionado como o método de rolagem, barras de rolagem aparecem, se o conteúdo exceder a profundidade da moldura, porém elas não aparecem se o conteúdo se ajustar. Selecione Yes para exibir sempre barras de rolagem ou No, para nunca exibi-las (12.5).

5. Marque a caixa de verificação No Resize se você quiser evitar que os usuários redimensionem as suas molduras em suas janelas de browser.

6. Especifique um valor de Margin Width e de Margin Height em pixels. Os valores de margem determinam quão longe das margens da moldura o conteúdo é exibido (12.6).

Role o ajuste para Yes. Role o ajuste para No.

Figura 12.5

A largura de margem desta moldura está ajustada para 50 pixels e a altura da margem está ajustada para 20 pixels.

Ⓝ O T A

É possível direcionar uma moldura com um link, desde que primeiro você nomeie a moldura de destino no inspetor Property. Por exemplo, a sua página Web pode conter uma moldura que lista as informações disponíveis em seu site como links de hipertexto. Quando você clicar os links, o documento vinculado é exibido em uma moldura à direita da moldura contendo os links (12.7).

Figura 12.6

Figuras 12.7

Quando as margens são desativadas, o Dreamweaver exibe linhas divisórias traçadas para mostrar as divisões das molduras. Estas linhas traçadas não aparecem no browser.

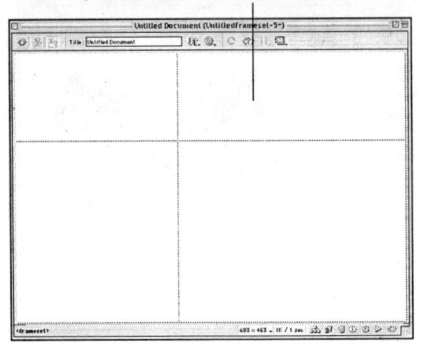

Figura 12.8

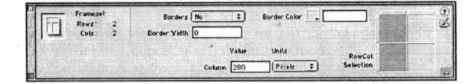

Figura 12.9 Você pode especificar as dimensões do conjunto de molduras como valores pixel exatos, porcentagens do espaço disponível ou proporcionalmente, o que divide igualmente o espaço restante. Os browsers sempre criam molduras baseadas primeiro nas dimensões pixel, seguidas pelos valores de porcentagem e as molduras proporcionais.

Seleção de conjuntos de molduras

Conjuntos de molduras descrevem as fileiras e colunas de sua página Web. No exemplo visto na última tarefa, na Figura 12.6, a página é dividida em duas fileiras e depois, uma segunda fileira é dividida em duas colunas. Já que um conjunto de molduras pode ser uma fileira que contém colunas ou uma coluna que contém fileiras é necessário selecionar e editar os conjuntos de molduras, se você quiser editar os atributos de largura, altura e margem de conjuntos de molduras. Por exemplo, ainda que uma margem de moldura possa ser desativada, o conjunto de molduras ainda tem a sua própria margem, a qual também precisa ser desativada, se você quiser eliminar todas as margens.

1. Clique ao longo da margem externa para selecionar o conjunto de molduras dominante — fileiras, neste exemplo. Uma linha pontilhada aparece em torno da janela Document quando o conjunto de molduras é selecionado (12.8).

2. O inspetor Property exibe os atributos para o conjunto de molduras. Ajuste as opções para as margens do conjunto de molduras. Clique no quadro miniatura do lado direito do inspetor Property para selecionar as fileiras e colunas disponíveis e especificar a largura e altura, dependendo se você tem uma coluna ou fileira selecionada. O quadro miniatura exibe as fileiras e colunas em proporção igual (12.9).

Capítulo 12 - Criação de molduras | **169**

Como salvar molduras e conjuntos de molduras

O arquivo de conjunto de molduras é um que é aberto no browser e, portanto, deve conter o título, exibido no alto da janela do browser. Dentro do arquivo HTML de conjunto de molduras, cada conjunto de molduras é descrito, junto com o conteúdo padrão das molduras (12.10). Salvar o seu documento de molduras é, de fato, um processo de múltiplas etapas. Você precisa salvar cada página HTML contida nas molduras, bem como o conjunto de molduras.

1. Selecione Window→Frames para exibir o painel Frame.
2. Clique a margem externa no painel Frame para selecionar o conjunto de molduras.
3. Selecione Modify→Page Properties para exibir a caixa de diálogo Page Properties e digite um título para a sua página Web (12.11).
4. Selecione File→Save Frameset para salvar as informações de seu conjunto de molduras como um arquivo HTML.
5. Clique dentro de uma moldura e selecione File→Save para salvar o conteúdo daquela moldura como um arquivo HTML individual. Repita este processo para todas as molduras no conjunto de molduras.

O conteúdo de cada moldura é salvo como um arquivo HTML separado.

Figura 12.10

Figura 12.11

Ⓓ I C A

Selecione File→Save All para salvar todos os arquivos HTML nas molduras, bem como o conjunto de molduras. Quando você seleciona File→Preview in Browser, é solicitado a salvar quaisquer arquivos não salvos.

Como fazer alvo com links

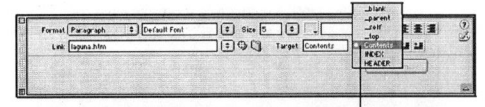

Selecione _blank do menu pull-down Target para exibir o documento de link em uma nova janela de browser em branco. Selecione _parent para abrir o documento vinculado no conjunto de molduras pai da moldura atual. Selecione _top para abrir o link no conjunto de molduras na parte mais externa do documento atual, substituindo todas as molduras. Selecione _self para exibir o conteúdo do link na mesma moldura que o link.

Figura 12.12

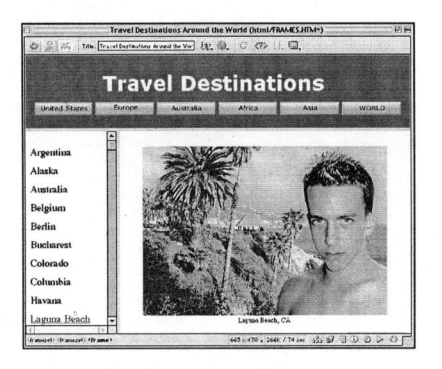

Figura 12.13

Quando você tiver criado molduras e dado nomes a elas, pode direcionar as molduras para ter o conteúdo de quaisquer links que criar. No código fonte HTML, o atributo target é acrescentado à guia <anchor> para especificar o que na moldura exibir sobre o arquivo HREF. Quando não é especificado um destino aos seus links, o documento ou arquivo vinculado é exibido na mesma moldura que o link.

1. Clique uma imagem ou selecione algum texto para usar como um link.
2. No inspetor Property, entre com um endereço de link no campo Link.
3. Clique a seta à direita do campo Target, no inspetor Property, e selecione a moldura na qual deseja que o arquivo vinculado apareça (12.12).

Ⓝ O T A

Obtenha a vantagem de molduras para apresentar ao usuário uma interface uniforme para folhear o seu site. Na Figura 12.13, clicar um botão na moldura do alto exibe uma lista na moldura esquerda. Depois, você pode fazer uma seleção da lista à esquerda e exibir o conteúdo do link, na moldura ao fundo, à direita (12.13).

Criação de conteúdo NoFrames

A guia <noframes> é automaticamente inserida no código fonte HTML quando você cria molduras. É inserido um conteúdo alternativo de página entre as guias <noframes> e </noframes> para browsers que não suportam molduras.

1. Selecione Modify→Frameset→Edit NoFrames Content para exibir a página que aparecerá quando um browser não suporta molduras.

2. Crie uma página Web alternativa que não contenha molduras, com o mesmo conteúdo básico que a página que contém molduras (12.14). Você também pode incluir uma rápida mensagem, indicando que é necessário um browser que suporte molduras — se você selecionar esta opção, ofereça alguns links para os usuários atualizarem seus softwares de browsers (12.15).

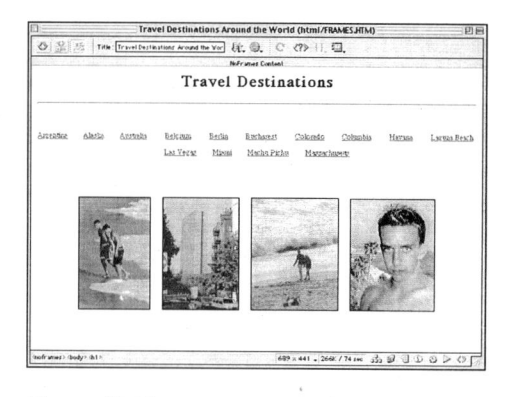

Figura 12.14

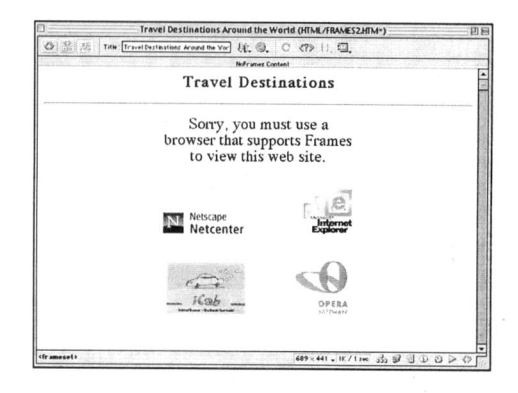

Figura 12.15

NOTA

Para usar uma página HTML existente como sua página NoFrames, copie o código fonte HTML da página que deseja usar como a página NoFrames e cole-a entre as guias <noframes>/<body> e as guias </body>/</noframes> no inspetor HTML ou seu editor HTML externo. No entanto, não inclua as guias <html> e </html>.

Como usar comportamentos JavaScript com molduras

Muitos comportamentos JavaScript podem ser aplicados a molduras. A maioria dos desenvolvedores Web usa molduras para fazer o design de páginas que são dinâmicas, mudando o conteúdo dentro de uma única janela de browser. Você pode usar o comportamento Set Text of Frame para mudar o conteúdo de uma moldura. Use o comportamento Go to UTL para mudar o conteúdo de uma única moldura ou de múltiplas molduras ao mesmo tempo.Também é possível usar os comportamentos Navigation Bar e Jump Menu do Dreamweaver para criar links que de destinam a molduras. Veja no Capítulo 9, "Inserção de imagens interativas", instruções sobre a criação de barras de navegação e menus de pulo.

1. Abra ou crie um documento de conjunto de molduras e garanta que todas as molduras estão nomeadas. Você precisa de

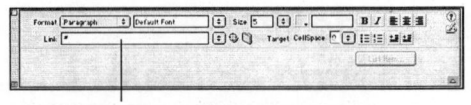

O link nulo leva o texto a agir como um link de hipertexto, sem de fato vincular a nada. Neste caso, o link é tratado por um comportamento.

Figura 12.16

uma moldura que possa direcionar com mudança de conteúdo. Crie algum conteúdo padrão para a moldura de destino, assim alguma coisa aparece quando a página carrega inicialmente. No documento usado através deste capítulo, uma nova moldura é inserida acima da lista de destinos de viagem, onde o texto muda quando você rola sobre um nome na lista.

2. Selecione algum texto, que será o link que dispara o comportamento, e digite o símbolo # no campo Link do inspetor Property, para criar um link nulo (12.16).

3. Selecione Window→Behaviors para exibir o painel Behaviors, se ele já não estiver na tela.
4. Selecione o texto com o link nulo e depois, clique o símbolo de mais (+) no painel Behaviors, para exibir um menu de comportamentos (12.17).
5. Selecione Set Text→Set Text of Frame do painel Behaviors, para exibir a caixa de diálogo Set Text of Frame. Selecione uma moldura de destino do menu pull-down Frame. Depois, digite o código HTML e texto no campo New HTML e clique OK (12.18).
6. Clique o triângulo apontando para baixo na coluna Events do painel Behaviors e selecione onMouseOver.

Os comportamentos disponíveis para um objeto selecionado ou texto são exibidos no menu do painel Behaviors.

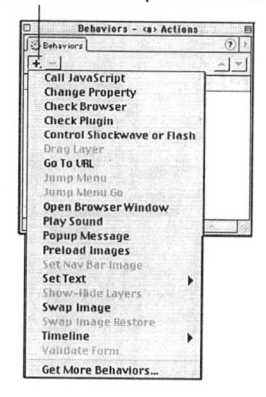

Figura 12.17

DICA

Crie molduras clicando e arrastando. Crie um novo documento e selecione View→Visual Aids→Frame Borders. Arraste de qualquer das margens para criar as divisões de moldura. Para apagar uma moldura, simplesmente arraste a margem da moldura para a margem ou para dentro de outra margem.

Selecione a moldura na qual você deseja mudar o conteúdo.

Inclua qualquer código HTML para substituir o conteúdo da moldura de destino.

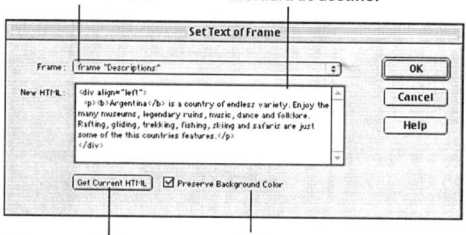

Clique para obter o conteúdo atual da moldura de destino deste comportamento.

Preserve a cor de fundo atual da moldura, a qual é ajustada na Page Properties do conteúdo de moldura atual.

Figura 12.18

Selecione uma moldura de destino para o URL. Você pode designar múltiplos URLs a múltiplas molduras de uma vez.

Entre com um URL ou clique o botão Browse para selecionar um arquivo do seu site.

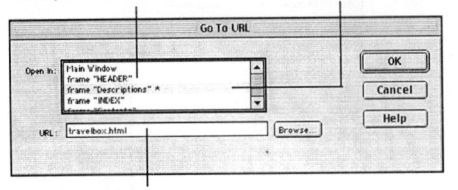

Asteriscos aparecem próximos às molduras com URLs.

Figura 12.19

7. Com o mesmo texto ainda selecionado, clique o símbolo de mais (+) no painel Behaviors e selecione Go to URL, para exibir a caixa de diálogo Go to URL (12.19).

8. Selecione a mesma moldura que usou para o comportamento Set Text of Frame e ajuste o URL para o arquivo HTML que você criou como o arquivo padrão para a moldura de destino. Clique OK e ajuste o Event para este comportamento para onMouseOut (12.20).

Ⓝ O T A

É possível designar múltiplos comportamentos que usam o mesmo evento a um único objeto. Por exemplo, crie mais do que um evento onMouseOver e onMouseOut para mudar o conteúdo de múltiplas molduras quando você rolar sobre uma imagem ou algum texto. Se desejar que algum texto apareça na barra de status, no fundo do browser Web, use a ação Set Text of Status Bar no painel Behaviors.

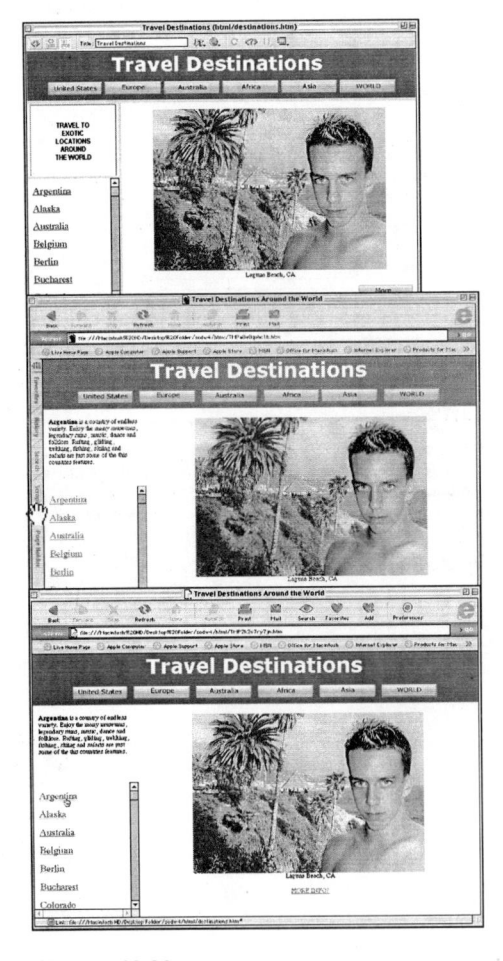

Figuras 12.20

Capítulo 13

Neste capítulo, você aprenderá como...

- Criar um formulário
- Inserir campos de texto
- Inserir botões de rádio e caixas de verificação
- Criar listas e menus
- Acrescentar campos de arquivo
- Inserir campos ocultos
- Acrescentar botões Submit e Reset
- Inserir botões gráficos em formulários
- Inserir um menu de pulo
- Validar dados de formulário com comportamentos

Os formulários permitem que você reúna informações dos visitantes de seu Web site. Pesquisas online, listas de correio, proteção de senha e compras online são todos candidatos principais para o uso de formulários. Depois que os campos em um formulário são preenchidos, os dados são enviados a um programa de manuseio de formulário que fica no servidor Web. Scripts Common Gateway Interface (CGI) normalmente são usados, embora um alavancador

Criação e personalização de formulários

de formulário possa ser programado em muitas outras linguagens de programação e de script. O script processa as informações que recebe de seu formulário e faz algo com elas. O script pode criar registros de banco de dados, montar uma página Web para exibir, como um resultado das entradas do formulário ou enviar e-mail com o conteúdo do formulário.

Em Dreamweaver, os objetos formulário são acrescentados à página Web usando o painel Objects, e seus atributos são especificados no inspetor Property. Ao usar o painel Forms Objects, você pode começar inserindo o objeto Form. O objeto Form insere <form> e </form> no código HTML e cria uma área limite invisível onde todos os campos do formulário são acrescentados. Cada campo de formulário é descrito usando o inspetor Property. Inclua o botão Submit dentro da área limite do formulário e você tem um formulário funcionando.

Este capítulo oferece a você tarefas que permitirão criar e editar, facilmente, formulários para o seu site, bem como fornecer informações sobre como lidar com dados de formulários submetidos pelos visitantes do seu site.

Criação de um formulário

No código fonte HTML, os formulários são sempre encerrados entre as guias <form> e </form>. O painel Forms Objects contém todos os objetos formulário necessários para montar um formulário. Os elementos de formulário são acrescentados inline com o texto e são afetados pela largura da janela do browser, exatamente como texto de parágrafo.

1. Selecione Window→Objects para exibir o painel Objects, se ele ainda não estiver na tela.
2. Selecione Forms do menu pull-down, no alto do painel Objects (13.1).
3. Clique o botão Form no painel Forms Objects para criar a caixa de limite de seu formulário (13.2).
4. Se você não vir a linha vermelha pontilhada, selecione View→Visual Aids→Invisible Elements.

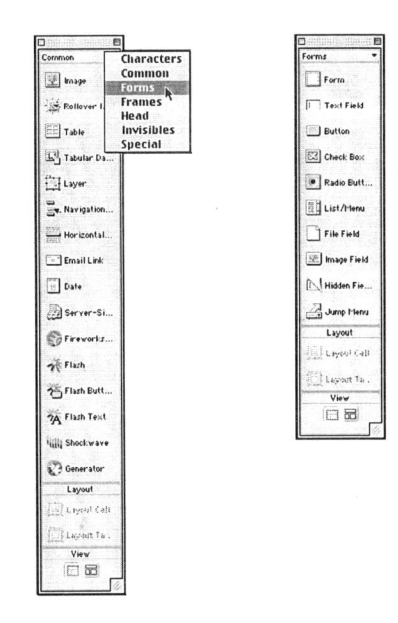

Figuras 13.1

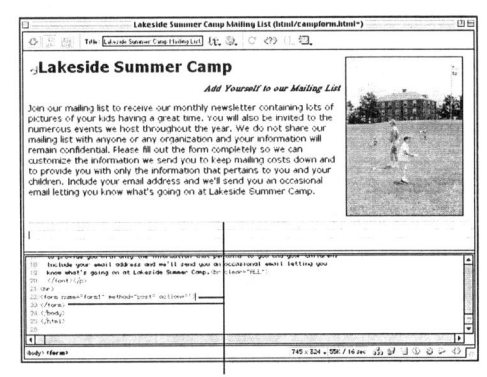

Ⓓ I C A

Para um máximo controle sobre o layout de seu formulário, considere criar o formulário em tabelas, usando layout de tabelas e layout de células na vista Layout. Veja o Capítulo 11, "Como fazer o design de páginas na vista Layout", para mais informações sobre como trabalhar na vista Layout.

Esta caixa vermelha, limitada por tracejado, estende a largura da página e representa as guias de abertura e fechamento do formulário no código HTML.

Figura 13.2

O administrador do sistema ou provedor de servido de Internet pode ajudá-lo com a localização de scripts de manuseio de formulário.

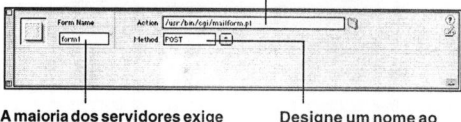

A maioria dos servidores exige o método POST, mas veja com seu administrador de sistema ou ISP para ter certeza.

Designe um nome ao seu formulário, se quiser encaminhá-lo, mais tarde, com JavaScript.

Figura 13.3

5. No inspetor Property, entre com o caminho do script de alavancador de formulário no campo Action, ou clique o botão Folder para localizar um script em seu site (13.3).

6. Selecione POST ou GET do menu pulldown Method, dependendo de qual método o seu servidor suporta.

Ⓝ O T A

Scripts CGI geralmente são escritos em uma linguagem de script, tal como Perl (13.4). Se você estiver criando um formulário de correspondência básico, mais provavelmente o administrador de sistema ou provedor de serviço de Internet tem um script que você pode usar. Para saber mais sobre scripts CGI visite www.cgi101.com ou www.w3.org.

Ⓓ I C A

Você pode aprender sobre CGI e baixar alguns exemplos de script em www.cgi101.com.

Figura 13.4 Um script CGI típico, escrito em Perl. Este script encaminha os dados de formulário para um endereço de e-mail e depois, responde ao usuário com um novo arquivo HTML, agradecendo pela sua entrada.

Inserção de campos de texto

O campo de texto pode ser uma única linha de texto ou múltiplas linhas, com uma barra de rolagem anexada. É possível controlar o comprimento máximo de um campo de texto, controlar o número máximo de caracteres que um usuário pode entrar e especificar o texto que aparece inicialmente no campo. Os campos de texto também são usados para criar campos de senha, nos quais os caracteres digitados são repetidos na tela como bullets ou asteriscos.

1. Clique dentro da caixa de limite pontilhada em vermelho, na janela Document, criada quando você clica o botão Form no painel Forms Objects.
2. Clique o botão Text Field no painel Forms Objects para acrescentar um campo de texto (13.5).
3. Clique duas vezes o campo de texto para exibir o inspetor Property, se ele já não estiver em sua tela.
4. No inspetor Property, substitua o nome padrão por um nome que descreva a entrada (13.6). Assegure-se de usar um nome que descreve corretamente os dados fornecidos.

Ⓓ I C A

Clique o botão de rádio Password, no inspetor Property, para tornar um campo de texto de linha única em um campo de senha. O campo de senha é repetido na tela como asteriscos, em Windows, e como bullets no Macintosh.

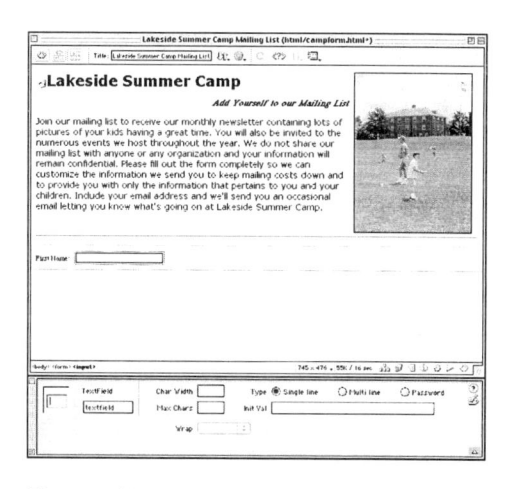

Figuras 13.5

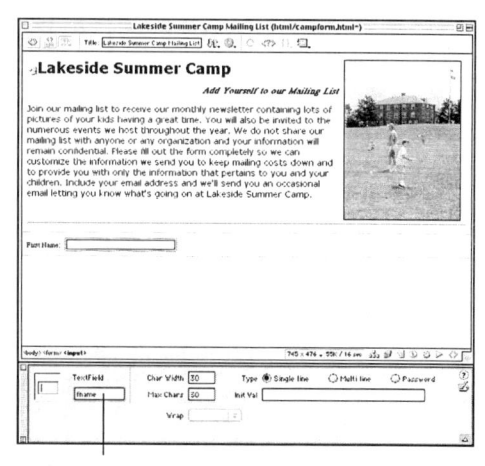

O nome que você digita aqui é passado junto com os dados do formulário para identificar o conteúdo de cada campo, exatamente como um nome de campo em um banco de dados.

Figuras 13.6

Um campo de texto de linhas múltiplas é tipicamente usado para entrada, tais como comentários, descrições e instruções especiais.

Figuras 13.7

Tabela 13.1 Configurações de envoltório

Configuração	Descrição
Default	Usa o browser padrão — às vezes envolve, às vezes não.
Off	Desativa o envoltório de texto em todos os browsers. Todo o texto entrado permanece em uma linha, o que de certa forma, anula o objetivo de uma caixa de texto de linhas múltiplas.
Virtual	Envolve o texto sem acrescentar retornos sólidos ao texto. Esta configuração é o método preferido na maioria dos casos.
Physical	Insere retornos sólidos ao final de cada linha de texto envolvida.

5. Entre com a largura de caractere do campo para indicar o comprimento do campo na página Web. Entre com um valor para Max Chars para limitar o número de caracteres que um usuário pode entrar. Se o valor Char Width for ajustado para um número menor do que o valor Max Chars, o texto rola para a direita quando o usuário excede a largura do campo. Se você quiser que o campo contenha um valor inicial, digite o texto desejado no campo Init Val.

6. Selecione um campo de texto e clique o botão de rádio Multi Line, no inspetor Property, para criar um campo de linhas múltiplas com uma barra de rolagem (13.7). Além da largura do campo, você pode especificar o número de linhas no campo Num Lines do inspetor Property para ajustar a altura.

7. As configurações padrão de envoltório para caixas de texto de múltiplas linhas variam de browser para browser. Alguns browsers envolvem automaticamente o texto, enquanto que outros não. Selecione um do menu pull-down Wrap, para indicar como a caixa de texto de linhas múltiplas será envolvida (Tabela 13.1).

DICA

Você deve usar a opção Virtual para envolver texto em uma caixa de texto de múltiplas linhas quando os dados serão entregues como uma mensagem de e-mail.

Inserção de botões de rádio e caixas de verificação

Botões de rádio e caixas de verificação são usados quando você deseja oferecer opções e possibilitar aos usuários, simplesmente clicar para fazer uma seleção. Para oferecer uma série de escolhas, mas só aceitar uma destas escolhas, use o botão de rádio. Para permitir ao usuário múltiplas escolhas, use as caixas de verificação.

1. Clique o botão Check Box para inserir uma caixa de verificação na janela Document.
2. No inspetor Property, designe um nome à caixa de verificação, no campo CheckBox Name. Este nome deve descrever o campo e cada caixa de verificação precisa ter um nome único (13.8).
3. No campo Checked Value, digite as informações que deseja que o formulário retorne quando a caixa de verificação for marcada.
4. Para inserir um botão de rádio, clique o botão Radio no painel Forms Objects. Tipicamente, botões de rádio são usados em grupos e todos os botões de rádio no grupo precisam ter o mesmo nome, mas valores de campo diferentes (13.9).

Ⓓ I C A

Se quiser que uma caixa de verificação ou botão de rádio seja selecionada quando o formulário for exibido inicialmente, clique o botão de rádio Checked, no inspetor Property. Apenas um botão de rádio pode ser inicialmente marcado.

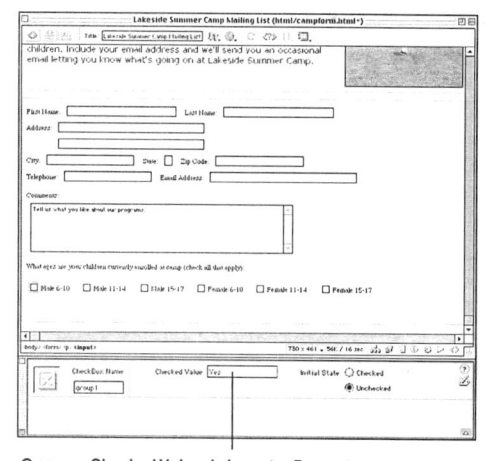

O campo Checked Value do inspetor Property contém a palavra Yes, para a caixa de verificação nomeada grupo 1, próxima a Male 6-10. Portanto, o formulário retornará o valor do group1=Yes quando esta caixa de verificação estiver marcada.

Figura 13.8

Ao criar botões de rádio, crie um único botão de rádio e designe a ele um nome no inspetor Property. (Option Drag)[Ctrl+Drag] este botão de rádio para criar as outras cópias no grupo. Agora, você pode simplesmente mudar os valores marcados em cada botão, pois todos eles serão nomeados da mesma forma.

Figura 13.9

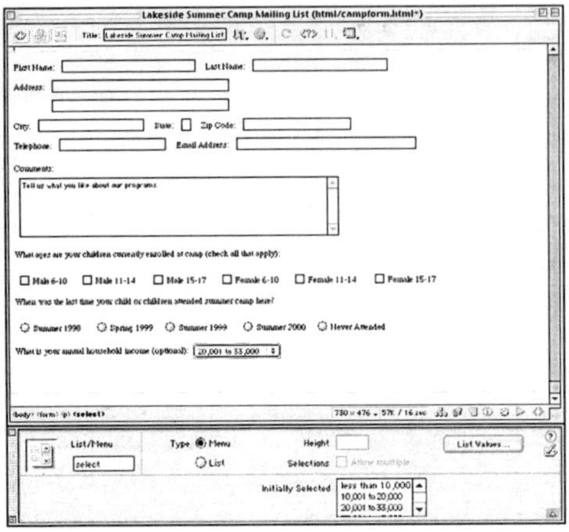

Criação de listas e menus

Um *Menu* é um menu pop-up que oferece múltiplas escolhas. Só um item pode ser selecionado de um menu e o menu sempre exibe um item. *Lists* por outro lado, podem ser exibidas mostrando múltiplas opções e também pode aceitar múltiplas escolhas. Em ambos os casos, você determina o que é exibido e quais valores são enviados ao script alavancador.

1. Clique o botão List/Menu, no painel Objects, para acrescentar uma lista ou menu ao seu documento formulário. O mesmo botão é usado para acrescentar ambos, listas e menus.

2. No inspetor Property, clique o botão de rádio Menu e designe um nome a este menu (13.10).

3. Clique o botão List Values, no inspetor Property, para exibir a caixa de diálogo List Values (13.11). Clique o sinal de mais (+) ou clique dentro do campo Item Label, para começar a acrescentar valores de lista (13.12). A coluna Item Label é o texto que é exibido ao usuário no menu. A coluna Value contém as informações que são enviadas ao script alavancador quando é feita uma escolha em particular.

Figuras 13.10

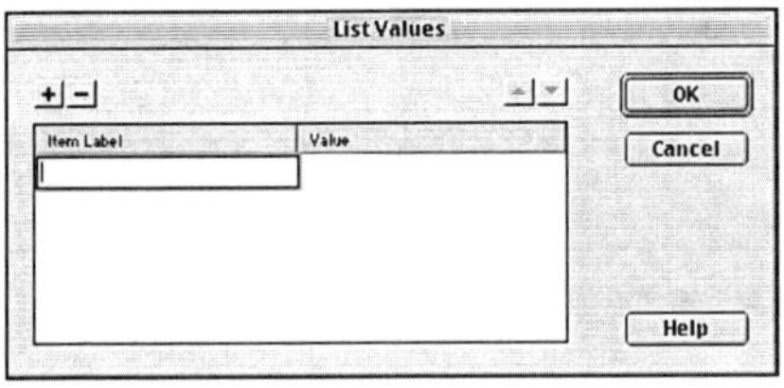

Figura 13.11 O primeiro item na lista está selecionado. Digite um Item Label e use a tecla Tab para mover de campo para campo.

Se você deixar os campos Value em branco, o Item Label é usado em ambos os lugares.

Clique para mudar a ordem de itens da lista.

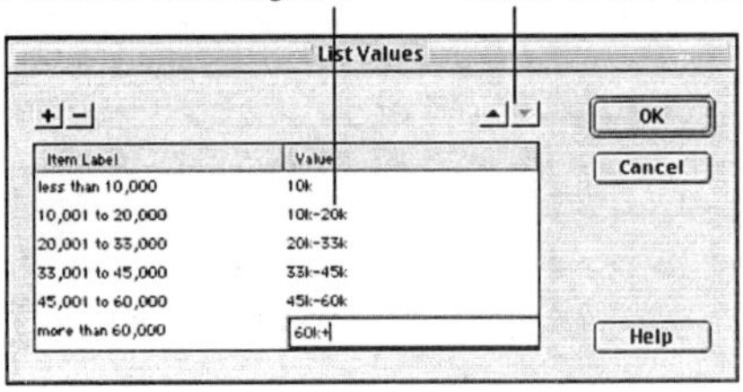

Figura 13.12

ⒹICA

Assegure-se de dizer ao usuário que ele/ela pode fazer múltiplas seleções, incluindo algum texto, tal como "selecione tudo que se aplica".

Capítulo 13 - Criação e personalização de formulários | **183**

4. Depois de ter criado a lista de valores, selecione um dos valores na lista Initially Selected, no inspetor Property. O item de menu Initially Selected é exibido como a entrada padrão no menu (13.13).
5. Para criar uma caixa de lista, clique o botão List/Menu no painel Objects. Clique o botão de rádio List no inspetor Property e designe um nome para a sua lista.
6. Clique o botão List Values no inspetor Property para criar uma lista de itens da mesma forma com que criou a lista de menus, na etapa 3.
7. Entre com um valor Height no inspetor Property para determinar quantas das escolhas serão visíveis de uma vez. Marque a caixa de verificação Allow Multiple para capacitar o usuário a fazer seleções múltiplas, usando a tecla Shift e a tecla (Command)[Ctrl] (13.14).

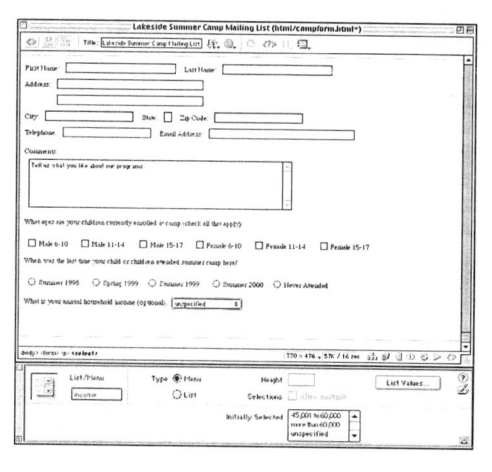

Figuras 13.13

NOTA

Manter pressionada a tecla Shift e fazer múltiplas seleções destaca todos os itens entre o item selecionado e o que você clicou com Shift. Manter pressionada a tecla (Command)[Ctrl] permite que você faça seleções não contíguas.

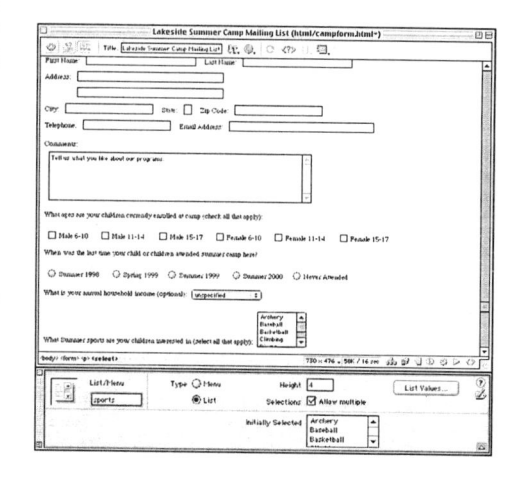

Figuras 13.14

Insira o atributo enctype na guia <form>.

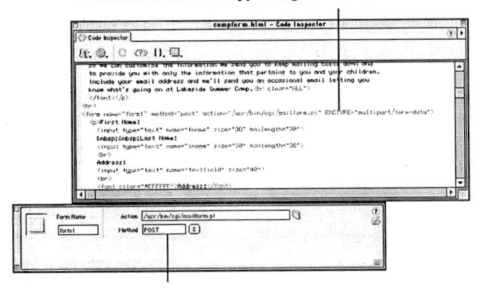

Ajuste o Method para POST.

Figuras 13.15

Figuras 13.16

Como acrescentar campos de arquivo

Os campos de arquivo permitem aos usuários fazer o carregamento de arquivos de seus discos rígidos para a localização do servidor Web especificada no atributo action da guia <form>. O campo File se parece com um campo de texto, porém ele também contém um botão Browse para permitir ao usuário localizar um arquivo. O atributo method, na guia <form> precisa ser ajustado para POST quando você incluir um campo File e você deve editar manualmente o código HTML para inserir o atributo enctype na guia <form>.

1. Clique a linha pontilhada vermelha, que é o contorno do formulário, e ajuste o campo Method para POST, no inspetor Property.

2. Selecione Window→Code Inspector para exibir o painel de inspetor Code e localizar a guia <form> Insira o atributo enctype="multipart/form-data" na guia <form> (13.15).

3. Posicione o ponto de inserção dentro de seu formulário e clique o botão Insert File Field no painel Forms Objects (13.16).

4. Entre com um nome para o campo File no inspetor Property e indique a largura do campo e o número máximo de caracteres permitidos.

Ⓓ I C A

Confirme com o administrador de seu servidor se carregamentos de arquivos anônimos são permitidos, antes de usar o campo File.

Inserção de campos ocultos

Hidden fields contém dados estáticos que você não deseja que o usuário veja, mas deseja enviar ao script alavancador junto com a entrada do usuário. Estes dados poderiam ser informações — tais como o URL da página, um nome de formulário, uma versão do formulário ou um endereço de e-mail — ou dados variáveis, tal como um destinatário de e-mail, quando usando um script alavancador genérico.

1. Clique o botão Hidden Field no painel Forms Objects. Um objeto invisível na página Web representa o campo oculto. Selecione View→Visual Aids→Invisible Elements, para ver o objeto na página (13.17).
2. No inspetor Property, designe um nome ao campo oculto e entre com o texto que deseja enviar ao script alavancador no campo Value.

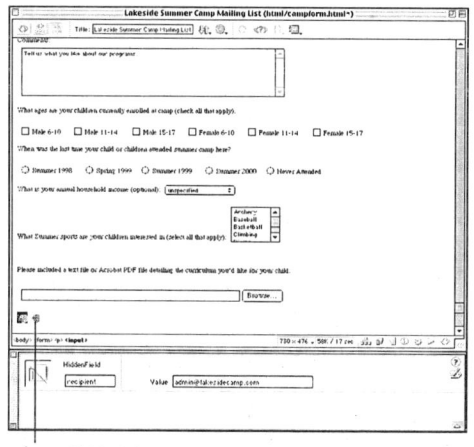

Ícone Hidden Field

Figuras 13.17

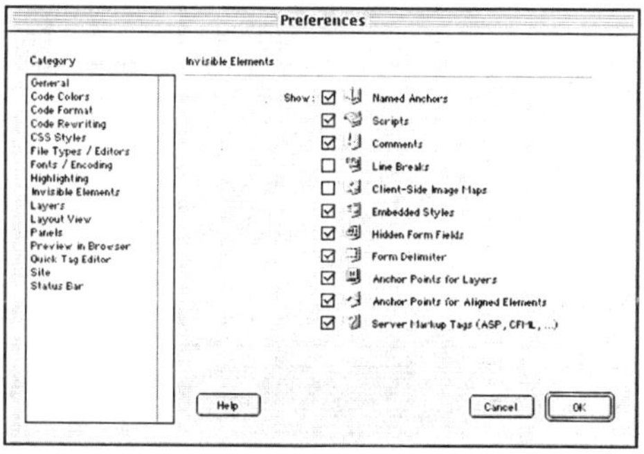

NOTA

Se os campos ocultos não aparecerem na tela, mesmo com os elementos invisíveis ativados, selecione Edit→Preferences e selecione Invisible Elements da lista Category. Marque a caixa de verificação em Hidden Form Fields (13.18).

Figura 13.18

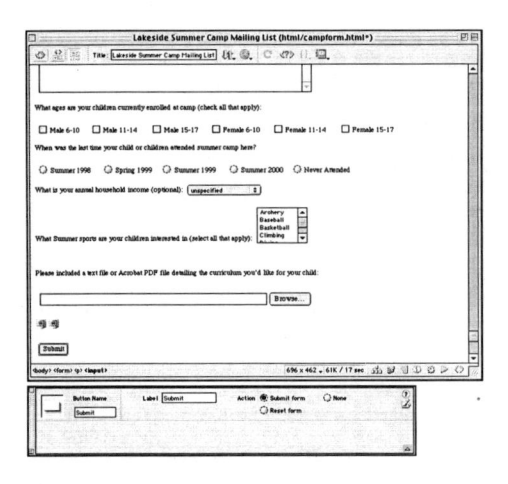

Figuras 13.19

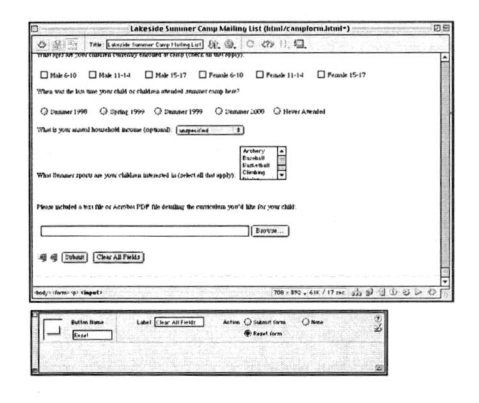

Figuras 13.20

Como acrescentar botões Submit e Reset

Você pode usar três tipos de botões em seu formulário. O botão Submit envia os dados do formulário para o script alavancador, no servidor Web. O botão Reset reajusta e esvazia os campos do formulário. O terceiro tipo de botão é um botão em branco que você pode usar com comportamentos, JavaScript ou outros scripts de conteúdo ativo. Veja no Capítulo 16, "Como usar comportamentos", mais informações sobre o uso de botão em branco.

1. Clique o botão Insert Button no painel Forms Objects. O botão Submit é inserido por padrão (13.19).

2. No inspetor Property, designe um nome ao botão. Está bem deixar o botão Submit nomeado Submit.

3. Digite o texto que deseja que o botão exiba, no campo Label.

4. Clique o botão de rádio Action, próximo a Submit Form, no inspetor Property.

5. Insira um outro botão e clique o botão de rádio Reset Form. Designe um nome de campo e Label (13.20).

ⓃO T A

Quando o usuário clicar o botão Submit, os dados do formulário serão enviados ao script alavancador que você indicou previamente no atributo action da guia <form>.

Capítulo 13 - Criação e personalização de formulários | **187**

Inserção de botões gráficos em formulários

Campos de imagem são usados no lugar do botão Submit quando você deseja usar uma imagem para agir como o botão Submit. Você também pode usar qualquer outra imagem, inclusive botões Flash, para realizar operações Form, tais como reajustar o formulário, validar campos individuais ou validar o formulário inteiro. Entretanto, você precisa usar os comportamentos do Dreamweaver para anexar funções JavaScript a imagens, a menos que você esteja usando um campo Image como um botão Submit.

1. Clique o botão Image Field no painel Forms Objects e localize uma imagem em seu disco rígido, para inserir como um campo Image (13.21).

2. Usar uma imagem gráfica como um botão Reset é um pouco mais complicado, exigindo que você edite o código HTML e acrescente um pouco de código JavaScript. Insira uma imagem usando o botão Insert Image no painel Common Objects.

3. Com a imagem ainda selecionada, ajuste o link para # no inspetor Property; o símbolo # representa um link nulo. Quando você inserir o símbolo # no campo Link, a guia âncora <a href="#"> é inserida na frente da guia da imagem no código HTML e a guia âncora de fechamento, </A>, é inserida depois da guia da imagem no código HTML.

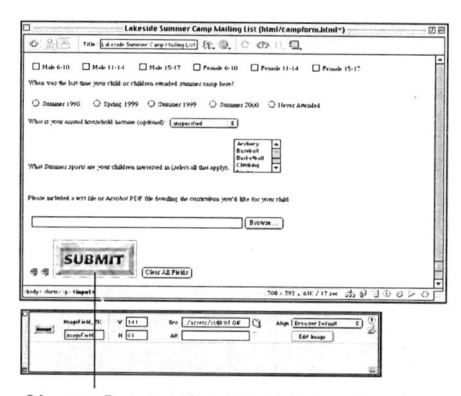

O inspetor Property exibe escolhas para a exibição da imagem, porém ele não permite que você especifique quaisquer links ou propriedades de formulário.

Figuras 13.21

Este é o nome padrão do formulário para formulários em Dreamweaver. Se você der ao seu formulário um nome diferente, substitua este texto com o nome do seu formulário.

O link nulo faz a imagem agir como um botão e insere a guia âncora em torno da imagem.

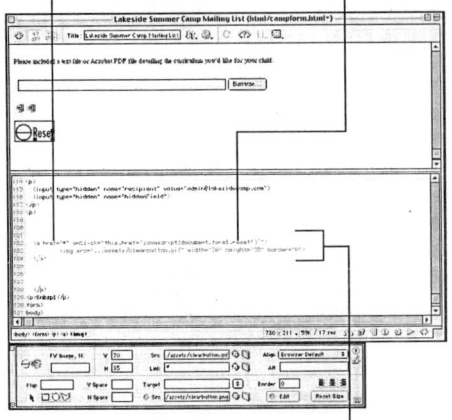

O código da imagem é destacado quando você seleciona a imagem na vista Design.

Figuras 13.22

4. Selecione View→Code and Design para separar o Document e exibir ambos, a vista Design e a vista Code. Selecione a imagem que você está usando como um botão Reset e então o código é destacado na vista Code (13.22).

5. Edite a guia âncora na vista Code, para ler como a seguir:
   `<a href="#" onClick="this.href='javascript:document.form1.reset()">`

6. Visualize o seu formulário em um browser para testar a imagem do botão Reset.

Ⓝ O T A

Você pode tornar-se familiarizado com JavaScript um pouco de cada vez, incluindo pequenos comandos, como o usado para a imagem de reajuste. Você encontrará este pequeno pedaço de código JavaScript e uma ampla gama de suporte a desenvolvedor em www.irt.org.

Ⓓ I C A

Um botão Reset não é necessário para a maioria dos formulários e pode criar problemas se você posicionar o botão Reset próximo ao botão Submit. É sabido que acidentalmente, os usuários clicam o botão Reset, apagando todos os dados fornecidos no formulário. Se você quiser incluir um botão Reset, considere colocá-lo no alto da página, ou usando uma imagem que o distingue claramente do botão Submit.

Inserção de um Menu Jump

Um *menu jump* é uma ferramenta de formulário que permite criar um menu pop-up com escolhas que fazem link para URLs. Você pode usar o menu de pulo como um formulário único, sem incluir o botão Submit.

1. Clique o objeto Jump Menu no painel Forms Objects para exibir a caixa de diálogo Insert Jump Menu (13.23).
2. Clique o ícone de mais para acrescentar itens de menu e o ícone de menos para remover itens de menu. Entre com o texto que deseja que apareça no menu de pulo, no campo Text e o URL que você deseja que o menu escolha para vincular no campo URL (13.24).
3. Se você estiver usando Frames, selecione a janela de moldura, na qual deseja que o URL seja exibido, a partir do menu pull-down Open URLs In. A escolha padrão é Main Window, a qual substituirá o conteúdo da janela do browser atual pelo URL.

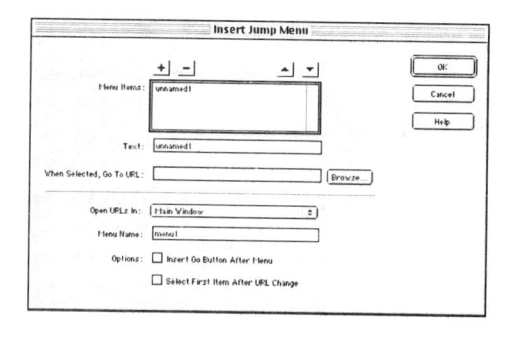

Figura 13.23

Clique as setas para cima/para baixo para reorganizar os itens de menu na lista.

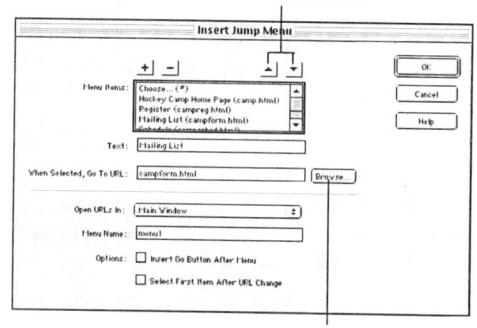

Clique o botão Browse para localizar um arquivo em seu disco rígido.

Figura 13.24

Ⓝ O T A

Se você incluir o botão Go com o menu de pulo, o botão Go só é útil para o item atualmente selecionado no menu de pulo. Se de alguma forma, você tiver entendimento de HTML, remova o atributo onChange do menu de pulo; então, você será capaz de fazer uma seleção seguida pelo botão Go para pular para um URL.

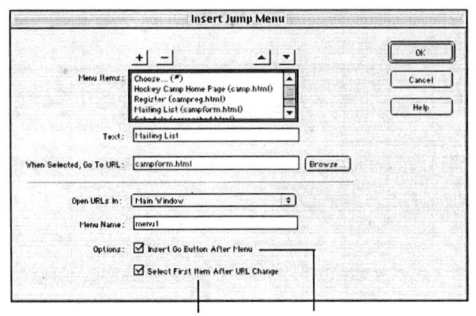

Marque esta caixa para pular de volta para o primeiro item na lista, depois que uma seleção for feita.

Marque esta caixa para inserir um botão Go à direita do menu de pulo.

Figura 13.25

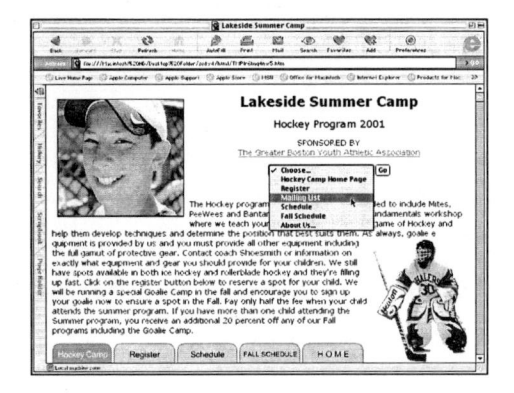

Figura 13.26

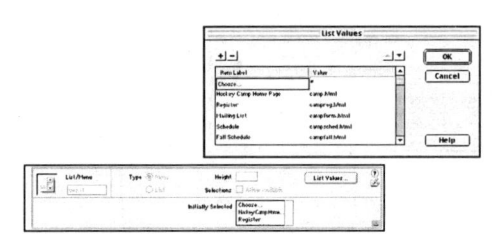

Figuras 13.27

4. Designe um nome ao menu, se quiser controlar o menu de pulo com JavaScript. O nome padrão de menu é inserido aqui, pois o menu de pulo de fato, é um objeto Form que pode ser manuseado por um script remoto (13.25).

5. Visualize a página Web em um browser para testar os links em seu menu de pulo (13.26).

6. Para editar o menu de pulo, selecione-o na janela Document e clique o botão List Values, no inspetor Property (13.27).

DICA

Inclua uma escolha de menu no alto da lista, tal como Choose ou Select. Ajuste o link para # e marque a caixa de verificação Select First Item After URL Change para exibir sempre o primeiro item da lista. Neste caso, não será necessário o botão Go, pois o primeiro item será sempre exibido e não faz link para um URL.

DICA

Se você quiser incluir linhas divisórias em seus menus de pulo, insira uma seqüência de traços como um dos itens de lista e ajuste o link para #.

Como validar dados de formulário com comportamentos

O comportamento Validate Forms permite que você faça uma quantidade limitada de validação de formulário antes dele ser encaminhado ao servidor Web. Esta ação verifica o conteúdo dos campos de texto para garantir que o usuário entrou com o tipo certo de dados. Você pode anexar esta ação a campos de texto individuais, com o evento onBlur para validar os campos quando o usuário deixar o campo. Você também pode anexar esta ação a todo o formulário com o evento onSubmit, o qual valida múltiplos campos de uma vez quando o botão Submit é clicado. Se você anexar a ação ao formulário, quaisquer dados inválidos evitam o formulário de ser submetido, até que os campos sejam corrigidos.

1. Selecione Window→Behaviors para exibir o painel Behaviors; depois, clique qualquer campo de texto em seu formulário (13.28).

2. Clique o botão + no painel Behaviors e selecione a ação Validate Form para exibir a caixa de diálogo Validate Form (13.29).

3. Selecione um campo da lista Named Fields. Se quiser validar apenas o campo selecionado, clique aquele campo na lista. Clique a caixa de verificação Required, se o usuário não puder deixar este campo vazio. Marque um botão de rádio para especificar os critérios de aceitação dos dados. Clique OK.

O campo Last Name é selecionado.

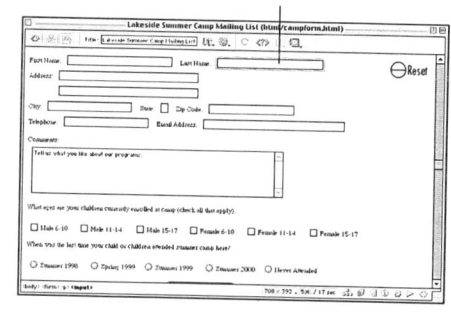

Figura 13.28

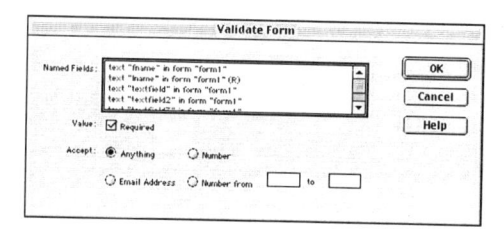

Figura 13.29

4. O evento onBlur é indicado como o evento no painel Behaviors, pois você tinha um único campo selecionado ao escolher o comportamento Validate Form. É possível escolher um evento diferente, tal como onChange, clicando o triângulo à direita do nome de evento (13.30).

5. Visualize o formulário em um browser. Neste exemplo, quando você entrar com os dados errados no campo selecionado, uma caixa de diálogo de erro aparece no browser quando você tenta sair do campo (13.31).

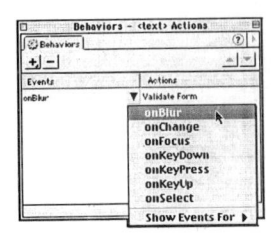

Figura 13.30 O evento onChange relata um erro apenas se o conteúdo do campo mudar e exigir que o usuário digite algo no campo. O evento onBlur ocorre se o usuário digitou ou não no campo e é a melhor escolha quando marcando para campos vazios.

Ⓝ O T A

Para validar múltiplos campos quando o formulário é submetido, clique a guia <form> no canto inferior esquerdo da janela Document antes de criar a ação Validate Form. Quando a caixa de diálogo aparecer, especifique todos os critérios de validação para todos os campos na lista (13.32).

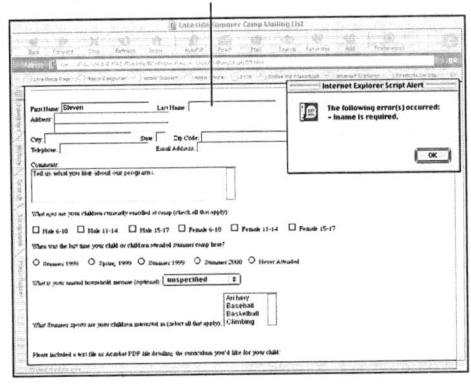

Figura 13.31

Quando você seleciona todo o formulário, o evento onSubmit é usado, ao invés do evento onBlur resultante, quando um único campo é selecionado.

Os critérios para o comportamento Validate Form são especificados entre parênteses, próximos ao campo Form na caixa de diálogo Validate Form.

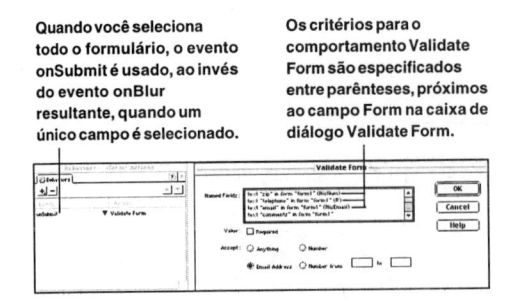

Figuras 13.32

Capítulo 14

Neste capítulo, você aprenderá como...

- Criar classes de estilo personalizado
- Redefinir guias HTML
- Definir seletores CSS
- Ajustar atributos de letra CSS
- Ajustar atributos de fundo CSS
- Ajustar atributos de bloco CSS
- Ajustar atributos de caixa CSS
- Ajustar atributos de margem CSS
- Ajustar atributos de lista CSS
- Ajustar atributos de posicionamento CSS
- Ajustar opções de extensões CSS
- Exportar e fazer link de folhas de estilo

Em Dreamweaver, Cascading Style Sheets são referidas como *CSS Styles*. CSS Styles são um grupo de atributos de formatação que permitem especificar com precisão como o texto e os parágrafos são formatados e permitem que você especifique atributos únicos HTML, tais como posicionamento, efeitos especiais e rollovers de mouse. Os CSS Styles podem ser definidos no alto de uma página Web, na seção <head> ou em um documento separado.

Como trabalhar com Cascading Style Sheets

Quando os estilos são definidos em um documento separado, eles podem ser aplicados a múltiplas páginas Web, permitindo que você mude a formatação de todo um Web site simplesmente mudando a folha de estilo externo do documento.

Em Dreamweaver, você usa o painel CSS Styles para gerenciar e definir estilos. Ao usar Cascading Style Sheets, é possível redefinir as guias HTML existentes em um documento. Você também pode criar estilos personalizados, chamados de *classes*, as quais são aplicadas selecionando texto e escolhendo um estilo no painel CSS Styles. CSS *Selectors* são um terceiro tipo de estilo que permite a você definir como os links aparecem e também como o texto aparece quando há uma combinação específica de guias. Cada um destes é abordado em detalhe nas páginas seguintes. Alguns dos atributos de estilo CSS aparecem diferentemente em Microsoft Internet Explorer 4.0 e Netscape Navigator 4.0 e alguns, atualmente, não são suportados por qualquer browser.

Criação de classes de estilo personalizado

A maneira mais simples de obter vantagem de estilos é usando os elementos chamados classes. É possível usar classes para criar múltiplas cópias de um único estilo ou aplicar alguma formatação a uma guia HTML existente. Os estilos e as classes podem ser aplicados a uma seleção de texto ou a um parágrafo inteiro. Estilos são criados e aplicados usando o painel Styles.

1. Selecione Window→CSs Styles para exibir o painel CSS Styles (14.1).
2. Clique o botão New Style, no fundo do painel Styles, para exibir a caixa de diálogo New Style (14.2).
3. Selecione Make Custom Style (classe), clicando o botão de rádio; depois, dê um nome a esta classe.
4. Selecione This Document Only para criar a folha de estilo na seção <head> do documento atual (14.3). Folhas de estilo externo são discutidas mais adiante, neste capítulo, na seção "Como exportar e fazer links em folhas de estilo".

Seleciona opções de folha de estilo do menu Options do painel.

Anexa uma folha de estilo externa.
Cria um novo estilo.
Edita uma folha de estilo existente.
Apaga a folha de estilo selecionada.

Figura 14.1

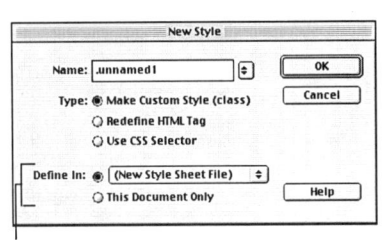

Selecione se criar uma folha de estilo externa ou incluir os estilos na seção <head> deste documento.

Figura 14.2

Os nomes de classe não podem conter quaisquer espaços ou caracteres especiais.

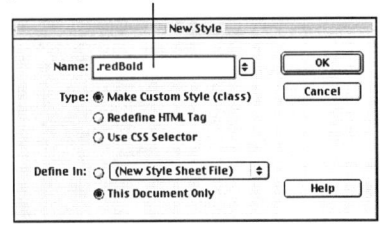

Figura 14.3

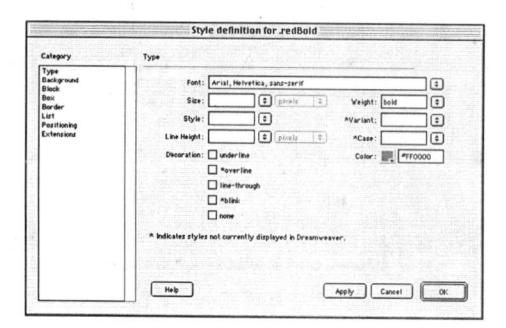

5. Clique OK para exibir o painel Style Definition e depois clique Type na lista Category, à esquerda. Especifique as configurações de letra para a sua classe; depois, clique OK para salvar a classe Style (14.4). A classe é exibida no painel CSS Style.

6. Clique e arraste para selecionar algum texto na janela Document e depois, clique o seu estilo no painel CSS Style para formatar o texto selecionado (14.5). Você pode aplicar esta classe a qualquer texto, independente da guia HTML usada para formatá-lo.

Figura 14.4 Mude uma ou muitas das características de letras. Em meu exemplo, estou mudando simplesmente o tipo de letra, configurando o peso do negrito e a cor do texto para vermelho.

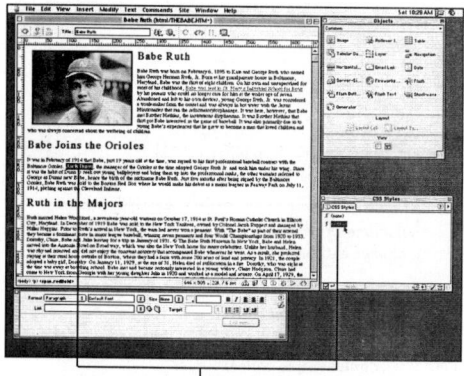

Ⓓ I C A

(Ctrl-click)[Right+click] em qualquer lugar na janela Document e selecione CSS Styles→Edit Style Sheet para editar os estilos.

Ⓝ O T A

Inspecione o código HTML para ver como a classe Style foi tratada na seção <head> de seu documento. Quando a classe é aplicada a uma seleção de texto, a guia HTML <span> é usada — por exemplo, <span class="redBold"> some red text</span>. Quando a classe é aplicada a todo o parágrafo, o atributo classe é acrescentado à guia de parágrafo, tal como isto: <p class="redBold">. Se você aplicar a classe a um cabeçalho, o atributo classe é acrescentado à guia de cabeçalho, tal como isto: <h1 class="redBold">.

Posicione o seu cursor dentro de um parágrafo e selecione a classe do painel CSS Styles para aplicar a classe a todo o parágrafo.

Figura 14.5

Redefinição de guias HTML

Normalmente, os estilos são usados para redefinir as guias HTML padrão, tais como <h1>, <h2> e <p>. Redefinindo as guias HTML padrão você pode especificar com precisão a formatação que deseja para as guias e incluir muitos recursos que não estão disponíveis no código HTML padrão. Semelhantes a classes, os estilos usados para redefinir códigos HTML são incluídos na seção <head> do código fonte HTML, entre as guias <style type="text/css"> e </style>.

1. Selecione Window→CSS Styles para exibir o painel CSS Styles e depois, clique o botão New Style para exibir a caixa de diálogo New Style (14.6). Selecione Redefine HTML Tag e selecione uma guia HTML do menu pop-up Tag.
2. Selecione This Document Only para incluir o estilo na seção <head> deste documento; depois, clique OK para exibir o painel Style Definition (14.7).

Ⓓ I C A

Selecione Window→Reference para exibir o painel Reference e selecione O'REILLY CSS Reference para explorar os pontos mais apurados de Cascading Style Sheets (14.8).

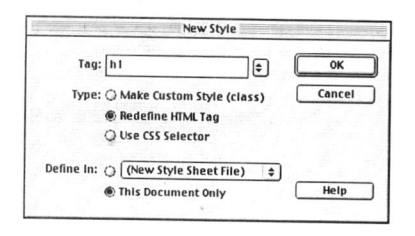

Figura 14.6

Selecione as unidades de medida dos menus pop-up.

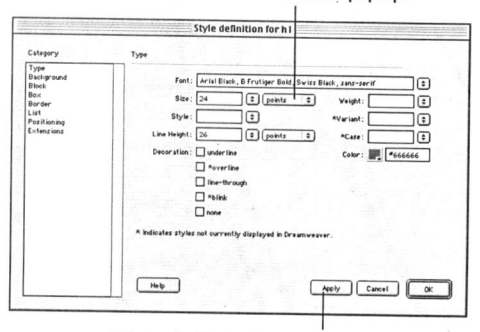

Clique o botão Apply em qualquer ocasião para visualizar as suas especificações em sua página Web na janela Document.

Figura 14.7

Selecione um CSs Style do menu pop-up.

Browsers que suportam o estilo selecionado

Versão de Cascading Style Sheets (CSS1 ou CSS2)

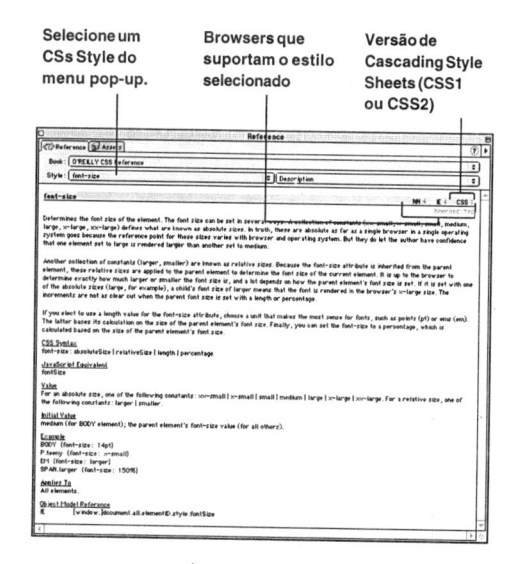

Figura 14.8

Observe como as guias de comentários circundam as definições de estilo. Esta prática evita que os browsers mais antigos, que não suportam CSS, exibam os códigos de estilo na página.

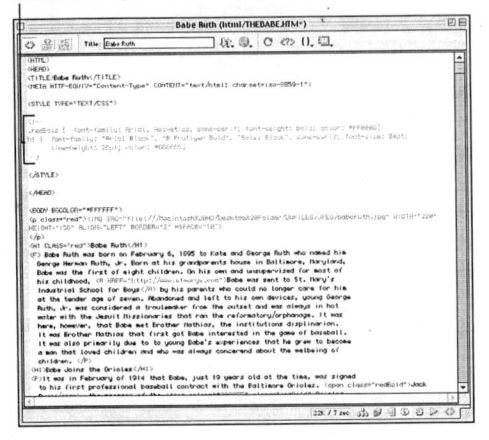

Figura 14.9

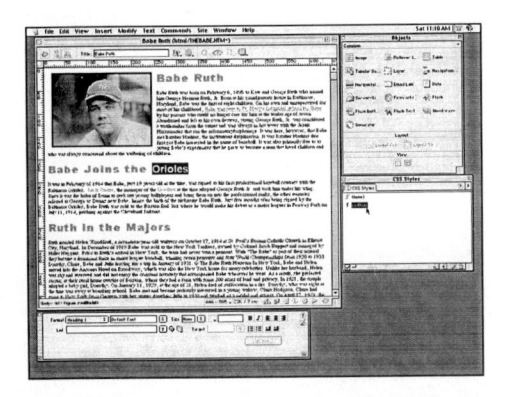

Figura 14.10

3. Mude propriedades de letra conforme necessário e depois clique OK.

4. Inspecione o código fonte HTML para ver o código que foi acrescentado à sua página Web, no alto do arquivo, na seção <head> (14.9).

Ⓝ O T A

Ao usar folhas de estilo para redefinir uma guia HTML, o estilo é aplicado sempre que a guia for usada dentro do documento. Se você fizer quaisquer mudanças usando códigos HTML padrão, o HTML sobregrava o atributo na folha de estilo. Por exemplo, se você definir um estilo que torna todo o texto do cabeçalho 1 vermelho e depois selecionar uma palavra e mudar a cor para azul, a cor azul sobregrava o vermelho definido na folha de estilo.

Ⓝ O T A

Você também pode aplicar classes para modificar os estilos definidos para as guias HTML. Selecione uma classe do painel Styles para aplicar à classe, a uma seleção de texto ou a todo um parágrafo de texto (14.10). Todas as outras formatações descritas no estilo permanecem; apenas os atributos especificados na classe mudam.

Definição de seletores CSS

CSS Selectors são referidos como *pseudoclasses*, pois eles são um cruzamento entre um estilo personalizado e uma guia HTML redefinida. CSS Selectors afetam a guia âncora (<a>) usada para criar links de hipertexto. O menu pop-up para Use CSS Selector oferece quatro escolhas que pertencem à guia âncora e suas cores de link. Também é possível usar CSS Selectors para criar combinações de guias que usam o estilo especificado, apenas quando as guias estão na seqüência indicada.

1. Selecione Window→CSS Styles para exibir o painel CSS Styles e depois clique o botão New Style, no fundo do painel CSS Styles para exibir a caixa de diálogo New Style.
2. Selecione Use CSS Selector clicando seu botão de rádio. Selecione um Selector do menu pop-up (14.11) ou digite a combinação de guia que você deseja formatar (14.12).
3. Clique o botão de rádio This Document Only para acrescentar o estilo à seção <head> do documento atual; depois, clique OK para exibir o painel Style Definition (14.13).

Ⓝ O T A

A escolha a:hover no menu pop-up CSS Selector é uma especificação CSS Nível 2 e só é suportada pelo Internet Explorer 4.0 e superior para Windows por ocasião desta escrita.

Selecione os atributos de guia âncora que você deseja para formatar a partir do menu pop-up.

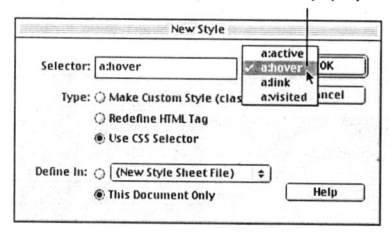

Figura 14.11

Digite a seqüência de guias HTML que você deseja formatar. Neste exemplo, o estilo é aplicado quando o texto é formatado como negrito itálico.

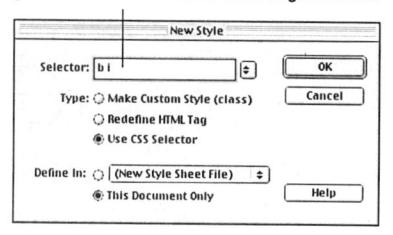

Figura 14.2

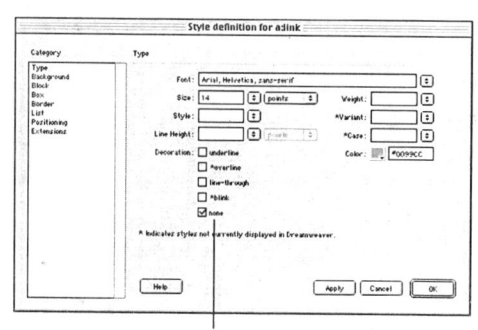

Ajuste o Type Decoration para um CSS Selector que define o atributo de guia âncora a:link, a:hover, a:active, ou a:visited para None para eliminar o sublinhado de seus links de hipertexto.

Figura 14.13

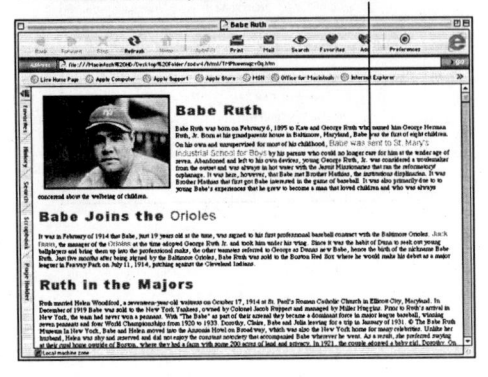

Figura 14.14

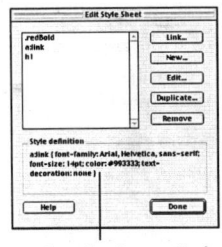

Figura 14.15

A formatação aplicada ao estilo é exibida quando você destaca um estilo.

Este link de hipertexto foi formatado com um CSS Selector que mudou a cor e a fonte. A decoração de texto None foi incluída para eliminar o sublinhado.

4. Quando o painel de definição Style aparecer, especifique a formatação de texto para o seu CSS Selector e clique OK.

5. Selecione algum texto e formate-o usando a seqüência HTML que você definiu no CSS Selector. Se você definiu qualquer dos atributos de guia âncora, tal como a:link, visualize a página em um browser para ver o efeito (14.14).

Ⓝ O T A

Para editar estilos existentes, clique o botão Edit Style Sheet (à esquerda do ícone de lata de lixo), no fundo do painel CSS Styles, para exibir a caixa de diálogo Edit Style Sheet (14.15). Selecione um estilo e clique o botão Edit para modificar os atributos de estilo.

Ⓓ I C A

A ordem das guias HTML faz diferença quando você está definindo uma pseudoclasse com o CSS Selector. Por exemplo, se a guia itálico (<i>) preceder a guia negrito (<b>) no código fonte HTML, mas você definir a guia negrito para preceder a guia itálico no CSS Selector, então o estilo não tem efeito no texto.

Configuração de estilos de letra CSS

Quando você define um estilo — seja ele uma classe, redefinição de guia HTML ou CSS Selector — o lado esquerdo do painel Style Definition lista oito categorias. Clique a categoria Type para especificar os atributos de letra CSS (14.16). Asteriscos identificam as opções que não são exibidas na janela Dreamweaver Document, mas são exibidas nos browsers Web. A (Tabela 14.1) descreve os atributos disponíveis na categoria Type.

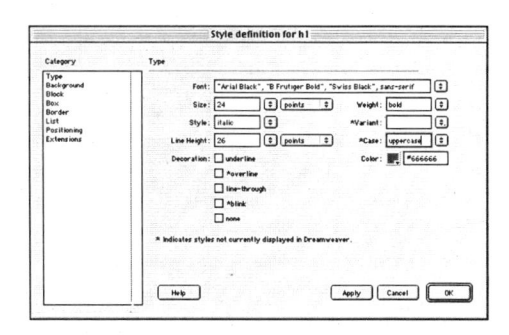

Figura 14.16

Tabela 14.1 Atributos de letra CSS

Atributo	Descrição
Font	Escolha do menu pop-up para selecionar alguns grupos de fontes predefinidos, ou entrar com um número de fontes separadas por vírgulas, para aumentar a possibilidade de um usuário final ter instalada a fonte desejada.
Size	Você pode escolher tamanhos relativos, como pequeno, médio e grande, do menu pop-up Size, ou entrar com um valor numérico. Ao entrar com um valor numérico, você pode selecionar as unidades de medida do menu pop-up (pontos, no padrão, embora pixels produzam resultados mais consistentes entre plataformas Macintosh e Windows).
Style	Indica um dos três estilos — normal, oblíquo ou itálico. Oblíquo é usado para inclinar um tipo de letra quando um tipo itálico não está disponível.
Line Height	A altura da linha é o espaço entre as linhas de texto, tipicamente chamado de *leading*. A altura da linha é medida dos descendentes da linha anterior para os descendentes da linha atual.
Decoration	As decorações incluem formatação adicional de texto, tais como sublinhado, sobrelinha, traspassado, piscando e nenhum. Piscando só é suportado por browsers Netscape.
Weight	O peso pode ser especificado como um valor relativo, tal como luz, escuro, mais escuro e o mais escuro. Os valores numéricos representam intensida des de escurecimento, com texto normal sendo cerca de 400 e texto em negrito cerca de 700.
Variant	Variante é usada para indicar *small caps*. Small caps são letras maiúsculas menores, usadas no lugar de maiúsculas. A opção small caps não é totalmente suportada por Netscape ou Explorer na atualidade.
Case	Muda o texto para maiúscula, minúscula ou maiúscula inicial.
Color	Especifica a cor do texto aqui. Clique a troca de cor para selecionar uma cor do painel de cor segura de browser, ou use os painéis de cor de seu sistema. Você também pode digitar um nome de cor no campo cor, como "água-marinha".

Configuração de atributos de fundo CSS

Clique a categoria Background, no painel de definição Style, para especificar os atributos de fundo CSS (14.17). Normalmente, você só pode especificar uma única imagem de fundo e cor de fundo para a sua página Web, usando guias HTML. Os atributos de fundo para estilos permitem que você ajuste uma imagem de fundo e cor de fundo para, virtualmente, qualquer elemento HTML em sua página. Você também pode controlar a forma com que a imagem de fundo se repete. Assegure-se de verificar a sua página Web em múltiplos browsers, pois os atributos de fundo não são completamente suportados por todos os browsers na atualidade. Os asteriscos aparecem próximos às opções que não exibem na janela Dreamweaver Document, mas que exibem em browsers Web. A (Tabela 14.2) descreve cada um dos atributos disponíveis na categoria Background.

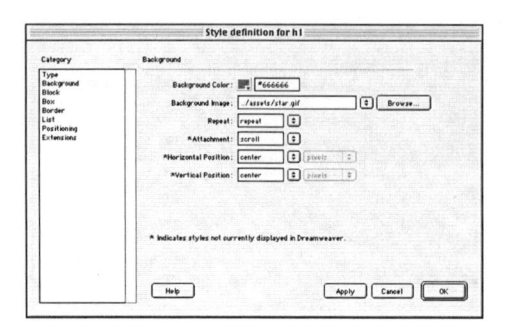

Figura 14.17

Tabela 14.2 Atributos de fundo CSS

Atributo	Descrição
Background Color	Clique a troca de cor para selecionar uma cor de fundo do painel de cor segura Web ou de um painel disponível em seu sistema. Você também pode entrar com um nome de cor, tal como 'tan', no campo Background Color.
Background Image	Indique uma imagem de fundo, digitando o URL no campo ou clicando o botão Choose. Tenha em mente que você está configurando uma imagem de fundo só para a guia que está definindo.
Repeat	Controla o azulejamento da imagem de fundo. Selecione No-Repeat para exibir apenas uma cópia da imagem de fundo. Selecione Repeat para azulejar a imagem de fundo tanto horizontal quanto verticalmente. Selecione Repeat-X para azulejar a imagem de fundo só horizontalmente. Selecione Repeat-Y só para azulejar verticalmente a imagem de fundo.
Attachment	Selecione fixo para manter a imagem de fundo no lugar quando rolando a janela da página Web. Escolha scroll se quiser que a imagem de fundo role com a página Web.
Horizontal Positioning	Controla como a imagem de fundo é posicionada da esquerda para a direita na página Web ou entre quaisquer outros elementos, antes e depois de texto com estilo.
Vertical Positioning	Controla como a imagem de fundo é verticalmente posicionada, relativa aos elementos acima e abaixo do texto com estilo.

Configuração de atributos de bloco CSS

Use os atributos Block para controlar coisas como espaçamento de palavra e letra, alinhamento de texto vertical e horizontal e recuos (14.18). Asteriscos aparecem próximos às opções que não são exibidas na janela Dreamweaver Document, mas se exibem em browsers Web. A (Tabela 14.3) descreve cada um dos atributos disponíveis na categoria Block do painel de definição Style.

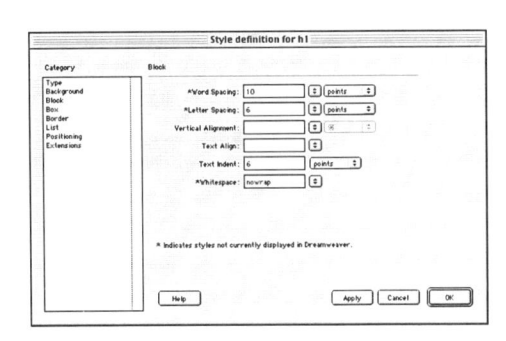

Figura 14.18

Tabela 14.3 Atributos de bloco CSS

Atributo	Descrição
Word Spacing	Use valores positivos ou negativos para aumentar ou diminuir o espaçamento entre palavras (14.19).
Letter Spacing	Use aqui valores positivos ou negativos para aumentar ou diminuir o espaçamento entre as letras de cada palavra (14.19).
Vertical Alignment	Selecione da linha base, sob, sobre, alto, texto ao alto, no meio, no fundo e texto embaixo, ou indique um valor seu.
Text Align	Ajuste o alinhamento de texto à esquerda, direita, centro ou justificado.
Text Indent	Recua a primeira linha de texto na quantidade que você especificar. O browser ignora estes recuos quando o texto se envolve em torno de uma imagem. Na Figura 14.15, cada parágrafo de texto tem uma classe personalizada designada, que recua 12 pontos a primeira linha de texto.
Whitespace	Especifica como você quer que sejam tratados espaços adicionais. O padrão é diminuir todos os espaços extras a um único espaço. Se você selecionar Pre, o espaço extra é tratado da mesma maneira que a guia <pré> o trata, capacitando múltiplos espaços em uma fileira. A opção Nowrap leva seu texto a ficar em uma única linha e se estende além das dimensões da janela do browser, se necessário. Use a guia de quebra ( ) para quebrar manualmente linhas de texto, quando a opção Nowrap for usada.

O atributo bloco, no painel de definição Style afeta o espaçamento de palavra e letra.

Figura 14.19

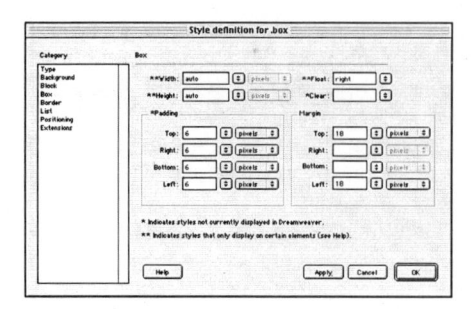

Figura 14.20

Figura 14.21

Configuração de atributos de caixa CSS

Os atributos Box no painel de definição Style de Dreamweaver são usados principalmente em imagens e controlam a colocação e espaçamento de elementos com estilo (14.20). Muitos destes atributos emulam a forma com que tabelas lidam com alinhamento e espaçamento. Existem algumas regras específicas sobre quando você pode ver estes atributos na janela Dreamweaver Document e quando não pode. Por exemplo, os atributos Float e Clear só aparecem na janela Document quando usados em uma imagem. Os atributos Margin visualizam corretamente quando aplicados a elementos de bloco, tais como a guia <p> e guias de cabeçalho (<h1> a <h6>). (Table 14.4) descreve cada um dos atributos disponíveis na categoria Box.

Tabela 14.4 Atributos de caixa CSS

Atributo	Descrição
Width	Determina a largura do elemento sendo definido. Selecione Auto se você não tiver certeza do tamanho da imagem ou elemento.
Height	Determina a altura do elemento sendo definido. Selecione Auto se você não tiver certeza do tamanho da imagem ou elemento.
Float	Alinha o elemento ou do lado direito ou esquerdo da página Web. Qualquer texto próximo ao elemento se envolve em torno dele (14.21).
Clear	Quando usando camadas, determina de qual lado do elemento não são permitidas camadas. Quando é encontrada uma camada, o elemento com o atributo clear é colocado abaixo da camada.
Margin	Determina a quantia de espaço entre o elemento e quaisquer elementos em volta. Semelhante aos atributos vspace e hspace em imagens, você pode controlar a quantidade de espaço separadamente de cada lado do elemento. 18 pixels de espaço é o indicado para cima e para o lado esquerdo da imagem (14.21).
Padding	Controla a quantia de espaço entre o elemento e sua margem quando uma margem é especificada. O espaço cinza em torno do quadro na Figura 14.21 demonstra um valor de enchimento de 6 pixels de todos os lados.

Configuração de atributos margem CSS

Você pode especificar oito estilos de margens para envolver texto, imagens ou outros elementos (como applets Java e imagens Shockwave). Também é possível especificar uma espessura e cor para cada lado da caixa com margem (14.22). Asteriscos aparecem próximos a todas as opções de margem, indicando que você precisa visualizar a página em seu browser, para ver o efeito das margens. Fique ciente, de antemão, que as margens se exibem bem diferentemente nos dois principais browsers. A (Tabela 14.5) descreve cada um dos atributos disponíveis na categoria Border do painel de definição Style.

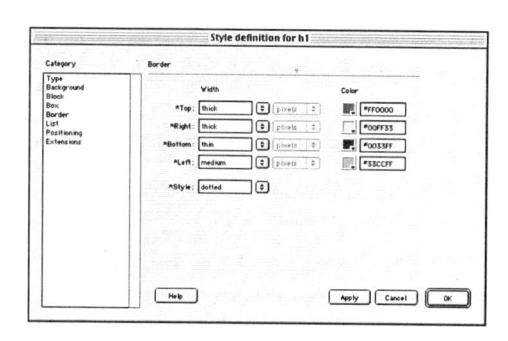

Figura 14.22

Tabela 14.5 Atributos de margem CSS

Atributo	Descrição
Top	Indica a largura e a cor da margem, junto com o alto do elemento.
Right	Indica a largura e a cor da margem, junto com o lado direito do elemento.
Bottom	Indica a largura e a cor da margem, junto com o fundo do elemento.
Left	Indica a largura e a cor da margem, junto com o lado esquerdo do elemento.
Style	Indica o tipo de margem que você deseja usar em torno de seu elemento, selecionando-o do menu pop-up. Selecione de pontilhado, tracejado, sólido, duplo, entalhado, em estrias, colocado e retirado. Compare a forma com que o Internet Explorer lida com estilos de margem, em oposição a Netscape Communicator (14.23).

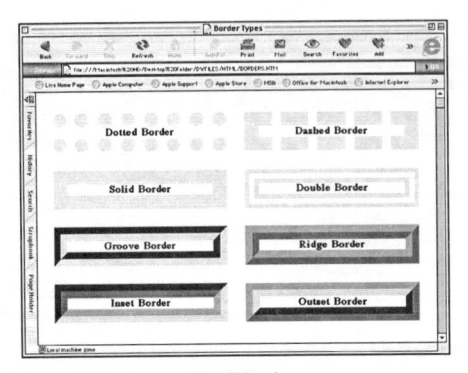

Internet Explorer 5.5 (Mac)

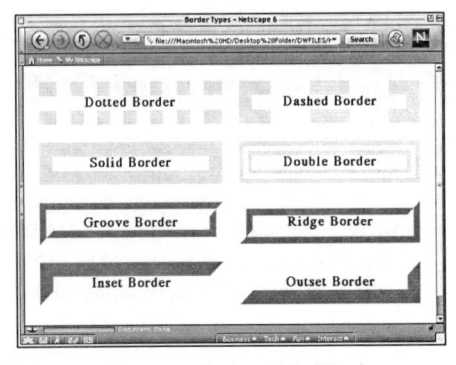

Netscape Communicator 6.0 (Mac)

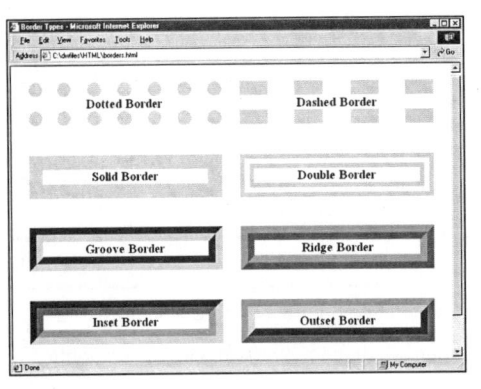

Internet Explorer 5.5 (Windows)

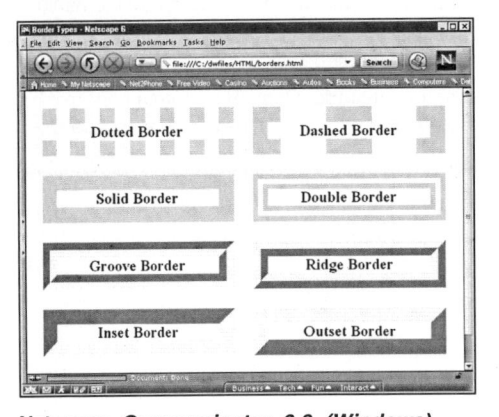

Ⓓ I C A

Os atributos de margem especificados com CSS não são exibidos na janela Document do Dreamweaver. É preciso visualizar a página em um browser para ver o resultado de uma margem especificada.

Ⓓ I C A

Você pode usar os atributos Border para criar uma caixa em torno de algum texto. Especifique um valor de enchimento na categoria Box do painel de definição Style para colocar o texto a partir da margem.

Netscape Communicator 6.0 (Windows)

Figuras 14.23

Configuração de atributos lista CSS

Os atributos CSS List especificam os recursos de formatação para listas ordenadas e não ordenadas. É possível especificar a ordem de uma lista, bem como o tipo de bullet usado para listas marcadas (14.24). Você até pode especificar uma imagem gráfica a ser usada como bullet, no lugar do disco, círculo ou quadrado padrão (14.25). Os atributos de lista não aparecem na janela Document do Dreamweaver. Veja na (Tabela 14.6) especialidades sobre as várias opções de lista.

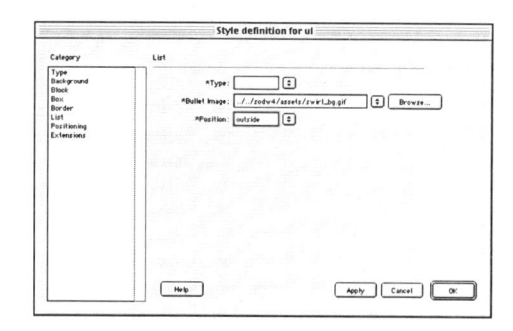

Figura 14.24

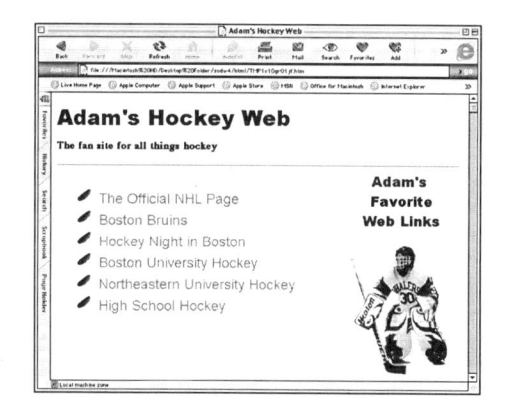

Figura 14.25

Tabela 14.6 Atributos lista CSS

Atributo	Descrição
Type	Selecione de disco, círculo, quadrado, decimal, minúscula romana, maiúscula romana, minúscula alfa e maiúscula alfa, para especificar a letra da lista.
Bullet Image	Para usar uma imagem no lugar de bullets, como demonstrado nade Figura 14.25, clique o botão Browse e localize uma imagem. Bullet Image aparece no Macintosh apenas no Internet Explorer.
Position	Especifique se os itens de lista envolvem para o recuo da marca (padrão) ou para a margem esquerda. Selecione Inside para incluir a marca dentro do parágrafo de texto, ou selecione Outside para pendurar a marca fora do texto.

Configuração de atributos posicionamento CSS

Os atributos de posicionamento controlam a posição de um elemento usando camadas na página (14.26). Veja o Capítulo 15, "Criação de camadas", para informações sobre como trabalhar com camadas. Se você especificar um estilo que contém informações de posicionamento para um elemento em sua página Web, uma camada é automaticamente criada para ele, se ele já não estiver em uma camada. Os atributos CSS Positioning são detalhados na (Tabela 14.7).

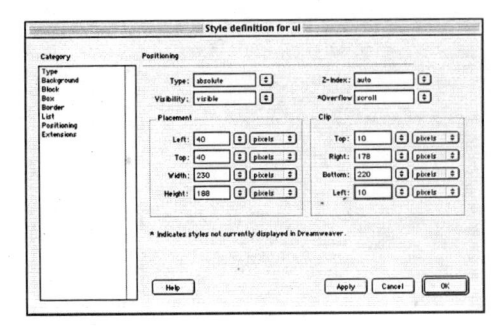

Figura 14.26

Tabela 14.7 Atributos de posicionamento CSS

Atributo	Descrição
Type	Escolhe se o elemento deve ser posicionado absolutamente ou relativamente na página. Selecione Static para evitar o elemento de ser reposicionado.
Visibility	Especifica se o elemento é visível, oculto ou herda as propriedades de seu pai.
Z-Index	Especifica a profundidade de uma camada com valores mais altos, mais próxima do alto.
Overflow	Indica como um elemento é exibido quando ele é maior do que as dimensões da camada. Selecione Clip para anexar o elemento às dimensões da camada. Selecione None para exibir o elemento, independente das dimensões da camada. Selecione Scroll para inserir barras de rolagem quando o elemento for maior do que a camada.
Placement	Indica a posição do elemento, especificando os atributos da esquerda e de cima. Indica a largura e altura do elemento usando os mesmos atributos.
Clip	Anexa o elemento dentro da camada, com base nos atributos da esquerda, do alto, da largura e altura.

Configuração de opções de extensões CSS

Muitas das opções CSS Extensions são configurações avançadas incluídas em CSS2, que ainda não são totalmente suportadas por todos os browsers. Use a categoria Extensions do painel Style Definition para indicar quebras de página para impressão, tipo de cursor exibido e filtros de efeitos especiais (14.27). A (Tabela 14.8) contém as configurações gerais das CSS Extensions, enquanto que a (Tabela 14.9) contém as especialidades sobre os filtros disponíveis.

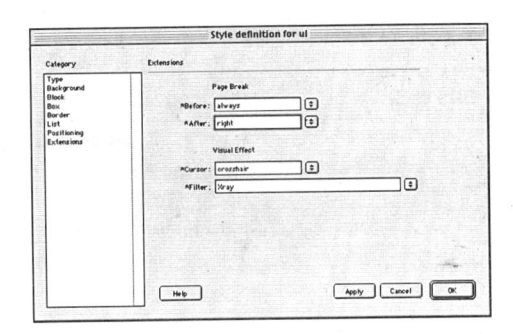

Figura 14.27

Atualmente, dezesseis efeitos especiais estão disponíveis no menu pop-up em Filter. Os atributos de estilo Extension controlam recursos que não são suportados pela maioria dos browsers, enquanto esta escrita. A (Tabela 14.9) contém alguns específicos sobre o que entrar ara valores de argumento.

Tabela 14.8 Atributos de extensões CSS

Atributo	Descrição
Pagebreak	Insere uma quebra de página em um ponto específico na página Web quando a página for impressa.
Cursor	Este recurso permite que você selecione de uma lista pop-up de cursores exibidos. Escolhas como E-resize, Ne-resize e W-resize referem-se a pontos no compasse e exibem setas indicando naquelas direções.
Filter	Filtros de efeitos especiais disponíveis no menu pop-up atualmente são suportados por Explorer 4 e posterior para Windows. Enquanto este livro estava sendo escrito, não existia nenhum suporta para browsers Netscape ou browsers Macintosh.

Tabela 14.9 Filtros CSS

Filtro	Descrição e argumentos
Alpha	Controla o valor de opacidade de uma imagem e permite que você especifique uma mistura de tipo. O valor Opacity é um valor de 0 (transparente) a 100 (opaco). Os valores de estilo representam o tipo de mistura para a imagem: 0 para uniforme, 1 para índice, 2 para radial e 3 para retangular.
BlendTrans	Cria uma transição de mistura que faz uma imagem clarear e escurecer em um intervalo de tempo específico. Especifique um valor de tempo no formulário segundos.milisegundos.
Blur	Cria um efeito de névoa em movimento. Especifique um valor inteiro diferente de 0 para Add. A direção é indicada como graus em aumentos de 45, com um valor máximo de 315. A força é um inteiro positivo que contém o número de pixels a afetar.
Chroma	Indica transparência para uma cor específica em uma imagem. O valor de cor precisa ser especificado no formato hexadecimal (#rrggbb).
DropShadow	Cria uma gota de sombra em ambos, imagem e texto. Indique o valor de cor em formato hexadecimal. Indique os espaços x e y usando valores pixels ou OffX e OffY. Ajuste o valor Positive para 1 para criar uma sombra para pixels não transparentes, ou ajuste-o para 0 para afetar os pixels transparentes.
FlipH	Inverte horizontalmente uma imagem ou texto.
FlipV	Inverte verticalmente uma imagem ou texto.
Glow	Cria um efeito de brilho no fundo em texto ou imagens selecionadas. Especifique um valor hexadecimal para cor e um valor entre 0 e 100 para força.
Gray	Converte cor de imagens em escala cinza.
Invert	Cria um inverso de uma cor de imagem.
Light	Um efeito do tipo holofote que é usado para projetar luz em áreas de uma imagem.
Mask	Todos os pixels transparentes em uma imagem mudam para a cor especificada e todos os outros pixels são convertidos para a cor de fundo. Especifique um valor hexadecimal para cor.
RevealTrans	Um efeito de transição que revela a imagem usando um dos 23 tipos de transição. Indique um valor Duration em segundos. milisegundos. Enquanto este livro estava sendo escrito, mais informações sobre as escolhas de 23 estilos não estavam disponíveis.
Shadow	Cria um efeito de sombra em texto ou imagens. Especifique o valor de cor em formato hexadecimal. Indique uma direção por grau, com calores 0-315 em aumentos de 45.
Wave	Cria uma distorção em forma de onda em imagens e texto. Ajuste o valor Add para 1 para combinar a imagem original com o efeito de onda, e ajuste Add para 0, para exibir apenas o efeito de onda. Indique o número de ondas desejadas como o valor Frequency. Indique um valor de porcentagem para LightStrength. O valor Phase controla o ângulo das ondas, usando valores 0-360. A intensidade da onda é controlada pelo valor Strength.
Xray	Converte uma cor de imagem para escala cinza e a inverte, para criar um efeito de raio-x.

Capítulo 14 - Como trabalhar com Cascading Style Sheets | **211**

Como exportar e fazer link de folhas de estilo

Quando você cria novos estilos usando o painel CSS Styles, tem a opção de criar os estilos no documento atual ou em um arquivo de folha de estilo externo. As folhas de estilo externo permitem que você use as mesmas Cascading Style Sheets para múltiplas páginas Web e são salvas com uma extensão de arquivo .css. Uma página Web pode ser vinculada a uma ou mais folhas de estilo externo.

1. Clique o botão New Style, em baixo do painel CSS Styles, para exibir a caixa de diálogo New Style.

2. Selecione um arquivo de folha de estilo externo existente a partir do menu pop-up ou selecione New Style Sheet File para definir uma nova folha de estilo externo (14.28).

3. Se você estiver criando uma nova folha de estilo externo, clique OK e designe um nome com a extensão .css ao seu arquivo de folha de estilo externo (14.29). Se estiver acrescentando um novo estilo a um arquivo de folha de estilo, clique OK e continue definindo o novo estilo.

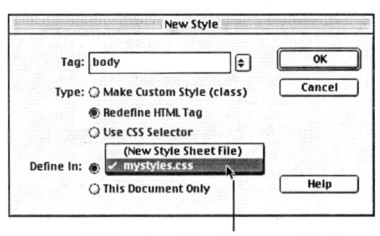

Folhas de estilo externo no site atual aparecem no menu pop-up.

Figura 14.28

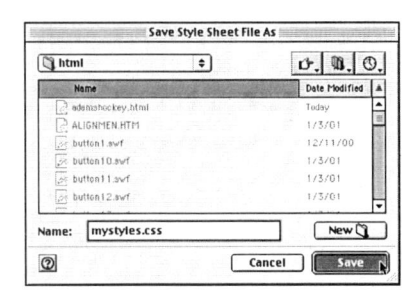

Figura 14.29

Macromedia Dreamweaver 4 — guia prático

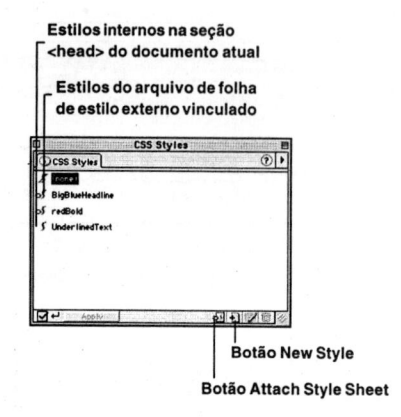

Figura 14.30

Estilos internos na seção <head> do documento atual

Estilos do arquivo de folha de estilo externo vinculado

Botão New Style
Botão Attach Style Sheet

4. Para anexar uma folha de estilo externo à página Web atual, clique o botão Attach Style Sheet, no fundo do painel CSS Styles e localize o arquivo .css em seu site. É possível dizer a diferença entre os estilos interno e externo, pois eles têm ícones diferentes no painel CSS Styles (14.30).

NOTA

Quando você anexa uma folha de estilo externo ao seu documento, a guia <link rel="stylesheet" href="mystyles.css" type="text/css"> é acrescentada à seção <head> de seu documento. Quaisquer estilos internos que você especifique sobregravarão estilos externos com os mesmos nomes. Se você anexar mais do que uma folha de estilo externo, subseqüentes folhas de estilo externo sobregravarão folhas de estilo externo anteriores, se elas tiverem dentro os mesmos nomes de estilos.

DICA

Também é possível fazer link para folhas de estilo externo na caixa de diálogo Edit Style Sheet. Clique o botão Edit Style Sheet, no fundo do painel CSS Styles, para abrir a caixa de diálogo Edit Style Sheet; depois, clique o botão Link.

Capítulo 15

Neste capítulo, você aprenderá como...

- Desenhar camadas
- Ajustar padrões de camada
- Ajustar a posição e visibilidade de camadas
- Ajustar as propriedades de fundo e anexo para camadas
- Aninhar camadas
- Aninhar camadas existentes
- Usar estilos com camadas
- Alinhar camadas com as grades e réguas
- Usar uma vetorização de imagem
- Converter camadas em tabelas
- Converter tabelas em camadas

Criação de camadas

As camadas são parte da especificação CSS e são uns dos componentes do que é conhecido como *Dynamic HTML* — , junto com Cascading Style Sheets (CSS), VBScript e JavaScript. DHTML é um termo capa usado para descrever todas as coisas elegantes que você pode fazer com CSS, JavaScript, camadas e assim por diante. Com CSS, é possível posicionar com exatidão elementos em sua página Web usando as coordenadas x e y, as quais geralmente são referidas como CSS-P (Cascading Style Sheets-Positioning). Com JavaScript e VBScript para o Internet Explorer, você pode movimentar elementos em sua página Web; é onde entra a parte dinâmica. As camadas permitem que você crie contentores para conter muito de qualquer coisa que queira colocar em uma página Web normal, tal como imagens, tabelas, texto e até recursos de plugin. Além das coordenadas x e y usadas para posicionar elementos em sua página Web, as camadas têm uma dimensão adicional chamada *z-index*, a qual determina a localização de um objeto acima ou abaixo de outros objetos. Como com a maior parte dos recursos em Dreamweaver, você usa o painel Objects, o painel Layers e o inspetor Property para criar e editar camadas.

As camadas não são suportadas pelos browsers de versão 3 e anteriores. O Dreamweaver oferece uma escolha, no menu File, para converter arquivos, para torná-los compatíveis com browsers de versão 3. Esta opção converte camadas em tabelas, desde que as camadas não se sobreponham ou se estendam fora da página. Assim, se você quiser usar camadas e também oferecer suporte para usuários de browsers com versão 3, pode criar duas páginas: uma com camadas e uma com tabelas.

Capítulo 15 - Criação de camadas | **215**

Como desenhar camadas

Camadas são, simplesmente, caixas que podem conter quase qualquer elemento que você encontra em uma página Web típica. O painel Layers é usado para manipular as camadas, torná-las visível e invisível e controlar a posição de índice-z das camadas. Tornar uma camada invisível possibilita que você desative as camadas que não estão em uso no momento, tornando a manobra em Dreamweaver mais fácil. Também é possível usar comportamentos Dreamweaver para fazer o script de aparecimento ou desaparecimento de camadas; assim, quaisquer camadas ajustadas para invisíveis quando você salva o documento são, inicialmente, invisíveis também no browser.

1. Selecione Window→Objects para exibir o painel Objects, se ele ainda não estiver na tela, e depois, selecione Common do menu do painel Objects. Para selecionar o objeto Layer, clique-o uma vez no painel Objects.

2. Clique e arraste na janela Document para criar uma camada (15.1). Quando a camada estiver selecionada, oito pontos âncora são exibidos; você pode usá-los para redimensionar a camada (15.2).

3. Crie conteúdo para a camada da mesma forma que faria para documentos HTML padrão. A camada se redimensiona para acomodar qualquer texto ou imagem que você insere, que seja maior do que o tamanho original da camada.

O ícone Layer é exibido em sua página quando invisíveis são ativadas, para indicar onde, no código fonte HTML, o código de camada aparece.

Clique a tab Selection ou em qualquer lugar junto ao alto e margens esquerdas para selecionar a camada. Clique e arraste para mover a camada.

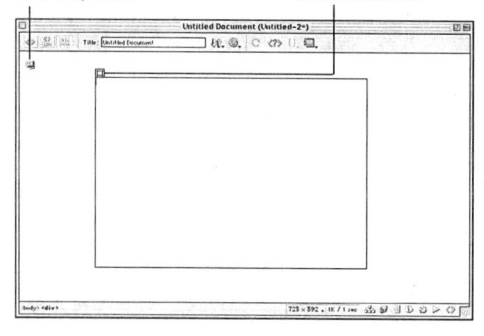

Figura 15.1

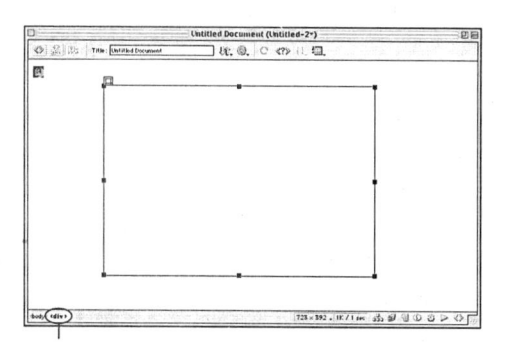

Esta camada está definida com a guia <div>. Você também pode clicar aqui para selecionar a camada.

Figura 15.2

4. Selecione View→Visual Aids→Layer Borders para exibir e ocultar as margens de camada (15.3).

5. Visualize a página Web em um browser para ver como as camadas ficam sem margens aparentes (15.4).

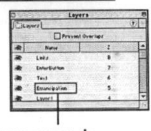

Clique duas vezes um nome de camada para editar o nome. Clique um valor índice-z uma vez para mudá-lo.

Figuras 15.3

Ⓓ I C A

Para fazer uma camada se ajustar a uma imagem, reduza o tamanho da camada até que ela seja menor do que a imagem que ela contém. As margens da camada pularão para as margens da imagem.

Figura 15.4

Ⓝ O T A

Ao especificar um valor de índice-z, os valores mais altos posicionam objetos acima de objetos com valores mais baixos. Por exemplo, um índice-z de 3 posiciona um objeto acima de outro com um índice-z de 1. Automaticamente, o Dreamweaver nomeia camadas Layer 1, Layer 2 e assim por diante. Além disso, designa valores índice-z apropriados. Estas camadas podem ser renomeadas e um valor de índice-z especificado para a camada que determina a sua posição acima ou abaixo de outras camadas.

Ⓓ I C A

Automaticamente, o Dreamweaver renumera os valores de índice-z para camadas quando você as reorganiza no painel Layers. Os valores de índice-z não têm que ser seqüenciais.

Configuração de padrões de camada

Os padrões Layer determinam o tamanho da camada quando você usa o comando de menu Insert→Layer para acrescentar uma camada a um documento. É possível especificar alguns atributos padrão a camadas na caixa de diálogo Preferences, a qual também é onde você especifica as guias HTML padrão para usar em camadas. No código fonte HTML, as camadas são designadas usando as guias de abertura e fechamento <div>...</div> ou .... O método usado depende do browser e da plataforma nos quais você está desenvolvendo suas páginas Web. A guia <div> oferece o suporte mais amplo entre os browsers em todas as plataformas.

1. Selecione Edit→Preferences para exibir a caixa de diálogo Preferences e depois, selecione Layers da lista Category (15.5).
2. Selecione a guia HTML que deseja usar nas camadas do menu pull-down Tag.
3. Selecione um padrão Visibility do menu pull-down correspondente (Tabela 15.1). A maioria dos browsers usa a opção Inherit como seu padrão, o que também é um padrão de visibilidade em Dreamweaver.

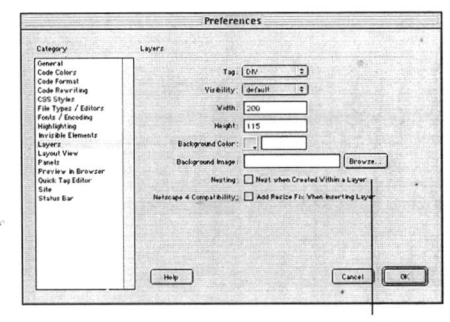

A preferência Nesting determina se a criação de uma camada dentro de outra camada aninha a nova camada dentro da camada subjacente.

Figura 15.5

Tabela 15.1 Opções de visibilidade

Opção	Descrição
Inherit	Herda a visibilidade da camada pai, a qual permite que você oculte múltiplas camadas, mudando a visibilidade da camada pai.
Visible	Exibe a camada e todo o seu conteúdo.
Hidden	Torna a camada e seu conteúdo invisível.

Ⓓ I C A

Se você tiver a opção Nest When Clicked Within a Layer marcada, tome cuidado para não arrastar uma camada diretamente dentro de outra, no painel Layers, pois fazer isto cria uma camada aninhada.

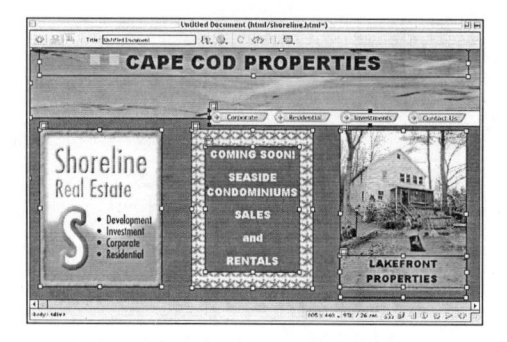

Figura 15.6 *É possível especificar cores de fundo e imagens de fundo para as suas camadas.*

4. Especifique uma largura e altura para a camada padrão. Estes valores são usados quando você seleciona Insert→Layer para acrescentar camadas. O valor padrão é de 200 pixels de largura por 115 pixels de altura.
5. Você pode especificar uma cor de fundo para todas as camadas. Clique a troca de cor para selecionar uma cor, ou entre com o valor de cor no campo Background Color. Opcionalmente, inclua uma imagem de fundo, entrando com o URL para a imagem no campo Background Image ou clicando o botão Choose e localizando uma imagem (15.6).

Ⓝ O T A

O Dreamweaver suporta as guias <layer> e <ilayer> do Netscape para criar camadas. A coisa boa sobre usar estes guias é que você pode importar um outro documento HTML na camada, o que faz mudar o conteúdo da camada, de tempos em tempos, mais fácil. A guia <layer> é usada para a posição absoluta, enquanto que a guia <ilayer> é usada para o posicionamento relativo. Já que só os browsers Netscape suportam estas guias, você deve usar as guias <div> ou <span>, a menos que esteja criando uma intranet, na qual todo mundo esteja usando browsers Netscape.

Ⓓ I C A

Se a opção Nest When Created Within a Layer estiver desmarcada, você pode aninhar camadas, mantendo pressionada a tecla (Command) [Ctrl].

Capítulo 15 - Criação de camadas | **219**

Como configurar a posição e visibilidade de camadas

As propriedades de camada são ajustadas a partir do inspetor Property e, até certo ponto, o painel Layers. Muitas das propriedades de camada também podem ser manipuladas usando JavaScript ou VBScript, se você estiver no jogo. Exiba o inspetor Property e o painel Layers para editar a sua camada (15.7). Ao usar o inspetor Property, é possível controlar a posição exata de camadas e torná-las visível ou invisível.

1. Renomeie uma camada com um nome mais significativo do que Layer 1, Layer 2 e assim por diante, entrando com um novo nome na caixa Layer ID do inspetor Property. Fique com nomes que começam com uma letra e não contêm quaisquer caracteres estranhos. Números podem ser usados, exceto como o primeiro caractere no nome.

2. Entre com os valores L e T no inspetor Property, para indicar a posição da camada a partir da esquerda e do alto da camada pai, quando aninhada, ou da janela Document quando a camada não está aninhada. Entre com valores W e H, para a largura e altura da camada, respectivamente (15.8).

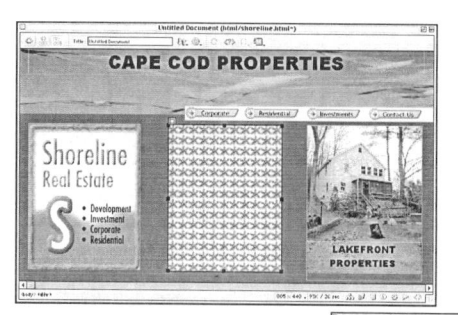

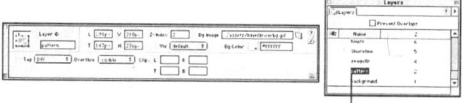

Quando uma camada é selecionada, ela é destacada no painel Layers e formatada com o inspetor Property.

Figuras 15.7

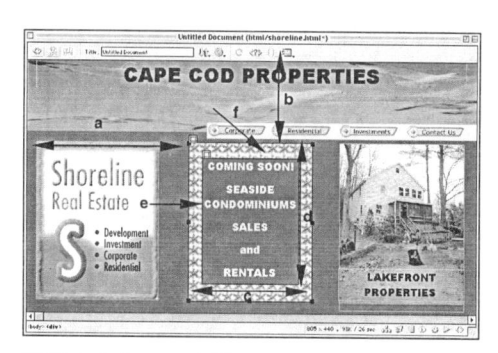

A) 291 pixels da esquerda (L)
B) 143 pixels do alto (T)
C) 218 pixels de largura (W)
D) 276 pixels de altura (H)
E) 24 pixels da margem esquerda da camada pai (L)
F) 27 pixels da margem superior da camada pai (T)

Figura 15.8

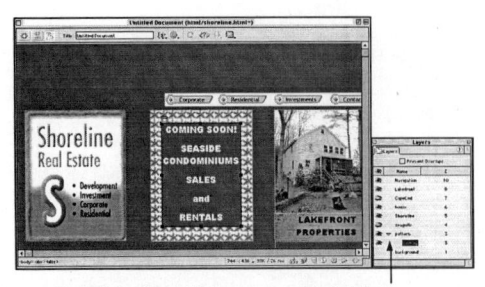

Quando o olho está aberto a camada é visível e, quando o olho está fechado ela está oculta. Quando o olho não está presente próximo a uma camada, ela está visível, pois é a opção padrão na maioria dos browsers.

Figuras 15.9

Clique o olho no alto da coluna de visibilidade para ajustar a visibilidade de todas as camadas de uma vez.

Figuras 15.10

3. Entre com um valor inteiro no campo Z-Index do inspetor Property. O índice-z de uma camada determina o seu lugar acima ou abaixo de outras camadas. Camadas com números mais altos são colocadas acima de camadas com números mais baixos. Você também pode clicar o valor índice-z, no painel Layers, para mudar o valor ou, simplesmente, arrastar as camadas para cima e para baixo no painel Layers, para reorganizá-las.

4. Ajuste a visibilidade da camada, selecionando uma opção do menu pull-down Vis, no inspetor Property. Selecione Invisible para ocultar, inicialmente a camada ou para ocultar temporariamente a camada, enquanto você está trabalhando na página em Dreamweaver (15.9). Escolha Visible para exibir sempre a camada (15.10). Escolha Inherit para herdar a visibilidade da camada pai.

ⓓI C A

E possível especificar as medidas para L, T, W, e H em pixels, centímetros, milímetros, polegadas, pontos, porcentagem ou paicas. A unidade de medida padrão é pixels. Entre com os valores sem espaços entre o número e a designação de unidade de medida. Use px para pixels, cm para centímetros, mm para milímetros, in para polegadas, pt para pontos, % para porcentagem e pc para paicas.

Configuração de propriedades de fundo e recortes em camadas

Camadas podem conter uma cor de fundo, uma imagem de fundo, ou ambos. Quando você especifica uma imagem de fundo, a imagem se azuleja, a menos que ela seja do mesmo tamanho ou maior do que a camada. Quando a imagem é maior do que a camada, ela é exibida a partir do canto superior esquerdo e recortada à direita e embaixo. Você pode usar os atributos de recorte para aparar o conteúdo de uma camada, revelando a cor de fundo ou imagem de fundo.

1. Selecione uma imagem de fundo ou cor de fundo para a sua camada no campo Bg Image ou Bg Color, do inspetor Property (15.11).
2. Especifique as guias HTML a usar para a camada. <div> é o método mais confiável, embora você possa misturar as guias <div> e <span>, se necessário.
3. Ajuste os controles da opção Overflow para determinar o que acontece quando o conteúdo de uma camada é mais largo ou comprido do que suas dimensões.
4. Entre com valores no campo Clip do inspetor Property para aparar as imagens na camada. Especifique quão longe, a partir da esquerda e do alto da camada, você deseja entrar com os valores L e T, respectivamente. Indique quão longe da direita e do fundo você deseja aparar a camada nos campos R e B, respectivamente (15.12).

Camada com uma cor de fundo

Camada aninhada sem fundo

Figura 15.11

Tabela 15.2 Opções de excesso de camada

Opção	Descrição
Auto	Deixa por conta dos browsers, que na maioria dos casos oculta o conteúdo em excesso.
Hidden	Apara o conteúdo para o tamanho da camada.
Scroll	Exibe barras de rolagem em browsers que suportam essa opção.
Visible	Ignora as dimensões de camada e redimensiona a camada para acomodar o conteúdo.

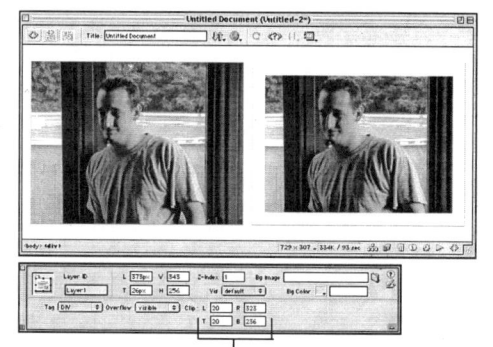

Para aparar a camada 20 pixels em todos os lados, entre com 20 como os valores Clip L e T. Subtraia 20 dos valores W e H da camada para chegar aos valores R e B, respectivamente.

Figuras 15.12

Como aninhar camadas

Ao aninhar camadas, você pode anexar múltiplas camadas em uma camada pai e manipular as camadas como um grupo ou individualmente. As camadas aninhadas também podem ser úteis quando você deseja incluir uma fotografia com uma legenda que esteja envolvida em texto, ou talvez incluir um gráfico com uma legenda. Embora não seja possível envolver texto em torno de uma camada automaticamente, é possível quebrar linhas manualmente, para dar a aparência de retorno (15.13).

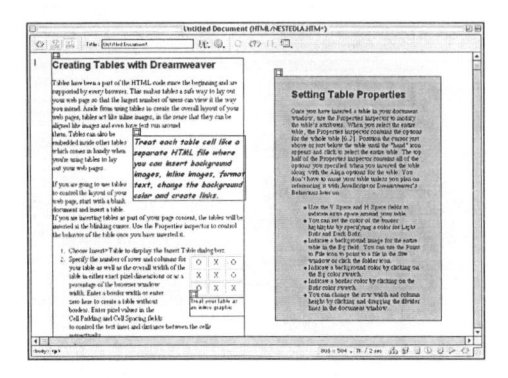

Figura 15.13

1. Crie a camada pai, clicando e arrastando na janela Document com o objeto Layer.
2. Clique dentro da camada, para colocar o ponto de inserção (cursor piscando) dentro da camada.
3. Crie uma segunda camada dentro da primeira camada. O inspetor Layers exibe camadas aninhadas recuadas, sob a camada pai (15.14).

Se você marcar a caixa de verificação Prevent Overlaps no painel Layers, aninhamento é incapacitado, como é a sobreposição de camadas. Se você aninhar ou sobrepuser camadas antes de marcar a caixa Prevent Overlaps, precisa mover as camadas para esta configuração surtir efeito.

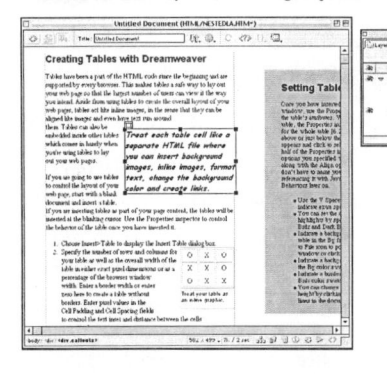

Figuras 15.14

ⓓ I C A

Quando estiver desenhando a camada aninhada, você deve manter pressionada a tecla (Command) [Ctrl] para as camadas serem aninhadas. Marque a caixa de verificação Nesting nas Layers Preferences para capacitar o aninhamento automático dentro de camadas.

Como aninhar camadas existentes

Você pode aninhar camadas, ainda que elas já estejam criadas e não aninhadas atualmente. Use o painel Layers para aninhar e desaninhar camadas.

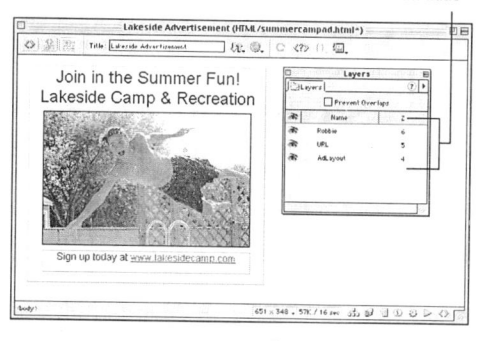

1. No inspetor Layers, mantenha pressionada a tecla (Command)[Ctrl] e arraste o nome de uma camada no alto do nome da camada pai. A camada aparece recuada sob a camada pai (15.15).
2. Para desaninhar camadas, clique e arraste o nome da camada no painel Layers para a esquerda, para que o nome não fique mais sob a camada pai.
3. Você pode aninhar camadas dentro de camadas aninhadas. Mantenha pressionada a tecla (Command)[Ctrl] e arraste o nome de uma camada no alto do nome de uma camada aninhada. Agora, a camada pai tem dois níveis de aninhamento (15.16).

DICA

Dê às suas camadas nomes que lhe façam sentido e, simplesmente, clique o nome da camada no inspetor Layers, para selecionar a camada.

DICA

Clique e arraste camadas no painel Layers para gravá-las. É preciso ajustar o valor de índice-z em cada camada para determinar a sua posição sobre outras camadas no browser. Mover as camadas no painel Layers atualiza automaticamente o valor índice-z.

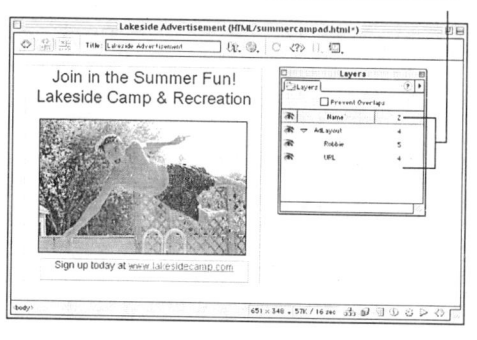

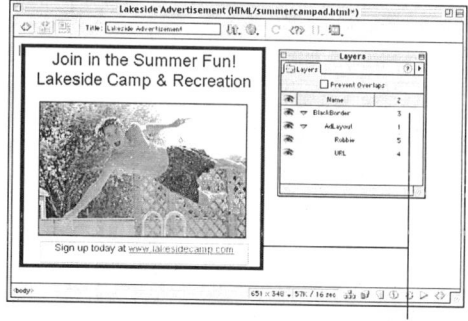

Figuras 15.15

Uma camada vazia com a cor de fundo ajustada para preto é o pai da camada AdLayout, que tem dois filhos próprios.

Figura 15.16

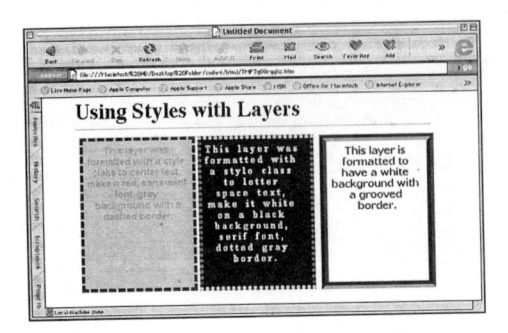

Figura 15.17

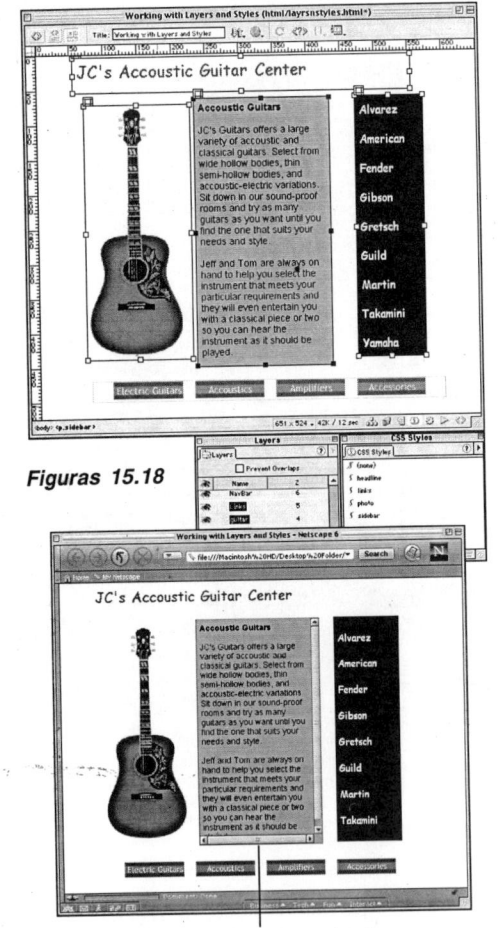

Figuras 15.18

Atributos tais como as barras de rolagem de excesso não aparecem em Dreamweaver.

Figura 15.19

Como usar estilos com camadas

Já que as camadas usam a guia <span>, <div>, <layer> ou <ilayer> para definir a camada, você pode usar estilos para redefinir estas guias — da mesma maneira pela qual definiria qualquer outra guia HTML. As propriedades de posicionamento em estilos são especificamente para camadas, mas você também pode definir todos os outros atributos de estilo, tais como fonte, margem e fundo. Além disto, você pode criar uma classe Style que pode aplicar, selecionando a camada e depois clicando a classe no inspetor Styles. Veja o Capítulo 14, "Como trabalhar com Cascading Style Sheets", para informações sobre como criar estilos. Neste exemplo, as três camadas foram formatadas criando classes Style (15.17).

Ⓝ O T A

Cascading Style Sheets podem ser úteis quando você deseja especificar a formatação de camadas onde o conteúdo muda dinamicamente, com base em alguma função JavaScript, tal como o comportamento Set Text of Layer do Dreamweaver. Você também pode usar estilos com camadas, quando tiver múltiplas páginas que seguem um design que é genérico, mas não consistente o bastante para merecer usar gabaritos. Cascading Style Sheets são criadas com a formatação de texto e o posicionando de atributos, e depois, aplicando os estilos diretamente nas camadas (15.18). Você precisa ir para frente e para trás entre Dreamweaver e um browser da Web, pois muitos dos atributos de estilo não aparecem no Dreamweaver nesta ocasião (15.19).

Como alinhar camadas com grades e réguas

Grades e réguas de Dreamweaver podem ser úteis na criação e alinhamento de camadas. A grade começa no canto superior esquerdo da página e exibe linhas grade azul claro, espaçadas 50 pixels umas das outras, por padrão. As réguas exibem valores pixel por padrão, mas podem ser mudadas para exibir polegadas ou centímetros. A origem da régua também pode ser modificada para ajudar no alinhamento e medidas de espaços em sua página.

1. Escolha View→Rulers→Show ou pressione (Command-Option-R) [Ctrl+Alt+R] para exibir as réguas ao longo do alto e à esquerda da janela de documento.
2. Selecione View→Grid→Show para exibir a grade (15.20).
3. Selecione View→Grid→Snap to Grid para alinhar objetos automaticamente às linhas de grade quando você se aproximar delas.
4. Selecione View→Grid→Edit para exibir a caixa de diálogo Grid Settings. Personalize o espaçamento, cor, exibição e distância de alinhamento da grade (15.21).

Clique e arraste no canto superior esquerdo, onde as duas réguas se interseccionam, para mudar a origem das réguas.

Aqui, é possível ativar e desativar a grade.

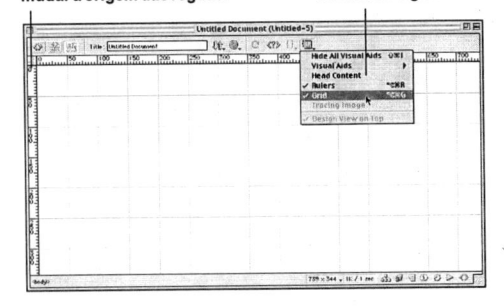

Figura 15.20

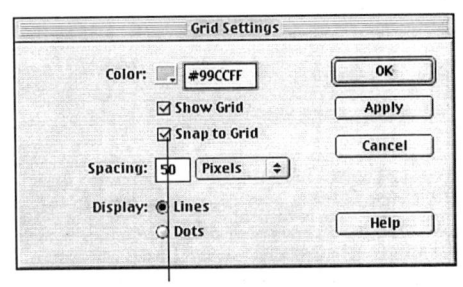

O alinhamento ocorre mesmo se a grade não estiver visível, mas apenas se Snap to Grid estiver marcado aqui.

Figura 15.21

Ⓓ I C A

Clique duas vezes o canto superior esquerdo, onde as duas réguas interseccionam, para reajustar a origem da régua para o canto superior esquerdo da página.

Figuras 15.22

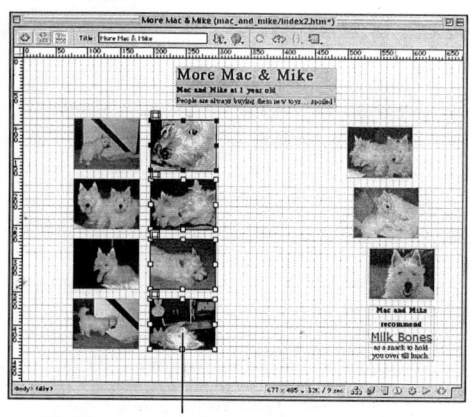

Figura 15.23
Mantenha pressionada a tecla Shift e clique para selecionar múltiplas camadas. A última camada que você seleciona é a camada âncora, para o alinhamento.

5. Use camadas para posicionar elementos na grade (15.22).
6. Se quiser alinhar camadas, selecione as camadas que você deseja alinhar e selecione Modify→Align; depois, selecione uma opção de alinhamento (Alto, Esquerda, Direita ou Embaixo) (15.23).

Ⓝ O T A

Selecione mais de uma camada e depois, selecione Modify→Align→Make Same Width para tornar todas as camadas selecionadas da mesma largura que a camada mais larga. Selecione Modify→Align→Make Same Height para tornar as camadas selecionadas da mesma altura que a camada mais alta.

Ⓓ I C A

Se você usou versões anteriores de Dreamweaver, pode ter percebido que a grade sempre é alinhada com a margem da página, ao invés do canto superior esquerdo absoluto. No entanto, em Dreamweaver 4, a grade agora se alinha com o ponto 0 na régua, no canto superior esquerdo.

Capítulo 15 - Criação de camadas | **227**

Como usar uma vetorização de imagem

A vetorização de imagem permite que você use uma página modelo como uma base para criar a página Web. Por exemplo, artistas gráficos usam um programa tal como Photoshop para criar uma imagem bitmap que demonstra o design desejado de uma página Web e o desenvolvedor de página Web pode, então, usar a imagem como uma vetorização de imagem, para posicionar elementos na página, usando camadas. Você pode exibir a vetorização de imagem em qualquer nível de transparência e pode posicionar a imagem em qualquer lugar na página. A vetorização de imagem não aparece em sua página Web e não pode ser inadvertidamente selecionada, clicando. Depois de usar camadas para posicionar os elementos de acordo com a vetorização de imagem, você pode converter as camadas em uma tabela para suportar usuários com browsers mais antigos.

1. Selecione Modify→Page Properties para exibir a caixa de diálogo Page Properties (15.24) e depois, clique o botão Browse à direita do campo Tracing Image, para abrir uma vetorização de imagem (15.25). A imagem vetorizada deve estar em um formato GIF, PNG ou JPEG.

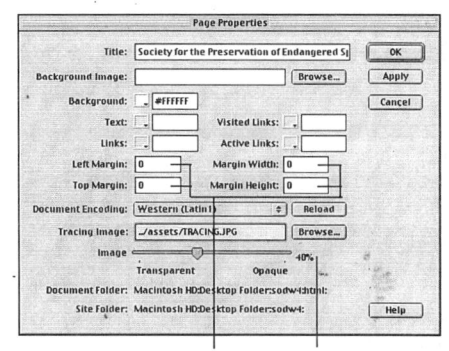

Ajuste os valores Margin para 0 se quiser que a vetorização de imagem se alinhe com o canto superior esquerdo da janela do browser.

Uma opacidade de 40%-50% funciona melhor com a maioria das imagens vetorizadas.

Figura 15.24

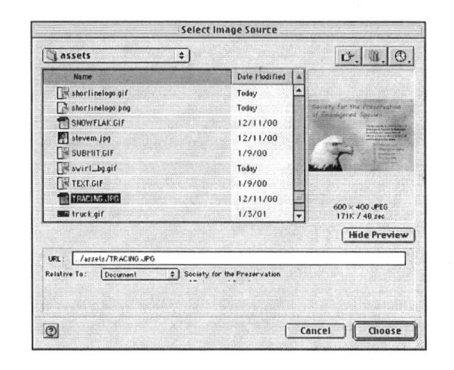

Figura 15.25

Ⓓ I C A

Também é possível carregar uma imagem vetorizada, escolhendo View→Tracing Image→Load.

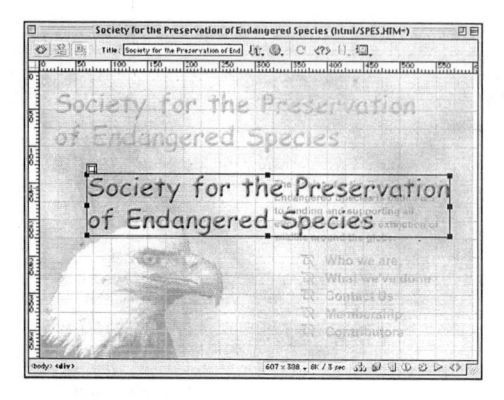

Figura 15.26

2. Quando você clicar OK, a imagem vetorizada aparece na janela Documento, por trás de quaisquer objetos já na página (15.26).
3. Desenhe camadas para criar os vários elementos necessários para recriar a imagem vetorizada (15.27).

Ⓝ O T A

Selecione View→Tracing Image→Adjust Position para mudar as posições x e y do canto superior esquerdo da imagem vetorizada (15.28). Também é possível alinhar a imagem vetorizada com um objeto que esteja selecionado, escolhendo View→Tracing Image→Align with Selection.

Ⓓ I C A

O editor de imagem Fireworks da Macromedia permite que você salve imagens em pedaços, como arquivos GIF, os quais depois você pode usar como imagens vetorizadas para recriar um conceito do designer.

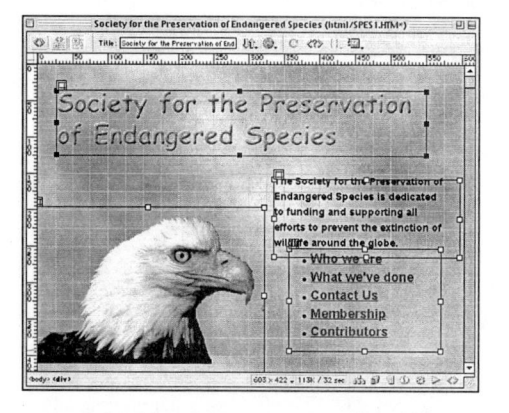

Figura 15.27 Se estiver usando uma imagem de fundo, insira-a depois que a página for desenhada com uma imagem vetorizada.

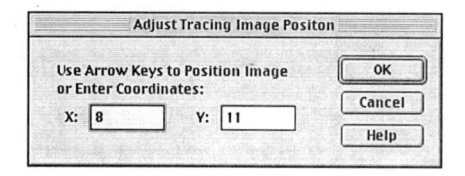

Figura 15.28

Capítulo 15 - Criação de camadas | **229**

Conversão de camadas em tabelas

Para oferecer o mais amplo suporte às diversas versões de browsers atualmente em uso, você pode converter uma página criada usando camadas em um layout de tabela. Já que apenas a versão 4 e superior de browsers suportam camadas, converter as suas camadas em tabelas faz sentido quando você deseja oferecer páginas Web alternativas.

1. Salve a sua página com as camadas intactas, para poder editar a página futuramente.
2. Selecione Modify→Convert→Layers to Tables para exibir a caixa de diálogo Convert Layers to Table (15.29).
3. Selecione as opções Table Layout (Tabela 15.2) e Clique OK para converter as camadas em uma tabela (15.30).

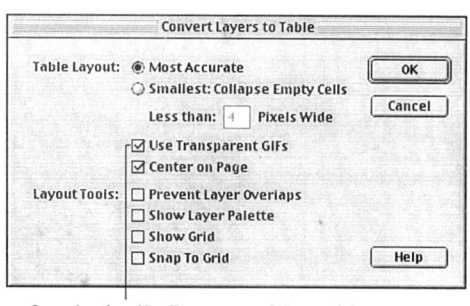

Figura 15.29

Quando ativar Use Transparent GIFs, você é incapaz de reduzir o tamanho de uma coluna, arrastando as colunas.

Figura 15.30

Tabela 15.3 Opções de conversão de camadas em tabela

Opção	Descrição
Mais apurada	Cria uma célula de tabela para cada camada, bem como para qualquer espaço entre as camadas.
Menor: diminuir células vazias	Alinha as margens da camada, se elas caírem dentro de um número especificado de pixels, e resulta em uma tabela com menos células vazias.
Use GIFs transparentes	Garante que a tabela é exibida da mesma forma em todos os browsers preenchendo a última fileira da tabela com GIFs transparentes para evitar as colunas de se redimensionarem.
Centralizar na página	Centraliza a tabela resultante, da esquerda para a direita, na janela do browser.
Ferramentas de layout	Na verdade, as ferramentas de layout não afetam a sua tabela e apenas ativam os recursos usados para editar camadas.

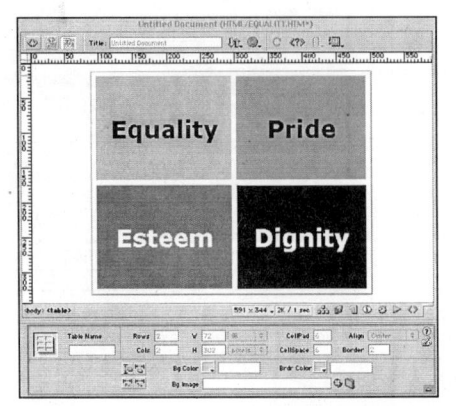

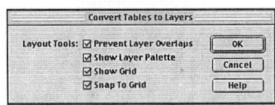

Figuras 15.31 Converter a tabela em camadas permite que você separe e mova as caixas, ou talvez, usar os comportamentos para fazer cada caixa aparecer e desaparecer em intervalos determinados.

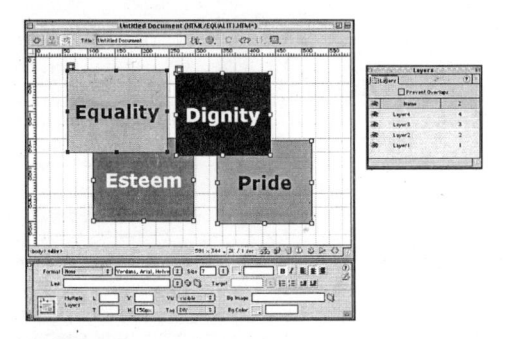

Figuras 15.32 Se você selecionar mais de uma camada, pode mover as camadas selecionadas como um grupo. Também é possível cortar e colar camadas, até camadas aninhadas.

Conversão de tabelas em camadas

Você pode ter algumas páginas Web criadas com tabelas, que agora deseja manipular com camadas ou, simplesmente, pode ter alguns dados de tabela que deseja movimentar com liberdade. Já que é possível usar comportamentos e a linha de tempo para animar e manipular camadas, converter uma tabela em camadas permite que você controle e anime o conteúdo da célula de tabela.

1. Salve o seu arquivo de tabelas para ter uma versão à qual voltar se quiser fazer mudanças dentro das tabelas.

2. Selecione Modify→Convert→Tables to Layers para exibir a caixa de diálogo Convert Tables to Layers (15.31).

3. Marque as caixas na caixa de diálogo Convert Tables to Layers as opções que deseja ativadas depois que a tabela for convertida em camadas.

4. Clique OK para converter a tabela em camadas. Agora, você pode movimentar livremente as camadas na janela Document e organizar as camadas no painel Layers (15.32).

⒟ I C A

Para exibir ou ocultar as margens de camada, selecione View→Visual Aids→Layer Borders. Se você desativar as margens de camada, as margens aparecem apenas quando a camada é selecionada.

Capítulo 16

Neste capítulo, você aprenderá como...

- Anexar comportamentos e usar Call JavaScript Behavior e Change Property Behavior
- Usar comportamentos para verificar tipo e versão de browser
- Verificar plugins usando comportamentos
- Controlar exibições Shockwave e Flash com comportamentos
- Controlar som e exibir uma mensagem pop-up com comportamentos
- Criar links para URLs com comportamentos
- Abrir janelas de browser e pré-carregar imagens
- Exibir e ocultar camadas
- Trocar imagens e validar formulários
- Controlar barras de navegação com comportamentos
- Criar seus próprios comportamentos

Behaviors são código JavaScript pré-escritos, que realizam tarefas especiais, tais como tocar um som, pré-carregar imagens e verificar versões de browser. Os comportamentos são disparados por um evento que você especifica com o painel Behaviors. Um evento típico é um clique de mouse. Assim, no painel Behaviors você especifica ambos, o evento (neste caso, onClick) e as ações que são tomadas quando o evento ocorre. Clicar o mouse, preencher um

Como usar comportamentos

campo de formulário, carregar e descarregar uma página e muitas outras ações pode disparar eventos.

Os comportamentos que vêm com o Dreamweaver 4.0 são destinados a trabalhar com todos os browsers 4.0 e posteriores. Alguns comportamentos funcionam com browsers de versão 3, embora nenhum dos comportamentos incluídos com Dreamweaver funcione com Internet Explorer 3.x para o Mac, e alguns — tal como o comportamento Set Text os Layer — não funcione em quaisquer dos browsers versão 3. Além dos 20 comportamentos que vêm pré-instalados em Dreamweaver, uma série de desenvolvedores terceirizados oferece comportamentos para o Dreamweaver. Se você for adepto de programação JavaScript, pode criar os seus próprios comportamentos e incluí-los em projetos Dreamweaver. Veja o Capítulo 22, "Personalização de Dreamweaver", para mais informações sobre carregamento e inclusão de comportamentos terceirizados.

Capítulo 16 - Como usar comportamentos | **233**

Como anexar comportamentos

Comportamentos em Dreamweaver funcionam com todos os browsers versão 4.0 e posterior. Os comportamentos podem ser anexados a quase qualquer objeto em sua página Web, incluindo links, imagens, elementos de formulário e até todo o corpo da página. É possível até especificar mais de uma ação para um evento. As ações ocorrerão na ordem listada no painel Behaviors.

1. Selecione um objeto. Este exemplo usa um objeto imagem (o botão de rosto sorridente) (16.1).
2. Selecione Window→Behaviors para exibir o painel Behaviors, se ele já não estiver na tela (16.2).
3. Clique o botão mais (+) para selecionar uma ação da lista pop-up (16.3).
4. Entre com quaisquer parâmetros necessários para a sua ação e depois clique OK.

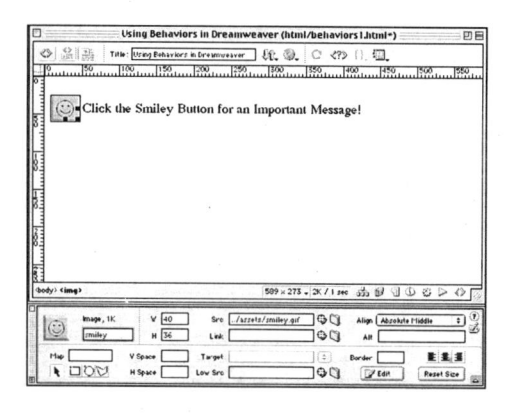

Figura 16.1 Nomeie as suas imagens quando for usá-las em comportamentos para que elas sejam mais fáceis de localizar no código JavaScript.

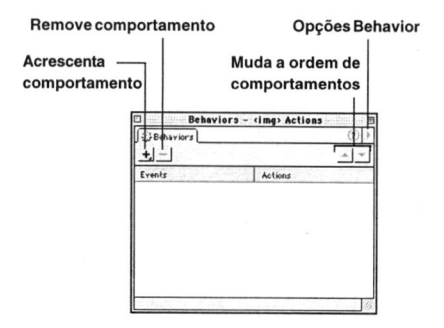

Figura 16.2

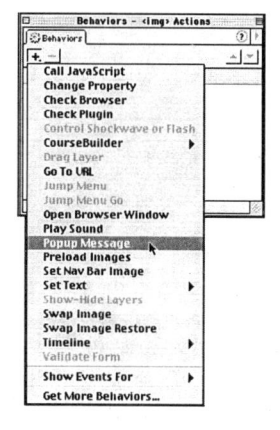

Figuras 16.3

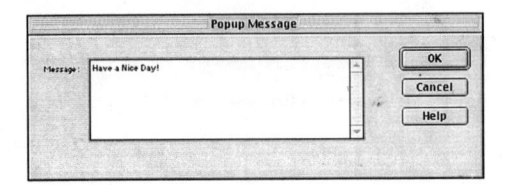

Figura 16.4

5. O evento padrão para a ação selecionada aparece na coluna Events do painel Behaviors. Clique a seta à direita do evento para selecionar um outro evento para esta ação, se necessário (16.5). Eu estou usando o evento onClick para disparar a ação de exibir uma caixa de mensagem pop-up (16.6).

NOTA

Dependendo da ação selecionada, uma caixa de diálogo aparece, na qual você precisa entrar com os parâmetros para a ação. No meu exemplo, a caixa de diálogo Popup Message aparece com um campo onde eu entrei com a mensagem que quero exibir (16.4).

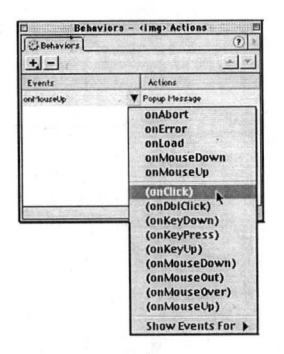

Figuras 16.5

NOTA

As ações que aparecem entre parênteses são tipicamente usadas em links e criarão um link para o objeto selecionado. O Dreamweaver insere a link nulo JavaScript (javascript:;) no campo Link do inspetor Property para o objeto com o comportamento anexado (16.7). É possível usar o símbolo # como um link nulo, mas ele tem a desvantagem de pular para o alto da página quando clicado, tornando o link nulo JavaScript preferível na maioria dos casos.

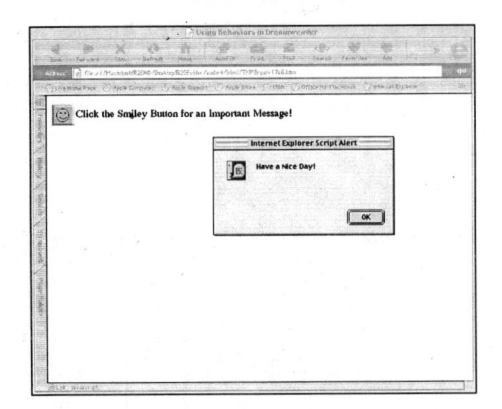

Figura 16.6

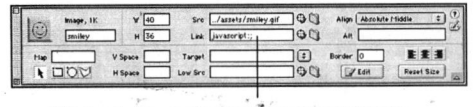

O link nulo faz uma imagem se comportar como um botão, ou texto se comportar como hipertexto.

Figura 16.7

Como usar o Call JavaScript Behavior

Use o comportamento Call JavaScript para realizar um JavaScript personalizado que você digita diretamente no campo da ação ou, se tiver criado uma função para o JavaScript, digite o nome da função no campo de ação.

1. Selecione o texto ou objetos em sua página Web aos quais você deseja aplicar a ação JavaScript (16.8).
2. Selecione Window→Behaviors para exibir o painel Behaviors, se ele ainda não estiver na tela. Clique o botão de mais (+) e selecione Call JavaScript para exibir a caixa de diálogo Call JavaScript. Entre com o JavaScript para a sua ação no campo JavaScript da caixa de diálogo Call JavaScript (16.9). Clique OK quando tiver terminado.
3. O evento padrão de Call JavaScript é onMouseDown, mas é possível mudá-lo para qualquer coisa que quiser clicando a seta sob a coluna Events do painel Behaviors. Visualize a sua página em um browser para testar o seu JavaScript (16.10).

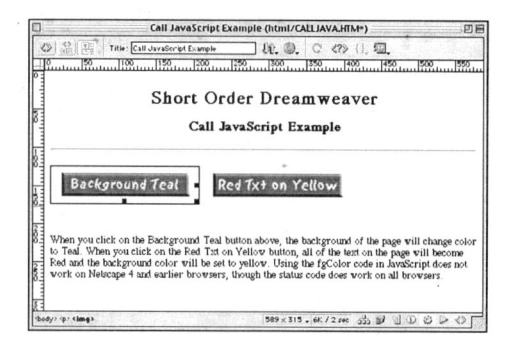

Figura 16.8

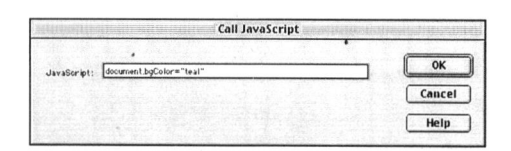

Figura 16.9 Este código JavaScript em particular ajusta o fundo da página Web para a cor indicada.

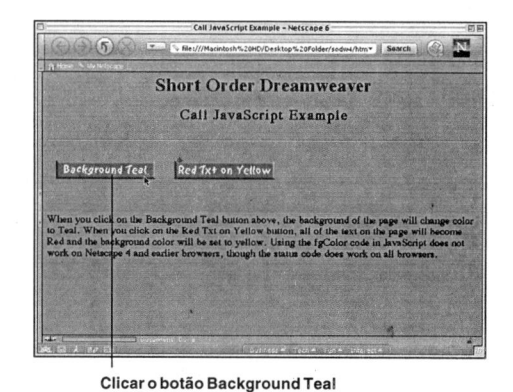

Clicar o botão Background Teal muda a cor de fundo para Teal.

Figura 16.10

Figura 16.11

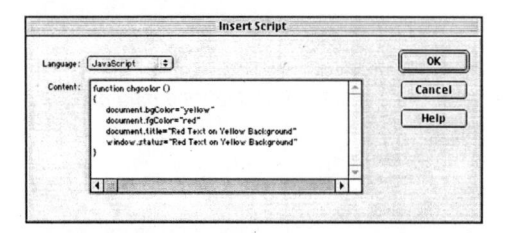

Figura 16.12

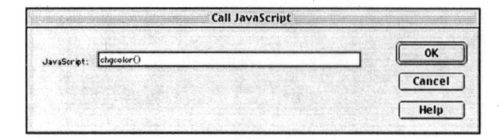

Figura 16.13

4. Entre com uma função JavaScript no comportamento Call JavaScript ao invés do atual código JavaScript. Para criar uma função, você precisa descrever o JavaScript na seção <head> de seu documento e designar um nome de função. Selecione View→Head Content para exibir o conteúdo de título no alto da janela Document. Ícones representam o conteúdo de título e você já pode ter alguns ícones na área de conteúdo de título do título de documento e meta informações (16.11).

5. Clique dentro na área de conteúdo de título; depois, selecione Insert→Invisible Tags→Script para exibir a caixa de diálogo Insert Script e entrar com o JavaScript na janela Content (16.12).

6. Clique OK quando tiver terminado. Agora, você pode acessar o código JavaScript que acabou de digitar no comportamento Call JavaScript simplesmente digitando o nome da função (16.13).

Ⓓ I C A

Você pode encontrar muitos exemplos de JavaScript em http://www.javascript.com e http://javascript.internet.com. Para informações mais atualizadas sobre JavaScript, visite http://www.jsworld.com.

Como usar o comportamento Change Property

A ação Change Property tem mais variáveis do que qualquer outra ação no comportamento Behaviors. Use a ação Change Property para mudar as propriedades de um objeto, tal como uma imagem, uma camada ou um formulário. No seguinte exemplo, o comportamento Change Property é anexado a um botão que, quando clicado, muda a cor de fundo de uma camada e o texto de um campo de entrada de texto (16.14).

1. Clique para selecionar o objeto ao qual deseja designar o comportamento, clique o sinal mais (+) no painel Behaviors e selecione Change Property (16.15).
2. Na caixa de diálogo Change Property, clique o menu pop-up em Type of Object e selecione o tipo de objeto no qual deseja mudar a propriedade.
3. Selecione uma propriedade do menu pop-up ou digite uma propriedade no campo Enter. Selecione uma versão de browser a partir do menu pop-up para exibir apenas as propriedades suportadas por aquele browser no menu pop-up Property.
4. Digite o novo valor para a propriedade especificada no campo New Value e clique o botão OK.

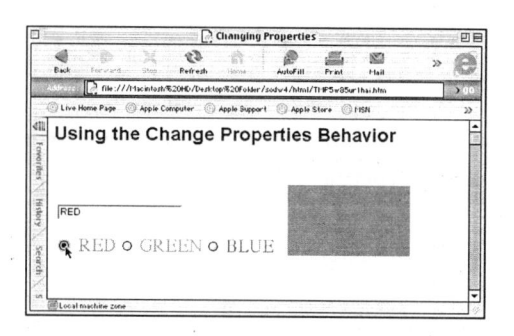

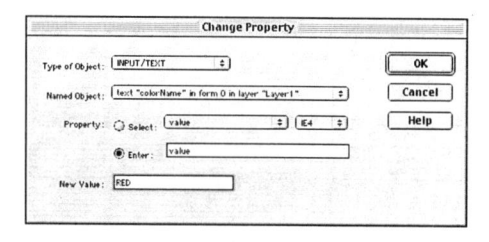

Figura 16.14

Figura 16.15 Quando você usar a ação Change Property, assegure-se de testar a sua página em múltiplos browsers, pois o JavaScript usado para esta ação pode ser muito dependente de browser. Você tem a opção de selecionar o tipo e versão de browser de um menu pop-up, quando especifica as propriedades, mas você precisa criar múltiplas ações Change Property para acomodar múltiplos browsers, na maioria dos casos.

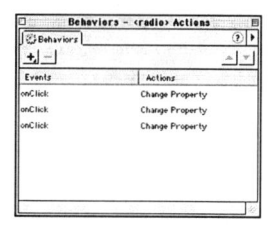

Figura 16.16

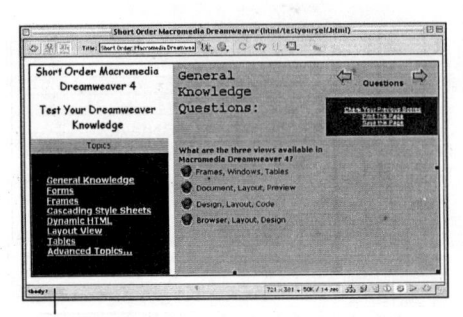

Como usar comportamentos para verificar tipo e versão de browser

Verificar o tipo e versão de browser do visitante do site é útil se a sua página Web tem elementos que só funcionam com determinados browsers. Você pode usar o comportamento Check Browser para encaminhar o visitante para outra página que seja legível em todas as versões de browser.

1. Crie um novo documento e clique a guia <body> no canto inferior esquerdo da janela Document (16.17).

2. Clique o botão de mais (+), no painel Behaviors, e selecione Check Browser para exibir a caixa de diálogo Check Browser (16.18).

3. Entre com um número de versão para cada tipo de browser e selecione a ação que ocorrerá quando os critérios especificados forem atingidos. Entre com URL e Alt URL em seus respectivos campos. Quando você clicar OK, o evento onLoad é especificado no painel Behaviors, significando que o comportamento inicia quando a página estiver sendo carregada (16.19).

Clique para selecionar todo o documento e acrescente comportamentos à guia <body>, com a ação onLoad.

Figura 16.17

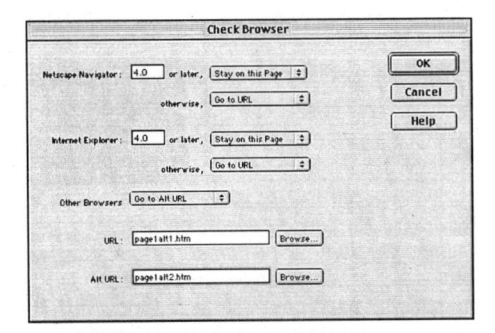

Figura 16.18 É possível incluir mais de uma ação CheckBrowser no painel Behaviors. Se você precisar ampliar os critérios, selecione Stay on This Page do menu pop-up e crie outra ação Check Browser para verificar outras versões de browser.

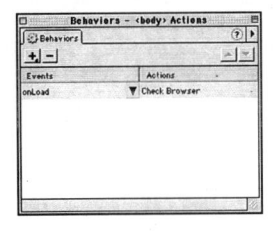

Figura 16.19

Ⓝ O T A

Você deve anexar o comportamento Check Browser/Version à guia <body> de uma página que seja compatível com todos os browsers e um que não use qualquer JavaScript para o caso do usuário ter o JavaScript desativado.

Capítulo 16 - Como usar comportamentos | **239**

Verificação de plugins usando comportamentos

Use a ação Check Plugin para direcionar visitantes a páginas, dependendo se um plugin específico está instalado para seus browsers. Por exemplo, você pode querer verificar o plugin Shockwave, antes de levar os usuários para uma página que contém Shockwave. É possível lidar com um plugin faltando de duas maneiras: direcionar os usuários sem ele para uma página com um link para a fonte de plugin ou, simplesmente, levá-los para uma página que não usa aquele plugin. Anexe a ação Check Plugin à guia <body> ou use o evento onLoad para um link vazio com o evento onclick.

1. Clique a guia <body> no canto inferior esquerdo da janela Document.
2. Clique o botão mais (+) no painel Behaviors e selecione Check for Plugin para exibir a caixa de diálogo Check Plugin (16.20).
3. Selecione um plugin do menu pop-up ou entre com o nome do plugin no campo Enter. Entre com o URL a exibir, quando o plugin estiver presente e o Alt URL para exibir, quando o plugin não estiver presente (16.21). Marque a caixa de verificação Always Go to First URL if Detection is Not Possible, se quiser exibir a página e deixar o usuário decidir o que fazer sobre o plugin. Clique OK.

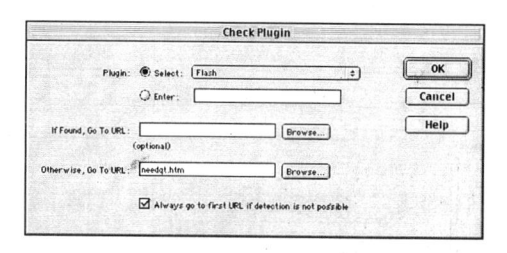

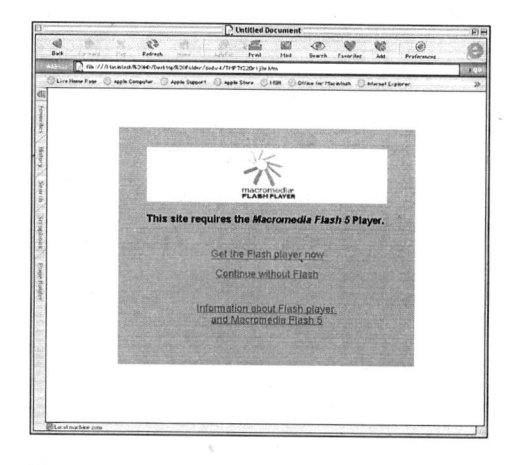

Figura 16.20

Figura 16.21 O comportamento Check Plugin não trabalha com Explorer 3.0x para o Macintosh. O Explorer 3.0x no Macintosh prosseguirá como se o comportamento não estivesse presente. Se você usar este comportamento em páginas apresentadas à Internet, considere incluir uma mensagem indicando que um plugin em especial é necessário nas páginas que usam o plugin.

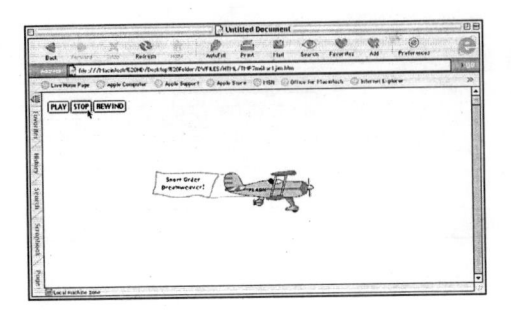

Figura 16.22

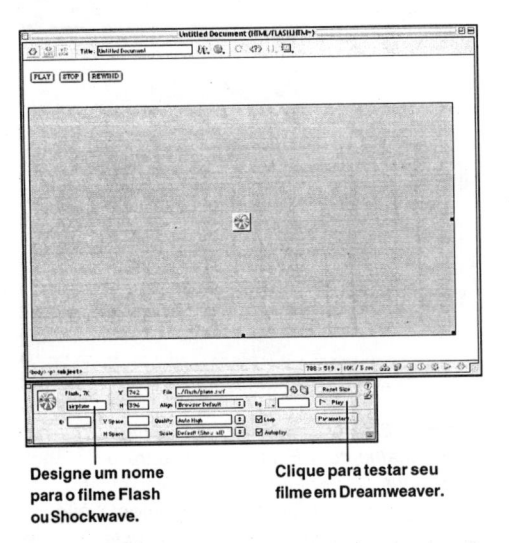

Figura 16.23

Designe um nome para o filme Flash ou Shockwave.

Clique para testar seu filme em Dreamweaver.

Como controlar exibição Shockwave e Flash com comportamentos

Use a ação Control Shockwave ou Flash para controlar a exibição de um filme Shockwave ou Flash. É possível tocar, parar ou voltar um filme e até ir para uma moldura em especial. Esta ação é útil para parar uma animação com loop de exibir quando a página é carregada, ou quando um usuário clica um botão. Se você estiver usando camadas, pode ocultar, inicialmente, uma camada contendo um arquivo Flash ou Shockwave e depois usar o painel Behaviors para exibir a camada e começar a executar o filme embutido. Embora seja possível usar quase qualquer elemento em sua página Web, como um disparador para esta ação, este exemplo de tarefa é um formulário com três botões, aos quais os comportamentos do exemplo estão anexados (16.22).

1. Selecione Insert→Media→Shockwave ou Insert→Media→Flash para inserir um filme Shockwave ou Flash em seu documento. Clique OK.

2. Designe um nome ao seu filme usando o inspetor Property. O filme Shockwave ou Flash precisa ser nomeado para referenciá-lo em um comportamento (16.23).

3. Exiba o Forms Objects no painel Objects e clique o botão Form para criar um formulário na posição do cursor na janela Document.

4. Clique o objeto Button no painel Objects para ver as propriedades daquele objeto. Clique o botão de rádio None e digite **STOP** no campo Label no inspetor Property (16.24).

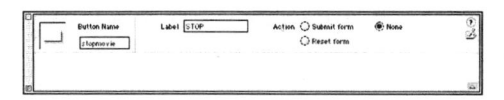

Figura 16.24

5. Clique o botão na janela Document. Clique o botão mais (+) no painel Behaviors e selecione Control Shockwave ou Flash do menu pop-up para exibir a caixa de diálogo correspondente (16.25).

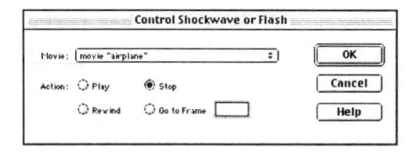

Figura 16.25

6. Selecione o filme do menu pop-up Movie e clique o botão de rádio próximo à ação que você deseja que esse botão realize. Clique OK e visualize o seu arquivo em um browser. Repita estas etapas para criar botões para Play e Rewind.

ⒹICA

Arquivos Shockwave e Flash podem conter paradas embutidas que fazem o filme parar de exibir em uma moldura específica. Use a opção Go to Frame na caixa de diálogo Control Shockware ou Flash para iniciar a exibição na moldura após a moldura onde o filme parou. Este método permite que você crie um único filme que pode ser controlado usando botões para exibir diversas partes do filme.

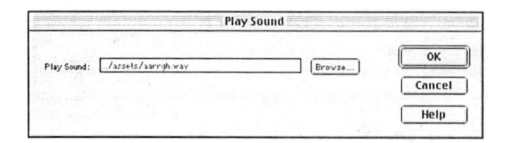

Figura 16.26 Mude o evento que dispara a ação no painel Behaviors. Por exemplo, se você estiver usando um curto som de explosão e quiser que o som toque quando o seu mouse estiver sobre uma imagem, selecione onMouseOver como o evento.

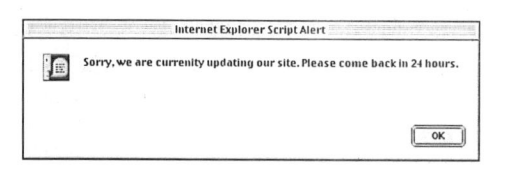

Figura 16.27

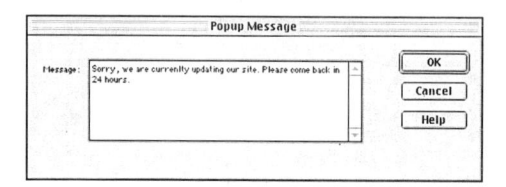

Figura 16.28

Como controlar sons com comportamentos

Controlar a apresentação de som é bastante direto. Use a ação Play Sound para tocar um som. Dependendo do formato do som, alguns browsers podem exigir o plugin LiveAudio, ou seu equivalente, para tocar sons.

1. Selecione um objeto em sua página para anexar o comportamento.
2. Clique o botão de mais (+) no painel Behaviors e selecione a ação Play Sound para exibir a caixa de diálogo Play Sound (16.26).
3. Para tocar um som, entre com o caminho do arquivo de som no campo Play Sound, ou clique o botão Browse para selecioná-lo. Clique OK.

Como exibir uma mensagem pop-up

A ação Popup Message leva uma caixa de diálogo de alerta JavaScript a aparecer com a sua mensagem dentro (16.27). Já que a caixa de diálogo de alerta tem apenas um botão — OK — você deve restringir o conteúdo a mensagens e não escolhas.

1. Clique para selecionar um objeto ou algum texto com um link vazio.
2. Selecione a ação Popup Message no painel Behaviors para exibir a caixa de diálogo correspondente e digite a sua mensagem no campo Message (16.28).

Criação de links para URLs com comportamentos

A ação Go To URL permite que você especifique um URL para exibir na janela atual ou em uma moldura especificada. Go To URL é mais útil se você quiser mudar o conteúdo de mais de uma moldura com um único clique.

1. Clique um objeto em sua página Web. Se quiser usar texto, crie um link vazio (nulo), digitando javascript:; no campo Link do inspetor Property (16.29).
2. Clique o botão mais (+) no painel Behaviors e selecione Go To URL para exibir a caixa de diálogo correspondente (16.30).
3. Selecione de onde você deseja que o URL abra, dentro da janela Open In e especifique o URL no campo URL. Clique OK.

Ⓓ I C A

Use o comportamento Go To URL para mudar um URL depois de realizar alguns outros comportamentos. Por exemplo, faça um som começar e depois, troque para um novo URL com um único clique.

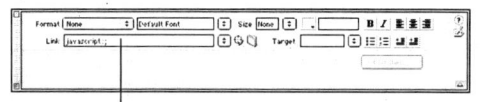

Use o texto de link nulo JavaScript para criar um link vazio antes de anexar um comportamento.

Figura 16.29

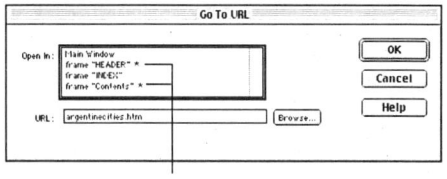

As molduras com asteriscos depois do nome são molduras que têm URLs designados para abrir nelas. Neste exemplo, clicar um botão faz dois URLs abrirem em duas molduras diferentes.

Figura 16.30

Ⓝ O T A

O comportamento Go To URL é uma ferramenta útil para mudar o conteúdo de todas as suas molduras, com um único clique.

Figura 16.31

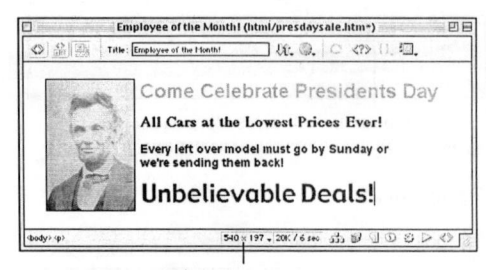

Janelas de browser podem ser de qualquer largura especificada, mas elas precisam ter pelo menos 100 pixels de altura. A janela vista aqui tem 540 pixels de largura e 197 pixels de altura.

Figuras 16.32

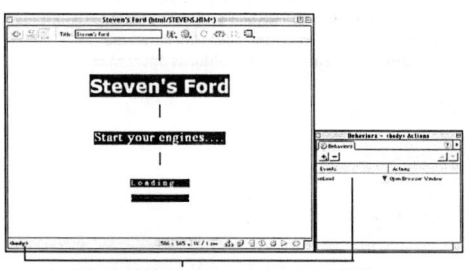

Clique a guia <body> para criar um comportamento que ocorre quando a página carrega inicialmente na janela do browser.

Figura 16.33

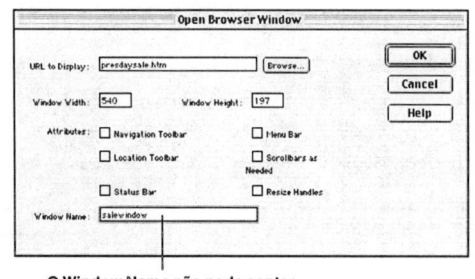

O Window Name não pode conter quaisquer espaços ou caracteres especiais.

Como abrir janelas do browser

A ação Open Browser Window é útil para apresentar uma janela flutuando com algumas informações, ou exibir uma página em seu site em sua própria janela, com os seus próprios botões de navegação. Você pode especificar todos os atributos a respeito da janela e até criar uma janela com apenas uma caixa fechada no canto. Provavelmente já encontrou estas pequenas janelas em Web sites, normalmente promovendo algum outro site ou informando sobre novos recursos.

1. Crie uma página HTML que tenha a largura e altura de sua pretendida janela de browser e salve a página (16.31).

2. No documento principal, clique a guia <body> no canto inferior esquerdo da janela Document para criar um evento onLoad (16.32).

3. Selecione a ação Open Browser Window do menu pop-up no painel Behaviors para exibir a caixa de diálogo Open Browser Window (16.33).

Ⓓ I C A

Use o Dreamweaver para marcar o tamanho do arquivo desejado para colocar em uma nova janela de browser. Redimensione a janela de documento até que a colocação do arquivo pareça certa e use aquelas dimensões em sua janela de browser.

Capítulo 16 - Como usar comportamentos | **245**

4. Entre com o URL no campo URL to Display e especifique a largura e altura da janela (a largura e a altura para a qual você designou a página do URL).

5. Clique as caixas de verificação dos atributos que deseja que a janela tenha e digite um nome no campo Window Name, se quiser referir-se a esta janela com JavaScript e outros comportamentos.

6. Clique OK para visualizar a página em um browser. Se você usou o evento onLoad para esta ação, a janela aparece assim que a página começa a carregar (16.34).

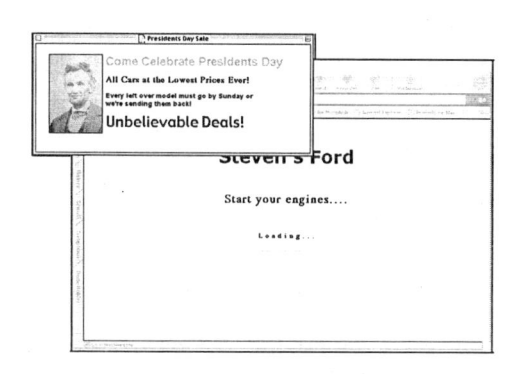

Figuras 16.34

Ⓓ**I C A**

Use o comportamento Open Browser Window para abrir janelas com informações que o usuário solicita clicando um botão ou link de texto. Por exemplo, se você tiver um link em sua página para a política de sua empresa, faça-a uma janela que surge instantaneamente, assim o usuário fica na página depois de haver lido a sua mensagem (16.35).

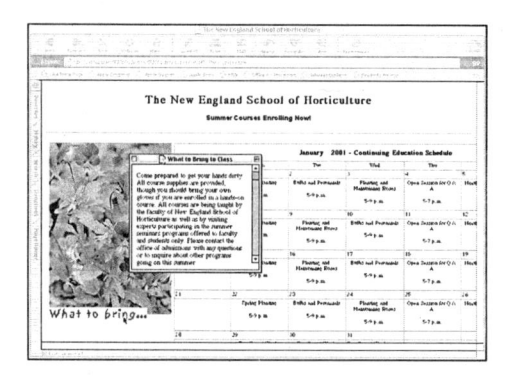

Figura 16.35

Pré-carregamento de imagens

A ação Preload Images pré-carrega as imagens que você especifica, para o cache do browser para uso posterior pelas linhas de tempo, comportamentos ou JavaScript. É possível especificar qualquer quantidade de imagens para pré-carregar, mas tenha em mente que o browser do usuário precisa ter espaço suficiente no cache para armazenar as imagens pré-carregadas. Normalmente, a ação Preload Images funciona melhor quando usando o evento onLoad.

1. Para usar o evento onLoad, clique a guia <body> no canto inferior esquerdo da janela Document; depois, selecione a ação Preload Images no painel Behaviors para exibir a caixa de diálogo correspondente (16.36).

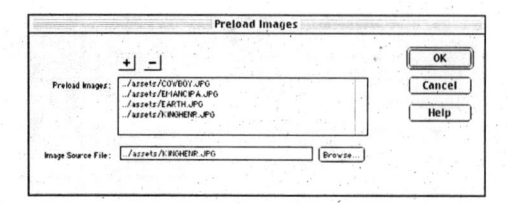

Figura 16.36 O pré-carregamento de imagens é importante se você estiver criando rollovers usando imagens. Se não pré-carregar imagens para serem usadas como rollovers, muito provavelmente acontecerá uma demora quando o usuário passar sobre uma imagem, o que diminuirá o efeito desejado. Se você usar o objeto Rollover Image no painel Common Objects, tem a opção de pré-carregar as imagens na caixa de diálogo Insert Rollover Image.

2. Entre com os caminhos das imagens e clique o botão de mais (+) para acrescentar mais imagens à lista. Você precisa clicar o botão (+) para acrescentar as imagens; caso contrário, a próxima imagem que você selecionar apagará a imagem atual. Se quiser remover imagens da lista, clique-as e depois clique o botão menos (-). Clique OK.

Uma caixa de verificação Preload Images está incluída nas caixas de diálogo associadas a comportamentos que mudam as imagens na página Web.

Figura 16.37

NOTA

O comportamento Preload Images pode ser automaticamente inserido quando você usa outros comportamentos que afetam imagens, tais como Swap Image e Set Nav Bar Image (16.37).

Capítulo 16 - Como usar comportamentos | 247

Como exibir e ocultar camadas

Use a ação Show-Hide Layers para tornar camadas visíveis, ocultar camadas ou recuperar a visibilidade padrão da camada. Esta ação pode ser usada para fazer coisas aparecerem em sua página, quando o mouse passa sobre um objeto ou algum texto. Veja o Capítulo 15, "Criação de camadas", para informações sobre a criação e manipulação de camadas.

1. Crie uma camada e acrescente algum conteúdo à camada.
2. Clique uma imagem ou algum texto com um link vazio. Depois, selecione Show-Hide Layers no painel Behaviors para exibir a caixa de diálogo Show-Hide Layers (16.38).
3. Clique para selecionar a camada que você deseja afetar e clique o botão Show, Hide ou Default.

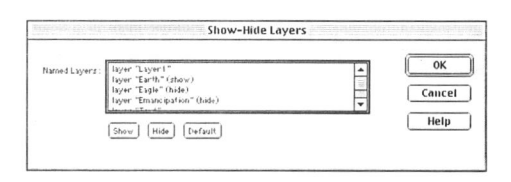

Figura 16.38

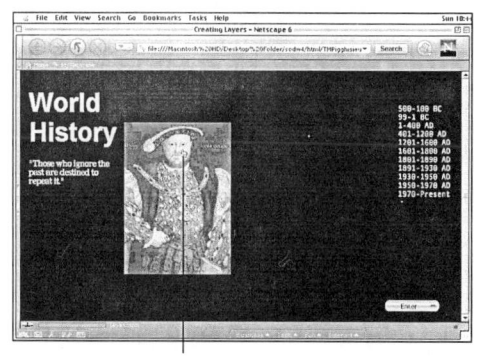

O evento onMouseOver (mostrado aqui) e o evento onMouseOut podem ser anexados a objetos em sua página para exibir e ocultar camadas.

Figura 16.39

Ⓝ O T A

Para criar um efeito rollover, crie duas ações Show-Hide Layers: uma com o evento onMouseOver (16.39) e uma com o evento onMouseOut (16.40).

Ⓓ I C A

Para usar uma camada para um evento mouseOver e um mouseOut é preciso selecionar Show Events For→4.0 and Later Browsers, clicando o botão de mais (+) no painel Behaviors.

O evento onMouseOut é disparado quando o cursor é movido fora do objeto que contém o comportamento.

Figura 16.40

Neste exemplo, foram criadas áreas de tensão para a imagem de navegação usando o recurso mapa no inspetor Property e o comportamento é anexado à área de tensão.

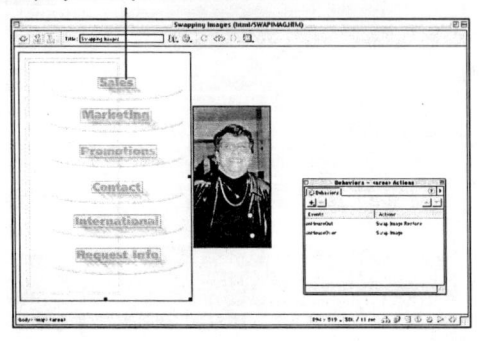

Figura 16.41

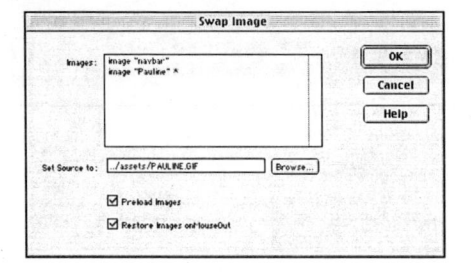

Figura 16.42

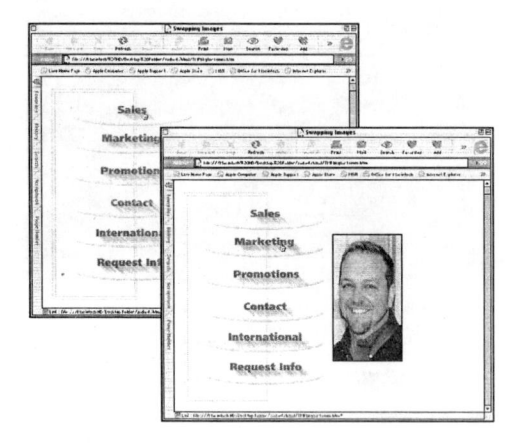

Figuras 16.43

Troca de imagens

As ações Swap Image e Swap Image Restore substituem uma imagem por outra. A ação Swap Image é útil para criar efeitos de rollover ou mudar o conteúdo de imagem usando botões ou rollovers em outras imagens. Para criar um comportamento Swap Image, para começar você precisa ter pelo menos uma imagem em seu documento. A ação Swap Image Restore recupera uma imagem trocada anteriormente para a imagem original.

1. Clique uma imagem, ou algum texto com um link vazio, para criar o comportamento Swap Image (16.41).

2. Selecione Swap Image do menu pop-up, no painel Behaviors, para exibir a caixa de diálogo Swap Image (16.42).

3. Selecione a imagem que você deseja trocar na lista Images e depois entre com o caminho para a imagem com a qual deseja substituir a imagem selecionada. Marque a caixa de verificação Preload Images para evitar demoras na troca de imagem. Marque a caixa de verificação Restore Images onMouseOut, se quiser recuperar a imagem original quando o cursor for movido para fora do objeto que dispara a ação Swap Image.

4. Clique OK; depois, visualize a página em um browser (16.43).

Validação de formulários

A ação Validate Form permite realizar uma limitada quantidade de validações de formulário antes do formulário ser apresentado ao servidor Web. Esta ação verifica o conteúdo dos campos de texto para garantir que o usuário entrou com os tipos corretos de dados. Você pode anexar esta ação a campos de texto individuais, com o evento onBlur, para validar o campo quando o usuário entra com os dados. Também é possível anexar esta ação a todo o formulário, com o evento onSubmit, o que valida múltiplos campos de uma vez quando o botão Submit é clicado. Se você anexar a ação ao formulário, quaisquer dados inválidos evitam o formulário de ser submetido até que os campos sejam corrigidos.

1. Clique qualquer campo de texto dentro de um formulário para selecioná-lo (16.44).
2. Selecione a ação Validate Form no painel Behaviors para exibir a caixa de diálogo Validate Form (16.45).

O campo First Name é selecionado.

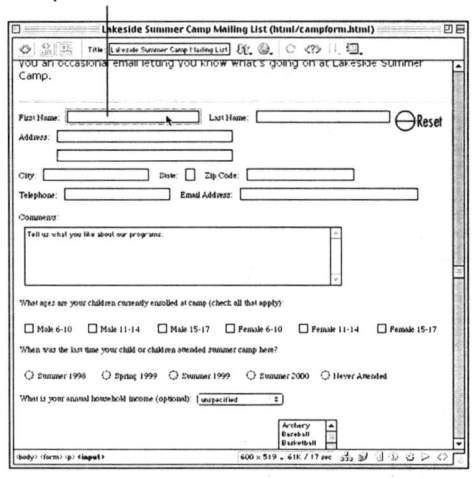

Figura 16.44

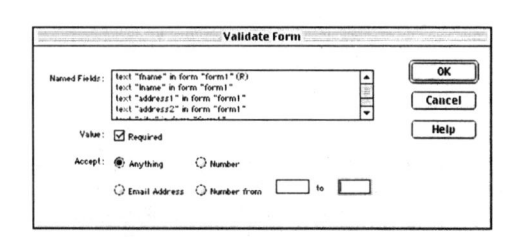

Figura 16.45

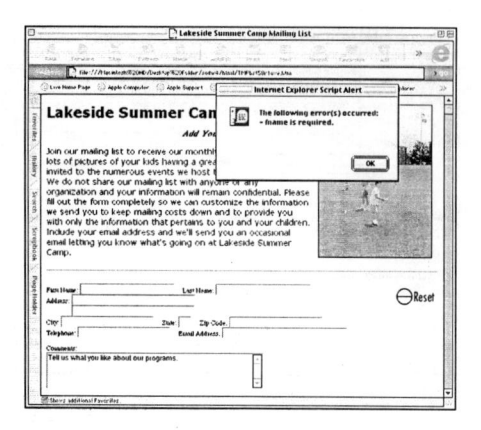

Figura 16.46

Quando você seleciona todo o formulário, o evento onSubmit é usado, ao invés do evento onBlur, o qual resulta quando um único campo é selecionado.

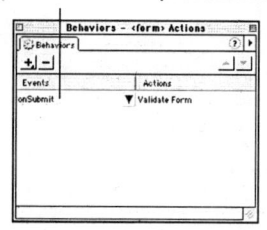

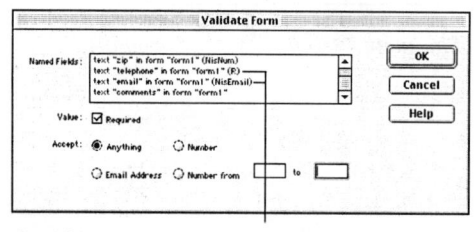

Os critérios para o comportamento Validate Form são especificados entre parênteses, próximo ao campo do formulário, na caixa de diálogo Validate Form.

Figuras 16.47

3. Selecione um campo da lista Named Fields. Se você quiser validar apenas o campo selecionado, clique aquele campo na lista. Clique a caixa de verificação Required, se o usuário não puder deixar esse campo vazio. Marque um botão de rádio para especificar os critérios para aceitação dos dados. Clique OK.

4. Visualize o formulário em um browser. Neste exemplo, quando você entra com os dados errados, aparece uma caixa de diálogo de erro no browser, quando você tentar deixar o campo (16.46).

Ⓝ O T A

Para validar múltiplos campos quando o formulário é submetido, clique a guia <form> no canto inferior esquerdo da janela Document antes de criar a ação Validate Form. Quando a caixa de diálogo aparecer, especifique todos os critérios de validação para todos os campos na lista (16.47).

Capítulo 16 - Como usar comportamentos | 251

Como controlar barras de navegação com comportamentos

Não é possível controlar a maneira com que os botões na barra de navegação se comportam usando o painel Behaviors. Veja o Capítulo 9, "Inserção de imagens interativas", para informações sobre a criação de barras de navegação.

Clique em qualquer das imagens em sua barra de navegação e olhe o painel Behaviors para ver quais comportamentos foram criados por você quando a barra de navegação foi criada. Além das configurações padrão de barra de navegação, o painel Behaviors oferece algumas opções avançadas para gerenciar os botões na barra de navegação. Também é possível usar o comportamento Set Nav Bar Image para acrescentar imagens à sua barra de navegação.

1. Clique para selecionar uma imagem em sua barra de navegação e exiba o painel Behaviors, se ele já não estiver na tela (16.48).
2. Clique duas vezes o evento que deseja editar, no painel Behaviors, para exibir a caixa de diálogo Set Nav Bar Image (16.49).
3. Clique a tab Advanced, na caixa de diálogo Set Nav Bar Image, para especificar como outras imagens em sua página se comportam quando você move sobre a imagem ou clica a imagem (16.50). Clique OK quando tiver terminado.

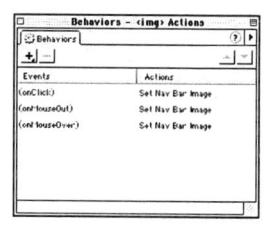

Figura 16.48

Figura 16.49 A tab Basic contém todas as configurações especificadas quando você criou a barra de navegação.

É possível trocar qualquer imagem em sua página usando as opções da tab Advanced, na caixa de diálogo Set Nav Bar Image, não apenas imagens na barra de navegação.

Figura 16.50

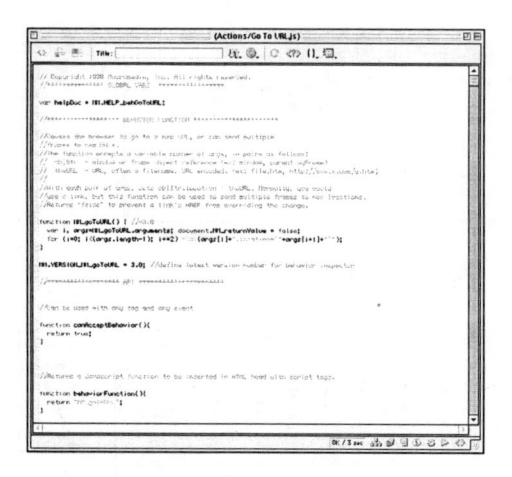

Figura 16.51 O arquivo JavaScript Go To URL está localizado na pasta Actions e aberto aqui em Dreamweaver.

Você pode fazer link para arquivos JavaScript externos.

Cria caixas de diálogo em tabelas.

Figura 16.52

Criação de seus próprios comportamentos

Se você estiver familiarizado com JavaScript e quiser criar as suas próprias ações, o Dreamweaver oferece um simples método para fazê-lo. É possível usar este procedimento para acrescentar o seu próprio JavaScript ao painel Behaviors ou para acrescentar ações terceirizadas, disponíveis em vários Web sites, inclusive da Macromedia.

1. Saia de Dreamweaver, se ele estiver sendo executado.

2. Crie o seu JavaScript em um editor de texto e salve o arquivo com a extensão .html. Este arquivo não deve conter qualquer código HTML. Dê ao arquivo um nome que o descreva; por exemplo, a ação Dreamweaver para controlar Shockwave ou Flash é chamada Control Shockwave ou Flash.html. Está certo incluir espaços no nome do arquivo.

3. Coloque o novo arquivo na pasta Actions dentro da pasta Dreamweaver:

   ◆ Usuários Windows:
   Dreamweaver\
   Configuration\Behaviors\
   Actions

   ◆ Usuários Macintosh:
   Dreamweaver/
   Configuration/Behaviors/
   Actions

4. Inicie o Dreamweaver e clique o botão mais (+) no painel Behaviors para usar a sua nova ação.

Capítulo 17

Neste capítulo, você aprenderá como...

- Criar linhas de tempo
- Acrescentar quadros chave à linha de tempo
- Usar comportamentos com uma linha de tempo
- Criar animação, gravando o caminho de uma camada
- Acrescentar imagens à linha de tempo
- Fazer animações interativas com comportamentos
- Criar múltiplas linhas de tempo

Como trabalhar com linhas de tempo

Timelines permitem que você acrescente animação a uma página Web usando JavaScript, sem precisar saber como escrever qualquer código. As linhas de tempo não usam Java ou ActiveX e não exigem plugins especiais. Já que as linhas de tempo são criadas com JavaScript, a animação só aparece nos browsers versão 4 e superiores.

Em Dreamweaver, as linhas de tempo funcionam principalmente com camadas, criando animação movendo camadas na página Web. Também é possível usar linhas de tempo para trocar imagens dentro e fora da página, com base em uma extensão de tempo, ao invés de como um resultado de algum evento que o comportamento Swap Image manuseia. A animação é criada organizando um grupo de molduras de animação (neste caso, camadas) e exibindo-as em ordem a uma específica taxa de moldura, indicada como molduras por segundo (fps). Pelo fato de que as linhas de tempo usam camadas para criar o efeito de animação, você pode aplicar os comportamentos no painel Behaviors em suas camadas, incluindo os comportamentos em um canal Behaviors especial da linha de tempo.

Uma única linha de tempo Dreamweaver pode conter até 32 canais de animação, que pode executar simultaneamente. Portanto, você pode ter 32 elementos animados em sua página de uma vez. Cada canal de animação pode conter tanto quanto 32.054 molduras, o que totaliza a apenas cerca de 36 minutos a 15fps — mais demorado do que se você jamais iria querer que a sua animação se exibisse em uma página Web. Também é possível criar múltiplas linhas de tempo e controlá-las, usando os comportamentos Timeline, no painel Behaviors.

Capítulo 17 - Como trabalhar com linhas de tempo | **255**

Criação de linhas do tempo

O painel Timelines cria animação colocando camadas em molduras em vários canais de animação e representa as propriedades de camadas e imagens no tempo.

1. Selecione Window→Timelines para exibir o painel Timelines (17.1).
2. Crie uma camada na janela Document e acrescente algum conteúdo à camada.
3. Arraste a camada da dentro da linha de tempo e solte-a na primeira moldura da primeira fileira. A camada é acrescentada à linha de tempo com um quadro chave (círculo branco) no início e um quadro chave no final.
4. Clique e arraste o quadro chave da extrema direita para ajustar o comprimento da animação em molduras (em 15 fps — (17.2).

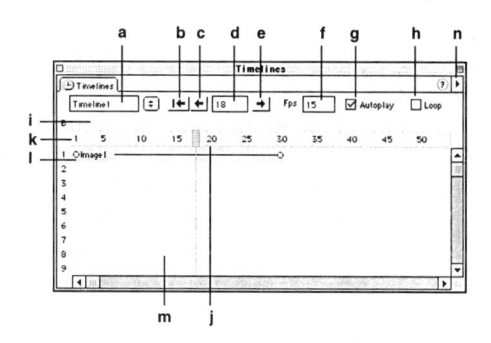

(a) Nome e menu pop-up de linha do tempo
(b) Botão Rewind
(c) Botão Back
(d) Moldura atual
(e) Botão Playback (mantenha pressionado para exibir continuamente)
(f) Taxa de moldura
(g) Marque Autoplay para usar o comando JavaScript onLoad
(h) Marque Loop para exibir continuamente a animação
(i) Canal Behaviors
(j) Cabeça de Playback
(k) Números de molduras
(l) Quadros chave
(m) Canais de animação
(n) Clique para exibir o menu Options

Figura 17.1

Quadros chave são os pontos de controle de sua animação.

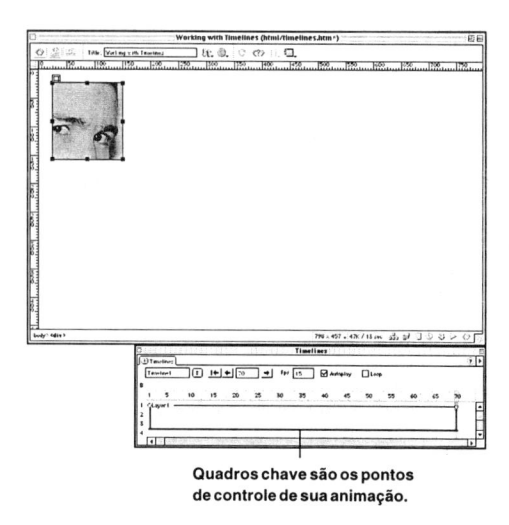

Figuras 17.2

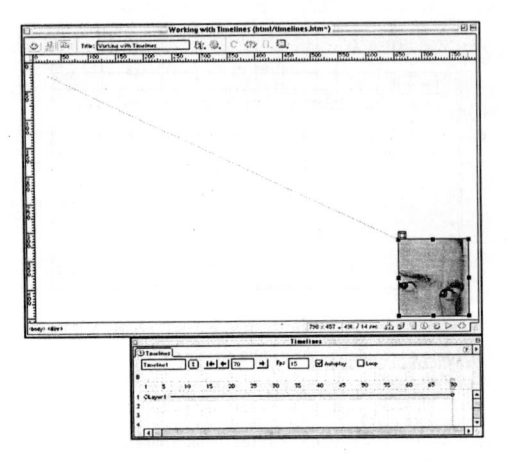

Figura 17.3 Já que esta animação só tem dois quadros chave, ela se exibe em uma linha reta.

5. Clique o quadro chave à extrema direita para destacá-lo; depois, clique e arraste a camada para um novo lugar na janela Document. Quando você soltar a camada em sua nova localização, uma linha aparecerá entre a primeira e a última molduras, demonstrando o caminho da animação (17.3). Já que esta animação só tem dois quadros chave, a animação é executada em uma linha reta.

6. Clique o botão Rewind para voltar a cabeça de exibição à moldura 1; depois, clique e mantenha pressionado o botão Play para visualizar a sua animação em Dreamweaver.

ⓓ I C A

(Ctrl-click)[Right-click] a linha de tempo para exibir o menu de contexto, onde você pode selecionar opções de menu, tais como Add Frame, Add Keyframe e Remove Frame. Também é possível clicar o triângulo no canto superior direito do painel Timelines para exibir as escolhas de menu de contexto.

Como acrescentar quadros chave à linha de tempo

Quadros chave são colocados na linha de tempo sempre que você quiser mudar a direção da animação, ou quando quiser acrescentar um comportamento à linha de tempo. Insira quadros chave na linha de tempo e depois, arraste a camada correspondente, para modificar o caminho de sua animação.

1. Clique a linha de tempo, por trás do número de moldura onde você deseja fazer uma mudança ao caminho da animação (17.4).
2. Selecione Modify→Timeline→Add Keyframe, ou pressione F6 para acrescentar um quadro chave ao ponto selecionado na linha de tempo.
3. Arraste a camada na janela Document para mudar o caminho da animação no ponto do quadro chave na linha de tempo (17.5).

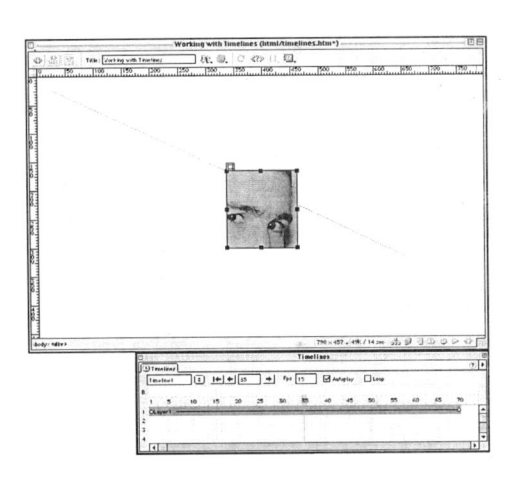

Figuras 17.4

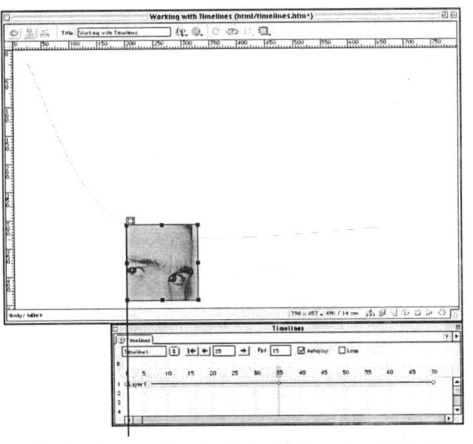

Ⓓ I C A

Mantenha pressionada a tecla (Command)[Ctrl] e clique a linha de tempo para acrescentar quadros chave.

Você pode usar o inspetor Property para especificar as posições x e y exatas do canto superior esquerdo da camada, configurando os valores Left e Top da camada.

Figuras 17.5

Ⓓ I C A

Clique e arraste a cabeça de exibição para mover para uma moldura específica dentro da animação.

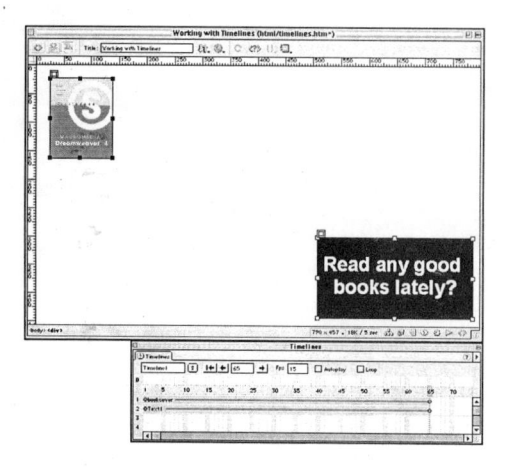

Figuras 17.6

Aqui, são criadas duas camadas, cada qual contendo algum conteúdo. Cada camada é animada, para mover-se ao seu canto oposto. Quando a linha de tempo é exibida, a camada no canto superior esquerdo passa diante da camada no canto inferior direito, perto do centro da página.

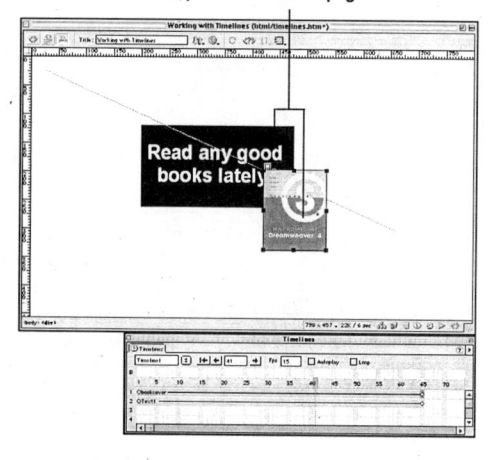

Figuras 17.7

Como usar comportamentos com uma linha de tempo

Para acrescentar comportamentos à sua linha de tempo, primeiro você precisa acrescentar um quadro chave na moldura onde deseja que o comportamento ocorra. Você pode acrescentar qualquer comportamento a uma linha de tempo e aquele comportamento pode conter qualquer quantidade de ações. Ao acrescentar um comportamento a Timeline, o evento do comportamento sempre é onFrameXX, onde XX é o número da moldura na qual o comportamento ocorre.

1. Crie duas camadas posicionadas nas extremidades opostas da janela Document; depois, acrescente-as à linha de tempo, no canal 1 e canal 2. Arraste os quadros chave da extrema direita em cada camada para ajustar o comprimento total da animação (17.6).

2. Clique o quadro chave de encerramento de cada camada e depois, arraste a camada na janela Document para uma nova posição na tela, para que as duas camadas interajam em algum ponto ao longo da animação (17.7).

ⓓ I C A

Se você mudar as molduras por segundo (fps) para um valor maior do que 15, a animação se exibirá mais rapidamente, localmente em seu computador, mas não se exibirá mais rapidamente do que 15 fps pela Internet.

3. Clique e arraste a cabeça de exibição, até que as duas camadas estejam se sobrepondo. Mantenha pressionada a tecla (Command)[Ctrl] e clique sob a cabeça de exibição e no canal de animação que contém a camada do alto (capa de livro, no meu exemplo), para inserir um novo quadro chave (17.8).

4. Clique duas vezes diretamente sobre a cabeça de exibição, no canal Behaviors, para exibir o painel Behaviors. Assegure-se de que a moldura no canal Behaviors da linha de tempo está destacada. Clique o botão mais (+), no painel Behaviors e selecione Show-Hide Layers (17.9), para exibir a caixa de diálogo Show-Hide Layers. Destaque o nome da camada do fundo e clique o botão Hide; depois, clique OK (17.10).

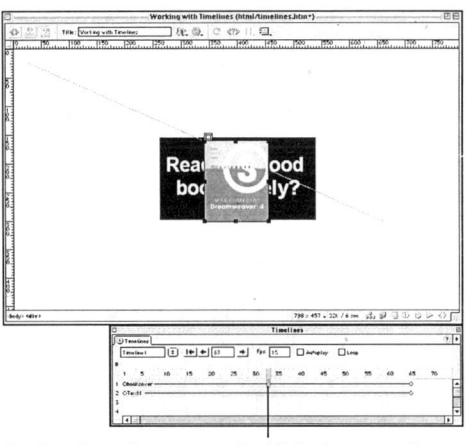

Quadros chave são acrescentados à linha de tempo onde você deseja incluir um comportamento de linha de tempo.

Figuras 17.8

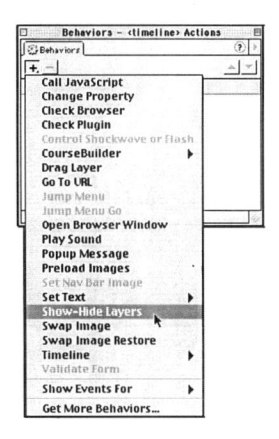

Ⓓ I C A

Quando você marca a opção Loop no painel Timeline, um comportamento é acrescentado à moldura, depois da primeira moldura de sua animação, com a ação Go To Timeline Frame.

Figuras 17.9

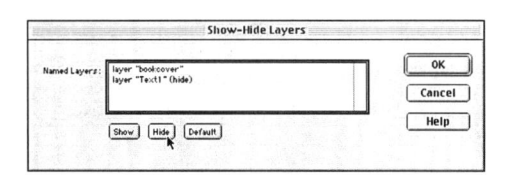

Figura 17.10

Você pode acrescentar múltiplas ações a uma única moldura na linha de tempo.

Destaque um comportamento e pressione (Delete)[Backspace] para apagá-lo do canal Behavior.

Marque a opção Autoplay para iniciar a exibição quando a página carregar no browser.

Quando você marcar a opção Loop, um comportamento é acrescentado, depois da última moldura.

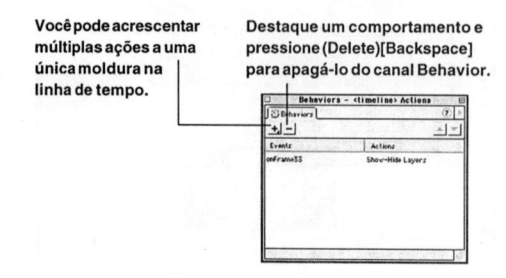

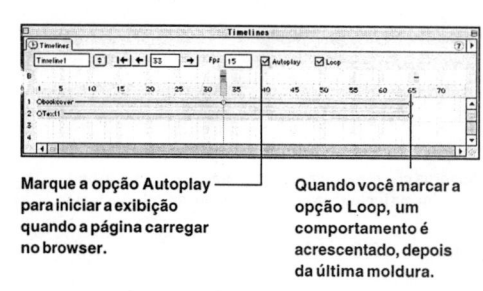

Figuras 17.11

Ⓓ I C A

Lembre-se de marcar o botão Autoplay no inspetor Timelines, antes de visualizar em um browser.

5. O evento para a ação Show-Hide Layers é onFrame33 (ou qualquer número que a sua moldura tiver), pois o comportamento foi acrescentado à linha de tempo na moldura 33 (17.11). Veja a animação em um browser. Quando você exibe a linha de tempo, o objeto de fundo deve desaparecer quando ele atinge a moldura especificada.

6. Use este mesmo procedimento com a ação Change Property, no painel Behaviors, para mudar as configurações índice-z, largura, altura, esquerda, alto e visibilidade da camada. Veja o Capítulo 16, "Como usar comportamentos", para informações sobre o uso da ação Change Property.

Ⓓ I C A

Ao invés de usar o comportamento Change Property para mudar o tamanho de uma camada, simplesmente acrescente um quadro chave e depois, clique e arraste as alavancas de camada. Por exemplo, se você quiser que uma camada se torne gradualmente menor, à medida que a animação se exibe, clique o último quadro chave e faça a camada menor; o Dreamweaver faz o resto. Entre com os valores Width e Height no inspetor Property, como uma maneira alternativa de mudar o tamanho da camada.

Criação de animação gravando um caminho de camada

O Dreamweaver oferece um método de criar animação de linha de tempo, arrastando uma camada. Quadros chave são acrescentados automaticamente ao longo da linha de tempo, onde necessários e a animação pode ser estendida para mudar o comprimento (em tempo) da animação, depois que a animação inicial for gravada.

1. Selecione uma camada, clicando-a na janela Documento. Assegure-se de selecionar a camada e não o conteúdo da camada.
2. Selecione Modify→Timeline→Record Path of Layer.
3. Arraste a camada para criar o caminho da animação (17.12).

DICA

Quando você clica o botão Autoplay no inspetor Timeline, o comportamento Play Timeline é acrescentado ao início de seu documento, com o evento onLoad. Para ver este comportamento no painel Behaviors, assegure-se de que um comportamento no inspetor Timeline não está destacado e clique <body> no canto inferior esquerdo da janela Document.

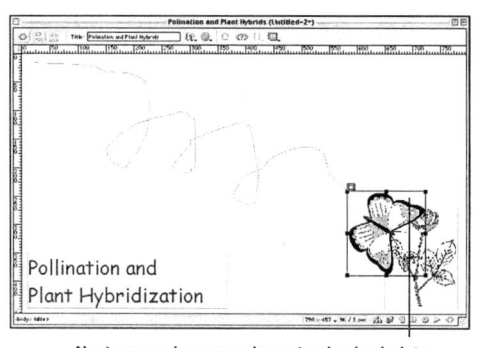

Neste exemplo, a camada contendo a borboleta era, originalmente, no canto superior esquerdo.

Figura 17.12

NOTA

A taxa de exibição padrão é de 15 fps, que é mais eficaz para exibição na Web. Se você ajustar a taxa a um valor mais alto, a animação pode se executar mais rapidamente em seu computador, porém ainda se executará a 15 fps no computador de um visitante.

Como acrescentar imagens à linha de tempo

Acrescente imagens à linha de tempo quando desejar mudar a fonte de imagem com o tempo. Esta técnica é uma ótima maneira de ativar e desativar a transição de múltiplas imagens na página. Você pode acrescentar múltiplas imagens em um único canal, simplesmente mudando a fonte de imagem nos pontos de quadro chave.

1. Clique uma imagem em sua página. Não coloque a imagem em uma camada.

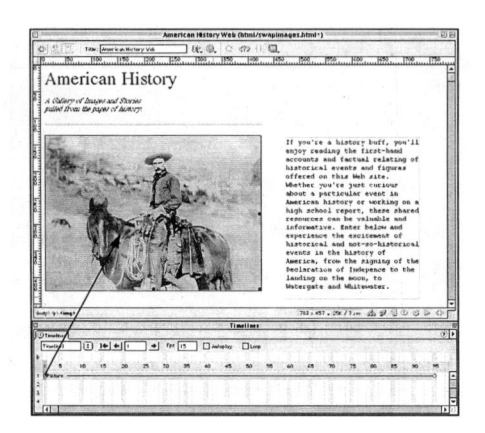

Figuras 17.13

2. Clique e arraste a imagem para dentro da linha de tempo; depois, arraste o último quadro chave para a direita, para ajustar o comprimento da animação (17.13).
3. Clique para selecionar uma moldura junto ao canal de imagem e (Command-click)[Ctrl[click] para acrescentar um quadro chave.
4. Selecione uma nova fonte de imagem no inspetor Property (17.14).
5. Realize as etapas 3 e 4 para acrescentar mais imagens à linha de tempo (17.15).

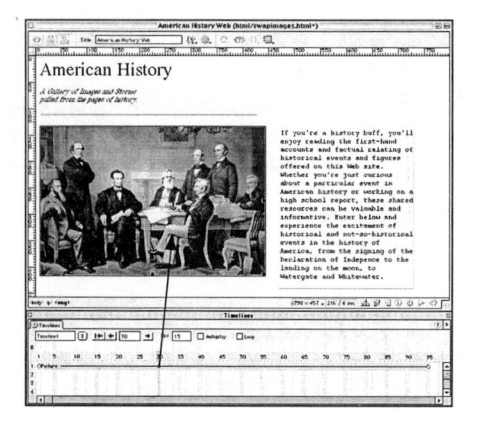

Figuras 17.14

ⒹICA

Você deve pré-carregar as imagens em sua linha de tempo usando a ação Preload Images com o evento onLoad no painel Behaviors. Clique a guia <body> no canto inferior esquerdo da janela Document e especifique o comportamento para pré-carregar imagens, usando o painel Behaviors.

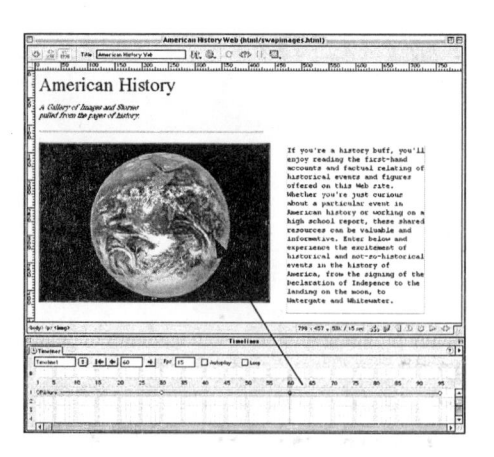

Figuras 17.15

Como fazer animações interativas com comportamentos

Além de usar os comportamentos dentro da linha de tempo, é possível controlar o início e o fim de linhas de tempo, bem como pular para locais de moldura, usando as ações de linha de tempo no painel Behaviors. Estes comportamentos são úteis quando você deseja dar ao visitante controle interativo sobre a linha de tempo.

1. Crie uma animação linha de tempo e um botão usando o objeto Button no painel Forms Objects (17.16).
2. Clique para selecionar o botão. Depois, selecione a ação Timeline→Play Timeline, no painel Behaviors, para exibir a caixa de diálogo Play Timeline (17.17). Selecione a linha de tempo que deseja exibir e clique OK.
3. Assegure-se de que a opção Autoplay não está marcada antes de testar a sua página em um browser.
4. Crie um outro botão e selecione a ação Timeline→Go To Timeline Frame, no painel Behaviors, para exibir a caixa de diálogo correspondente (17.18).

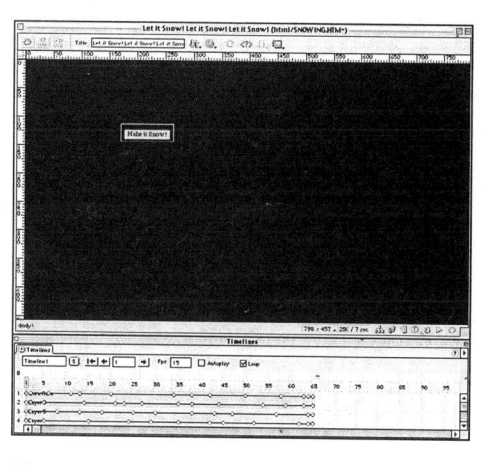

Figuras 17.16

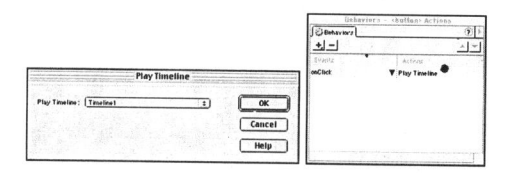

Figuras 17.17

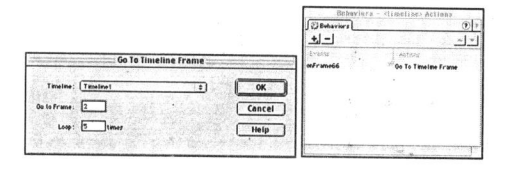

Figuras 17.18

NOTA

A forma padrão de botão é o botão Submit. Portanto, assegure-se de ajustar a Action para None, para o botão no inspetor Property, se quiser designar um comportamento ao botão.

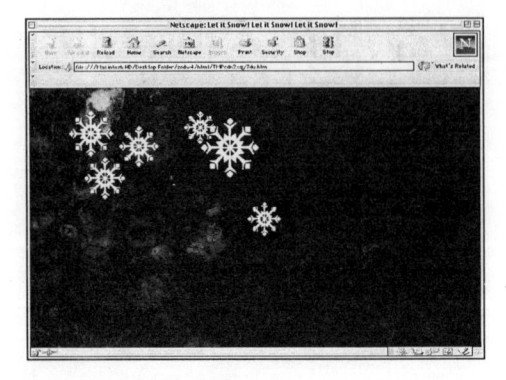

Figura 17.19

5. Entre com a moldura para a qual deseja pular. Se você quiser que a animação faça loop de volta para a moldura especificada, entre com um número no campo Loop, para indicar quantas vezes fazer o loop. Esta é a mesma ação que é inserida ao final de sua linha de tempo, quando a caixa de verificação Loop é selecionada no painel Timelines.

6. Visualize a animação em um browser. Quando você clicar o botão com o comportamento Go To Timeline Frame, a animação pula para o ponto especificado na linha de tempo e exibe a linha de tempo a partir daquele ponto (17.19).

Ⓓ I C A

Clique o comportamento que aparece depois da última moldura na linha de tempo e clique duas vezes a ação Play Timeline, no painel Behaviors, para ajustar ambos, o número de vezes que a linha de tempo faz loop e a qual moldura ele retorna, ao fazer o loop. Esta técnica é útil, se você quiser colocar algo na primeira moldura de sua animação, tal como um botão, mas não quer incluí-lo no loop.

Criação de múltiplas linhas de tempo

Você pode querer criar mais do que uma linha de tempo para ter mais do que uma animação em uma página. Anexe comportamentos a vários botões ou links para exibir e parar as múltiplas linhas de tempo, ou marque a caixa de verificação Autoplay para exibir todas as linhas de tempo juntas, quando a página carregar. Combine linhas de tempo que contém imagens com linhas de tempo usando camadas para animar as suas páginas Web.

1. Selecione Modify→Timeline→Add Timeline para acrescentar uma nova linha de tempo. O nome da linha de tempo aparece no canto superior esquerdo do painel Timelines e é automaticamente nomeada pelo Dreamweaver. Digite um nome para a nova linha de tempo, se não quiser usar o nome padrão (17.20).

2. Clique a seta à direita do nome da linha de tempo, no painel Timelines, para trocar entre as linhas de tempo disponíveis (17.21).

Ⓝ O T A

Selecione Modify→Timeline→Remove Timeline para apagar uma linha de tempo.

O nome da linha de tempo é fornecido aqui.

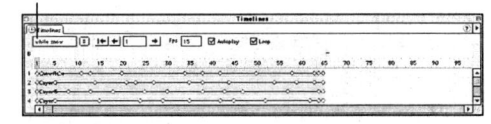

Figura 17.20

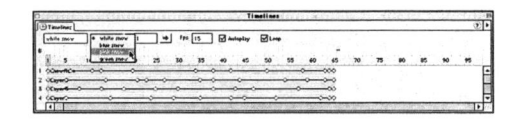

Figura 17.21

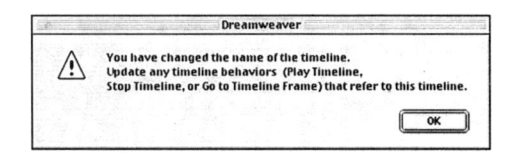

Figura 17.22

Ⓓ I C A

Se você renomear uma linha de tempo que inclua comportamentos, precisa voltar e redefini-los, pois o código JavaScript, que é gerado usando o comportamento, refere-se à linha de tempo específica, pelo seu nome (17.22).

Capítulo 18

Neste capítulo, você aprenderá como...

- Usar o painel Assets
- Acrescentar Assets à sua lista Favorites
- Inserir um componente em um documento
- Editar componentes
- Copiar componentes entre sites
- Criar novas cores e URLs

O painel Assets de Dreamweaver permite que você gerencie elementos, tais como imagens, gabaritos e arquivos de filme. Os componentes em seu site são categorizados no painel Assets. As nove categorias de componentes encontradas no painel Assets são imagens, cores, URLs, filmes Flash, filmes Shockwave, filmes MPEG e QuickTime, Scripts, Templates e itens Library. Apenas os arquivos que se ajustam nestas categorias são apresentadas no painel Assets.

Como gerenciar e inserir componentes com o painel Assets

Você pode usar o painel Assets de duas maneiras. A lista Site gerencia os componentes categorizados em seu site atual. A lista Favorites, por outro lado, pode conter os componentes que você usa com mais freqüência, tais como logos, cores e URLs. O conteúdo da lista Site é automaticamente gerado com base nos componentes usados em seu site. A lista Favorites está vazia, até que você acrescente componentes a ela.

Quando você tem mais de um site definido em Dreamweaver, pode copiar componentes de um site para o outro usando o painel Assets. Acrescente cores usadas com freqüência e URLs ao painel Assets de um site, copie aquelas cores para a lista Favorites do painel Assets para o outro site. Ao copiar componentes de um site para outro, automaticamente o Dreamweaver duplica os componentes no primeiro site e os coloca em seus respectivos lugares na pasta do novo site, de destino, em seu disco rígido.

Como usar
o painel Assets

A lista Site contém todos os componentes de seu site que se ajustam nas categorias predefinidas, e exibe componentes, você usando-os ou não em suas páginas Web. Com exceção das categorias Library e Templates, as mesmas categorias estão incluídas em ambos, a lista site do painel Assets e a lista Favoritos

1. Selecione Window→Assets para exibir o painel Assets (18.1).
2. Clique o botão de rádio Site, no alto do painel Assets. Depois, clique um ícone de categoria, à esquerda do painel Assets, para exibir os componentes naquela categoria (18.2).
3. Se o painel Assets estiver aberto quando você acrescentar ou remover componentes de seu site, clique o botão Refresh Site List para atualizar a lista de componentes.
4. Clique um componente na lista de componentes para visualizar o componente na seção do alto do painel Assets.

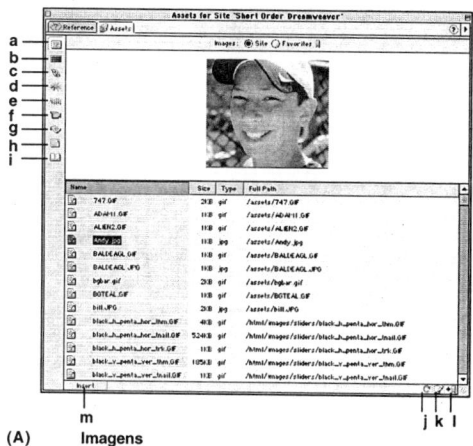

(A) Imagens
(B) Cores
(c) URLs
(d) Flash
(e) Shockwave
(f) Filmes
(g) Scripts
(h) Gabaritos
(i) Itens de Library
(j) Lista Refresh Site
(k) Editar componente
(l) Acrescentar a lista Favoritos
(m) Inserir componente selecionado ao documento atual

Figura 18.1

DICA

Para remontar manualmente o cache do site a partir do rascunho e atualizar a lista Site, (Command-click)[Ctrl+click] o botão Refresh Site List no fundo do painel Assets.

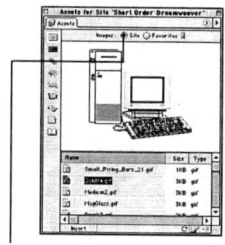

O botão de rádio Site não aparece quando os componentes Templates ou Library são selecionados.

Figura 18.2

NOTA

É preciso definir um site e criar um cache de site antes de usar o painel Assets.

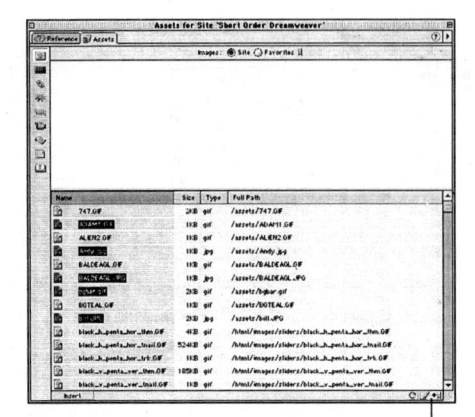

Como acrescentar componentes à lista Favorites

Acrescente os componentes que você usa freqüentemente, tais como cores, URLs e imagens, à lista Favorites. É possível acrescentar qualquer componente à lista Favorites, exceto Templates e Library.

1. Selecione um ou mais componentes na lista Site do painel Assets (18.3).
2. Clique o botão Add to Favorites, no canto inferior direito do painel Assets. Você também pode acrescentar componentes à lista Favorites das seguintes maneiras:
3. Clique o botão de rádio Favorites, no alto do painel Assets, para ver os componentes na lista Favorites (18.4).
4. Clique o botão Remove From Favorites, no canto inferior direito do painel Assets, para remover componentes da lista Favorites.

Botão Add to Favorites

Figura 18.3

Figura 18.4

ⓃOTA

Quando você acrescenta um componente à lista Favorites da vista Design da janela Document, o menu de contexto exibe uma opção para o tipo de elemento selecionado. Por exemplo, se você (Ctrl-click)[right+click] uma imagem JPEG, o menu de contexto contém a escolha Add to Image Favorites (18.5).

ⒹICA

Quando você remove um componente da lista Favorites, o componente ainda está na lista Site do painel Assets.

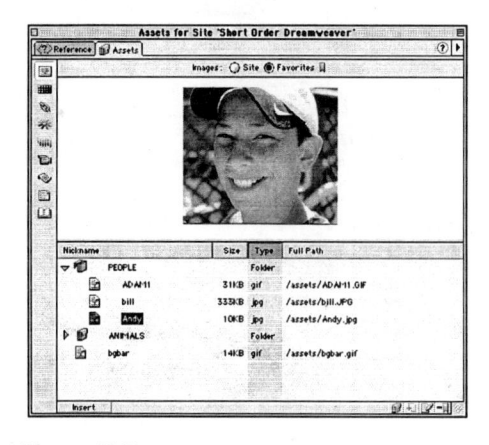

Figura 18.5

Capítulo 18 - Como gerenciar e inserir componentes com o painel Assets | **271**

Inserção de um componente em um documento

Insira componentes em seu documento arrastando o componente do painel Assets para dentro da janela Document, ou selecionando um componente no painel Assets e clicando o botão Insert. Para usar os componentes URL e Color, selecione algum texto e arraste o componente para dentro do texto na janela Document. URLs também podem ser aplicados a imagens na janela Document. Veja o Capítulo 19, "Criação de gabaritos e bibliotecas", para informações sobre a inserção de componentes Template e Library.

1. Coloque o ponto de inserção na vista Design da janela Document onde deseja inserir um componente.
2. Selecione Window→Assets, para exibir o painel Assets, se ele já não estiver na tela (18.6).

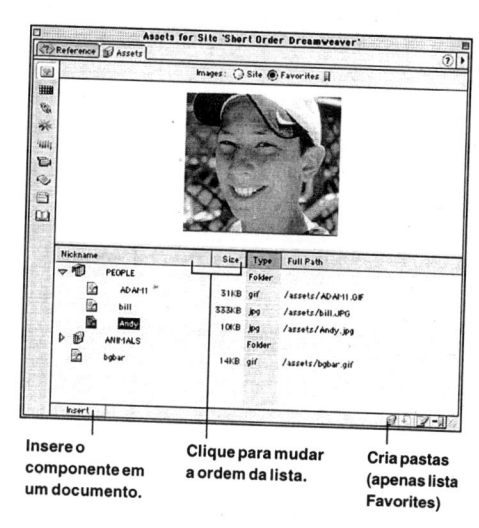

Figura 18.6

Ⓝ O T A

Quando inserindo um gabarito ou item de biblioteca, é preciso usar a lista Site no painel Assets. Gabaritos e itens de biblioteca não aparecem na lista Favorites.

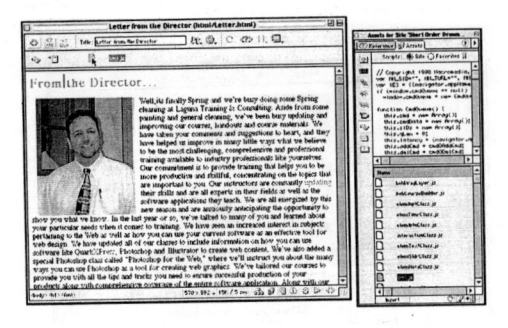

Figuras 18.7

3. Clique para selecionar uma categoria, à esquerda do painel Assets.
4. Selecione ou Site ou Favoritos no alto do painel Assets.
5. Arraste o componente do painel Assets para dentro do documento na vista Design.
6. Para inserir um script do painel Assets, selecione View→Head Content e arraste o script do painel Assets na seção head (18.7).

NOTA

Para mudar a cor de texto no documento usando o painel Assets, selecione o texto e depois arraste uma cor do painel Assets para dentro do texto selecionado. Use o mesmo método para acrescentar um URL ao texto, ou clique uma imagem e arraste um URL do painel Assets para dentro da imagem.

Capítulo 18 - Como gerenciar e inserir componentes com o painel Assets | **273**

Edição de componentes

Alguns componentes, tais como imagens, lançam um aplicativo editor externo quando você edita o componente. É possível editar cores e URLs na lista Favorites, mas não na lista Site.

1. Clique duas vezes um componente no painel Assets, ou selecione um componente e clique o botão Edit, no canto inferior direito do painel Assets.
2. Se um aplicativo de edição for lançado para editar o componente, faça as mudanças necessárias e salve o arquivo.
3. Para editar cores, crie Favorites para as cores que deseja editar; depois, clique o botão de rádio de Favorites, no alto do painel Assets. Clique duas vezes uma cor, na lista Favorites do painel Assets. Quando a paleta de cor aparecer, selecione uma nova cor (18.8).
4. Para editar URLs, crie Favorites para os URLs que deseja editar; depois, clique o botão de rádio de Favorites, no alto do painel Assets. Clique duas vezes um URL e mude o URL na caixa de diálogo Edit URL (18.9).

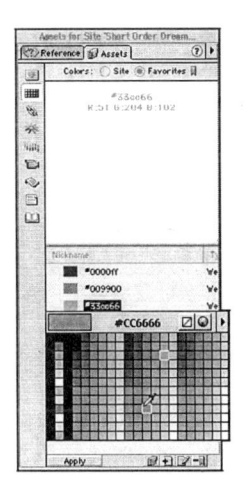

Figura 18.8

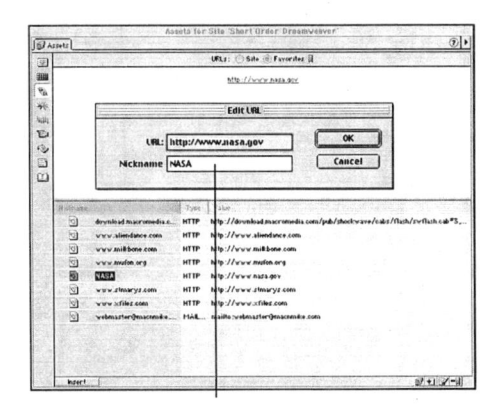

Ⓝ O T A

Se um editor externo não iniciar quando você clicar duas vezes um componente, especifique o editor na caixa de diálogo Preferences. Selecione Edit→Preferences e depois selecione a categoria File Types/Editors.

Designe um apelido para exibir no painel Assets, ao invés do endereço URL.

Figura 18.9

Como copiar componentes entre sites

É possível copiar componentes do painel Assets de um site para outro site definido no Dreamweaver. Se você copiar uma cor ou URL para outro site, a cor ou URL é acrescentada apenas à lista Favorites. Você pode selecionar múltiplos componentes e copiá-los para outro site, ou selecionar pastas na lista Favorites do painel Assets para copiar para um outro site.

1. Selecione os componentes no painel Assets que deseja copiar para um outro site.

2. (Ctrl-click)[Right+click] para exibir o menu de contexto; depois, selecione Copy to Site para selecionar um site definido em Dreamweaver (18.10).

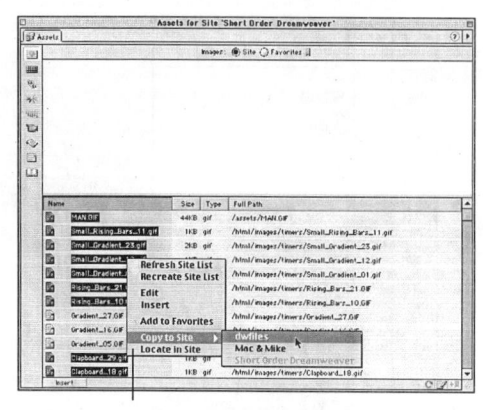

Selecione Locate in Site para encontrar o(s) arquivo(s) selecionado(s) na janela Site.

Figura 18.10

Ⓝ O T A

Os componentes que aparecem no painel Assets referem-se ao site atual e não apenas ao documento atual.

Ⓝ O T A

Ao copiar componentes para um outro site, os componentes são acrescentados a ambas, a lista Site e a lista Favorites, exceto no caso de cores e URLs, que são acrescentados apenas à lista Favorites.

Criação de novas cores e URLs

Você pode usar o painel Assets para criar cores, URLs, gabaritos e itens de biblioteca. As cores e os URLs precisam ser acrescentados à lista Favorites, pois eles não se relacionam a quaisquer arquivos. Para informações sobre a criação de novos gabaritos e itens de biblioteca, veja o Capítulo 19, "Criação de gabaritos e bibliotecas".

1. Clique o botão de rádio para Favorites, no painel Assets.
2. Clique a lista de categoria Color ou URL à esquerda do painel Assets.
3. Para acrescentar uma nova cor, clique o botão New Color, no fundo do painel Assets; depois, selecione uma cor da paleta de cor (18.11).
4. Para acrescentar um novo URL, clique o botão New URL, no fundo do painel Assets; depois, digite um novo URL e apelido opcional (18.12).

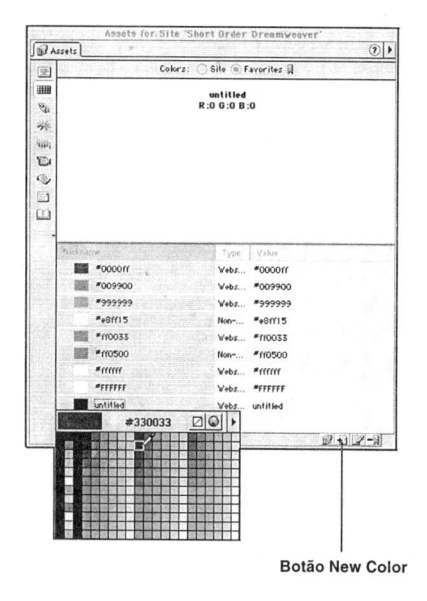

Figuras 18.11

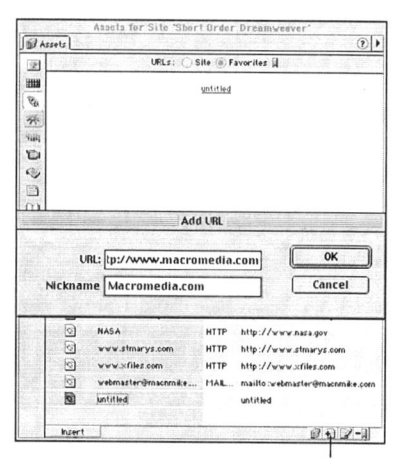

Botão New Color

Ⓝ O T A

É possível mudar o nome de qualquer cor na lista de cores para um nome único de sua escolha. Clique o nome de cor, na coluna Nickname e depois, digite um novo nome de cor. Clique duas vezes uma cor, na lista de cores, para mudar o valor hexadecimal da cor, mostrado na coluna Value.

Botão New URL

Figuras 18.12

Capítulo 19

Neste capítulo, você aprenderá como...

- Criar um gabarito
- Especificar regiões editáveis de um gabarito
- Criar um novo arquivo a partir de um gabarito
- Exportar conteúdo XML
- Importar conteúdo XML
- Usar bibliotecas para organizar conteúdo
- Usar Server-Side Includes

Criação de gabaritos e bibliotecas

Gabaritos são uma ótima ferramenta para garantir a uniformidade de seus Web sites. Em Dreamweaver, você começa criando um documento usando as ferramentas disponíveis em Dreamweaver. O arquivo então é salvo como um gabarito, com uma extensão .dwt. Depois que o documento é salvo, você especifica quais partes da página Web são editáveis. Quando, subseqüentemente, você usa o gabarito para criar uma nova página Web, tudo na página — além das áreas marcadas como editáveis — é protegido de mudança. Os gabaritos são uma ferramenta útil se o seu site contém um tema constante, ou se você tiver itens comuns, tais como barras de navegação, links de e-mail ou informações de direitos autorais.

As bibliotecas são úteis para armazenar conteúdo Web usado repetidamente. Você pode armazenar elementos únicos ou grupos de itens — inclusive texto, imagens e até arquivos de plugin, tais como Shockwave e Flash — em bibliotecas. Depois que você tiver armazenado itens de biblioteca, pode abri-los em Dreamweaver e editá-los como entidades separadas. Ao mudar um item de biblioteca, você é solicitado a atualizar todas as páginas em seu Web site que contém aquele item de biblioteca em especial. Com um pouco de planejamento, é possível seqüenciar a atualização de seu Web site ao usar gabaritos e bibliotecas. Além disto, existe a capacidade de Dreamweaver atualizar todo o site, quando você faz mudanças em gabaritos e bibliotecas.

Criação de um gabarito

Quando você cria um novo gabarito, ele é disponibilizado na categoria Templates do painel Assets e armazenado em uma pasta Templates na pasta Root de seu site.

1. Crie um documento HTML em Dreamweaver da maneira que faria normalmente em qualquer outra página Web. Ao fazer o design de sua página, tenha em mente que você estará selecionando itens para serem editados, ao mesmo tempo em que está bloqueando outros (19.1).
2. Selecione File→Save as Template para exibir a caixa de diálogo Save as Template (19.2). Depois, especifique o site para o gabarito, bem como um nome. Quando você clicar Save, o novo gabarito aparece na categoria Templates do painel Assets (Window→Templates).
3. Clique o nome do gabarito na categoria Templates do painel Assets para exibir uma visualização do gabarito (19.3). Você pode abrir e apagar gabaritos diretamente da categoria Templates do painel Assets.

Ⓝ O T A

Quando você abre e faz mudanças em um gabarito, pode escolher também, atualizar todas as outras páginas criadas a partir daquele gabarito.

Figura 19.1

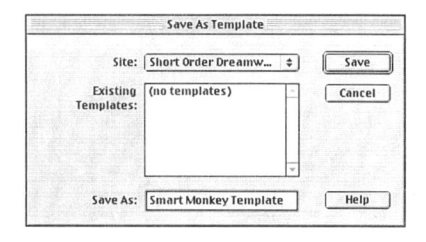

Figura 19.2 Não é possível salvar um conjunto de molduras como um gabarito, porém você pode salvar as páginas fonte HTML individuais usadas no conjunto de molduras como gabaritos.

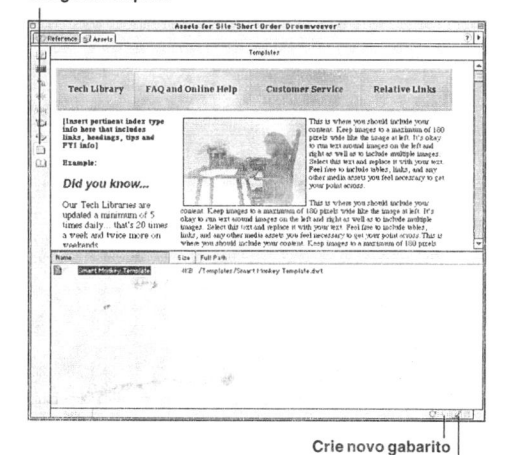

Categoria Template

Crie novo gabarito
Edite gabarito selecionado

Figura 19.3

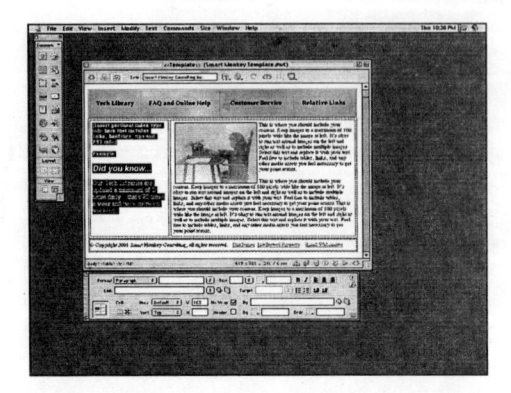

Figura 19.4 *Especifique as regiões individuais da página separadamente, pois você é solicitado a nomear as regiões para fácil acesso mais tarde.*

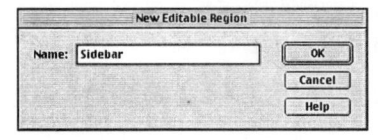

Figura 19.5

Como especificar regiões editáveis de um gabarito

Ao criar inicialmente o seu gabarito, tudo na página está protegido, o que evita de um outro usuário fazer mudanças nos itens de gabarito. Você precisa especificar quais regiões da página são editáveis, para permitir ao usuário fazer mudanças em partes específicas do documento criado com o arquivo gabarito. O usuário sempre tem a opção de destacar do gabarito, em cujo caso todo o conteúdo pode ser editado. Uma região editável, chamada doctitle, é automaticamente especificada para um gabarito, portanto, o usuário pode mudar o título da página, mas não o restante das propriedades de página, tais como cor de fundo e cor de texto.

1. Selecione o conteúdo na página que deseja marcar como editável (19.4).
2. Selecione Modify→Templates→New Editable Region. Quando a caixa de diálogo New Editable Region aparecer, digite um nome que identifique a região editável (19.5).

ⓝOTA

Os seguintes caracteres não são válidos para nomes de região: apóstrofes ('), aspas ("), chaves angulares (<>) e e-comercial (&).

3. Selecione Modify→Templates→New Editable Region e entre com um nome para a região editável, no campo Name da caixa de diálogo New Editable Region. Uma região editável é definida na janela Document, com chaves curvas, tal como {Optional By Line} (19.6).
4. Selecione Edit→Preferences→Highlighting para personalizar as cores de destaque para as regiões editável e bloqueada de um gabarito (19.7). Caixas envolvem as regiões editáveis com tabs no canto superior esquerdo contendo os nomes de região. A cor da região bloqueada aparece no documento que usa o gabarito. Para ver as regiões destacadas na janela Document, selecione View→Visual Aids→Invisible Elements. As regiões destacadas aparecem na janela Document quando Invisible Elements estão ativados (19.8).

Ⓓ I C A

Você pode marcar uma tabela inteira ou uma célula individual de tabela como editável. Porém, não pode marcar múltiplas células de uma vez como editáveis. Camadas e conteúdo de camada são elementos separados, e ambos podem ser marcados como editáveis.

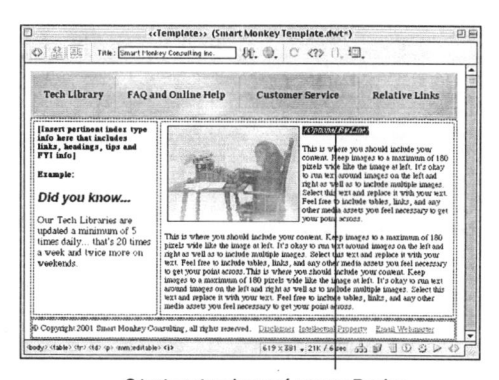

O texto entre chaves é o nome Region.

Figura 19.6

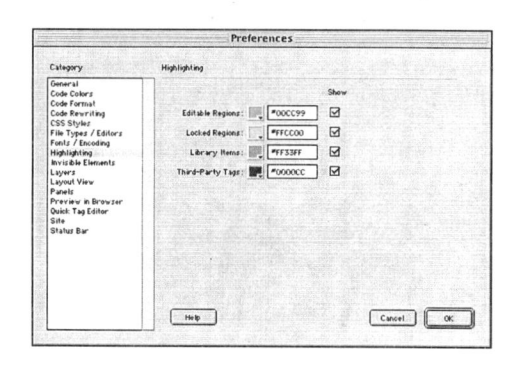

Figura 19.7

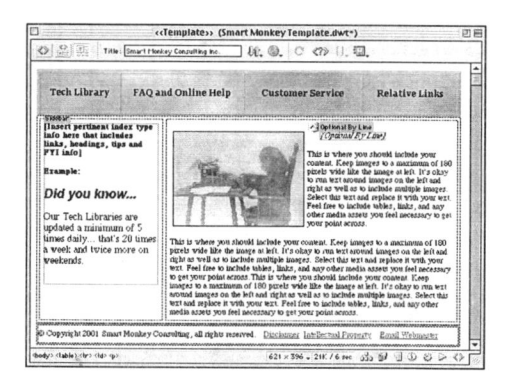

Figura 19.8

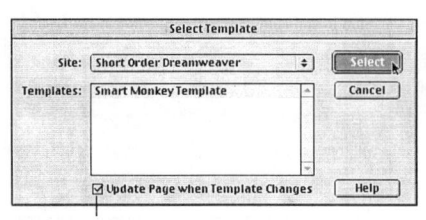

Mudanças feitas ao gabarito atualizarão automaticamente páginas criadas com o gabarito.

Figura 19.9

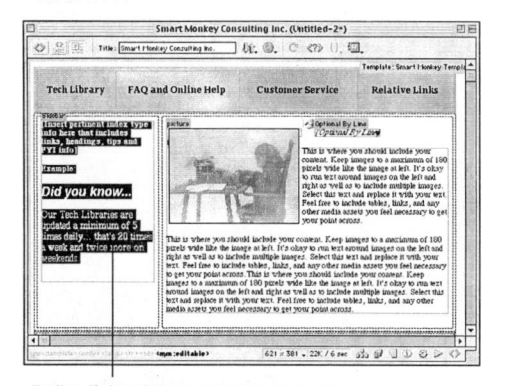

Estilos, linhas de tempo e comportamentos só podem ser aplicados a regiões editáveis de um documento que usa gabaritos.

Figura 19.10

Criação de um novo arquivo a partir de um gabarito

Depois que um gabarito é criado, você cria simplesmente um novo documento a partir daquele gabarito. Se editar o gabarito em algum ponto depois que ele tiver sido aplicado a páginas Web, ao salvar o gabarito modificado, você é solicitado a atualizar todos os arquivos que usam aquele gabarito. Por outro lado, você pode destacar o gabarito do arquivo, para evitar mudanças a ele afetarem um documento em particular.

1. Selecione File→New from Template e selecione o gabarito da caixa de diálogo que aparece na tela (19.9).
2. Selecione Modify→Templates para selecionar as regiões editáveis pelos seus nomes, que aparecem no fundo do menu. A região editável selecionada é destacada na janela Document (19.10).
3. Selecione Modify→Templates→Update Current Page para atualizar páginas manualmente, uma de cada vez.

NOTA

Estilos, linhas de tempo e comportamentos personalizados são totalmente suportados em regiões editáveis de gabaritos, embora qualquer documento que use um gabarito não possa ter a sua própria folha de estilo, linhas de tempo ou comportamentos. É preciso usar a folha de estilo, linhas de tempo e comportamentos definidos para o gabarito.

Exportação de conteúdo XML

Você pode usar os recursos de exportar Extensible Markup Language (XML) para exportar as regiões editáveis de um gabarito como um documento XML. Ao usar esta função, é possível exportar o seu conteúdo para um formato que pode ser modificado fora de Dreamweaver, usando um editor de texto.

1. Abra um documento que use um gabarito com regiões editáveis.
2. Selecione File→Export→Export Editable Regions as XML.
3. Quando a caixa de diálogo Export Editable Regions as XML aparecer, selecione uma guia de notação e clique OK (19.11).

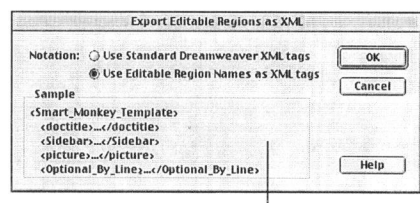

Um exemplo é criado a partir dos dados, quando você clica os botões de rádio nesta caixa de diálogo.

Figuras 19.11

Importação de conteúdo XML

Conteúdo XML pode ser importado para um documento que esteja usando um gabarito.

1. Selecione File→Import XML into Template.
2. Localize um arquivo XML e clique Open. Quando o arquivo XML for importado, o Dreamweaver mistura o conteúdo XML com o gabarito especificado no arquivo XML e exibe o resultado em uma nova janela Document. Se o gabarito especificado não for encontrado, o Dreamweaver solicita que você selecione um gabarito para usar.

Ⓝ O T A

XML é uma linguagem para definir guias e seus relacionamentos, semelhante a guias HTML e seus atributos, exceto que você pode definir as suas próprias guias com XML. A beleza de XML é que ele pode ser qualquer coisa que você quiser que ele seja. Ele, simplesmente, é um mecanismo para codificar dados com guias que são entendidas por algum outro programa.

Ⓓ I C A

Para as informações mais recentes sobre XML, vá para http://www.xml.com. Para uma explicação simplificada de XML, vá para http://www.w3.org/XML/1999/XML-in-10-points.

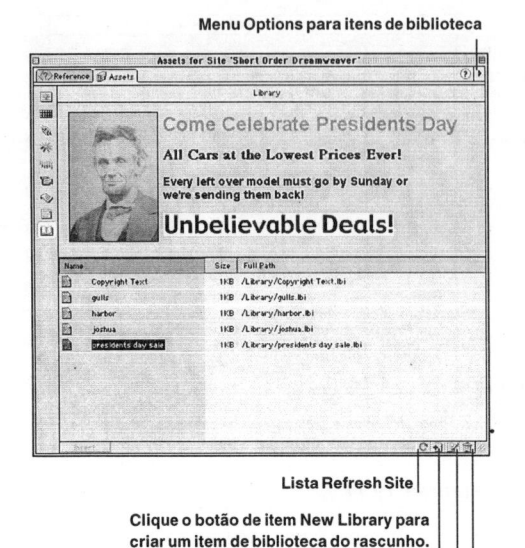

Menu Options para itens de biblioteca

Lista Refresh Site

Clique o botão de item New Library para criar um item de biblioteca do rascunho.

Clique o botão Edit para editar o item de biblioteca selecionado.

Apague o(s) item(ns) de biblioteca selecionado(s).

Uma pasta Library é criada na pasta Root do site; assim, cada site pode ter a sua própria biblioteca.

Figuras 19.12

Como usar bibliotecas para organizar conteúdo

Use as bibliotecas de Dreamweaver para armazenar conteúdo que você usa com freqüência e conteúdo que deve mudar regularmente. Os itens de biblioteca devem incluir conteúdo que aparece em muitas páginas em seu site e conteúdo que precisa ser atualizado freqüentemente. Quando você coloca um item de biblioteca em um documento, uma cópia do HTML é inserida no arquivo, criando uma referência ao item original, externo. Este comportamento permite que você atualize o conteúdo de um site inteiro todo de uma vez, mudando o item de biblioteca.

1. Selecione Windows→Library para exibir a categoria Library do painel Assets. Os itens de biblioteca são listados na parte do fundo do painel Assets. Quando você clicar o nome do item de biblioteca, uma visualização do conteúdo aparece na metade superior do painel Assets (19.12).

Ⓝ O T A

Quando você coloca camadas na biblioteca, as posições x e y da camada são retidas. Quando você arrasta um item de biblioteca de camada para a janela Document, o item é colocado na mesma posição em que estava quando foi salvado para a biblioteca.

Ⓝ O T A

Selecione Edit→Preferences e selecione Highlighting da lista Category para mudar a cor de destaque de itens de biblioteca.

Capítulo 19 - Criação de gabaritos e bibliotecas | **285**

2. Clique e arraste itens de sua janela Document para o fundo da seção da categoria Library do painel Assets para acrescentar itens (19.13).

3. Clique e arraste itens da biblioteca para a janela Document para colocar itens de biblioteca em sua página.

4. Clique o botão Detach from Original no inspetor Property para quebrar o link entre um item de biblioteca e seu arquivo fonte (19.14). A cópia do item de biblioteca não é mais atualizada pelas funções da biblioteca atualizada.

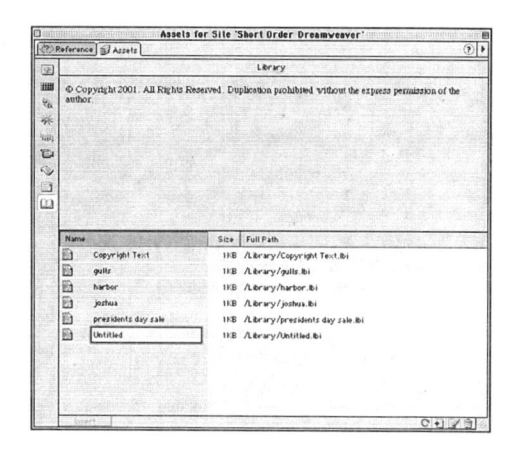

Figura 19.13 Digite um nome descrito para o item de biblioteca no painel Library.

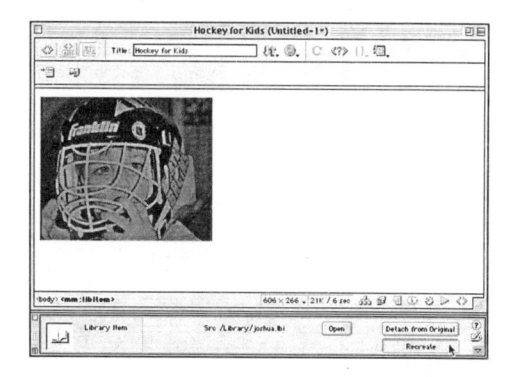

Figura 19.14 Recupere um item de biblioteca que esteja colocado na página da biblioteca, se o item tiver sido apagado da biblioteca ou não existir na biblioteca atual.

Itens editáveis em uma página usando um gabarito não podem ser acrescentados ao inspetor Library, embora você possa substituir itens editáveis por itens de biblioteca. Se precisar acrescentar itens de um documento criado a partir de um gabarito, primeiro destaque o gabarito do arquivo, selecionando Modify→Templates→Detach from Template.

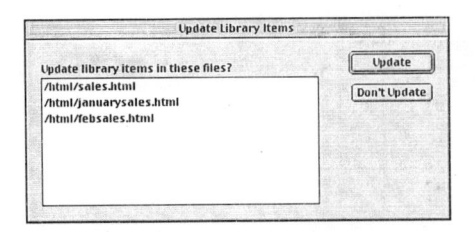

Figura 19.15

Selecione Update Site do menu de opções do painel Asset.

Figuras 19.16

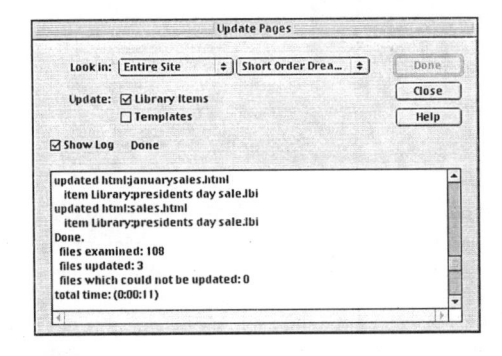

Figura 19.17

5. Clique duas vezes um item na categoria Library do painel Assets para editar o item. Quando você salvar o arquivo, é solicitado a atualizar quaisquer itens de biblioteca existentes nas páginas (19.15). Se você não atualizar as páginas neste ponto, pode atualizá-las mais tarde, selecionando Modify→Library→Update Pages (19.16). Quando a caixa de diálogo Update Pages aparecer, clique o botão Start para atualizar páginas em seu site, que contém o item de biblioteca mudado (19.17).

Ⓝ O T A

Itens de biblioteca podem incluir qualquer elemento <body>, inclusive texto, tabelas, formulários, imagens, applets Java, plugins e elementos ActiveX. Já que o Dreamweaver só armazena uma referência a itens vinculados, tais como imagens, o arquivo original precisa permanecer no local original para o item de biblioteca funcionar corretamente. Itens de biblioteca podem conter comportamentos, mas você só pode editar comportamentos quando eles não são itens de biblioteca. Os comportamentos armazenam o código na seção <head> e o conteúdo <head> não é editável em bibliotecas. Infelizmente, não é possível armazenar linhas de tempo ou folhas de estilo em bibliotecas, pois este código também é armazenado na seção <head>.

Ⓓ I C A

Se quiser acrescentar um item de biblioteca destacado, (Option)[Ctrl] arrasta o item do inspetor Library para a janela Document. Assegure-se de que o arquivo de trabalho está salvo em seu site antes de realizar esta etapa; caso contrário, o link relativo ao item de biblioteca não funciona.

Como usar Server-Side Includes

Server-Side Includes são instruções para um servidor Web para incluir um arquivo especificado no documento atual. Tipicamente, o conteúdo está em formato HTML e é salvo com a extensão .shtml ou .shtm.

1. Selecione Insert→Server-Side Include, ou clique o botão Insert Server-Side Include no painel Common Objects (19.18).
2. Quando a caixa de diálogo aparecer, entre com o caminho para o arquivo que deseja incluir; alternativamente, clique o ícone Folder para buscar e selecionar o arquivo. Depois, clique OK (19.19).
3. No inspetor Property, o botão de rádio Virtual é destacado quando o arquivo inclui lado servidor é relativo ao documento ou a (pasta) root Site. Clique o botão Edit para editar o arquivo incluir lado servidor; depois, salve o arquivo editado (19.20).

NOTA

Porque o arquivo HTML é usado como o inclui lado servidor, torna-se parte do arquivo HTML atual, o arquivo server-side include deve ser salvo sem as guias <html>, <head>, <title> ou <body> e sem quaisquer guias pertencentes a <frameset>. Só é necessário o conteúdo do corpo do documento. Você pode usar o Dreamweaver para criar o server-side include, mas apague estes elementos do código fonte antes de salvar.

Já que Includes são processados apenas no servidor Web, o conteúdo incluído não aparece, tipicamente, quando você abre o documento localmente em um browser. Entretanto, se você selecionar File→Preview in Browser from within Dreamweaver, o conteúdo é disponibilizado, pois o Dreamweaver processa as instruções Include localmente.

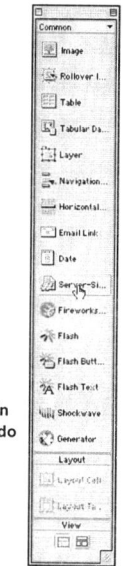

Figura 19.18

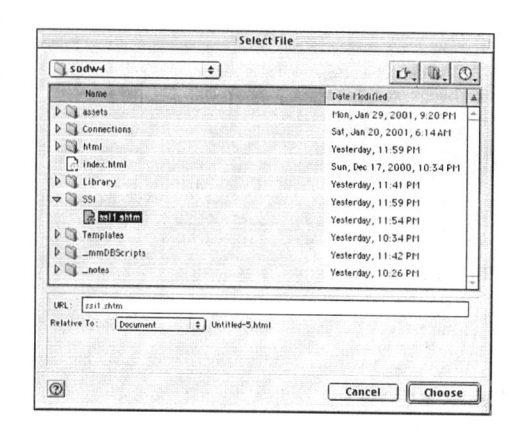

Figura 19.19

Se você quiser entrar com o caminho exato do arquivo quando ele estiver no servidor remoto, entre com o caminho remoto do arquivo incluir lado servidor e depois, clique o botão de rádio File.

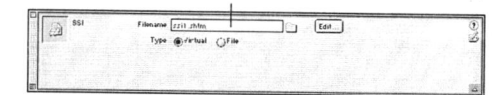

Figura 19.20

Capítulo 20

Neste capítulo, você aprenderá como...

- ◆ Acrescentar som ao seu site
- ◆ Fazer link de arquivos de áudio para imagens ou texto
- ◆ Embutir arquivos de som
- ◆ Ajustar parâmetros de arquivo de som
- ◆ Inserir arquivos Shockwave e Flash
- ◆ Embutir applets Java
- ◆ Acrescentar controles ActiveX

O plugin de suporte do Dreamweaver oferece um método para incorporar virtualmente qualquer arquivo que requeira um plugin em suas páginas Web. O suporte está diretamente disponível para applets Java, ActiveX, Flash e Shockwave, no painel Objects. O objeto Plug-in permite que você incorpore outros plug-ins, tais como QuickTime, Acrobat, RealAudio e uma variedade de outros. Como com toda a tecnologia de plugin, normalmente o usuário

Acréscimo de multimídia a suas páginas Web

final precisa carregar um plugin para seu browser ver conteúdo Web que usa um plugin em especial.

Os plugins oferecem uma variedade de opções para acrescentar conteúdo dinâmico às suas páginas Web. Filmes QuickTime permitem que você incorpore conteúdo de vídeo e áudio em um formato digitalizado, enquanto que plugins como RealAudio permitem incorporar áudio seqüenciado. QuickTime VR também é um formato popular atualmente, pois ele permite que o usuário tenha uma vista em realidade virtual de uma imagem panorâmica em 360º. Com Shockwave, você pode incorporar filmes criados com Director da Macromedia e incorporar conteúdo interativo em suas páginas Web, inclusive áudio, vídeo e efeitos de multimídia.

O Macromedia Flash cria animações baseadas em vetor de tamanho relativamente pequeno, que podem ser escalonadas direto na página Web. Se um plugin não estiver disponível para as suas necessidades, sempre é possível criar um applet Java ou controle ActiveX e incorporar recursos personalizados em suas páginas Web.

Como acrescentar som ao seu site

Você pode incorporar som às suas páginas Web de várias maneiras. Sons podem ser tocados ao fundo, como um resultado de algum disparador, usando comportamentos, ou como links, usando uma ferramenta interna Audio Playback do browser. Infelizmente, arquivos de som são lidados diferentemente em vários browsers e o suporte para formatos de som parece também ir e vir com as várias versões dos browsers. Tipicamente, os sons são manuseados por plugins específicos, definidos nas preferências de browser, onde a extensão do arquivo de som é associada a um aplicativo auxiliar, ou plugin

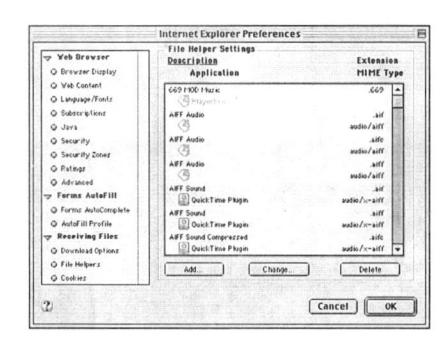

O formato AIFF Sound é associado ao plugin Apple QuickTime, neste exemplo.

Figura 20.1

(20.1). A (Tabela 20.1) descreve os formatos de arquivo digital mais comuns em uso atualmente em páginas Web.

Tabela 20.1 Formatos de arquivo de áudio

Extensão de arquivo	Descrição
.au	O formato AU foi usado desde cedo para acrescentar som, pois o Unix era o único sistema capacitando som em páginas Web. Este formato é usado por NeXT e Sun Unix Systems.
.aiff	Originalmente o Audio Interchange File Format foi desenvolvido por Apple Computer e às vezes é usado por computadores Silicon Graphics (SGI).
.midi ou .mid	O formato MIDI, atualmente, é um conjunto de instruções que controlam sons internos e instrumentos musicais no computador. Os arquivos MIDI tendem a ser menores do que os arquivos de som, pois de fato, eles não contêm qualquer áudio digitalizado, apenas texto de comandos.
.mp3	O formato MPEG2 Audio Layer 3 tem a vantagem da máquina de compactação MPEG para produzir som de alta qualidade com ótima compactação. Com freqüência, este formato é usado para exemplos de áudio longos, tais como trilhas de um CD de áudio.
.ra, .rpm ou .ram	O formato RealAudio foi desenvolvido por Progressive Networks e foi o primeiro plugin de seqüenciamento de áudio ao vivo. Este formato ainda é o padrão para seqüenciar áudio.
.rmf	O Rich Music Format foi desenvolvido por uma empresa chamada Headspace e é suportado pelo plugin Beatnik. Beatnik também suporta os formatos .mod, .aiff, .au, .mid e .wav.
.swa ou .dcr	O formato de áudio Shockwave foi desenvolvido por Macromedia e usa a compactação MPEG de MP3. Com o plugin apropriado, o formato de áudio Shockwave pode ser carregado seqüencialmente.
.wav	A Microsoft e a IBM desenvolveram o formato de áudio Waveform, e ele é o formato ainda, predominantemente, usado em computadores Windows.

Figura 20.2

Figura 20.3

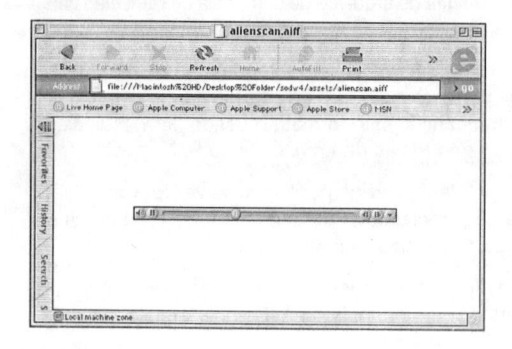

Figura 20.4

Como fazer o link de arquivos de áudio a imagens ou texto

A maneira mais simples de incorporar som à sua página Web é criar um link para o arquivo de som. Já que o suporte para formatos de som varia de browser para browser, não é incomum ver links para um som em múltiplos formatos. Uma outra boa idéia é permitir que os usuários saibam o tamanho e formato dos arquivos que eles estão carregando, digitando estas informações como parte do link (20.2).

1. Selecione algum texto ou uma imagem para usar como um link ao seu arquivo de som.

2. Entre com o links no campo Link do inspetor Property, ou clique a pasta à direita do campo de link para localizar e fazer o link de um arquivo de som (20.3).

ⒹICA

Assegure-se de testar os seus arquivos de som em múltiplos browsers e plataformas, pois arquivos de som são notórios por causar problemas em browsers.

ⓃOTA

Quando um browser tem um aplicativo ou plugin associado a um som vinculado, o plugin ou aplicativo tocará o som (20.4). Quando o arquivo de som não é manuseado de alguma forma pelo browser, o usuário é solicitado a salvar o arquivo em disco.

Como embutir arquivos de som

Quando você embutir um arquivo de som ou de música, o controlador flutuante usado pelo browser é embutido na página, como se ele fosse uma imagem. Com o som embutido, você pode controlar o volume, controles visíveis e os pontos de início e término do som. O player para um arquivo de som em especial depende de qual plugin é destinado àquele arquivo de som no browser. Assim, o objeto Plug-In e o objeto ActiveX podem ser usados para embutir o som.

1. Posicione o seu cursor em um documento, onde deseja que o controlador de som apareça.
2. Clique o objeto Plug-In no painel Special Objects e localize o arquivo de som que deseja embutir. O ícone de plugin aparece no lugar do controlador em Dreamweaver, pois o controlador usado para tocar o som depende do browser no qual ele é visto (20.5).

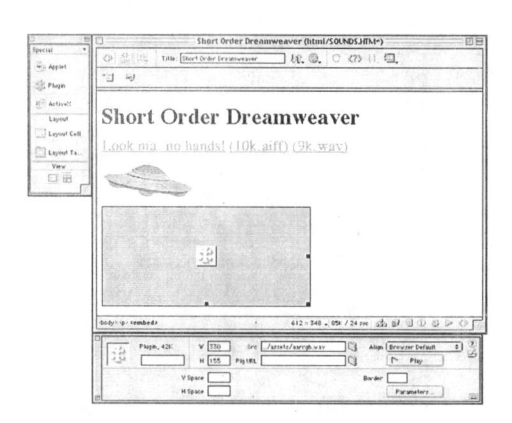

Figuras 20.5

NOTA

Arquivos de som embutidos exibem o controlador de som exatamente como uma imagem, e você também pode tratá-lo como uma imagem. Ajuste o alinhamento horizontal para permitir ao texto se envolver e indique os valores de V Space e H Space. Você também pode colocar uma margem em torno do controlador, especificando um valor Border no inspetor Property.

3. É preciso especificar um tamanho para o plugin no inspetor Property. Use uma largura de 144 pixels e uma altura de 60 pixels para os plugins genéricos de áudio. Estas dimensões são o tamanho do áudio player de Navigator, e eles acomodam a maioria dos áudio players, inclusive os controles de áudio do Internet Explorer.

4. Clique o botão Play no inspetor Property para visualizar o arquivo de som em Dreamweaver (20.6).

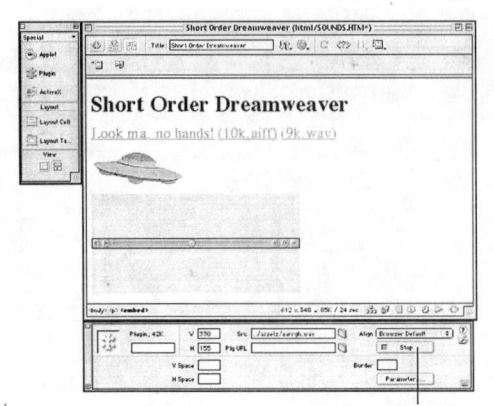

O botão Play muda para o botão Stop quando o som está tocando em Dreamweaver.

Figura 20.6

⒟ I C A

Você pode precisar editar as preferências, com o plugin apropriado, para o seu browser identificar a extensão de arquivo de som. Por exemplo, as preferências do Netscape podem ser ajustadas para tocar arquivos AIF com o controlador QuickTime, mas não arquivos AIFF. É uma boa idéia ficar com extensões de três caracteres para arquivos de som, mesmo que você esteja trabalhando em uma plataforma que não o limite a três.

Configuração de parâmetros de arquivo de som

Você pode especificar os parâmetros para um arquivo de som no inspetor Property. No código fonte HTML, parâmetros são especificados como atributos para a guia <embed> (20.7). Veja na (Tabela 20.2) os parâmetros que você pode especificar para arquivos de som, e seus controladores.

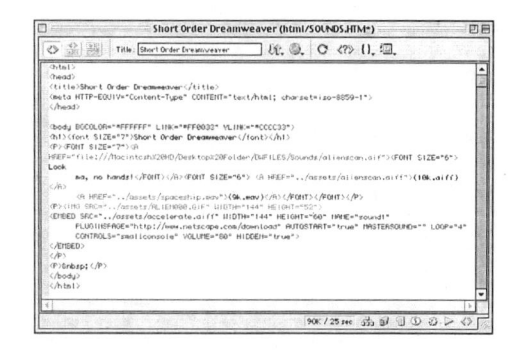

Figura 20.7

Tabela 20.2 Parâmetros de arquivo de som

Parâmetro	Valores	Descrição
name	Um nome único que você designa.	Junto com o parâmetro mastersound, name controla um som com mais do que um controlador.
mastersound	Capacitado quando nenhum valor é especificado; incapacitado quando None é especificado.	Quando é designado mais do que um controlador, o mesmo que o parâmetro name, o parâmetro mastersound permite ao mesmo som ser tocado por cada um.
autostart	true ou false	Determina se o som começa a tocar automaticamente quando ele é carregado.
controls	console, smallconsole, playbutton, pausebutton, stopbutton ou volumelever.	Especifica quais controles de som aparecem. O padrão é console.
endtime	minutes:seconds	Especifica o ponto onde o som pára de tocar.
hidden	true.	Oculta o controlador e toca sons ao fundo.
loop	true, false ou um número.	Especifica se o arquivo de som faz loops ou quantas vezes ele faz loops.
starttime	minutes:seconds.	Especifica onde, no arquivo de som, o som começa a tocar.
volume	1-100.	Um valor de porcentagem que ajusta o volume de áudio.

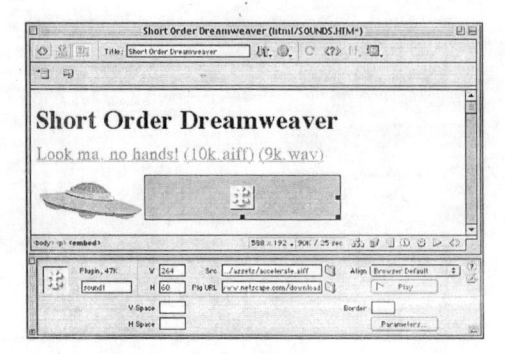

Figuras 20.8

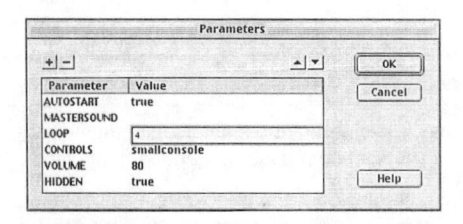

Figura 20.9

1. Selecione o ícone Plugin na vista Design, da janela Document, e expanda o inspetor Property para mostrar todas as propriedades (20.8).

2. Clique o botão Parameters, no inspetor Property, para exibir a caixa de diálogo Parameters e entrar com os parâmetros para o arquivo de som (20.9).

Ⓓ I C A

A ordem na qual você entra com os parâmetros na caixa de diálogo Parameters não importa, pois o browser lê todos os parâmetros antes de executar o som.

Como inserir arquivos Shockwave e Flash

Ambos, Flash e Director são feitos pela Macromedia, como o Dreamweaver. Assim, o motivo pelo qual os arquivos Flash e Director Shockwave são totalmente integrados com Dreamweaver, permitindo que você os visualize direto na janela Dreamweaver Document.

1. Clique na janela Document, no ponto onde deseja inserir o arquivo Director Shockwave ou Flash.
2. Clique o objeto Insert Shockwave ou Insert Flash no painel Common Objects e localize o arquivo Shockwave ou Flash.
3. A vista Design da janela Document exibe o ícone Flash ou Shockwave em uma caixa cinza, representando o tamanho do arquivo (20.10).
4. Especifique os parâmetros para o arquivo no inspetor Property. Inclua um número de ID no campo ID para controles ActiveX. Veja a Seção "Como acrescentar controles ActiveX", mais adiante, neste capítulo (20.11).
5. Clique o botão verde Play no inspetor Property, para visualizar o arquivo Flash ou Shockwave em Dreamweaver (20.12).

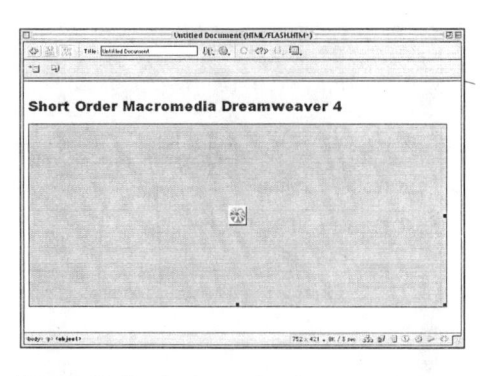

Figura 20.10

Figura 20.11

Figura 20.12 Automaticamente, o Dreamweaver insere ambas as guias <object> e <embed> no código fonte HTML para permitir ao Netscape e Explorer exibir o arquivo Flash ou Shockwave.

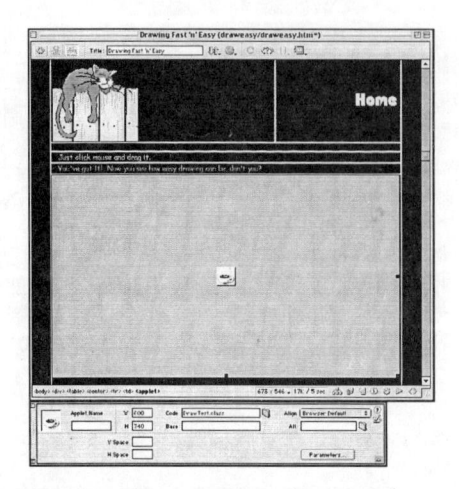

Figuras 20.13

Figura 20.14

Applets Java executam em Netscape 2 ou posterior e Internet Explorer 3 ou posterior.

Como embutir applets Java

Applets Java são pequenos programas que podem ser executados inline em sua página Web. Java é uma linguagem de programação, com base em C++, que foi desenvolvida pela Sun Microsystems, para permitir verdadeiro aplicativo de programação de plataforma cruzada.

1. Clique na janela Document, no ponto onde deseja embutir o applet Java.

2. Clique o ícone Insert Applet, no painel Special Objects, e depois localize o applet Java para embutir. Tipicamente, applets Java têm a extensão de arquivo .class.

3. O contentor de lugar Java aparece na janela Document, no tamanho padrão de 32x32 pixels. Se você souber o tamanho do applet Java, entre com os valores de largura e altura no inspetor Property. Alguns applets Java se ajustam para se adequar à largura e altura que você especifica (20.13).

4. Visualize a página Web em seu browser para garantir que o applet se exibe e tem as dimensões certas (20.14).

Ⓓ I C A

Um dos sites mais compreensivos para todas as coisas Java é www.javashareware.com, onde você encontrará shareware de applets Java. Assegure-se de ler quaisquer exigências de uso antes de implementar esses applets em seu site.

Como acrescentar controles ActiveX

ActiveX é uma linguagem de programação escrita pela Microsoft para uso em Internet Explorer 3 e posterior. Em muitos casos, um controle ActiveX age como um plugin, embora ele também possa agir como Java e JavaScript — exibindo mini programas na janela do browser. Enquanto este livro estava sendo escrito, o suporte para ActiveX não é interno em Netscape, mas é possível carregar um plugin ActiveX para Netscape 4 e posterior, que lida com alguns dos controles ActiveX. Browsers Macintosh não suportam ActiveX. O Dreamweaver permite que você especifique um controle ActiveX junto com o plugin Netscape equivalente, inclusive ambos os conjuntos de código no código fonte HTML.

1. Clique na janela Document onde você deseja inserir o controle ActiveX.
2. Clique o objeto Insert ActiveX no painel Objects para inserir o ícone ActiveX na janela Document (20.15).

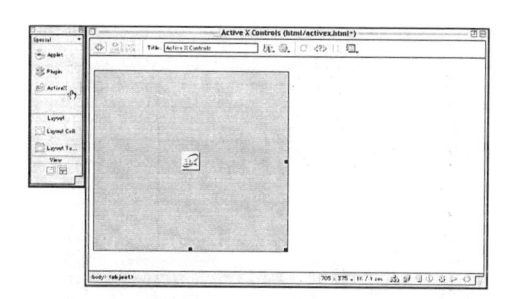

Figuras 20.15

ⒹICA

Se você clicar o botão menos, à direita do campo ClassID no inspetor Property, o ClassID selecionado é removido da lista de menu pull-down.

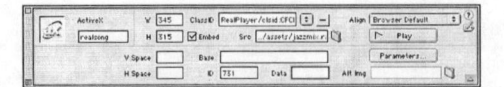

Figura 20.16

Figura 20.17

3. Especifique os parâmetros para o controle ActiveX no inspetor Property (20.16). Selecione um ClassID do menu pull-down ou entre com ele no campo ClassID. Se a classe não estiver na lista, digite o URL do controle ActiveX no campo Base.

4. Para incluir os códigos <embed> Netscape, clique a caixa de verificação Embed, à esquerda do campo Src e indique um arquivo fonte no campo Src.

Ⓝ O T A

Alguns controles ActiveX acessam um arquivo de dados. Especifique o URL do arquivo de dados no campo Data. O número ID é usado para passar informações de um controle ActiveX para outro.

Ⓝ O T A

Uma explicação completa de controles ActiveX está além do escopo deste livro. Porém, uma série de livros tem escrito sobre ActiveX. Se você quiser experimentar alguns controles ActiveX gratuitos, visite www.coolstf.com ou www.download.com. Para ver exemplos de ActiveX, visite http://night-fall.com/activex.html (20.17).

Capítulo 21

Neste capítulo, você aprenderá como...

- Sincronizar arquivos remotos e locais
- Limpar código fonte HTML
- Limpar HTML Microsoft Word
- Encontrar e corrigir links partidos
- Gerar e usar relatórios
- Acrescentar, editar e mover vista de colunas de arquivo

Com as poderosas ferramentas de gerenciamento de site do Dreamweaver, você pode realizar todas as tarefas de manutenção e gerenciamento associadas ao design de site. Quando estiver pronto para fazer o carregamento de seu Web site para um servidor, use os comandos Dreamweaver para limpar o código HTML, eliminando código fonte não desejado e redundante. É possível até limpar arquivos HTML Word para remover os códigos especiais que o

Gerenciamento, sincronização e limpeza de seu site

Microsoft Word insere para fazer páginas Web aparecem corretamente em Word.

Sincronize os arquivos locais do seu site com os arquivos remotos para garantir que você tem o conteúdo mais atualizado em seu Web site remoto e disco rígido local. Encontre e corrija links partidos e órfãos, usando a janela de site do Dreamweaver. O Dreamweaver controla tudo em seu Web site e permite que você saiba quando os links não estão funcionando ou se você está tentando vincular para um arquivo que já não existe. Se usar Check In/Check Out e Design Notes em seu site, obtenha a vantagem nos novos recursos de relatório do Dreamweaver para gerar um relatório detalhando a posição de seu site e quaisquer problemas potenciais.

Sincronização de arquivos remotos e locais

Use o comando Synchronize para sincronizar os arquivos entre o seu site remoto e o seu site local. O Dreamweaver gera uma lista de arquivos que precisam ser colocados no site remoto e, opcionalmente, remove quaisquer arquivos no site remoto, que atualmente não existem no site local. Assegure-se de ter ambos, um site remoto e um local, definidos antes de prosseguir (21.1).

1. Selecione Site→Synchronize para exibir a caixa de diálogo Synchronize Files (21.2).
2. Para sincronizar apenas arquivos selecionados, escolha Selected Local Files Only do menu pop-up Synchronize. Selecione a opção Entire Web Site para sincronizar todo o site.
3. Do menu pop-up Direction, selecione a direção na qual deseja sincronizar os arquivos (Tabela 21.1).
4. Marque a caixa de verificação Delete Remote Files Not on Local Drive, se quiser remover quaisquer arquivos que existem no site remoto, mas não no site local.
5. Clique o botão Preview. O Dreamweaver avalia e compara os arquivos em seus sites local e remoto (21.3).

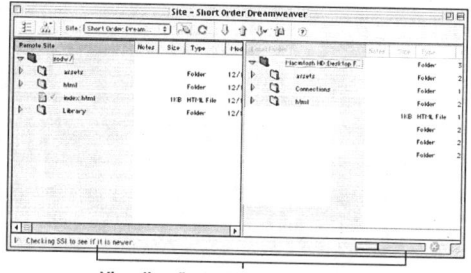

Figura 21.1

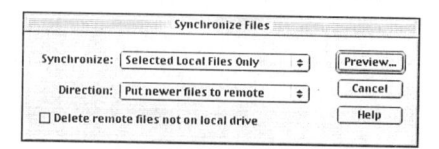

Figura 21.2

Figura 21.3 — Visualização de sincronização ocorrendo

Tabela 21.1 Opções de direção para sincronizar arquivos

Opção	Descrição
Colocar arquivos mais recentes em remoto	Upload de todos os arquivos locais que têm datas de modificações mais recentes do que as suas contra partes no servidor remoto.
Obter arquivos mais recentes do remoto	Carrega todos os arquivos remotos que têm remotos que têm datas de modificações mais recentes do que os arquivos locais.
Obter e colocar os arquivos mais mais recentes	Coloca as versões mais recentes dos arquivos em ambos os sites, local e remoto.

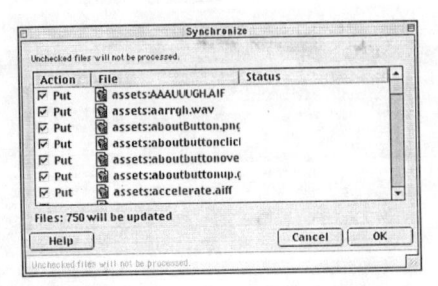

Figura 21.4

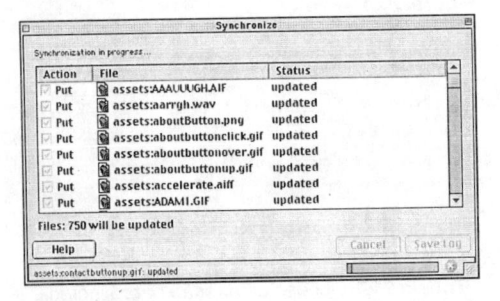

Figura 21.5

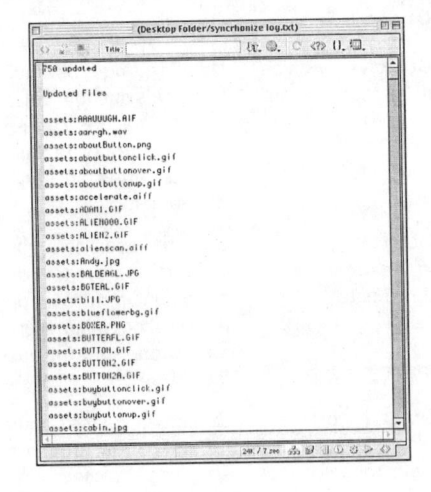

Figura 21.6

6. Na caixa de diálogo Synchronize, que aparece quando o Dreamweaver tiver terminado de verificar o seu site, ponha uma marca de verificação na coluna Action em todos os arquivos que quiser atualizar. Desmarque quaisquer arquivos que não deseja atualizar (21.4). Clique OK.

7. O Dreamweaver reporta a posição da sincronização na coluna Status da caixa de diálogo Synchronize (21.5). Clique o botão Save Log para salvar o registro de posição para um arquivo de texto (21.6).

NOTA

Para ver quais arquivos são mais recentes no site local, ou quais arquivos são mais recentes no site remoto, sem sincronizar, selecione (Site→Site Files View→Select Newer Local) [Edit→ÙSelect Newer Local] ou (Site→Site Files View→Select Newer Remote) [Edit→Select Newer Remote].

NOTA

Se você selecionar Get Newer Files from Remote na caixa de diálogo Synchronize Files e também marcar a caixa de verificação Delete Remote Files, o Dreamweaver apaga quaisquer arquivos em seu site local, para o qual não existem arquivos remotos correspondentes.

Como limpar código fonte HTML

Use o comando Clean Up HTML para remover guias vazias, combinar guias <font> aninhadas e aperfeiçoar o formato geral do código HTML. Você pode acabar com guias redundantes e guias fonte aninhadas ao criar páginas usando a vista Design, da janela Document. Por exemplo, se selecionar uma palavra e torná-la vermelha, é criado o código HTML <font color="red">word</font>. Clique em algum outro lugar; depois, selecione novamente a mesma palavra e torne o tamanho 5. O código HTML resultante é <font size="5"><font color="red">word</font>. O comando Clean Up HTML combinaria as duas guias fonte aninhadas em uma guia fonte, resultando em código HTML mais limpo e mais certo. O código HTML combinado é <font size="5" color="red">word</font>.

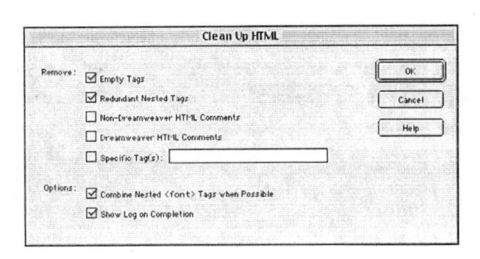

Figura 21.7

1. Abra um documento existente e selecione Commands→Clean Up HTML para exibir a caixa de diálogo Clean Up HTML (21.7).
2. Selecione as caixas de verificação apropriadas, Remove e Options (Tabela 21.2). Clique OK.

Tabela 21.2 Opções Clean Up HTML

Opção	Descrição
Remover guias vazias	Remove quaisquer guias que não têm conteúdo entre elas.
Remover guias aninhadas redundantes	Remove todos os comentários não inseridos por Dreamweaver, inclusive quaisquer comentários que você insere manualmente no código. Por exemplo, o Dreamweaver insere o comentário <!- - #BeginEditable "doctitle" - -> para marcar o início de uma região editável.
Remover comentários Dreamweaver HTML	Remove todos os comentários que foram inseridos por Dreamweaver. Remover comentários Dreamweaver transforma documentos baseados em gabaritos em documentos HTML comuns, e itens de biblioteca em código HTML normal.
Remover guia(s) específica(s)	Remove quaisquer guias que você lista no campo de texto adjacente. Separa múltiplas guias com vírgulas.
Combinar guias <font> aninhadas quando possível	Consolida duas ou mais guias fonte quando elas controlam a mesma faixa de texto. Por exemplo, <font size="5"><fontcolor="red">word</font> é mudada para <font size="5" color="red">word</font>.
Mostrar registro ao final	Exibe uma caixa de alerta com detalhes sobre as mudanças feitas no documento, assim que a limpeza é terminada (21.8).

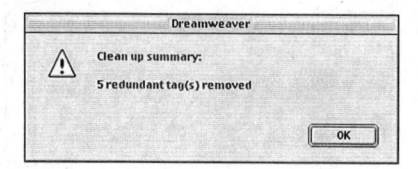

Figura 21.8

NOTA

As opções de formatação fonte que você especifica nas preferências HTML Format e o arquivo SourceFormat.txt aplicam-se apenas a novos documentos subseqüentes criados com Dreamweaver. Se você quiser aplicar estas opções de formatação a documentos HTML existentes, selecione Commands→Apply Source Formatting.

Como limpar HTML Microsoft Word

O Microsoft Word insere muito código extra nos documentos HTML que ele cria. Estes códigos ajudam o Microsoft Word a exibir corretamente o conteúdo em Word, mas eles não têm efeito na forma com que o código é exibido em browsers, ou no Dreamweaver neste caso. Você deve reter uma cópia do seu documento Word, se planeja usar o Word para fazer mudanças, no futuro. O comando Clean Up Word HTML está disponível para documentos salvos como HTML pelo Word 97 e posterior.

1. No Microsoft Word, salve o seu documento como um arquivo HTML.
2. Abra o documento HTML em Dreamweaver (21.9).
3. Selecione Commands→Clean Up Word HTML para exibir a caixa de diálogo Clean Up Word HTML (21.10).
4. Clique as caixas de verificação para as opções que deseja usar. A guia Basic da caixa de diálogo Clean Up Word HTML exibe as opções (Tabela 21.3). Clique OK.

Documento criado em Microsoft Word

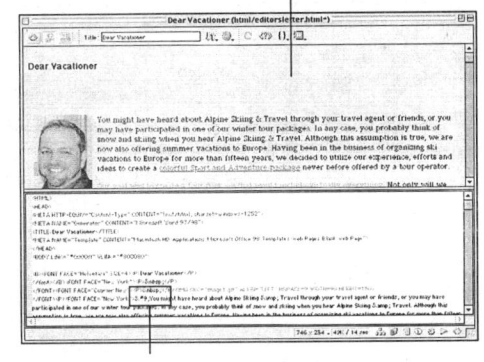

O Word insere códigos que não têm significado em Dreamweaver e são ignorados.

Figura 21.9

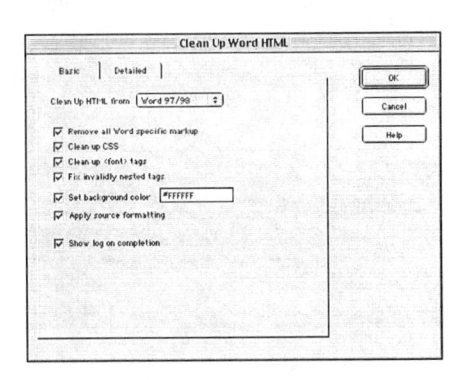

Figura 21.10

Ⓝ O T A

Depois de você ter aplicado o comando Clean Up Microsoft Word HTML, o arquivo HTML não se exibe mais corretamente em Microsoft Word. Salve uma cópia do documento Word original, se quiser usá-lo para fazer mudanças.

Tabela 21.3 Opções de guia Basic para o comando Clean Up Word HTML

Opção	Descrição
Remover toda a marcação específica Word	Remove todo HTML específico Word, meta dados personalizados e guias de link na seção <head>, marcação Word XML, guias condicionais e seus conteúdos e parágrafos vazios e margens dos estilos Word. Você pode selecionar cada uma dessas opções individualmente usando a guia Detailed (21.11).
Clean Up CSS	Remove todas CSS (Cascading Style Sheets) específicas Word, incluindo estilos CSS inline quando possível (se um estilo pai tiver as mesmas propriedades), atributos de estilo começando com mso, declaração de estilo não CSS, atributos de estilo CSS de tabelas e definições de estilo não usadas da seção <head>. Você pode ainda personalizar esta opção na guia Detailed, mostrada na Figura 21.11
Limpar guias <font>	Remove guias fonte HTML, convertendo texto de corpo para texto HTML tamanho 2.
Corrigir invalidade de guias aninhadas	Remove as guias fonte inseridas pelo Word fora do parágrafo e guias de cabeçalho.
Ajustar cor de fundo	Permite que você entre com um valor de cor para o fundo do documento. O Dreamweaver insere o valor hexadecimal para branco, por padrão.
Aplicar formatação fonte	Aplica as opções de formatação fonte que você especifica nas preferências HTML Format e no arquivo SourceFormat.txt.
Exibir registro ao final	Exibe uma caixa de alerta detalhando as mudanças feitas ao documento quando a limpeza é completada (21.12).

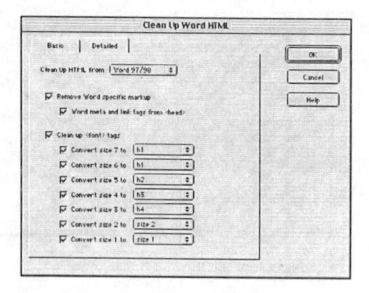

Figura 21.11

Ⓝ O T A

Pode levar muitos segundos para completar o comando de limpeza, dependendo da complexidade do documento. As opções que você seleciona na caixa de diálogo Clean Up Word HTML tornam-se as configurações padrão para aquela caixa de diálogo.

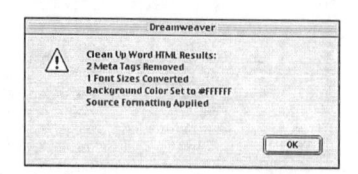

Figura 21.12

Como encontrar e corrigir links partidos

Broken links são links que não seguem mais um caminho válido ou indicam para um arquivo não existente. Grandes sites podem conter centenas de links para ambos, documentos internos dentro de seu site e documentos externos fora de seu site. Gerenciar e corrigir estes links pode ser uma tarefa penosa se você tentar fazê-lo um arquivo de cada vez. Arquivos órfãos (arquivos que existem no site, mas já não estão vinculados a qualquer arquivo) também podem ser um problema. O recurso Check Links do Dreamweaver pode encontrar e corrigir links partidos e arquivos órfãos com um único comando.

O recurso Check Links busca por links partidos e arquivos não referenciados em um arquivo aberto, uma parte de um site local ou todo um site local. O Dreamweaver só verifica links para documentos dentro do site local. Links externos são relatados, mas o Dreamweaver não os verifica.

1. Selecione Site→Check Links Sitewide para exibir a caixa de diálogo Link Checker (21.13).
2. Selecione um relatório de link do menu pop-up Show: Broken Links, External Links ou Orphaned Files.
3. Para corrigir um link partido, selecione um link partido na coluna Broken Links da caixa de diálogo Broken Links; depois, clique o botão de pasta que aparece, para localizar o arquivo faltando (21.14).

Selecione um relatório de link específico.

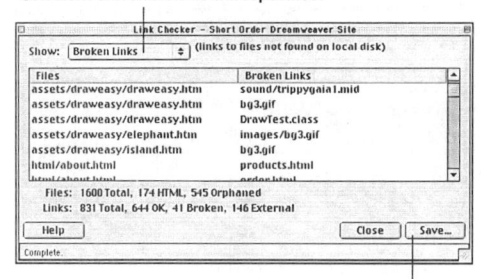

Figura 21.13

Salve todo o relatório como um arquivo de texto delimitado por tab.

Figura 21.14

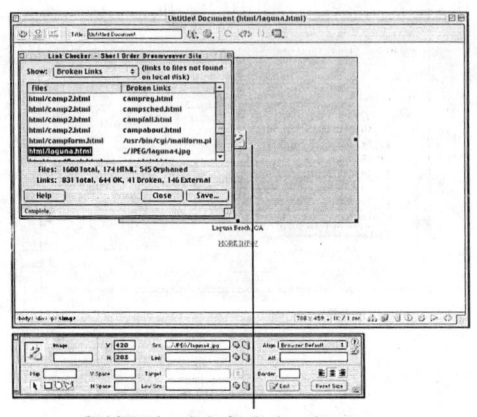

4. Clique duas vezes o nome de arquivo na coluna Files do Link Checker para abrir o arquivo no Dreamweaver com o link relativo destacado. Use o inspetor Property para corrigir o link (21.15).

5. Clique Save se quiser salvar um relatório delimitado por tab (21.16) ou clique Close para fechar a caixa de diálogo Link Checker sem salvar o relatório.

NOTA

Se você selecionou Orphaned Files do menu pop-up de relatório na caixa de diálogo Link Checker, pode apagar os arquivos órfãos, selecionando arquivos na lista e pressionando a tecla Delete.

O objeto vinculado é selecionado no documento para que você possa corrigir o link usando o campo Src do inspetor Property.

Figura 21.15

NOTA

Para mudar um link em todo o site, selecione Site→Change Link Sitewide e entre com o link que deseja mudar no campo Change All Links To, da caixa de diálogo Change Link Sitewide (21.17). Entre com o novo link no campo Into Links To e depois clique OK.

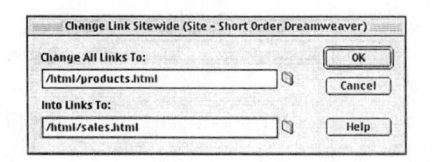

Figura 21.16

Figura 21.17 O relatório Orphaned Files só está disponível quando você marca todo o site.

Geração e uso de relatórios

O Dreamweaver pode gerar uma série de relatórios para ajudá-lo a obter um quadro dos possíveis problemas com arquivos HTML e o fluxo de trabalho geral em seu site, quando Check In/Check Out e Design Notes estão em uso.

1. Selecione Site→Reports para exibir a caixa de diálogo Reports (21.18).
2. Selecione uma opção do menu pop-up Report On (21.19).
3. Selecione um tipo de relatório, clicando a caixa de verificação apropriada (Tabela 21.4).

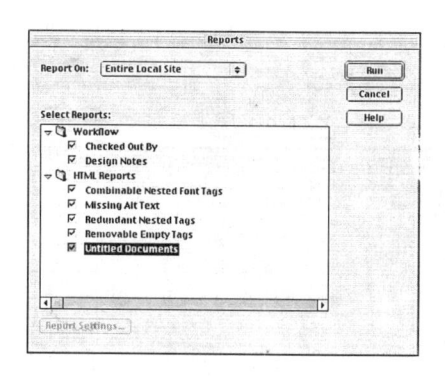

Figura 21.18

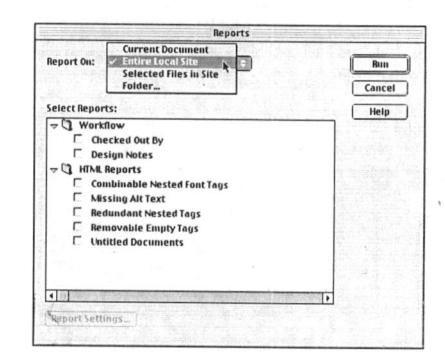

Figura 21.19

Tabela 21.4 Opções de relatório

Tipo de Relatório	Descrição
Verificado por	Produz uma lista de arquivos que são verificados por cada pessoa no grupo de trabalho.
Design notes	Relata sobre arquivos que contém Design Notes junto com as informações de status da nota de design.
Guias fonte aninhadas combináveis	Cria um relatório que lista todas as guias fonte aninhadas que podem ser combinadas para limpar o código.
Faltando texto alternativo	Cria um relatório listando todas as guias <img> que não têm texto alternativo no atributo alt da guia <img>.
Guias aninhadas redundantes	Cria um relatório de guias aninhadas que devem ser limpas.
Guias vazias removíveis	Cria um relatório de todas as guias vazias que podem ser removidas.
Documentos sem título	Cria um relatório de todos os documentos que contém o padrão de título não intitulado ma guia <title> da seção head. Títulos duplicados e faltando guias <title> também são reportados.

Clique duas vezes um arquivo para abri-lo na janela Dreamweaver Document.

Clique os cabeçalhos de coluna para mudar a ordem de classificação da lista.

Abra um arquivo selecionado na janela Dreamweaver Document.

Selecione um item de lista para ver os detalhes na metade inferior da janela Results.

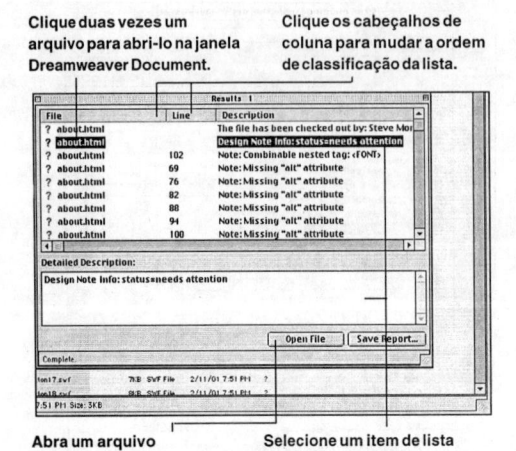

Figura 21.20

4. Clique Run para criar o relatório. Uma lista de resultados é exibida na janela Results (21.20).

5. Clique Save Report para salvar o relatório como um arquivo XML.

Ⓝ O T A

É possível importar o arquivo XML do relatório em um arquivo gabarito Dreamweaver, ou importar o arquivo em um programa de banco de dados ou planilha.

Ⓓ I C A

Use o comando Clean Up HTML para corrigir quaisquer erros HTML relatados.

Como acrescentar, editar e remover vista de coluna de arquivo

É possível personalizar as colunas exibidas nas listas Local Folder e Remote Site da janela Site. Você pode reordenar colunas, acrescentar novas colunas, apagar colunas, ocultar colunas, associar Design Notes a coluna de dados e indicar quais colunas são compartilhadas com outros usuários conectados a um site.

1. Selecione Site→Define Sites, selecione um site e clique o botão Edit para exibir a caixa de diálogo Site Definition (21.21).
2. Clique o botão de mais (+) para acrescentar uma nova coluna e designar um nome de coluna, no campo Column Name (21.22).
3. No campo Associate with Design Note, selecione um campo Design Note do menu pop-up.

Ⓝ O T A

Você precisa designar uma nova coluna com uma Design Note, assim há dados para exibir na coluna. Para mais informações sobre Design Notes, veja o Capítulo 2, "Configuração de seu site em Dreamweaver".

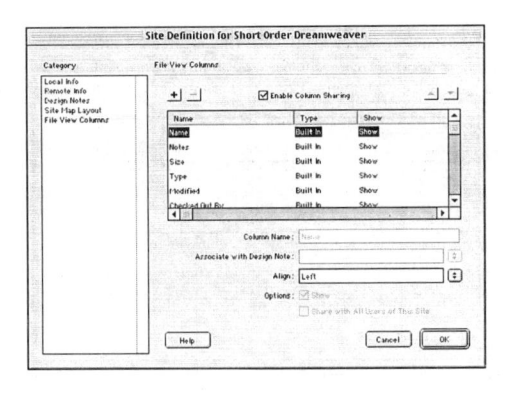

Figura 21.21

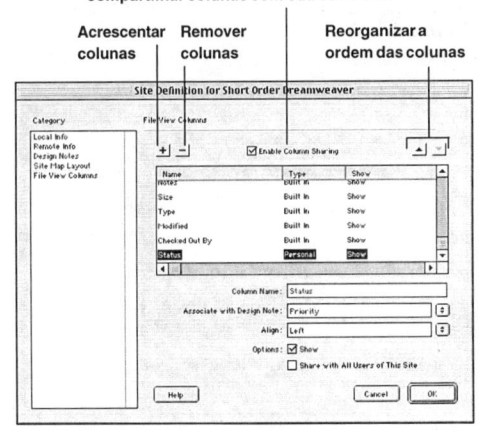

Figura 21.22

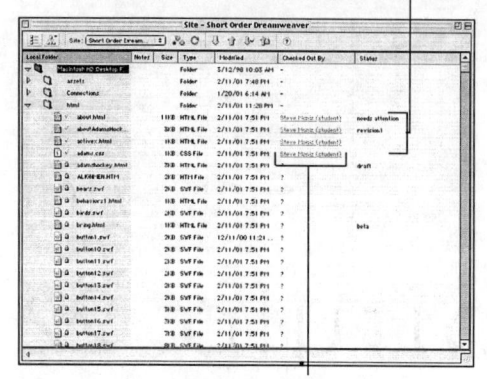

A nova coluna Status obtém as suas informações de Design Notes anexadas ao arquivo.

Clique para enviar um e-mail à pessoa com a verificação de arquivo.

Figura 21.23

4. Selecione um alinhamento para a coluna e clique a caixa de verificação Show para exibir a coluna na janela Site.
5. Clique OK. A nova coluna é acrescentada à janela Site (21.23).

NOTA

Você não pode apagar, renomear ou associar uma Design Note com uma coluna interna, tal como Name, Notes, Size, Type, Modified e Checked Out By. Entretanto, pode mudar a ordem e alinhamento dessas colunas. Você pode ocultar todas as colunas, exceto a coluna Name.

Capítulo 22

Neste capítulo, você aprenderá como...

- Mudar o tipo de arquivo padrão
- Modificar o painel Objects
- Criar um objeto
- Editar o perfil de formatação fonte HTML
- Criar e editar perfis de browser
- Criar um perfil browser

O Dreamweaver oferece um ambiente de arquitetura realmente aberto, permitindo que você modifique e edite, virtualmente, cada aspecto da interface do aplicativo. Além de afetar a maneira com que as coisas se parecem em Dreamweaver, também é possível especificar com precisão como o código HTML é gerado e editar os perfis de browser para acomodar versões mais recentes dos browsers ou puxar os perfis de browser existentes.

Personalização de Dreamweaver

Você pode reorganizar os objetos no painel Objects para refletir melhor a forma pela qual gosta de trabalhar, criar objetos adicionais, mover objetos existentes para novos painéis de grupos e remover os objetos que você nunca usa. Na verdade, ajuda saber algum JavaScript e até um pouco de C++. No entanto, com um pouco de trabalho, você pode usar o código existente para montar seus próprios objetos, que insere código HTML e JavaScript em seu documento.

A abrangência de Dreamweaver permite conexão sem emendas a ferramentas e-commerce e cria conexões para, virtualmente, qualquer fonte externa, como bancos de dados, scripts e aplicativos proprietários.

Como mudar o tipo de arquivo padrão

Quando você seleciona File⇒Open no Dreamweaver, a caixa de diálogo Open tem um menu pop-up que exibe todos os tipos de arquivos que o Dreamweaver pode abrir. Por padrão, a escolha All Documents está selecionada, exibindo todos os tipos de documentos que o Dreamweaver pode abrir na lista de arquivos. Se a maioria do seu trabalho exigir um tipo específico de arquivo, tais como documentos JavaScript, é possível modificar o arquivo Dreamweaver Extensions.txt para ajustar o tipo de arquivo padrão para listar apenas documentos JavaScript. No arquivo Extensions.txt, o tipo de arquivo listado na primeira linha é o tipo de arquivo padrão.

1. Faça uma cópia de backup do arquivo chamado Extensions.txt na pasta Configuration. A pasta Configuration está localizada dentro da pasta de aplicativo Dreamweaver (22.1).
2. Abra Extensions.txt em Dreamweaver ou em um editor de texto (22.2).
3. Corte a linha de texto correspondente ao tipo de arquivo que você deseja tornar o novo padrão; depois, cole-a no alto da lista.
4. Salve o arquivo, saia de Dreamweaver e depois, inicie novamente o Dreamweaver. Selecione File→Open, para ver a mudança do tipo de arquivo padrão (22.3).

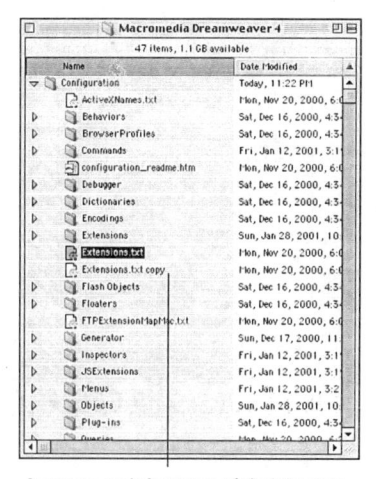

Assegure-se de fazer uma cópia de backup do arquivo Extensions.txt antes de editá-lo.

Figura 22.1

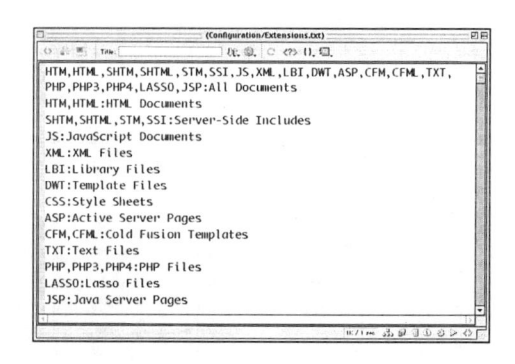

Figura 22.2

Novo tipo de arquivo padrão

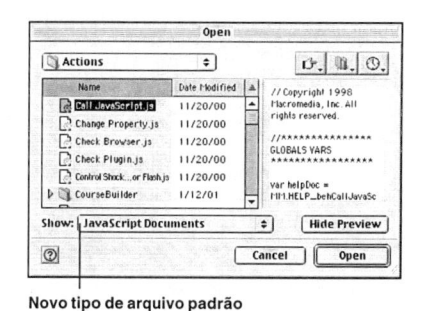

Figura 22.3

Como modificar o painel Objects

O painel Objects é dividido em seis painéis: Characters, Common, Forms, Frames, Head e Invisibles. Estes painéis correspondem a pastas dentro da pasta Configuration/Objects, dentro da pasta de aplicativo Dreamweaver. Uma pasta adicional, chamada Tools, contém os objetos Layout Cell e Layout Table. Cada pasta contém um arquivo HTML e arquivo GIF correspondente a cada objeto no painel. O arquivo GIF é o ícone exibido no painel Objects, enquanto que o arquivo HTML é o código inserido quando o objeto é clicado (22.4).

1. Navegue na pasta de aplicativo Dreamweaver em seu disco rígido e abra a pasta Configuration; depois, abra a pasta Objects.

2. Mova o HTML e os arquivos GIF correspondentes a um objeto no painel Objects, de uma pasta para outra.

3. Apague quaisquer arquivos correspondentes a um objeto no painel Objects que você nunca usa, ou mova-os para algum outro lugar em seu disco rígido.

Ⓓ I C A

Crie uma nova pasta na pasta Configuration/Objects e mova o HTML e os arquivos GIF na nova pasta para acrescentar um painel ao painel Objects (22.5).

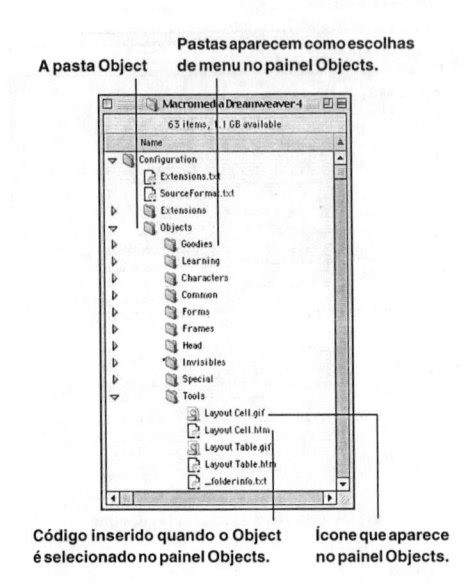

Figura 22.4

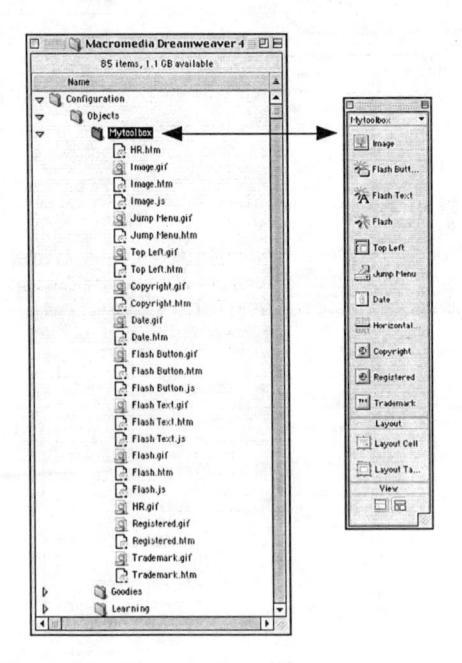

Figuras 22.5 Uma nova pasta, na pasta Objects, cria uma nova escolha de menu no painel Objects. Renomeie as pastas na pasta Configuration/Objects para renomear os menus do painel Objects.

Criação de um objeto

É possível criar objetos relativamente simples, usando apenas HTML, ou objetos mais complexos, usando uma combinação de HTML e JavaScript. Crie objetos para código HTML que você usa muito, ou para inserir funções JavaScript com o clique de um botão.

1. Crie um novo documento em branco em um editor de texto.
2. Digite ou cole nas guias onde você deseja que este objeto seja inserido em seu documento (22.6). Por exemplo, digite o que é mostrado na Figura 22.6.
3. Salve o arquivo em uma das pastas Objects existentes, se quiser que o novo objeto apareça em um dos painéis existentes (22.7). Para criar um novo painel, crie uma nova pasta dentro da pasta Objects e salve lá o seu arquivo.

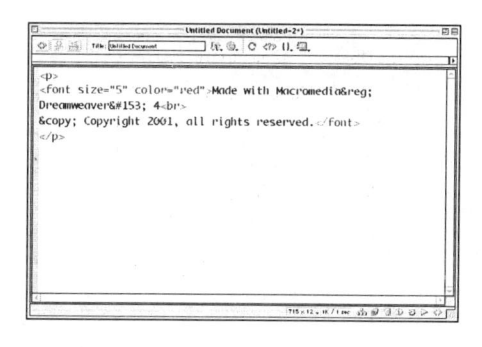

Figura 22.6

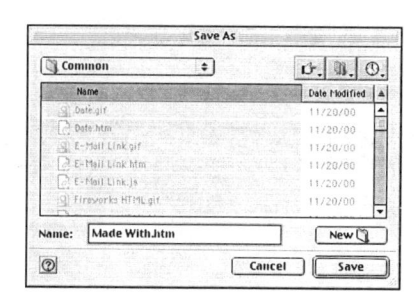

Figura 22.7

Ⓝ O T A

Se você criar pastas adicionais dentro de qualquer das pastas Objects, a pasta e seu conteúdo serão ignorados.

Ⓝ O T A

Você pode usar o inspetor Code do Dreamweaver como o seu editor de texto, mas primeiro é preciso apagar todas as guias HTML.

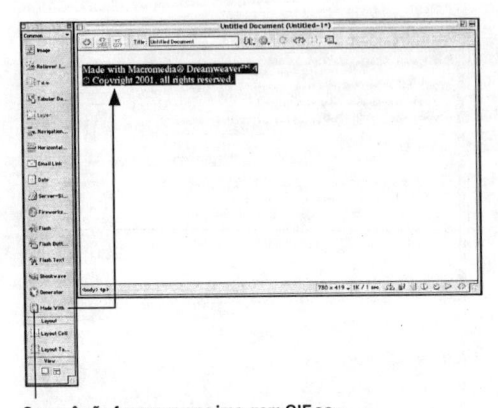

Se você não fornecer uma ima-gem GIF ao objeto, o Dreamweaver insere um ícone genérico.

Figuras 22.8

4. Use um programa de gráficos, tal como Photoshop ou Fireworks, a fim de criar uma imagem GIF de 18 pixels x 18 pixels, para agir como o ícone no painel Objects.

5. Nomeie o arquivo GIF igual ao arquivo HTML que criou e, salve-o na mesma pasta que o arquivo HTML. Por exemplo, se você salvou o arquivo HTML como Made With.htm, nomeie o arquivo GIF Made With.gif.

6. Lance, ou reinicie, o Dreamweaver para experimentar seus novos objetos.

NOTA

Se você criar uma imagem maior do que 18 pixels quadrados, automaticamente o Dreamweaver a escalona para 18 pixels x 18 pixels. O Dreamweaver insere um ícone de imagem faltando no painel Objects se você não incluir um arquivo GIF (22.8). Use um dos arquivos de ícone existente se precisar de uma idéia de como proceder.

Como editar o perfil de formatação fonte HTML

Edite o perfil HTML Source Formatting para especificar como o Dreamweaver formata o código fonte HTML para os seus documentos. Dentro do arquivo SourceFormat.txt, você encontrará preferências de formatação para guias individuais e grupos de guias, bem como preferências HTML Format (normalmente ajustadas com o comando Preferences do Dreamweaver). Saia do Dreamweaver antes de editar o arquivo SourceFormat.txt e use um editor de texto, como BBEdit ou Simple Text no Macintosh, ou Notepad, Wordpad ou HomeSite, no Windows.

É preciso seguir um formato específico ao editar o perfil HTML Source Formatting, o qual é indicado no arquivo (22.9). Cada seção do perfil começa com uma palavra chave, que se parece exatamente como uma guia HTML, com um ponto de interrogação antes da palavra chave — por exemplo, <?options>, <?elements>, <?attributes> e assim por diante. Os parâmetros para cada seção aparecem diretamente acima da seção e são encerrados dentro das guias de comentário HTML (<!- - - ->).

As parâmetros de cada palavra-chave acham-se descritos acima, entre tags de comentário.

A palavra-chave encontra-se sempre entre parênteses angulares e precedida por um ponto de interrogação.

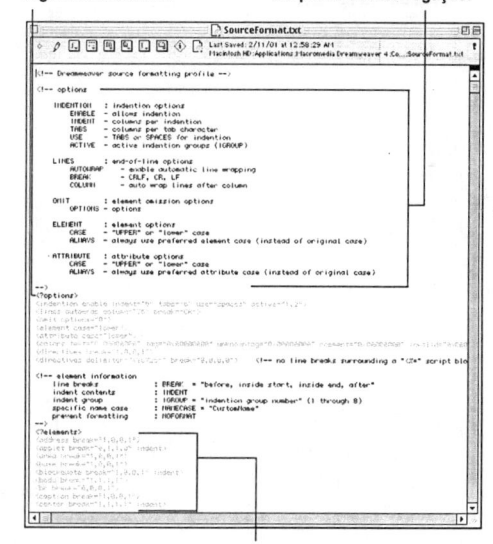

Todos os parâmetros estão entre parênteses angulares.

Figura 22.9

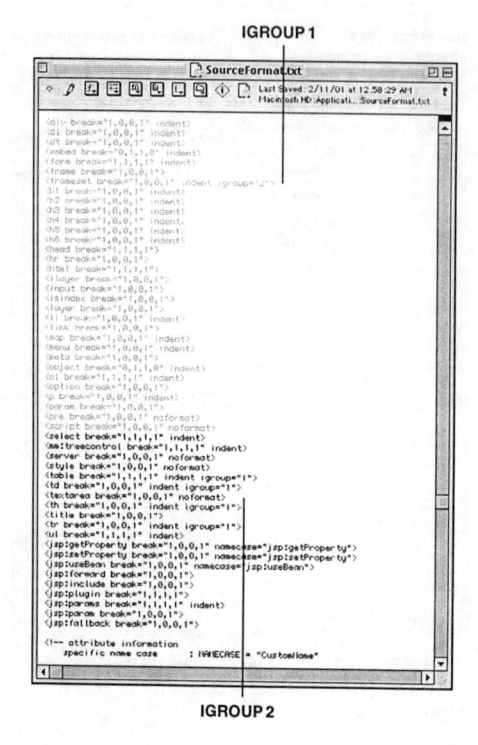

Guias individuais podem ser marcadas como pertencendo a grupos recuados (IGROUPS), na seção <?elements>. IGROUP 1 contém fileiras e colunas de tabela, e IGROUP 2 contém conjuntos de molduras e molduras (22.1). Estes grupos correspondem diretamente às opções Indent Table Rows and Columns e Indent Framesets and Frames, na caixa de diálogo HTML Format Preferences (22.11).

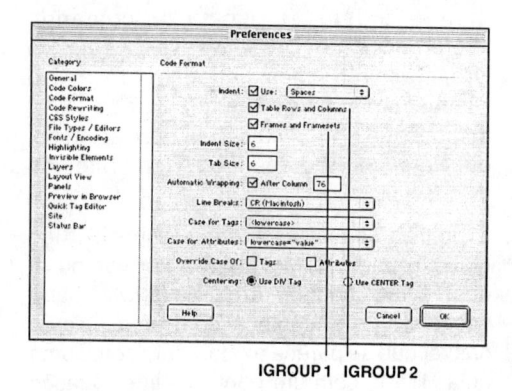

Figura 22.10

Figura 22.11

O atributo break na seção <?elements> determina como as guias HTML quebram. O atributo break tem quatro valores separados por vírgulas (break="1,0,0,1"). O primeiro valor ajusta o número de quebras de linha antes da guia, enquanto que o segundo valor determina quantas quebras depois da guia de abertura. O terceiro valor refere-se a quantas quebras antes da guia de fechamento. Já o último valor representa quantas quebras depois da guia de fechamento (22.12).

Ⓝ O T A

E possível desativar o recuo de todo o grupo, removendo o seu número do atributo active na seção <?options>.

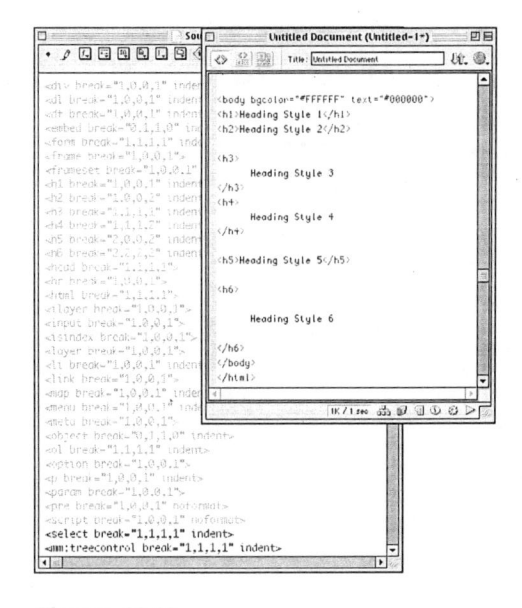

Figuras 22.12

Ⓝ O T A

Você pode acrescentar outras guias ao IGROUP 1 ou 2 e controlá-los com as opções nas preferências HTML Format, dentro do Dreamweaver.

Edição de perfis de browser

Quando você visualiza as suas páginas em um browser, o Dreamweaver compara os seus documentos ao perfil do browser com o browser em especial. Os perfis de browser contêm informações sobre as guias HTML e atributos que são suportados pelo browser. Este arquivo também contém mensagens de aviso e erro, bem como sugestões para quais guias substituir, em relação às guias que não são suportadas.

Perfis de browser são armazenados em seu disco rígido, na pasta Configuration/BrowserProfiles, dentro da pasta de aplicativo Dreamweaver. É possível editar perfis existentes, ou criar novos com um editor de texto (por exemplo, BBEdit, HomeSite, Notepad ou SimpleText).

1. Navegue na pasta Configuration/BrowserProfiles, dentro da pasta de aplicativo Dreamweaver em seu disco rígido (22.13).

2. Use qualquer editor de texto para abrir um dos perfis de browser, ou crie um novo perfil que seja nomeado da mesma maneira que o aplicativo browser, com uma extensão .txt.

3. Edite o perfil do browser (22.14) e salve-o com o mesmo nome. (Veja a Tabela 22.1) para uma explicação das variáveis usadas em perfis de browser.

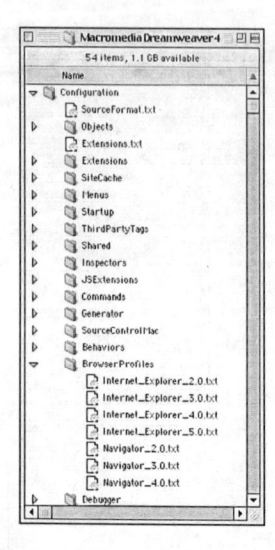

Figura 22.13

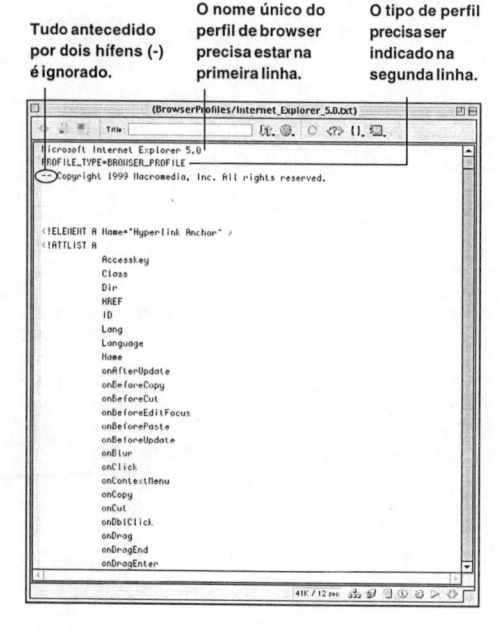

Figura 22.14

Capítulo 22 - Personalização de Dreamweaver | 325

- ◆ A primeira linha é reservada para o nome do perfil. O nome do perfil precisa ser único e seguido por um único retorno de carro. A caixa de diálogo Target Browser Check e o relatório de verificação de alvo usam este nome.
- ◆ A segunda linha é reservada para o designador PROFILE_TYPE=BROWSER_PROFILE. O Dreamweaver usa esta linha para determinar quais documentos são perfis de browser. Ela não pode ser mudada ou movida.

A sintaxe para uma guia de entrada é vista na Listagem 22.1.

```
<!ELEMENT htmlTag NAME="tagName"
>
<!ATTLIST htmlTag
unsupportedAttribute1   !Error
!msg="The unsupported Attribute1
    of the htmlTag is not
supported."
supportedAttribute1
supportedAttribute2 (
validValue1      | validValue2   |
validValue3 )
unsupportedAttribute1  !Error
!htmlmsg="<b>Warning: use of
    unsupportedAttribute2 of the
htmlTag can result in the
    browser crashing!!</b>">
```

Listagem 22.1

Tabela 22.1 Variáveis de perfis de browser

Variável	Descrição
HtmlTag	Entra a guia como ele aparece em um documento HTMl, mas sem as chaves (<>).
tagName	Como a guia é chamada, ou como é comumente conhecida, tal como "régua horizontal" para a guia <HR>. O tagName é usado em mensagens de erro, quando você não especifica uma mensagem de erro. Se uma tagName não é especificada, é usado o valor de htmlTag em mensagens de erro.
UnsupportedAttribute	Atributos não suportados pelo browser que você está fazendo o perfil. Quaisquer guias ou atributos não especificamente incluídos no perfil do browser são tidos como não suportados. É preciso especificar guias ou atributos não suportados apenas quando você deseja criar uma mensagem comum de erro.
SupportedAtribute	Qualquer atributo suportado por htmlTag. Basicamente, se você não inclui a designação !Error, o atributo deve ser suportado pelo browser.
validValue	Algumas guias e atributos HTML têm valores específicos, tais como o atributo FrameBorder da guia Frame, o qual aceita um valor yes ou no. Use a variável validValue para especificar os valores suportados pelo atributo (22.15).

ⒹICA

Use o caractere sublinhado (_) ao invés de espaços quando nomeando perfis de browser.

Valores válidos são separados pelo símbolo de barra vertical (|).

Ⓝ O T A

É preciso seguir as regras de formatação do perfil de browser para evitar erros de análise ao fazer verificações de browser (veja a Tabela 22.2 para uma lista detalhada).

Ⓝ O T A

Não é necessário sair do Dreamweaver antes de editar ou criar perfis de browser assim, você pode usar o Dreamweaver como o seu editor de texto, se quiser.

Figura 22.15

Tabela 22.2 Regras para editar perfis de browser

Item	Regra
Espaços	Um espaço precisa aparecer antes da chave angular (>) de fechamento, na linha !ELEMENT, bem como depois dos parênteses de abertura, antes dos parênteses de fechamento e antes e depois de cada barra vertical (|) na lista de valor.
!	Um ponto de exclamação sem um espaço precisa aparecer antes das palavras ELEMENT, ATTLIST, Error, msg e htmlmsg (!ELEMENT, !ATTLIST, !Error, !msg, !htmlmsg).
!Error, !Warning	Você pode incluir !Errors e !Warnings dentro do !ELEMENT ou da área !ATTLIST.
!msg, !htmlmsg	As mensagens !msg só precisam conter texto simples. As mensagens !htmlmsg podem conter quaisquer códigos HTML, inclusive hyperlinks.
Guias de comentário	As guias de comentário HTML <!- - - -> são suportadas por todos os browsers. Não as inclua especificamente no perfil de browser, pois elas causarão danos quando o Dreamweaver analisa o arquivo HTML.

Criação de um perfil de browser

Você pode criar um perfil de browser, simplesmente modificando qualquer perfil existente. Por exemplo, para criar um perfil para o Netscape Navigator 6.0, abra e edite o perfil do Navigator 4. Acrescente quaisquer novas guias ou atributos apresentados na versão 6.0 e salve o perfil como Navigator_6.0.txt.

1. Usando qualquer editor de texto, abra o perfil mais próximo do perfil que você deseja criar, ou abra o perfil ao qual deseja fazer mudanças (22.16).
2. Mude o nome do perfil que aparece na primeira linha do perfil de browser.
3. Acrescente quaisquer novas guias ou atributos suportados pela nova versão do browser.

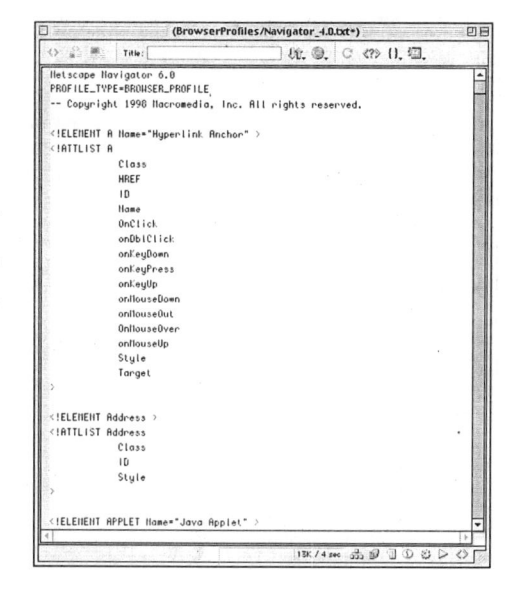

Figura 22.16

NOTA

Você precisa lembrar-se de mudar o nome do browser no alto do arquivo, ainda que você salve o arquivo com um novo nome.

DICA

Se quiser evitar mensagens de erro para guias não suportadas, inclua as guias na lista de guias suportadas.

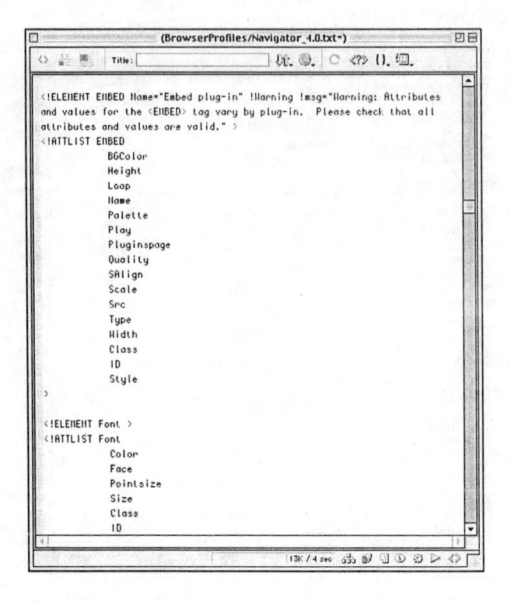

Figura 22.17

DICA

Para mais informações sobre extensão de Dreamweaver, visite www.macromedia.com/support/dreamweaver/extend.html.

4. Se existirem quaisquer guias que não são suportadas pelo browser, apague-as. Tipicamente, as novas versões de browsers suportam todas as guias anteriores, mesmo se as novas são introduzidas para substituí-las. Você pode querer acrescentar uma mensagem !Error, informando ao usuário que ele está usando uma guia ou atributo desaprovado e informando qual deveria ser usado.

5. Use a !msg ou !htmlmsg para indicar quaisquer mensagens personalizadas de erro (22.17).

NOTA

Os perfis incluídos com o Dreamweaver incluem todas as guias suportadas. Algumas linhas nestes perfis podem incluir linhas com comentários para algumas das guias comumente usadas, mas não suportadas. Para incluir uma mensagem de erro personalizada, remova os dois hífens (- -) e acrescente !msg ou !htmlmsg depois de !Error.

Apêndice A

Neste capítulo, você aprenderá...

◆ Sobre aplicativos Web e páginas dinâmicas

Introdução a Dreamweaver UltraDev

Macromedia Dreamweaver UltraDev é um ambiente profissional para montar aplicativos Web. Um *aplicativo Web* é uma coleção de páginas que interagem umas com as outras e com outros recursos Web, tais como bancos de dados, em um servidor Web. UltraDev também é um editor profissional para criar e gerenciar Web sites e páginas, e usa a mesma interface de design que o Dreamweaver. Pelo fato de que o UltraDev usa as mesmas ferramentas de design de página e gerenciamento de site que o Dreamweaver, os usuários experientes de Dreamweaver podem concentrar-se em incorporar os recursos únicos de UltraDev, tal como a conectividade de banco de dados. UltraDev suporta Microsoft Active Server Pages (ASPs), Sun JavaServer Pages (JSPs) e Allaire ColdFusion. Usando o UltraDev, você começa fazendo o design de uma página Web e depois define uma fonte de dados, tal como um conjunto de registro a partir de um banco de dados. Usando os dados importados do banco de dados, então você pode incorporar comportamentos de servidor para tornar a página funcional. Se quiser conectar o seu site a um banco de dados — ou montar aplicativos ASP, JSP ou ColdFusion — o Dreameaver UltraDev é o aplicativo para você.

Ⓝ O T A

Para aprender mais sobre Active Server Pages (ASPs), visite http://msdn.microsoft.com/workshop/server/toc.htm. Para aprender mais sobre JavaServer Pages (JSPs), vá para http://java.sun.com/products/jsp/. Informações sobre ColdFusion podem ser encontradas em http://www.allaire.com/Products/ColdFusion/productinformation/.

A respeito de aplicativos Web e páginas dinâmicas

Um aplicativo Web é apenas uma coleção de páginas Web estáticas e dinâmicas. Uma página HTML padrão é um exemplo de página *estática*. Mesmo uma página HTML que contém JavaScript, VBScript ou botões Flash ainda é considerada uma página estática. Páginas *dinâmicas* são páginas Web que contém scripts do lado servidor, usados para acessar e controlar dados no servidor. Para montar aplicativos Web em UltraDev, você precisa do seguinte: um servidor Web; um servidor de aplicativo que execute em seu servidor Web ou um servidor Web que também seja um aplicativo servidor, tal como Microsoft Personal Web Server (PWS) ou Internet Information Server (IIS); um banco de dados ou sistema de banco de dados; e um driver de banco de dados que suporte o seu sistema de banco de dados. As exigências dependem se você usa UltraDev para criar aplicativos ASP, aplicativos ColdFusion ou aplicativos JSP.

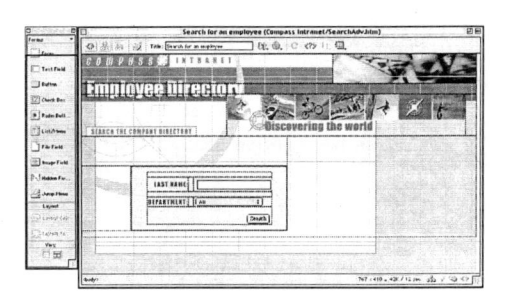

Figura A.1

Por exemplo, você pode criar um diretório de empresa para o seu Web site, no qual os usuários podem buscar por empregados.

1. Comece criando uma página HTML estática, usando o painel Forms Objects para buscar os campos e um botão de busca (A.1).
2. Crie a página de resultados para exibir os resultados da busca e insira o campo de contentores de lugar, usando um banco de dados vinculado ao Dreamweaver UltraDev (A.2).

332 | *Macromedia Dreamweaver 4 — guia prático*

Campos são inseridos como contentores de lugar, usando o painel Data Bindings.

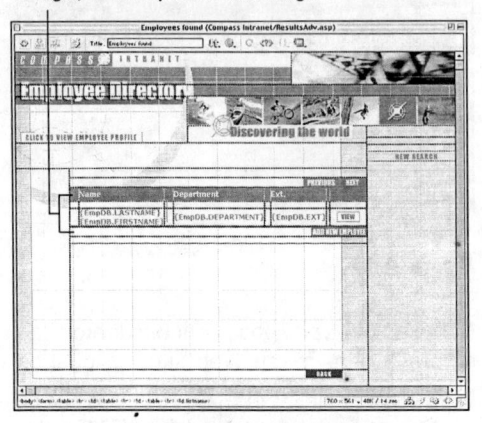

O painel Data Bindings contém os campos dos bancos de dados vinculados.

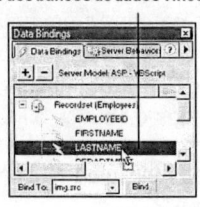

Figuras A.2

3. Visualize os dados ao vivo no Live Data View de UltraDev (A.3).

O Live Data View exibe o registro atual de dados do banco de dados vinculado.

Figura A.3

Apêndice A - Introdução a Dreamweaver UltraDev | **333**

4. Crie uma página de detalhes que exiba os detalhes de registros individuais no banco de dados (A.4).

5. Use o painel Server Behaviors para acrescentar os scripts de lado servidor às suas páginas (A.5).

Figura A.4

Figura A.5

Ⓝ O T A

Você precisará de um bom entendimento de bancos de dados e conectividade de banco de dados para configurar inicialmente os links de banco de dados para UltraDev. Peça ajuda ao seu administrador de banco de dados na configuração de conexões a bancos de dados.

Apêndice B

Neste capítulo, você aprenderá como...

- Iniciar interações CourseBuilder
- Editar interações
- Usar Knowledge Track
- Conectar-se com bancos de dados

CourseBuilder é uma extensão Dreamweaver que permite criar páginas Web de treinamento e teste online. Usando as interações internas de CourseBuilder, você pode criar um ambiente de aprendizado online que inclui tutoriais e interações de teste, tais como múltipla escolha, arrastar-e-soltar, imagens mapeadas e campos de entrada de texto. Também é possível criar cenas de pontuação que permitem ao usuário controlar o seu progresso e manter controle do

Como usar CourseBuilder em Dreamweaver

progresso de um usuário através de múltiplas visitas ao seu Web site. O CourseBuilder é uma extensão gratuita que você pode carregar do Macromedia Exchange, e ele funciona com ambos, Dreamweaver e Dreamweaver UltraDev. Veja o Apêndice C, "Como aperfeiçoar o Dreamweaver com extensões", para instruções sobre carregamento de extensões do Macromedia Exchange (http://www.macromedia.com/exchange/).

Inicialização de interações CourseBuilder

A extensão CourseBuilder permite que você acrescente componentes de aprendizado interativo à sua página, usando *interações*. Interações são os layouts gráficos necessários — tais como caixas de verificação para perguntas de múltipla escolha — junto com scripts anexados que marcam uma resposta certa e, de alguma maneira, reagem. Todas as interações que vêm com o CourseBuilder usam um grupo seleto de imagens e scripts que estão localizados na pasta CourseBuilder. Antes de criar páginas Web que contenham interações

CourseBuilder, você precisa ter o site definido e um documento aberto em Dreamweaver, que já tenha sido salvo no site. Nas seguintes tarefas, é criada uma pergunta de múltipla escolha. Opções de caixa de diálogo irão diferir, dependendo do tipo de interação que você criar.

1. Comece copiando para a sua pasta de site, os arquivos de apoio, os quais incluem as imagens e scripts usados pelas interações. Uma pasta Images e uma pasta Scripts são acrescentadas ao seu site. Escolha Modify→CourseBuilder→Copy Support Files.

2. Crie e salve um novo documento em sua pasta de site, ou abra uma página existente para acrescentar interações.

3. Clique no documento, para posicionar o cursor onde deseja acrescentar a interação; depois, clique o botão Insert CourseBuilder Interaction localizado no painel Learning Objects (B.1).

4. Na caixa de diálogo CourseBuilder Interaction, selecione o tipo de interação e clique um gráfico, na guia galeria, para indicar como ele se parece (B.2).

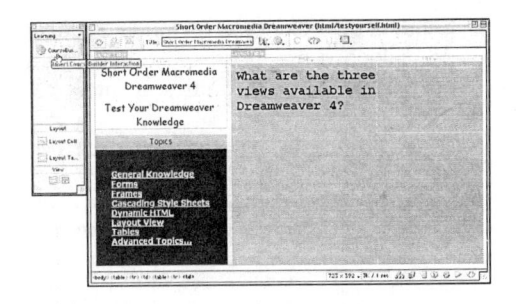

Figuras B.1

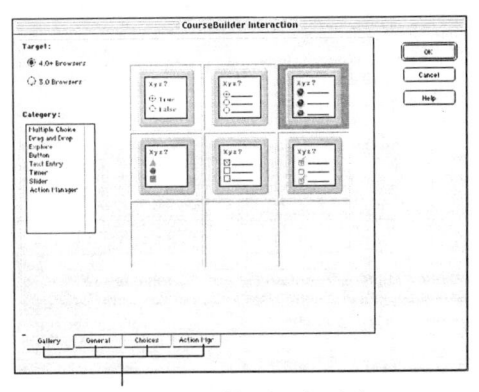

Depois de selecionar um gráfico da guia galeria, outras guias aparecem no fundo da caixa de diálogo.

Figura B.2

5. Clique a guia General, no fundo da caixa de diálogo e preencha os campos para especificar como é tratada a interação (B.3).

6. Clique a guia Choices e entre com as opções de cada uma das escolhas, inclusive qual é a escolha certa (B.4).

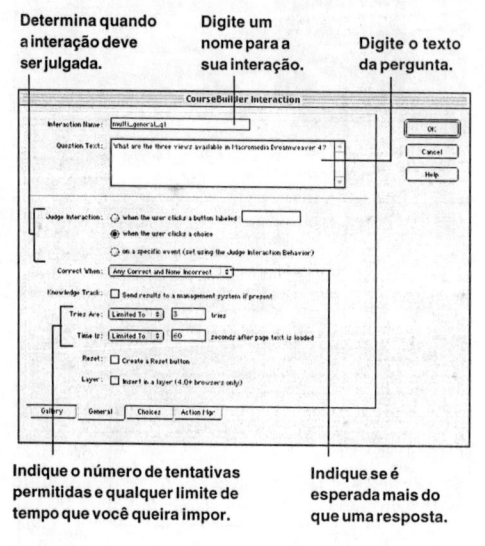

Figura B.3

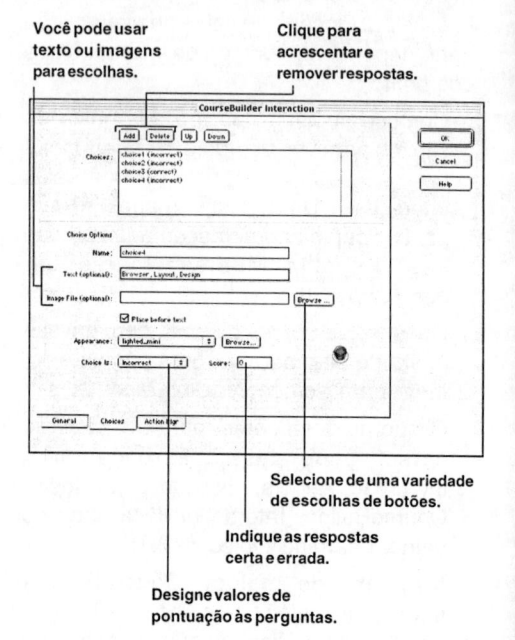

Figura B.4

Apêndice B - Como usar CourseBuilder em Dreamweaver | **339**

7. Clique a guia Action Mgr e edite os scripts usados para lidar com os resultados da interação (B.5).

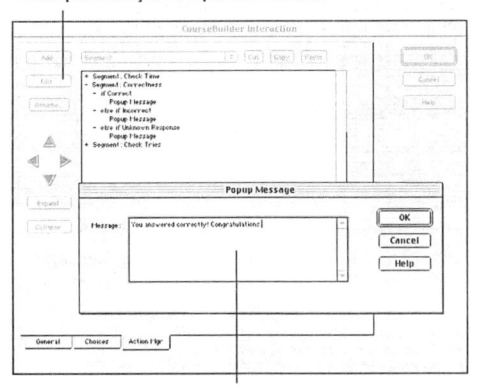

8. Clique OK para inserir a interação dentro da página (B.6).

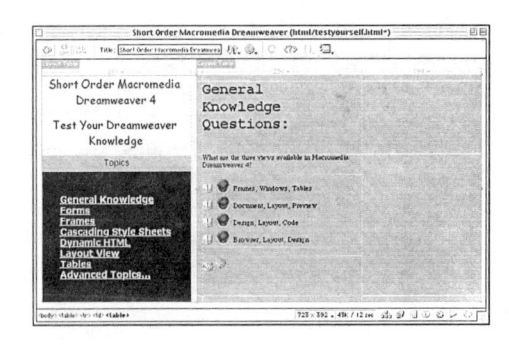

Figura B.5

Figura B.6

NOTA

Depois de criar uma interação, você pode editar as imagens e texto usados na interação usando as ferramentas Dreamweaver padrão.

DICA

Use gabaritos e bibliotecas para criar uma interface uniforme em suas páginas de aprendizado. Forneça ajudas e links de navegação para estatísticas de usuário, se as estiver controlando.

Edição de interações

Use o inspetor Property para editar interações em suas páginas. Cada interação inclui botões invisíveis para o JavaScript e configurações de interação. Se você for experiente em JavaScript, pode editar o código JavaScript do lado cliente. Para mudar o texto de uma pergunta, simplesmente mude o texto na página Web. Para mudar os valores de resposta, clique o botão CourseBuilder invisível e edite a interação através do inspetor Property.

1. Escolha View→Visual Aids→Invisible Elements para exibir os botões invisíveis CourseBuilder e JavaScript que aparecem embaixo da interação.
2. Clique o botão CourseBuilder por trás da interação para exibir as opções no inspetor Property; depois, clique o botão Edit no inspetor Property (B.7).
3. Se você quiser editar o JavaScript para a interação, clique o botão JavaScript por trás da interação e depois, clique Edit no inspetor Property (B.8).

Clique para exibir a caixa de diálogo de interação CourseBuilder.

Clique o botão CourseBuilder.

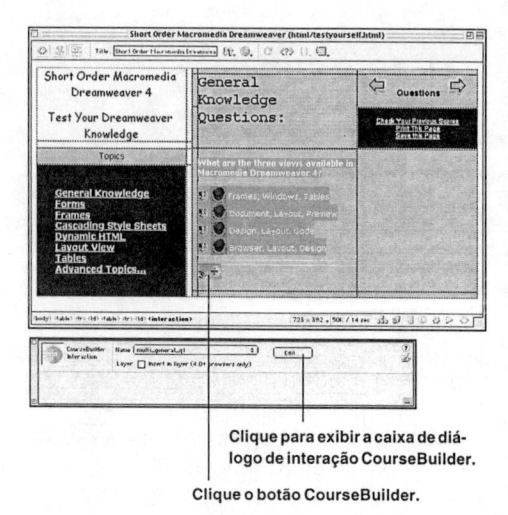

Figuras B.7

Como usar Knowledge Track

A opção Knowledge Track, na guia General da caixa de diálogo CourseBuilder Interaction, permite que você envie dados de resultado a um servidor executando software de computer-managed instruction (CMI —. Lotus Pathware é um CMI popular que está de acordo com os padrões ajustados para computer-based training (CBT —. Pathware, entre outros, pode ser usado com uma variedade de bancos de dados. Quando você marcar a caixa de Knowledge Track na guia CourseBuilder Interaction General, guias adicionais são acrescentadas ao fundo da caixa de diálogo para justar as funções de seqüência. Knowledge Track tem dois componentes:

◆ **A guia Tracking na caixa de diálogo CourseBuilder Interaction** — Este contém configurações que você usa para especificar as propriedades de interação que são gravadas por um CMI ou aplicativo servidor de banco de dados (B.9).

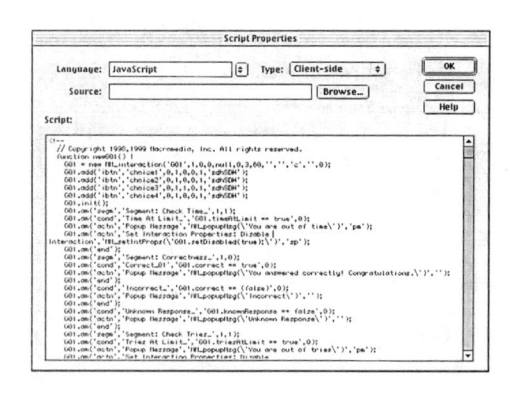

Figura B.8

Figura B.9

- Os comandos Modify→CourseBuilder→Create Pathware Frameset e Modify→CourseBuilder→Create Tracking Frameset — Estes criam um documento HTML pai com duas molduras. A moldura do alto exibe a página HTML que contém a interação CourseBuilder. Uma moldura oculta de fundo é usada pelo sistema CMI para se comunicar com a interação CourseBuilder.

Quando você seleciona Knowledge Track, as seguintes informações são enviadas ao servidor CMI, cada vez que a interação CourseBuilder é julgada:

- A data atual (DD/MM/AAAA)
- O horário atual (HH:MM:SS)
- A string fornecida no campo Interaction ID da guia Tracking
- A string fornecida no campo Objective ID da guia Tracking
- O tipo de interação
- As respostas certas para a interação CourseBuilder
- A resposta dada pelo aluno
- Se a resposta do aluno estava certa ou errada
- O peso dado à pergunta para pontuação
- O tempo que o aluno demorou a responder à pergunta (HH:MM:SS)

Como se conectar com bancos de dados

CourseBuilder para Dreamweaver envia dados para um sistema de treinamento baseado em computador (CMI) quando o Knowledge Track é capacitado. Você pode modificar os recursos de Knowledge Track para coletar dados sem usar um sistema CMI, tal como Pathware, usando aplicativos servidor, tais como Microsoft Active Server Pages (ASPs) e Allaire ColdFusion. Se você estiver usando Dreamweaver UltraDev, pode incorporar a interatividade de banco de dados de UltraDev com CourseBuilder. Instruções explícitas para enviar dados a um banco de dados estão incluídas na documentação CourseBuilder, disponível no Web site da Macromedia.

Apêndice C

Neste capítulo, você aprenderá como...

- Carregar extensões
- Instalar extensões Dreamweaver

Como aperfeiçoar Dreamweaver com extensões

A Macromedia tem uma área especial em seu Web site, chamada Macromedia Exchange, onde você pode carregar extensões para aperfeiçoar o desempenho de Dreamweaver e acrescentar ferramentas, comandos e objetos ao seu software Dreamweaver. Muitas extensões no site são testadas pelos colegas na Macromedia e recebem um selo de aprovação, o que significa que eles se instalam corretamente e fazem o que deveriam fazer. Se você for um desenvolvedor interessado em criar as suas próprias extensões, encontrará todas as informações que precisa no Web site geral Macromedia e também no site Macromedia Exchange.

Como carregar extensões

Uma série de lugares dentro do aplicativo Dreamweaver vincula você, através de seu browser Web, à página Dreamweaver Exchange. No menu Commands, você encontrará uma opção Get More Commands. No painel Behaviors, o último comportamento na lista é Get More Behaviors. É possível acrescentar mais botões Flash ao Dreamweaver, clicando o botão Get More Styles na caixa de diálogo Insert Flash Buttons. Todas estas opções e outras fazem o link para o site Dreamweaver Exchange. É possível entrar o endereço Internet de Dreamweaver Exchange (http://www.macromedia.com/exchange) ou usar qualquer dos links fornecidos no aplicativo Dreamweaver.

NOTA

Se você usou a versão anterior de Dreamweaver com extensões, foi solicitado a primeiro carregar o Extension Manager. O Extension Manager é interno no Dreamweaver 4.

Apêndice C - Como aperfeiçoar Dreamweaver com extensões | 345

1. Escolha Help→Dreamweaver Exchange para iniciar o seu browser Web padrão e conectar ao Dreamweaver Exchange (C.1).

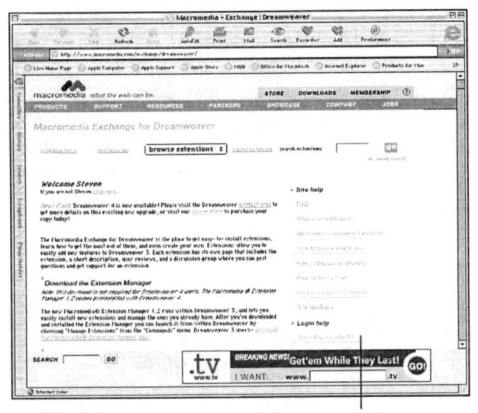

2. Role para baixo na janela do browser para ver uma lista de Featured Extensions, ou clique o menu pop-up para ver as extensões por categoria (C.2).

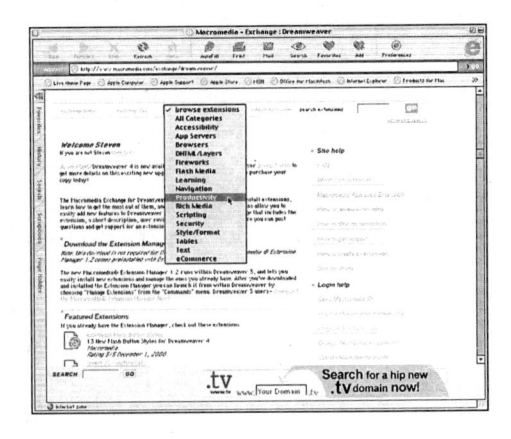

Você precisará de uma Macromedia ID para carregar extensões. É gratuito; apenas clique este link para inicializá-lo.

Figura C.1

Figura C.2

3. Quando a tabela de extensões aparecer no browser, clique o nome da extensão que você deseja carregar.

4. A página Web que aparece a seguir contém informações específicas sobre a extensão selecionada, inclusive revisões e comentários de usuário. Clique o link para a plataforma de seu computador carregar a extensão (C.3)

Figura C.3

Instalação de extensões Dreamweaver

Depois que tiver carregado as extensões que você deseja acrescentar ao Dreamweaver, use o Extension Manager interno para instalá-las. O Extension Manager permite ativar e desativar as extensões, instalar extensões, removê-las e até submeter às suas próprias extensões.

Ⓓ I C A

As extensões Dreamweaver aparecem em seu disco rígido com a extensão de arquivo .mxp. É preciso usar o Dreamweaver para instalar a extensão com o Extension Manager.

Apêndice C - Como aperfeiçoar Dreamweaver com extensões | **347**

1. Escolha Commands→Manage Extensions para iniciar o Macromedia Extension Manager (C.4).

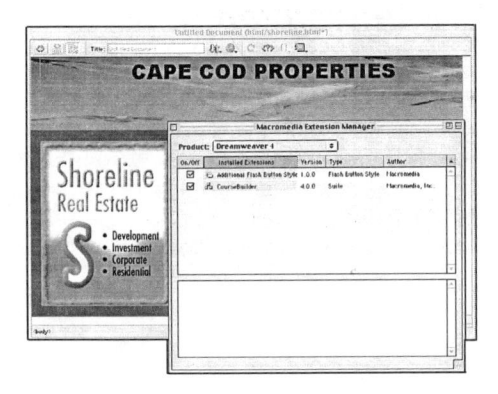

3. Clique a extensão na janela Macromedia Extension Manager para exibir as informações sobre a extensão (C.5).

Figuras C.4
(a) O Extension Manager tem os seus próprios menu File e menu Help.
(b) Extensões instaladas.

Normalmente, as informações sobre a extensão dizem onde você encontrará os recursos da extensão na interface do Dreamweaver.

Figura C.5

2. Escolha File→Install Extension e selecione uma extensão que você carregou (com a extensão de arquivo .mxp). Clique o botão (Choose)[Install] para instalar a extensão.

4. Feche o Extension Manager e experimente a sua nova extensão.

Appendix D

Apêndice D

Neste capítulo, você aprenderá como...

- Executar o Debugger
- Encontrar e corrigir erros de sintaxe
- Ajustar pontos de interrupção e encontrar erros lógicos
- Observar e editar valores de variáveis

Depuração JavaScript com Dreamweaver

O JavaScript Debugger interno do Dreamweaver pode reduzir, significativamente, o tempo que demora a encontrar e isolar erros em código JavaScript do lado cliente. Você pode escrever o código com a vista Dreamweaver Code ou com o inspetor Code e depois executar o depurador para verificar erros de sintaxe e lógicos. Erros de sintaxe levam o browser a relatar uma mensagem de erro, enquanto que erros lógicos fazem a página funcionar inadequadamente, mas sem resultar em um erro de browser. O Dreamweaver Debugger funciona com o Microsoft Internet Explorer e o Netscape Navigator na plataforma Windows e apenas com o Netscape Navigator na plataforma Macintosh.

O JavaScript Debugger verifica código JavaScript primeiro para erros de sintaxe e depois executa com o browser para verificar erros lógicos. Caso sejam encontrados erros lógicos, a janela JavaScript Debugger isola os erros no código, permitindo que você examine as variáveis e as propriedades de documento enquanto a rotina JavaScript está executando. Opcionalmente, você pode ajustar pontos de interrupção em seu código, para parar a execução do programa em locais específicos, exibindo os valores de objetos e propriedades JavaScript em uma lista de variáveis. Também é possível atravessar uma declaração de código JavaScript de cada vez e monitorar mudanças de variável.

Apêndice D - Depuração JavaScript com Dreamweaver | 351

Como executar o Debugger

Depois que você tiver escrito algum código JavaScript, inicie o JavaScript Debugger para verificar os erros. O depurador examina o código, primeiro em busca de erros de sintaxe e depois, abre a página no browser para verificar erros lógicos.

1. Selecione File→Debug in Browser; depois, selecione o browser da lista (D.1).

2. A janela JavaScript Debugger aparece e é interrompida na primeira linha de código (D.2). Clique o botão Run para iniciar a depuração.

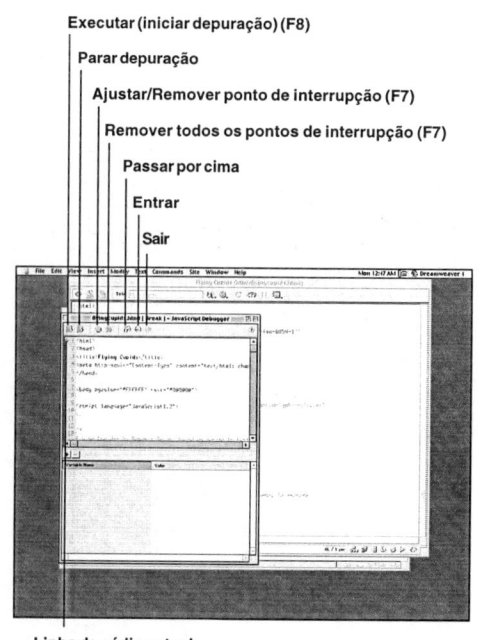

Executar (iniciar depuração) (F8)
Parar depuração
Ajustar/Remover ponto de interrupção (F7)
Remover todos os pontos de interrupção (F7)
Passar por cima
Entrar
Sair

Linha de código atual

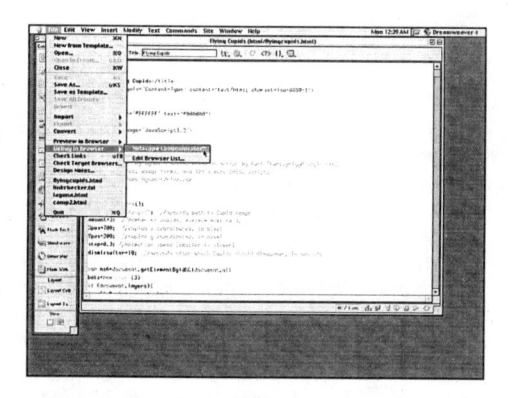

Figura D.1

Figura D.2

3. Clique o botão Stop Debugging na janela JavaScript Debugger para fechar o depurador e parar a depuração.

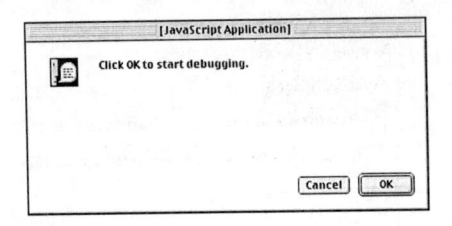

Figura D.3

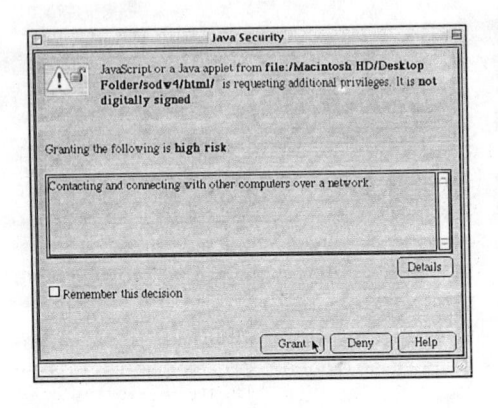

Figura D.4

Ⓝ O T A

Se você estiver usando o Netscape Navigator, clique OK quando a caixa de aviso do depurador aparecer (D.3); depois, clique Grant na caixa de diálogo Jaca Security (D.4). Usuários Windows executando o Internet Explorer precisam clicar Yes na caixa de diálogo Java Security e depois OK na caixa de aviso do depurador. Se você já tiver aceitado um Macromedia Security Certificate, a caixa de diálogo Java Security pode não aparecer.

Como encontrar e corrigir erros de sintaxe

Se o JavaScript Debugger encontrar erros de sintaxe, ele pára e relaciona os erros na janela JavaScript Syntax Errors.

1. Quando o depurador encontrar um erro de sintaxe, selecione o erro na janela JavaScript Syntax Erros (D.5).
2. Clique duas vezes o erro de sintaxe, ou selecione o erro e clique o botão Go to Line, para ver a linha de código na vista Code ou no inspetor Code de Dreamweaver (D.6).

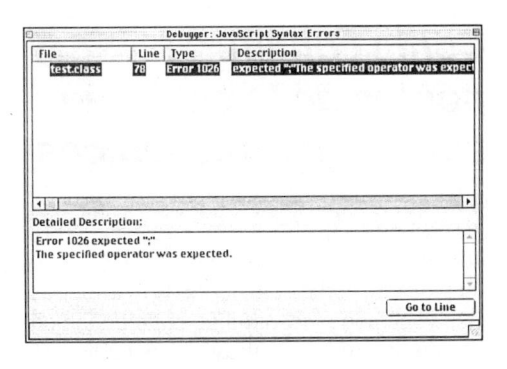

Figura D.5 Clique para ir para a linha na vista Code ou inspetor Code de Dreamweaver.

O erro de sintaxe é destacado no código fonte. Assim, você pode fazer as mudanças necessárias.

Figura D.6

Como configurar pontos de interrupção e encontrar erros lógicos

Quando o depurador encontrar erros lógicos, a janela JavaScript Debugger se abre. Automaticamente, é ajustado na primeira linha de seu código um ponto de interrupção, mas você pode inserir os seus próprios pontos de interrupção através de código. O depurador interrompe a execução em cada ponto de interrupção no código fonte, onde você pode ver os valores de objetos e propriedades JavaScript na janela de lista de variável, no fundo da janela do depurador.

1. Para inserir pontos de interrupção em seu código JavaScript usando a vista Code ou o inspetor Code de Dreamweaver, clique o botão Code Navigation na barra de ferramentas, no alto da janela Document e selecione Set Breakpoint (D.7).

2. Selecione File→Debug in Browser para começar a depurar o código JavaScript. O depurador irá parar em cada ponto de interrupção inserido.

3. Clique o botão Step Over no alto da janela JavaScript Debugger para passar por cima de uma declaração, parando na próxima declaração (D.8).

Figura D.7

4. Entre em uma função JavaScript válida clicando o botão Step Into no algo da janela JavaScript Debugger. Clique o botão Step Out para sair de uma função e continuar a depurar.

Como observar e editar valores de variáveis

É possível observar os valores de variáveis na seção de baixo da janela JavaScript Debugger. Você entra com os nomes de variáveis na coluna Variable Name. Os valores atuais das variáveis listadas são mostrados na coluna Value quando o depurador pára em pontos de interrupção, ou quando você entra no código.

1. Selecione o nome de uma variável na parte de código da janela JavaScript Debugger (D.9).

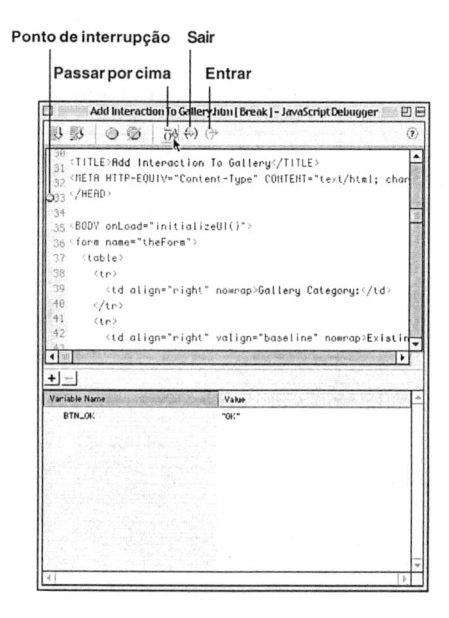

Figura D.8

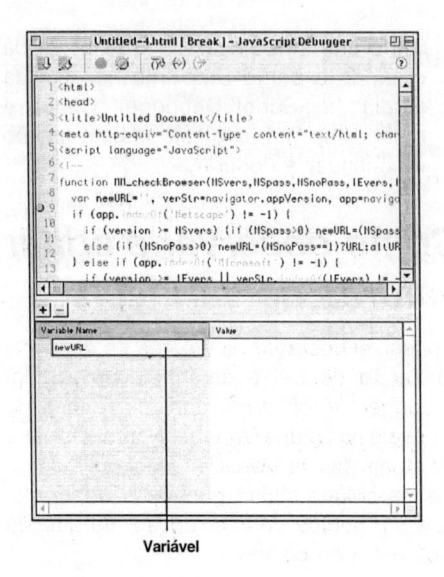

Figura D.9

3. Quando você executa o depurador, os valores de variáveis são exibidos na seção inferior da janela JavaScript Debugger (D.10).

2. Clique o botão de mais (+) e pressione Enter. Alternativamente, você pode clicar o botão mais (+), digitar o nome de variável e depois pressionar Enter.

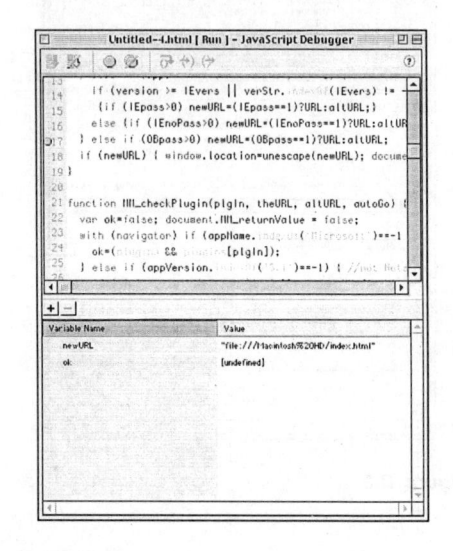

Figura D.10

Apêndice D - Depuração JavaScript com Dreamweaver | 357

4. Para editar um valor de variável, clique o nome da variável no fundo da seção da janela JavaScript Debugger; depois, clique o campo Value. Digite um novo valor e pressione Enter para continuar a depurar (D.11).

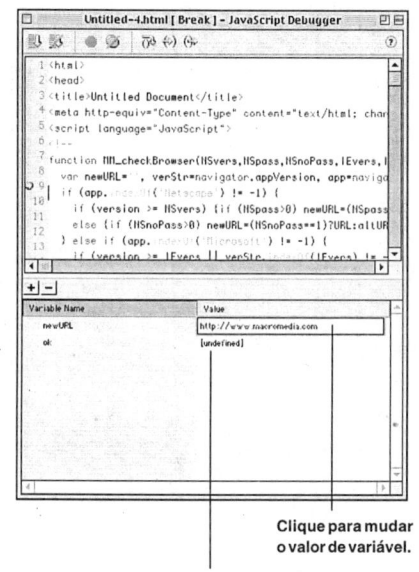

NOTA

Se a variável estiver em um objeto com propriedades, você pode expandir a variável para mostrar as suas propriedades e valores clicando o (Triangle button—) [Plus button (+)—] próximo a ela na lista. A variável expandida é automaticamente diminuída, cada vez que você entra no código.

NOTA

Para remover uma variável, clique a variável na lista e depois clique o botão menos (-).

Clique para mudar o valor de variável.

As variáveis têm valores indefinidos até que a variável seja encontrada no código.

Figura D.11

Índice

Símbolos

! (ponto de exclamação), 326
(cerquilha), 126, 187
* (asterisco), 74
. (ponto), 74
? (interrogação), 74
\ (barra invertida), 74
^(circunflexo), 74
+ (sinal de mais/adição), 74
<!-- --> notação de comentário, 70
<% %> símbolos, 55

A

add_next_index_double(), função, 191
Apache, servidores
    autenticação, 1128-129
    como compilar PHP, 7-8, 11-12
    como configurar, 10-11
    como instalar PHP, 6
    script de registro de erros, 169
    suporte Java, 195-196
APIs (Application Programming Interfaces)
    Cloanto Currency Server, 199-202
    Java, 196-197
aplicações
    como depurar, 160-161
    como testar, 162
    desenvolvimento, 206-207
aplicação, estado, 106
apxs, script, 195-196
aritmética, operadores, 27
arquitetura, questões e projetos, 161

arquivos
    browscap.ini, detecção do browser, 146
    como escrever, 70
    como exibir conteúdo, 74
    como ler, 70
    como transferir, 78-79
        através de formulários, 50
        diversos, 81
        limitar tamanho, 80
        segurança, 82-83
    contagens de acesso das páginas Web, 70
    convenções de nomenclatura, 44
    CSV, 226
    funções financeiras de protótipo, 189
    gráficos, mover/exibir através de scripts, 79-80
    php.ini, 16
    tags de entrada, 78
arquivos de imagem, mover/exibir através de scripts, 79-80
arquivos de inclusão, 185
ArrayAverage(), função, 164
array(), função, 24
array_init(), função, 192
arrays, 24
arrays associativos, 24, 70-71
arrays com uma dimensão, variáveis, 24
arrays indexados, 24
arrays multidimensionais, 24
aspas duplas, seqüências, 22
assert(), função, 163
assert_options(), função, 173
assert(), script da função, 172

assign(), método, 214-215
atribuição, operadores, 28
autenticação, 132
  como verificar usuários válidos através da classe Htpasswd, 130-131
  servidor Web Apache, 128-129
Auth, classe, 136, 141
auth_include.php, script, 134
auth_validatelogin(), função, 138-140
auto_increment, campos em bancos de dados MySQL, 89

B

bancos de dados, 86
  aplicações com diversas camadas, 101-102
  campos auto_increment, 89-90
  como inserir registros, 89-91
  como mudar do MySQL para Oracle, 96-97
  como recuperar colunas, 89
  como recuperar dados, 87, 94-96
  como recuperar linhas, 89
  conexões, 95-96
  formulários de entrada, 98
  MySQL, 87-89
  ODBC, 92-93
  segurança, 100
  suporte PHPLIB, 96
  tabelas de pesquisa, 99-100
  variáveis da sessão, opções de armazenamento, 113
barra invertida, seqüências de escape, 22
bibliotecas, 11
bibliotecas estáticas do PHP, 11
bitwise, operadores, 27
break, instruções, 36-37
browscap.ini, arquivo
  como configurar, 145
  detecção do browser, 146
browsers
  como determinar capacidades, 155
  conteúdo condicional, 157
  detecção, 144, 147-149
    BrowserHawk, 149-150
    problemas do arquivo browscap.ini, 145-146
  strings do agente do usuário, 145
BrowserHawk, 150
  como detectar capacidades do browser, 149-150
  métodos, 151-154
buffer de saída, função setcookie(), 59
build_skel, função, 189
build_skel, script, 189

C

cabeçalhos
  autenticação, 134-136
  HTML, 208-209
callback, funções
  como depurar definidas pelo usuário, 172
  tratamento de erros, 176
campos de entrada, formulários, 98-99
canais
  como integrar PHP com scripts existentes e executáveis, 202-203
  como ler saída do programa, 73-74
C/C++, compatibilidade do código, 187
código
  como ler, 162
  como reintegrar HTML, 208
  módulos, 207
  organização, 161
  reutilização, 184
  revisões, 161-162
  script de integração HTML, 209-210
  separar da HTML, 207-208, 213
código defensivo, 163
códigos postais, validar através de expressões constantes, 53-54
CGI, versão PHP, 6
  como compilar, 7-8
  como instalar, 2-4
  script de configuração, 8
classes, 40
  Auth, 136, 140-141
  DB_Sql, 97
  FastTemplate, 215
  File, 74
  Htgroup, 134
  Sample_Auth, 138-139
  Validator, 55
Cloanto Currency Server, 199-202

Índice | 361

coincidência de padrões, 42
colunas dos bancos de dados, recuperar, 89
com diretiva apxs, 12
comentários, 21, 163
COM, implementação do PHP, 199-200
como atribuir variáveis pela referência ou valor, 25
como carregar
   MySQL, 87
   PHP, 2
como compilar
   Apache, 11
   código, 160-161
   módulos, 161
   PHP
     diretiva prefix, 11
     executável CGI, 7
     ligação estática Apache, 10
     módulo Apache carregado dinamicamente, 11
     servidores *nix, 7-8
     sistemas Windows, 12-13, 14-15
como converter números/strings implicitamente, 22-23
como delimitar blocos de código PHP na HTML, 20
como depurar, 160, 162
   código defensivo, 163
   como registrar
     erros, 175
     opções do local, 168
     script de erros do registro, 168-169
   como testar script de assertivas, 164
   como validar parâmetros de entrada, 164
   construção da aplicação, 160-161
   função ArrayAverage(), 164
   função assert(), 163
     com funções de callback definidas pelo usuário, 172
   função assert_options(), 173
   função error_log(), 169
   função error_reporting(), 165-166
   função register_shutdown_function(), 176
   função set_error_handler(), 170-171
   função shutdown(), 176
   função trigger_error(), 172

   módulo MyDebug, 174-181
   parâmetro dest, 170
   parâmetro message, 169
   parâmetro type, 169
   revisões do código, 162
   script de registro de erros Apache, 168
   tratamento de erros, 170-171, 176
   tratamento de erros avançado, 174
como detectar tipos de browser. Veja browsers; detecção
como determinar capacidades do browser, 155
como escrever arquivos, 70
como excluir pacotes PHP, 9
como exibir conteúdo do diretório, 74
como inicializar arrays, 24
como inserir registros em bancos de dados, 89-90
como lidar com dados, 59-63
como ligar módulos estaticamente, servidores Apache, 10
como limitar tamanhos dos arquivos transferidos, 80
como mapear módulo PHP ISAPI, 3
como nomear
   arquivos, 44
   gabaritos, 214
   variáveis, 25
como organizar código, 161
como processar entrada do formulário antes de nova exibição, 62
como recuperar dados em bancos de dados, 86-87
   MySQL, 87-89
   unixODBC, 94-96
como recuperar valores do formulário, 47
como reformatar dados para exibição, 62-63
como reintegrar código e HTML, 208
como rescrever URLs automaticamente, script de sincronização, 112
como reutilizar código, 184
como revisar código, 162
como sincronizar scripts, rescrita automática do URL, 112
como testar integração, 162
como testar script de assertivas, 164
como transferir arquivos, 50, 78-82

comparação, variáveis, 27
componentes do banco de dados, PHPLIB, 96
concatenar strings, 22-23
conexões com bancos de dados, unixODBC, 96
configuração
    módulo PHP IIS, ISAPI, 2-3
    PHP, 11, 15-17
    servidores Web Apache, 10-11
    suporte Java, 196-197
    unixODBC, 93
    variáveis da sessão, 107-109
configuração, diretivas
    opções da função assert(), 165
    Veja também diretivas
configuração, opções PHP, 9
configuração, script, 8, 189
constantes, 25, 30, 165-166
constantes nomeadas, 165-166
construção da aplicação modular, 207
construtores, FastTemplate, 215
contagens de acesso, páginas Web, 70
conteúdo condicional, 157
Continue, instruções, 36-37
controle de erros, operador, 30
conversão de número/string implícita, 22-23
cookies, 57-59
CSSs (cascading style sheets), 209-211
CSV, arquivos (valores separados por vírgula), 226
Cybercash_xxx(), funções, 187

D

dados
    como reformatar para a exibição, 62-63
    como validar formulários, 98
DBMSs (Database Management Systems), 86
    acesso do banco de dados, 86
    aplicações com diversas camadas, 101-102
    como determinar para projetos, 160
DB_Sql, classe PHPLIB, 97
define(), função, 30
desenvolver aplicações, 206

desenvolvimento de aplicações com várias camadas, 206
desenvolvimento de aplicação com n camadas, 206
dest, parâmetro, 170
diminuição, operadores, 28
diretivas
    como configurar servidores Apache, 10
    php_flag, 17
    php_value, 17
diretórios, exibir conteúdo, 74
dirname(), função, 80
Display_Post_Vars, função, 48
distribuição binária do PHP, instalar, 2
distribuição MySQL binária, 87-88
do while, instruções, 32
DSNs (data source names), unixODBC, 94
DSNs do sistema, unixODBC, 94

E

efree(), função, 192
elementos com diversos valores, formulários, 46
elseif, instruções, 31
else, instruções, 31
emalloc(), função, 192
eregi_replace(), função, 146
error_log(), função, 169-170
error_reporting(), função, constantes nomeadas, 166
erros do tamanho do arquivo máximo, 80-81
erros, função assert_options(), 173-174
escape da HTML, 20
escape, seqüências, 21-22
escopo das variáveis, 29-30
execução, operador, 30
executáveis, integrar PHP, 202-203
exigências funcionais de projetos, 160-161
expire, horas dos cookies, 57
explode(), função, 71
expressões, 52-53
expressões constantes
    como validar códigos postais/datas ISO, 53-54
    funções, 42
    validação dos dados, 52-53

extensões, 186-190
    funções financeiras, 191-194
    scripts PHP, 44

F

falhas elegantes, 155
FastPrint(), método para imprimir arquivos do gabarito, 214
FastTemplate, 214
    como analisar gabaritos, 215
    como indicar variáveis, 214
    gabarito básico, 215
fetch(), método para recuperar arquivos do gabarito, 215
File, classe, 74
file(), função, 198
fim das instruções, 21
fin_table(), função, 192
Flash, script do menu, 223
foreach, instruções, 33
for, loops, 32-33
format_funcs.php, arquivo, 185
formulários, 45-46
    campos de entrada, 98
    como incluir IDs da sessão, 112
    como lidar com dados ruins, 60-61
    como mover/exibir arquivos de imagem, 79-80
    como processar dados antes de exibir, 62
    como recuperar valores, 47
    como reformatar dados para a exibição, 62-63
    como transferir arquivos, 50, 78-79
    como validar dados, 52-53, 98
    conexão, 138-140
    elementos com diversos valores, 46
    elementos, valores escalares, 46
    entrada de dados, 98
    gráficos do botão Submit, 51-52
    listas de opções, 100
    nome do usuário/senha, 46
formulários de conexão, 138-140
formulários de entrada, 98-100
formulários de senha/nome do usuário, 46
funções
    add_next_index_double(), 192

array(), 24
ArrayAverage(), 164
array_init(), 192
assert(), 163
assert_options(), 173-174
auth_loginform(), 138-139
auth_validatelogin(), 138-140
build_skel(), 189
callback de tratamento de erros, 176
coincidência de padrões, 42
Cybercash, 187
define(), 30
definidas pelo usuário, 39
dirname(), 80
efree(), 192
emalloc(), 192
eregi_replace(), 146-147
error_log(), 168-171
error_reporting(), 165
explode(), 71
expressões constantes, 42
file(), 198-199
financeiras, 189-190
fin_table(), 192
gerenciamento de sessões, 107
get_browser(), 145
get_browser(), 147
gettype(), 21
header(), 57, 61
htmlentities(), 62
implode(), 198
include(), 31, 38, 185, 208
include_once(), 185-187
is_array(), 21
is_file(), 70-71
is_integer(), 21
list(), 23
logout(), 141
mixed read(), 113
ml2br(), 63-64
MySQL, 89
mysql_insert_id, 89
page_close(), 123
page_open(), 123
phpinfo(), 26, 150, 195
popen(), 202
register_shutdown_function(), 176

require(), 31, 38, 185-187, 208
require_once(), 185-187
session_module_name(), 119
session_set_save_handler(), 120
session_start(), 107-108
setcookie(), 57-58
set_error_handler(), 170-172
settype(), 21
short_tags(), 20
shutdown(), 176
strip_slashes(), 63, 98
strip_tags(), 62
sum(), 181
testing, 162
trigger_error(), 172
url(), 140
funções definidas pelo usuário, 39
funções financeiras, 190
   arquivo de protótipo, 189
   extensões PHP, 192, 195

G

gabarito do menu, 223
gabaritos aninhados, 215-217
gerenciadores do driver, unixODBC, 92
gerenciamento de sessões, 119-120
   mysql_session.php, 117
   opções personalizadas, 123
   PHPLIB, 121-122
   script, 114-116
   variáveis da sessão, 124-125
   variáveis globais, 124
gerenciamento de sessões personalizado, 125
get_browser(), função, 145-147
GET, método, propagar manualmente IDs da sessão, 109-110
gettype(), função, 21
gráficos
   arquivos, mover/exibir através de scripts, 79-80
   botões Submit, 50-51
grupos de usuário, autenticação, 134

H

header(), função, 57, 61
Htgroup, classe, 134

HTML, 37
   como delimitar blocos de código PHP, 20
   como separar do código, 207-208, 213
   formulários do nome de usuário/senha, 45
   integração do código, 208-210
   seção do cabeçalho, 208-210
   seção do rodapé, 209-210
htmlentities(), função, 62
Htpasswd, classe, verificar usuários válidos, 131-132
HTTP 401, cabeçalhos, usuários não autenticados, 136
HTTP 404: Page Not Found, mensagem de erro, 222
httpd.conf, arquivo, carregar módulo PHP, 7
HTTP_GET_VARS, variável, 47
HTTP_POST_VARS, variável, 47

I

if, instruções, 31
IIS (Internet Information Server), configurar módulo PHP ISAPI, 2-3
imagens, botão Submit do formulário, 50-51
implode(), função, 198-199
include(), função, 31, 38, 185, 208
include_once(), função, 185-187
informações do cabeçalho, 134-136
inspeções formais do código, 162
instalação
   módulo PHP ISAPI, 2-3
   PHP, 6-7
   unixODBC, 93
instruções
   break, 36-37
   continue, 36-37
   controle do fluxo, 31
   do...while, 32
   else, 31
   elseif, 31
   for, 32-33
   foreach, 33
   if, 31
   include(), 38
   require(), 38
   switch, 34-35
   while, 32

instruções de controle do fluxo, 31
inteiros, 21
Internet Explorer, detecção do browser, 145
ISAPI, módulo PHP, 2-3
is_array(), função, 21
is_file(), função, 70-71
is_integer(), função, 21
ISO, validar datas, 53-54

J-L

Java, 195
   como verificar suporte, 150
   itens da configuração, 196-197
   plataformas suportadas, 196
JDK (Java Development Kit), 196-197
leitura
   arquivos, 70
   saída do programa, canais, 73-74
ligação estática, servidores Apache, 10
linhas nos bancos de dados, recuperar, 89
listas de opções, formulários, 100
list(), função, 23
logout(), função, 140
loops, 31

M-N

Macromedia Flash, script do menu, 223
Make, utilitário para compilar PHP, 7
manutenção
   construção da aplicação modular, 207
   separar código da HTML, 208
módulos
   como compilar, 161
   como depurar, 162
   como testar, 162
mensagens de erro
   atribuições de variáveis do gabarito, 217
   HTTP 404: Page Not Found, 222-223
message, parâmetro, 169
Microsoft Management Console, configurar IIS/PWS para módulo PHP ISAPI, 3
MySQL, 87
   bancos de dados
      como acessar, 86
      como recuperar dados, 87-89
      funções, 89
      como alterar bancos de dados para Oracle, 96-97
      como carregar, 87
mysql_insert_id, função, 89
N12br(), função, 64
*nix, servidores
   como carregar PHP, 2
   como compilar PHP, 6-8
   suporte Java, 195-196
números
   como validar através da verificação do tipo, 55
   conversão implícita, 22-23
   representações, 21-22
números com ponto flutuante, 21-22
nome do usuário/senha, formulários, 46
ODBC (Open Database Connectivity), 91
   acesso do banco de dados, 86
   como recuperar dados dos bancos de dados, 94-96
OOB, driver (ODBC-ODBC Bridge), 92-93
operadores de aumento, 28
operadores lógicos, 58
operadores, precedência, 30
opções de execução PHP, 15-17
Oracle, mudar bancos de dados a partir de MySQL, 97

O-Q

pacotes PHP, 9
padrões de desenvolvimento para projetos, 161
padrões para desenvolvimento de projetos, 161
page_close(), função, 123
page_open(), função, 123
parâmetros
   assign-params, 189
   como validar entrada, 164
   dest, 170
   extname, 189
   message, 169
   proto, 189
   type, 169
parâmetros da entrada, validar, 164
Perl, expressões constantes, 52-57

PHP
  adicionar recursos, 10
  arrays, 24
  coincidência de padrões, 42
  como adicionar recursos, 9
  como carregar, 2-3
  como compilar
    diretiva prefix, 11
    servidores Apache, 10-12
    servidores *nix, 7-8
    sistemas Windows, 12-15
    versão CGI, 6
  como configurar, 9-11, 17
  como delimitar blocos de código na HTML, 20
  como depurar, 163
  como instalar, 6-7
  como integrar scripts existentes e executáveis, 202-203
  compatibilidade do código C/C++, 187
  escape da HTML, 20
  extensões, 187-190
    funções financeiras, 192-194
  Java, 195
  mapeamento do módulo ISAPI, 3
  opções da execução, 15
  pacotes, 9
  representações de números, 21-22
  reutilização do código, 185
  sintaxe, 20
  strings, 22
  suporte unixODBC, 93
  tipos, 21
  variáveis predefinidas, 25-26
php_flag, diretiva, 17
phpinfo(), função, 25-26, 150, 195-196
php.ini, arquivo, 16
PHPLIB, 136-139
PHPLIB (PHP Base Library), 96
  autenticação, 136-139
  classe DB_Sql, 97
  componentes do banco de dados, 95-96
  gerenciamento de sessões, 121-123
php_value, diretiva, 17
ponto, operador (.) para concatenar strings, 22
popen(), função, 202-203

POSIX, expressões constantes, 53
precedência dos operadores, 30
prefix, diretiva para compilar PHP, 10-11
programação de amortização, 187
programas, ler saída, 73-74
projetos
  como compilar módulos, 161
  como depurar, 162
  como testar, 162
  exigências funcionais, 160
  padrões de desenvolvimento, 161
  questões da arquitetura, 160-161
  revisões do software, 161-162
PWS (Personal Web Server), configurar módulo PHP ISAPI, 2-3
quadros, verificar para suporte, 147

R

read(), função, 114
recursos, adicionar ao PHP, 9-10
register_shutdown_function(), função, 176
registro
  dados da depuração, opções do local, 168
  erros, 168-169, 175
  usuários, 141-142
registros nos bancos de dados, inserir, 89-91
require(), função, 31, 38, 185-187, 208
require_once(), função, 185-187
revisões do código com execução completa, 162
RPM (Red Hat Package Manager), 6

S

script de autenticação do usuário, 131-132
script de configuração de teste, 5
script de gerenciamento de sessões definido pelo usuário, 113-116
script principal, aplicações news, 220
scripts, 131-132
  grupos de usuário, 134
  variáveis, 130
scripts, 44
  apxs, 195-196
  arquivo do gabarito, 214
  autenticação do usuário, 131-132

build_skel, 189
como exibir todas variáveis do formulário enviadas, 48-49
como integrar PHP, 202-203
como ler saída, 73-74
como mover/exibir arquivos de imagem, 79-80
como registrar erros, 169
como testar assertivas, 164
configuração de teste, 4
configure, 7-8, 189-190
execução dos arquivos de inclusão, 185-186
gabarito de navegação, URLs dinâmicos, 221-222
include_once(), 186-187
nível do relatório de erros, 165
Scrooge, 197-198
sessão definida pelo usuário gerenciamento, 114-116
teste do módulo MyDebug, 180
transferências de arquivo, 79
tratamento de erros, 170-171
tratamento de erros definido pelo usuário, 172
scripts de registro de erros, servidores Apache, 169-171
Scrooge RTF em HTML, conversor, 197
segurança
    bancos de dados, 101
    transferências de arquivos, 83
servidores
    Cloanto Currency, 199-202
    como configurar Apache, 10-11
    *nix
        como carregar PHP, 2
        como compilar PHP, 7-8
    soquetes de acesso, 72
sessões
    como configurar variáveis, 107-108
    como gerenciar, 107
    como propagar manualmente IDs da sessão, 109
    variáveis da configuração, 120
session_module_name(), função, 119
session_set_save_handler(), função, 120
session_start(), função, 107

sessão, IDs, 106
    como propagar manualmente, 109-110
    como rescrever URLs relativos para propagação do ID da sessão, 110
sessão, variáveis
    gerenciamento de sessões, 124-125
    opções de armazenamento, 113
setcookie(), função, 57-59
set_error_handler(), função, 170-172
settype(), função, 21
short_tags(), função, 20
shutdown(), função, 176
sintaxe
    expressões constantes POSIX, 53
    PHP, 20
sintaxe PHP alternativa, 37
símbolo &, atribuir variáveis pela referência, 25
software
    engenharia, 163
    revisões, 161-162
soquetes de acesso, servidores, 71-72
soquetes, TCP/IP, acesso do servidor, 72
strings, 22
    como concatenar, 22
    comparação, detecção do browser, 144
    conversão implícita, 22
strings com aspas simples, 22-23
strings do agente do usuário, detecção do browser, 145
strip_slashes(), função, 63, 97
strip_tags(), função, 62
Submit, botões em formulários, 50-51
Submit, elemento, 50
sum(), função, 181
switch, instruções, 34-35

T

tabelas de hash, 23
tabelas de pesquisa, bancos de dados, 100
tags, entrada do arquivo, 78
TCP/IP, soquetes, acesso do servidor, 72
ternário, operador, 30
tipos, 21-23
    como verificar validação dos dados, 55
    parâmetro type, 169
tipos implícitos, 21

tipos variáveis, 21
transferência de diversos arquivos, 80-81
tratamento de erro interno, 176
tratamento de erros, 59-61
    definido pelo usuário, 170-71
    funções de callback, 176
    informar, 16, 165-166
    tamanho do arquivo máximo, 80-81
    técnicas avançadas, 174
tratamento de erros avançado, 174
tratamento de erros definido pelo usuário, 170-172
tratamento de erros ruins, 59-61
trigger_error(), função, 172

U

Unix, carregar PHP, 2
unixODBC
    como instalar, 93
    como recuperar dados em bancos de dados, 94-95
    conexões do banco de dados, 95-96
    driver OOB, 92-93
    DSNs (nomes da fonte de dados), 94
    gerenciadores do driver, 92
    suporte PHP, 93
    System DSNs, 94
URL automático, escrita/rescrita, 110-112
url(), função, 140
URLs
    como rescrever automaticamente, 110-112
    gabarito de navegação dinâmica, 221-222
URLs dinâmicas, gabaritos de navegação, 221-222
URLs relativos, rescrever propagação do ID da sessão, 110-111
usuários
    autenticação, 130-133
    como desconectar, 141
utilitários, build_skel, 189

V-W

validação
    dados, 52-54, 98
    parâmetros da entrada, 164
validação dos dados, 55
Validator, classe, 55
valores
    como atribuir variáveis, 25
    formulários, 45-47
    variáveis do gabarito, 214
valores escalares, elementos do formulário, 46
variáveis, 24
    ambiente Apache, 26
    ambiente do sistema, 26
    arrays com uma dimensão, 23
    autenticação, 130
    como atribuir pela referência ou valor, 25-26
    como configurar sessões, 107-108
    como transitar tipos, 22-23
    escopo, 29
    gabaritos, 214-217
    HTTP_GET_VARS, 47
    HTTP_POST_VARS, 47
    predefinidas, 25
    subconjunto PHP, 26
variáveis globais, gerenciamento de sessões, 124
variáveis predefinidas, 25-26
vetores, 23
Web, browseres, veja browseres
Web, páginas, 206
    contagens de acesso, 70
    quadros, verificar suporte, 147
Web, servidores Apache
    autenticação, 128-129
While, instruções, 32
Windows
    como carregar PHP, 2-3
    como compilar PHP, 12-14
    suporte Java, 196-197